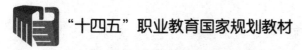

"十四五"职业教育国家规划教材

"十三五"江苏省高等学校重点教材（编号：2017-1-116）

# 现代企业车间管理
## （第3版）

主　编　陈旭东　谢进栋
副主编　王　磊　陈广健　肖红升　马文龙

清华大学出版社
北京交通大学出版社
·北京·

## 内 容 简 介

本书按照"工作过程导向"的理念，采用"项目引领、任务驱动"教学模式编写，以工作任务为中心组织教材内容，突出了工学结合、实践性与可操作性，体现了以技能训练为主线、相关知识为支撑的先进教学理念。本书将思政教育元素和专业知识做润物无声的融合，显隐结合，全方位、多角度地将思政教育融入专业教学。

本书以项目、工作案例为引领，适应融"教、学、做"合一的教学模式改革。本书将现代企业车间管理的工作职责分成了十大模块，主要内容包括车间管理概述、车间劳动和职工管理、车间班组管理、车间生产作业管理、车间现场管理、车间质量管理、车间设备和工具管理、车间物料管理和物流控制、车间安全生产、车间经济核算，10 个模块项目下细分成 33 个学习任务。

本书可作为高职高专院校及应用型本科院校培养企业基层管理人才的基本教材，也可作为企业在职基层管理人员的业务参考书及培训教材。

本书封面贴有清华大学出版社防伪标签，无标签者不得销售。
版权所有，侵权必究。侵权举报电话：010-62782989　13501256678　13801310933

### 图书在版编目（CIP）数据

现代企业车间管理 / 陈旭东，谢进栋主编. —3 版. —北京：北京交通大学出版社：清华大学出版社，2019.10（2025.1 重印）
ISBN 978-7-5121-4085-1

Ⅰ. ①现… Ⅱ. ①陈… ②谢… Ⅲ. ①车间管理–高等职业教育–教材 Ⅳ. ① F406.6

中国版本图书馆 CIP 数据核字（2019）第 226420 号

现代企业车间管理
XIANDAI QIYE CHEJIAN GUANLI

责任编辑：韩素华

| | | | | | |
|---|---|---|---|---|---|
| 出版发行： | 清 华 大 学 出 版 社 | 邮编：100084 | 电话：010-62776969 | http://www.tup.com.cn |
| | 北京交通大学出版社 | 邮编：100044 | 电话：010-51686414 | http://www.bjtup.com.cn |

印 刷 者：北京鑫海金澳胶印有限公司
经　　销：全国新华书店
开　　本：185 mm×260 mm　印张：22.75　字数：597 千字
版 印 次：2019 年 10 月第 3 版　2025 年 1 月第 5 次印刷
印　　数：13 001～16 000 册　定价：68.00 元

本书如有质量问题，请向北京交通大学出版社质监组反映。对您的意见和批评，我们表示欢迎和感谢。
投诉电话：010-51686043，51686008；传真：010-62225406；E-mail：press@bjtu.edu.cn。

# 前　言

车间是企业内部的一级生产管理组织，在企业管理中的作用是承上启下，实施组织落实、过程监控、信息反馈、完成任务和现场改善。车间是生产型企业的中心，车间和制造部门管理的好坏，直接影响产品"质量、成本、交货期"各项指标的完成，伴随着微利时代的到来和组织结构趋向扁平化的今天，车间管理在企业中将扮演愈加重要的角色。

现代企业车间管理无疑是非常重要的。但综观我国企业管理的教育和培训，一般只停留在企业整体管理的层面上，极少深入到车间管理乃至班组管理的教育和培训。我国普通高等学校，尤其是高职高专院校主要是面向基层培养应用型技术管理人才，相关院校为了满足社会对实用型基层管理人才的需求，明智地决定开设"车间管理"课程，迫切需要与课程相匹配的教材。因此，编写《现代企业车间管理》一书，目的主要有两点：一是为高校特别是高职高专院校开设车间管理课程提供基本教材，二是为企业培训车间管理人员提供培训教材，用以培养提高车间班组管理工作人员的基本知识和能力素质。

本书第3版于2019年出版发行。编者所在学校和较多兄弟院校将本书作为教材使用，教学效果良好，深受广大师生的好评。本书于2020年入选"十三五"职业教育国家规划教材。为落实教育部办公厅《关于公布"十三五"职业教育国家规划教材书目的通知》（职成厅函[2020] 20号）的要求，编者对本书进行修订。

本次修订主要从以下几方面着手。

（1）为贯彻落实习近平总书记关于把立德树人作为教育根本任务的重要指示，对本书10个模块进行了思政内容的融入。根据学习任务知识的特点，充分提炼思政元素，深入挖掘思政素材，将新时代中国特色社会主义思想、社会主义核心价值观、劳模精神、工匠精神、中华民族传统文化等思政元素科学、合理地融入各教学模块。将思政教育元素和专业知识技做润物无声的融合，使价值塑造、知识传授和能力培养三者融为一体，显隐结合、全方位、多角度地将思政教育融入专业教学。

（2）本书修订中贯穿质量、环保、安全（SEQ）意识教育，注意质量工程师、安全工程师等职业技能证书培训与模块知识的衔接，培养学生职业素养和职业规范。

（3）本书修订中将教学模块中每一单元、每一个学习任务的典型实际案例进一步完善，对案例分析讨论评价体系进一步改进，采取多样化评价方式，从学生学习态度、政治思想表现、遵纪守法、职业素质培养、行为素质、安全环保质量意识等多个角度全面综合评价学生能力，使学生获得成就感，同时培养学生的团队精神、创新精神和敬业精神。

（4）根据"各教材编写单位、主编和出版单位要注重吸收产业升级和行业发展的新知识、新技术、新工艺、新方法，对入选的'十三五'国家规划教材内容进行每年动态更新完善并不断丰富数字化教学资源、提供优质用务"的要求，编者重点对模块五、模块六、模块九中各学习任务的内容进行了部分改动，更新了书中的部分图表，更新了地区装备制造业最新的车间管理典型案例。本次修订升级、扩充、更新了教材配套的数字资源，使教学资源贴合每一个学习任务的知识点。

（5）本书修订注意了中高职衔接、与职业本科的衔接，基于实际企业车间管理的工作过程，重新构建设计综合性学习任务，将知识点项目案例化，让不同层次的学生可以选择模块的学习任务，有针对性地学习，保证学习任务单元均具有范例性、可迁移性及可操作性。

本书由陈旭东、谢进栋任主编，王磊、陈广健、肖红升、马文龙任副主编，马敏莉、石剑锋、周小青、徐呈艺、陈淑侠、万馨、吴怡杰、单飞、王建章、沈锋参编。其中，陈旭东、谢进栋编写模块一～六，王磊编写模块七，肖红升编写模块八，智性科技南通有限公司马文龙编写模块九，陈广健编写模块十。马敏莉、石剑锋、周小青、徐呈艺、陈淑侠、万馨参与了素材的搜集与准备工作。江苏常州华威电子有限公司吴怡杰、南通蓝博电子科技有限公司单飞、南通科技投资集团股份有限公司沈锋、南通柴油机股份有限公司王建章参与典型案例的搜集。全书由陈旭东统稿和定稿。

在编写本书的过程中参阅相关参考文献对本书的编写起到了重要的作用，在此编者谨对这些参考文献的编著者致以衷心感谢！

习近平总书记强调"要想国家之所想、急国家之所急、应国家之所需，抓住全面提高人才培养能力这个重点，坚持把立德树人作为根本任务，着力培养担当民族复兴大任的时代新人"。编者深感责任重大，内心既有以百倍努力编著好教材，教书育人的光荣使命感，又深感自身能力的不足，本书难免有疏漏和不妥之处，殷切希望读者和各位同仁提出宝贵意见。

编　者<br>2021 年 9 月

# 目 录

**模块一 车间管理概述** ················································· 1
  案例导入 ················································································· 2
  任务一 认知车间管理的基本概况 ············································ 4
  任务二 认知对企业管理人员的要求 ········································· 8
  任务三 车间组织机构和规章制度 ············································ 13
  任务四 车间设置和布置方法 ··················································· 24
  案例分析 ················································································· 28
  拓展训练 ················································································· 29
  模块小结 ················································································· 30

**模块二 车间劳动和职工管理** ··········································· 31
  案例导入 ················································································· 31
  任务一 车间劳动管理工作研究 ··············································· 34
  任务二 车间职工管理 ····························································· 40
  任务三 车间企业文化建设 ······················································ 54
  案例分析 ················································································· 60
  拓展训练 ················································································· 61
  模块小结 ················································································· 63

**模块三 车间班组管理** ······················································· 64
  案例导入 ················································································· 65
  任务一 车间班组的设置 ·························································· 66
  任务二 车间班组管理的基础工作 ············································ 68
  任务三 车间班组长管理实务 ··················································· 72
  案例分析 ················································································· 81
  拓展训练 ················································································· 82
  模块小结 ················································································· 84

**模块四 车间生产作业管理** ··············································· 85
  案例导入 ················································································· 86
  任务一 车间生产作业计划认知 ··············································· 88
  任务二 大批量生产的作业计划编制 ········································· 92
  任务三 成批量生产的作业计划编制 ········································· 103
  任务四 单件小批量生产的作业计划编制 ································· 110
  任务五 车间生产作业的执行与控制 ········································· 113
  任务六 认识现代企业生产管理的新趋势 ································· 118
  案例分析 ················································································· 126

拓展训练 127
　　模块小结 129

## 模块五　车间现场管理 130
　　案例导入 131
　　任务一　车间现场管理认知 132
　　任务二　车间现场"5S"管理活动 137
　　任务三　车间定置管理 175
　　任务四　车间目视管理 181
　　案例分析 201
　　拓展训练 203
　　模块小结 205

## 模块六　车间质量管理 206
　　案例导入 207
　　任务一　质量管理认知 208
　　任务二　车间质量管理工作 215
　　任务三　车间质量检验 223
　　任务四　质量管理常用的工具 232
　　案例分析 241
　　拓展训练 242
　　模块小结 243

## 模块七　车间设备管理 244
　　案例导入 244
　　任务一　车间设备管理 247
　　任务二　设备管理常用工具 259
　　案例分析 273
　　拓展训练 274
　　模块小结 275

## 模块八　车间物料管理和物流控制 276
　　案例导入 277
　　任务一　车间物料管理工作认知 279
　　任务二　车间在制品管理和库房管理 283
　　案例分析 292
　　拓展训练 293
　　模块小结 295

## 模块九　车间安全生产 296
　　案例导入 297
　　任务一　安全生产管理认知 299
　　任务二　车间安全生产管理 305
　　任务三　车间班组安全管理工具 309

案例分析 …………………………………………………………………… 330
　　拓展训练 …………………………………………………………………… 331
　　模块小结 …………………………………………………………………… 333
**模块十　车间经济核算** …………………………………………………………… 334
　　案例导入 …………………………………………………………………… 335
　　任务一　车间经济核算认知 ……………………………………………… 337
　　任务二　车间成本管理 …………………………………………………… 342
　　案例分析 …………………………………………………………………… 351
　　拓展训练 …………………………………………………………………… 352
　　模块小结 …………………………………………………………………… 353
**参考文献** …………………………………………………………………………… 354

# 模块一

# 车间管理概述

 **知识目标**

- 了解现代企业车间管理的职能、内容和任务
- 了解管理者和现代企业管理人员的要求
- 了解车间管理的组织机构设置原则和模式
- 了解车间规章制度种类
- 了解车间类型和设置的原则

 **技能目标**

- 掌握企业管理人员的基本素质和要求
- 掌握车间管理的组织机构设置程序
- 掌握车间规章制度的制订和贯彻执行
- 掌握车间布置的形式和方法
- 掌握车间管理的基本方法

 **模块任务**

任务一　认知车间管理的基本概况
任务二　认知对企业管理人员的要求
任务三　车间组织机构和规章制度
任务四　车间设置和布置方法

 **任务解析**

```
任务一　认知车间管理的基本概况
        ↓
任务二　认知对企业管理人员的要求
        ↓
任务三　车间组织机构和规章制度
        ↓
任务四　车间设置和布置方法
```

案例导入
视野拓展
知识链接
课堂讨论
案例分析
拓展训练
模块小结

## 案例导入

### 庆阳长庆井下油田助剂有限责任公司第二车间"一体五化"管理法

庆阳长庆井下油田助剂有限责任公司第二车间负责生产 42 种酸化压裂化学助剂，具有"规模大、品种多、技术要求高、组织难度大"的生产组织特点，以及清一色女工的人员构成特点，14 台主反应釜与物料自动提升、作业叉车、自动灌装生产线等多设备协同作业特点。近年来，车间 38 名"娘子军"构成的队伍，积极探索、创新管理，"一体五化"管理法成为化工集团车间有代表性的车间工作方法。

"一体"是将以示范点建设十个方面的要求作为管理体系对待，开展"学习领会、联系实际、对应落实、标准建立、体系融合、表单简化、目视管理、规范操作、团队建设"九个方面的工作，重点将示范点建设要求与日常工作逐一对应、归类、细化、丰富每一方面的工作内容，融合安全、质量等职能管理要求形成工作标准，落实到岗位、班组、车间三个层面及岗位责任制、作业流程等管理节点上，促进管理要素在管理节点上有机集聚与结合，形成了班组、车间两个层面的管理表格，将车间、班组、岗位工作串接起来，形成车间一体化管理体系。

"五化"具体做法如下。

**1. 车间管理标准化**

以车间职能管理制度、产品工艺流程、标准作业程序及岗位责任制为主要标准化形式，对照示范点及班组建设要求，以"事事有标准、件件有规范"为原则，完善车间操作与管理标准，实现标准全覆盖。

**2. 现场管理目视化**

一是作业环境目视化，改善车间功能布局、作业秩序、清洁卫生等视觉影响因素，提升车间整体视觉效果。二是风险提示目视化，挖掘风险并在员工视觉范围内显现化、警示化，促进员工规范操作。三是车间标识目视化，将车间功能区域、作业路线、设备阀门等标识清楚，运用标识符号配合车间作业与管理工作。四是操作规程可视化，运用流程挂图等方式将工艺流程、标准作业程序等内容可视化、形象化，起到即时教育、培训、提醒、规范作用。

**3. 员工操作规范化**

车间是以操作为主的生产单元，实际操作能力是员工的基本工作素质，训练员工熟悉操作规程，推行标准化操作，保证作业质量及人身、设备安全。

**4. 车间资料简约化**

按照公司、车间、班组、岗位四个层级，分析、归类现有表单记录，简化种类、合并项目，规范填写内容，使资料各有侧重、互相支持，成为总结指导、促进工作的工具。

**5. 团队建设成长化**

车间是员工成长的平台，通过评选星级员工、优秀五型班组、岗位晋级、技术比武、班组长选拔、团队文化理念提炼等评先创优机制，体现员工职业价值，满足员工成长需求。

具体做法如下。

1) 以管理表格为载体，搭建车间一体化管理体系

（1）将"基层组织、基础管理、基本素质"在车间如何落实作为研究课题，组织骨干人员讨论车间工作，梳理工作思路，明确一体化管理工作方向，实现车间管理提升。

（2）以基层建设示范点及"五型"班组建设要求为框架，形成"化工集团车间队站示范性建设要求与工作对应表""五+三型优秀班组建设要求与工作对应表"两个管理表格，按测评表内容部署、开展、验收、评价，统率车间各项工作，实现"一体化"管理。

（3）强化将车间实际工作与工作要求相结合的能力，培养上下对标、内容归类、工作对应能力，实现车间所承载的安全、质量、成本、效率、团队建设等管理责任与目标。

2）细化、实化工作内容，发挥"五化"管理支撑作用

（1）车间管理标准化是车间一体化管理体系的重要支撑，结合化工集团对基层单位规章制度梳理、修订要求，制订完善《工艺流程》《作业指导书》《质量管理细则》等10余项车间制度文件，制度化管理效果显现。

（2）开展车间职能管理、现场布局、标识管理等九个方面管理与操作业务建标、对标工作，"做标准事、干标准活、上标准岗"的"标准"理念不断强化。

（3）建立车间管理人员、班组长骨干管理人员能力素质责任建设模型，为车间标准化管理奠定组织基础。

（4）实施"五+三"型标准化班组管理，在"学习型、安全型、清洁型、节约型、和谐型"的基础上将"业绩、质量、规范"三方面建设要求纳入班组建设内容，营造"帮比""赶超"的氛围和主旋律。

（5）以"6S"管理为核心，合理规划车间功能区域，明确作业路线，营造干净整洁、协调舒适的总体视觉效果。

（6）广泛开展"查找身边的安全隐患"活动，提高了风险管理视觉化、本质化管控水平，塑造了"关爱"文化。

（7）规范车间标识，在车间进出口标识危险区域摆放位置区域挂牌标识，标识管理成为车间管理的有力工具。

（8）将标准化作业程序、操作规程、业务流程等工作制度用简单明了、直观形象的图片、流程等操作视图呈现出来，使员工在第一时间看到规范的操作提示，促进制度有效落实。

（9）由技术比武的优胜者进行操作示范，技术员从安全、规范、省力等角度进行分析，找出标准动作，在实践中进行验证，强化员工标准化操作习惯。

（10）对资料名称、封皮、格式、内容等方面进行标准化处理，形成以公司制度为基础，以岗位责任制、工艺流程、作业程序为主要形式的资料体系。

（11）创建"五型"班组园地，在晨会上分享安全经验，总结强化车间理念，在光荣榜上张贴好人好事、星级员工、优秀"五型"班组事迹，各班组轮流主持，每月一更换，充分发挥示范引领作用，"标准、效率、帮比、关爱、成长、示范"逐步成为二车间共同的价值取向。

庆阳长庆井下油田助剂有限责任公司第二车间先后获得中华全国总工会"工人先锋号"、集团公司基层建设"千队示范工程"示范单位、油田公司"爱岗敬业、奋发有为"青年文明号、女工建功立业标兵岗等19项荣誉，不断打造车间管理"升级版"，为化工集团提升车间管理水平积极探索、总结经验，为油田"攀峰工程"贡献力量。

现代企业是拥有现代科学技术，以社会化大生产为基础的营利性组织。企业的生产经营活动是通过其内部各生产经营机构去具体展开的，其中最基本的一级生产和行政管理组织是

车间。所谓车间，是指企业里完成生产过程中若干工序或单独生产某种产品的单位，由若干个工段、生产班组和一定数量的生产工人组成。一个生产性企业总有若干个车间，由这些车间实施和完成产品加工过程，为企业经营活动提供物质基础。车间是企业内部的一级生产管理组织，在企业管理中的作用是承上启下，实施组织落实、过程监控、信息反馈、完成任务和现场改善。在当今市场竞争全球化过程中，"快鱼吃慢鱼"已成为事实，因此，车间管理作用日益突出，强化车间管理，提高车间管理人员素质，是每个企业的当务之急。没有好的车间管理，就不可能有好的企业管理和现场管理。

车间管理人员承担车间管理和生产过程控制的重任，需要有效地管理现场的进度、质量、成本、人员等要素，还需协同其他部门共同处理现场的各种问题。而车间管理人员常常面临以下问题。

（1）工作做了不少，每天也忙忙碌碌，管理好像还是理不出头绪，如何才能有效地推进车间管理工作？

（2）主管要改善，老板要降成本，生产现场如何有效地发现问题，持续改进？

（3）品种多，计划变化频繁，生产任务忽重忽轻，如何提高生产车间柔性，有效地保证生产进度？

（4）生产过程不稳定，机器故障和产品质量问题时常发生，如何有效地控制、提高质量和提高设备利用率？

（5）现场很多事情需要依靠下属和同级部门共同努力，可是经常在出了问题后，人人相互推诿，事情一误再误，如何有效地与他人沟通和协调，如何激发下属的主动性和责任心？

由此可见，车间是生产型企业的中心，车间和制造部门管理得好坏，直接影响产品"质量、成本、交货期"各项指标的完成，伴随着微利时代的到来和组织结构趋向扁平化的今天，车间管理在企业中将扮演愈加重要的角色。

组织学生对导入案例进行分组讨论，安排各小组搜集资料并做报告，最后在教师的指导下进行综合评价。案例分析讨论重点使学生进一步理解车间管理在企业管理工作中的地位和作用，理解车间管理内容和方法、车间管理模式等知识，并对车间管理的典型案例有一定的认知和分析能力，在案例分析中同时培养学生的团队合作精神。

## 任务一　认知车间管理的基本概况

▶ **任务提示**：本任务将引领你认知车间管理的性质和特点、车间管理的基本原则和车间管理的内容及任务等。

▶ **任务先行**：车间管理有哪些职能？车间管理的基本原则是什么？车间管理有哪些主要内容？车间管理的主要任务是什么？

▶ 视野拓展

**上海华润大东船务工程有限公司二车间管理经验**

**1. 不断提高车间质量管理**

首先，完善车间质量管理制度。车间管理制度为车间管理的正常运行提供制度保障。车间应该根据自身特点，制订适合车间生产的管理制度。企业确定总的生产经营目标后，就会将目标具体分解到各个基层部门。车间要实现目标，就必须规范班组，制订相应的管理制度，管理企业员工。企业员工的操作技术水平和责任心关系着车间部门目标的实现。其次，抓好车间设备管理，保障产品质量。车间生产离不开设备，要想保质、保量完成生产任务就要不断提高设备的利用率和完好率，建立科学的维护、使用制度。同时还要有计划地进行技术改造，采用新工艺、新方法以保证高效率、高质量地完成企业生产目标。再次，做好产品质量检验工作，争创优秀品牌。最后，车间质量管理要保量完成企业的生产计划。车间管理者应该将车间任务具体下分到每个生产人员手中，制订生产计划，每个生产人员都要按时完成任务。

**2. 企业要抓好车间的安全管理**

安全事故的发生会给企业带来巨大的损失，车间安全生产是最关键的环节。车间管理者应该坚持责任落实到人，公司总经理和车间主任要对车间安全负责，签订安全管理责任书。车间班组长和员工也要签订责任书，这样车间全体工作人员都和安全生产挂起钩来，人人有责任，人人重视安全工作。

**3. 企业要做好车间成本核算管理工作**

车间成本核算管理为企业提供正确的成本数据，企业经营管理者利用这些数据做出科学决策，这对于企业增产节约具有重要意义。建立、健全原始记录，记录好班组领取的生产资料，并将这些材料落实到设备和人员上，剩余材料及时退回，掌握原材料和辅助材料的生产进行情况，保障核算的准确性。另外，也应该做好半成品和成品的核算工作，核算出每道工序中原材料和辅助材料的实际耗用量，各车间按照公司规定的定额考核损耗率，如果超出损耗率，操作员工要承担相应的损失。

**4. 加强车间班子建设**

首先车间管理者要不断加强自身修养，提高管理水平。管理者要努力学习业务，保证自身拥有过硬的业务水平；管理者做事要公正、公平，努力赢得员工的支持和信赖；还要以身作则，带头做好各项工作；集思广益，采纳员工正确的意见和建议，虚心倾听；要有宽广的胸怀、长远发展的眼光；善于总结经验教训，深思熟虑，不断提高工作能力，改进工作作风。

**5. 加强职工的思想教育工作**

努力把对职工的"管理"转变为职工对职业生涯的"经营"，在实现企业目标的同时，也使职工的自我价值得以实现。采用先进的管理思想，提高管理水平，采取有效措施鼓励职工发挥聪明才智。在工作中，努力创新，选拔优秀的管理人才，引入竞争机制，优胜劣汰。管理中要突出以人为本思想，关注职工的物质、精神和文化需求，帮助职工解决实际问题。

▶ 知识链接

## 一、车间管理的职能

任何一种经济管理工作都具有的一般职能是计划、组织、指挥、协调和控制。车间作为企业的中层组织和生产单位，其职能也有其特定的内容。

**1. 制订计划**

车间管理的计划职能首先是制订整个车间的活动目标和各项技术经济指标，使各工段、班组乃至每名职工都有明确的任务和目标，把各个生产环节互相衔接协调起来，使人、财、物各要素紧密结合，形成完整的生产系统。

车间是企业内部的生产单位，不直接参与对厂外的经营活动。车间制订计划的依据是厂部下达的计划和本车间的实际资源情况。车间除每年制订生产经营目标外，主要是按季、月、日、轮班制订生产作业计划、质量控制计划、成本控制计划和设备维修计划。

**2. 组织指挥**

组织指挥是执行其他管理职能不可缺少的前提，是完成车间计划任务的重要一环。车间组织指挥的职能，一是根据车间的目标，建立、完善管理组织和作业组织，如管理机构的设置、管理人员的选择和配备、劳动力的组织和分配等。二是通过组织和制度，运用领导技能，对工段、班组及其职工进行作业布置、调度、指导和督促，使其活动朝着既定的目标和计划前进，协调行动开展各项工作。

**3. 监督控制**

监督就是对各种管理制度的执行、计划的实施、上级指令的贯彻过程进行检查督促，使之付诸实现的管理活动。控制就是在执行计划和进行各项生产经营活动过程中，把实际执行情况同既定的目标、计划、标准进行对比，找出差距，查明原因，采取纠正措施的管理活动。

**4. 生产服务**

生产服务的内容，一是技术指导，经常帮助和指导职工解决技术上的难题，包括改进工艺过程、设备的改造和革新等；二是车间设备的使用服务和维修服务；三是材料和动力服务等；四是帮助工段、班组对车间以外的单位进行协调和联系；五是生活福利服务。

**5. 激励士气**

企业经营效果的好坏，其基础在于车间生产现场职工的士气。在一定条件下，人是起决定性作用的因素，而车间负有直接激励职工士气的责任。要采取各种行之有效的激励措施，广泛吸收职工参与管理活动，充分发挥他们的经验和知识，调动职工的积极性和创造性，提高工作效率，保证车间任务的完成。

## 二、车间管理的内容

车间管理几乎是企业管理的缩影和落实，包括生产管理、劳动组织管理、全面质量管理、全员设备管理、工艺管理、劳动管理、经济核算、物流管理、现场管理和定置管理等。车间管理应以顾客为主导、生产责任为核心开展其他管理。

**1. 生产管理**

车间的生产管理是根据企业长期和短期的奋斗目标、生产计划来安排生产。它包括确定有关产值、产量、利润、消耗、生产技术经济指标等，进行生产能力的平衡，搞好生产准备工作和生产调度工作，组织车间的安全生产，以实现按计划、进度、品种、合同均衡生产。

**2. 劳动组织管理**

车间的劳动组织管理应按全员管理、全面管理的要求，从车间实际情况出发，对车间设置职能机构，确定职责范围，明确分工和协作，使其合理化、高效化，建立科学的责任制和严格的规章制度。

**3. 全面质量管理**

车间的全面质量管理，就是要教育全体职工牢固树立"质量第一""用户至上"的思想，严肃工艺纪律，严格贯彻奖惩制度。通过建立全面质量保证体系，开展群众性质量管理活动，促进产品质量的不断提高。

**4. 全员设备管理**

全员设备管理以设备综合经营管理为重点，其任务是提高设备完好率，降低设备故障率，确保设备正常运转。同时教育职工管好、用好、维修好设备，合理使用工装，做到会使用、会保养、会检查、会排除一般故障，以确保生产的正常进行。

**5. 工艺管理**

车间工艺管理为生产的顺利进行提供一切技术条件和保证。它以提高产品质量、降低生产成本为重点，对建立良好的生产技术工作秩序有着重要作用，其工作主要包括各类技术文件、设计图纸、工艺规程、技术标准等。同时，组织技术革新、技术改造和科学试验工作，采用新技术、新工艺、新材料，组织新产品试制和工艺定型准备工作等。

**6. 劳动管理**

车间劳动管理的主要任务是搞好劳动定额管理，合理组织车间劳动分工和协作，合理安排劳动组织，做好人的培养和使用工作，调动职工的积极性，千方百计提高劳动生产率，提高职工文化和科学技术水平。

**7. 经济核算**

车间经济核算是对生产中活劳动、物化劳动消耗和劳动成果进行计划与控制，同时对使用的原材料、辅助消耗材料及各种成品、半成品、仓库物资等定期进行盘点，搞好车间的清产核资，落实车间增产节约计划，管好车间原始记录，进行车间会计、统计、业务核算，及时地反映车间经济成果。

**8. 现场管理和定置管理**

车间现场管理和定置管理主要是教育职工养成文明生产的习惯，做到各种原材料、工具、半成品等有固定地点存放，交通路线畅通无阻，地面和设备整洁，环境优美，作业条件符合要求，保证工作地有良好秩序，做到工完、料净、场地清。

## 三、车间管理的任务

车间管理的基本任务，是通过有效地执行各种管理职能，高效率、高质量地全面完成企业生产经营目标所规定的车间各项生产和工作任务，成为具有高度物质文明和高度社会主义精神文明的车间。车间管理的具体任务，一是生产优质产品，满足社会需要和市场需要；二是提高经济效益，完成产品质量、数量、品种、价值、物耗、生产率、交货期、售后服务、环境保护等经济技术指标；三是培养坚强有力的职工队伍，使其价值观念正、思想觉悟好、劳动热情涨、工作效率高。

车间管理的总体目标是克服三大危害（勉强、多余、浪费），追求"双零"（零缺陷、零浪费）极限，及时、正确地传递市场需求，实现快捷、优质、高效、低耗、安全、文明生产，提高员工能力，培育输送人才。

现代企业加强车间管理，重点加强"十化"工作：① 作业过程标准化；② 产品生产柔性化；③ 设备工装完好化；④ 安全文明规范化；⑤ 产品质量自控化；⑥ 现场管理目视化；⑦ 鼓舞士气多样化；⑧ 异常处理实时化；⑨ 信息管理计算机化；⑩ 经济核算全面化。

> **课堂讨论**

上网或到企业车间搜集资料，了解现代企业车间管理的基本情况，编写调研报告，进行课堂分组讨论。

## 任务二　认知对企业管理人员的要求

➤ **任务提示**：本任务将引领你认知现代企业管理人员应具有的基本素质和要求。

➤ **任务先行**：管理者应具备的基本素质和管理技能是什么？现代企业经理"八大习惯"和"四小习惯"是什么？现代企业经理必须要做的5项工作是什么？

钱学森的事迹

> **视野拓展**

### 浙江欢乐宝贝玩具有限公司车间主任谈车间管理人员

我们谈谈怎样才能搞好车间管理，以及一个优秀的车间管理人员应该具备哪些素质。

**1. 良好管理的3个基本条件**

我们可以把一个企业理解成一支军队。军队要打仗并且取得胜利，这和我们生产车间要出效益一样需要管理。以三国演义中的蜀军为例，这支军队就相当于一个企业，它有制度、有文化。有个诸葛亮挥泪斩马谡的故事，这个故事第一体现了这支军队有制度，马谡立下军令状，完不成任务当然要受惩罚。诸葛亮通过斩马谡，体现了他用人不唯亲、惩人不护己的作风，这也反映出蜀军纪律严明、公正无私的治军文化。同时，在三国演义中，火烧赤壁、大战长坂坡等，都离不开像张飞、关羽、赵云等战斗力很强的人。

与军队打仗一样，玩具企业的发展也需要建立好的车间管理，这包括三个基本因素，具体如下。

第一，必须要有制度。车间管理如果没有制度，在管理的时候叫无法可依，那肯定是不行的。所以，一定要有制度来管理车间不同层次的人。建立车间管理制度必须要考虑它的可行性和实用性。

第二，必须要有企业文化。这就像人一样必须培养自己的品德。外国人对此的理解是：一个人为什么要有品德，因为你想做好企业、想赚钱，如果没有品德，人家不和你交朋友，你就赚不到钱。生产车间也一样，它是玩具生产企业的核心部门，也是体现企业文化的地方，比如车间里团结互助、狠抓质量等就是企业文化的一部分，企业文化影响车间管理的效果。

第三，车间必须有一支执行力很强的团队。制度订得好，企业文化也深入车间工人的心中，但是工人素质不高，执行力很差，那管理还是很难开展的。所以，车间管理既需要有条条框框的制度和企业文化，又需要有较强执行力的团队。

**2. 优秀管理人员应具备的素质**

生产车间工作纷繁复杂，企业负责人不可能亲自管理车间，大多数工厂会请懂行的人士帮助管理，大企业叫 CEO，小企业叫生产主管。有人认为这是现代企业发展的趋势，即由职业经理人管理生产。那么，作为一名优秀的车间管理者应该具备哪些素质呢？我个人认为，一名优秀的管理者必须具备以下三个方面的才能。

第一，车间管理人员要熟悉业务。如果车间管理者熟悉、精通整个生产流程，比如多少原料能够生产多少成品，这样的管理者对企业发展很有帮助。如果你不熟悉生产流程、成本核算，你就很难去管理车间工人，更无法确定要制订什么样的车间管理制度。我认为，作为一名玩具车间的管理者，重中之重是要熟悉业务。比如一个车间要生产音乐小公鸡玩具，管理者必须知道这个玩具怎么裁、怎么做，两捆布应该裁240件，可以做240个玩具，结果工人只做了50件，那么管理者就知道少了190件，这些布哪儿去了？一问有关人员他就没办法了，也许他们把布料裁成碎片丢到地上了。

车间里的管理就是这样，自己懂得生产，知道应该怎么做。如布料不应该拉得这么紧；这个布应该放左边，那个布应该放右边，才不会导致混乱；工人应该戴头盔，女工应该戴帽子，才不致将头发卷进机器里面去等。

如果车间的剪裁工合理利用原材料能产出更多产品，管理者就要奖励他，这样就能调动员工的积极性，促进企业更好地发展。如果管理者不熟悉业务，只是停留在表面，那是管理不好车间的。所以说，熟悉业务对一个车间管理者来说是很重要的，它可以使企业的生产成本降低和效益最大化。

第二，车间管理者要能灵活指挥和调度现有的工序和工人。管理人员仅仅熟悉业务还是不够的，要在熟悉业务的基础上，制订规章，进行梳理，安排工序和生产，还必须能灵活指挥和调度现场工序与工人。生产车间就像一个战场，每时每刻都可能出现不同的情况，而这些突发事件可能很多都是管理者想都没想过的。比如，突然之间一名女工晕倒了，或者一名女工的头发被卷进了机器里面，这就需要管理人员当机立断的处理。在我的玩具工厂里，我们的管理人员全部在车间，即使要用到计算机的管理人员也在车间，因为我的理念是这样的：这个世界是干出来的，绝对不是看计算机看出来的。玩具工厂车间就是生产部门，管理人员都在车间的好处是显而易见的。一是能够把管理人员和生产现场融合起来，车间的任何情况都可以及时反馈给管理者，可以使出现的问题马上得到解决。二是管理人员可以发现车间的一些问题，包括静态的和动态的两个方面。比如车间里掉了一个东西在地上，别人没发现，你发现了；你发现这个工人打哈欠，你过去问一下，原来他患上了流感，你马上让他回去休息，别传染给其他的同事，这些是静态的。对车间管理人员来说，更重要的是动态地看问题，还有一些未雨绸缪的，在原有基础上适当做一些调整，也许会达到更好的效果，这就是所谓动态地发现问题。三是管理人员融入工人中去，和工人搞好关系，这也是管理的需要。四是可以促使车间各个环节更加紧凑运行，工人脚踏实地工作。

第三，车间管理者要有号召力。车间管理者既懂业务又能安排生产，还必须要有号召力，才能成为一名出色的管理人员。诸葛亮是管理者，他分配任务给张飞。张飞带领一队人马，那张飞对他下面的士兵来说也是管理者；张飞一声大吼，所有的人都跟着他跑，这就是号召力。我们在车间管理上也一样，要注意培养起个人的号召力，即"管"得住人。那么，这种号召力怎样才能建立呢？我认为号召力的建立首先还是要熟悉业务，其次还要有个人品德。个人品德一是对技术的熟悉和掌控的程度，二是别人对你做事方式和品德的认可，这两个是产生号召力的基本条件。其实说到本质上，车间管理就是一门通过别人完成任务的艺术。

车间管理者水平的高低，不在于你能让高素质的工人把事情办好，而是让素质一般的工人也能把事情做好，让每一名工人在执行同一项命令时，能够按照车间管理者的意识和要求，把工作保质、保量、按时完成好，这才是优秀的车间管理者管理才能的体现。

> **知识链接**

组织成功与否在很大程度上取决于管理者的素质。受过高等教育的人大部分都会成为社会管理阶层的一分子。作为高等教育重要组成部分的高职院校的毕业生将是国家经济社会中管理者的重要组成部分，是现代企业能将科技成果或宏伟蓝图转化为现实生产力的知识型高技能应用人才，更是现代企业生产一线直接从事技术行政管理的管理人员。因此，对高校学生特别是理工科学生来说，学习和掌握一些现代企业管理的基本知识、基本理论和基本技能将会终身受益，无论是对自己的工作、学习、生活，还是对自身的成人、成才、成长、成功都将起到积极的推动作用。车间管理人员是现代企业管理人员的重要组成部分，现代企业管理人员必须具有一定的基本素质和要求。

## 一、管理者

**1. 管理者的概念**

组织中从事管理工作的人称为管理者（或管理人员）。从本质上讲，管理者是组织和利用各种资源去实现组织目标的指挥者、组织者。一般情况下，管理者不直接从事具体工作，主要是对作业人员的工作进行计划安排、组织落实、指导激励和检查控制等活动，促进作业人员努力工作，并对他们工作的优劣负最终责任。

"管理学之父"德鲁克认为，管理者泛指那些必须在工作中运用自己的职位和知识，做出影响整体行为和成果的决策的知识工作者、经理人员和专业人员。他认为"管理者的本分就是追求效率"。

**2. 管理者的类别**

管理人员按其在组织中所处的层次可分为高层管理者、中层管理者和基层管理者。

（1）高层管理者。高层管理者处于组织的最上层。他们的主要任务是制订组织的总体目标和发展战略，把握组织的大政方针，对整个组织的管理负有全面责任，如学校的校长、公司的总经理、CEO等。他们在对外的交往中，往往以代表组织的"官方"身份出面。

（2）中层管理者。中层管理者处在组织的中间层次上。他们的职责是贯彻高层管理人员做出的决策，了解基层管理者的要求，解决困难，监督和协调基层管理人员的管理工作，如工厂的车间主任、学校的系主任、党政机关的处长等。

（3）基层管理者。基层管理者也称一线管理人员，他们处于组织中的最基层。基层管理人员的主要职责是直接指挥作业人员的现场作业活动，如工厂的班组长、学校的教研室主任、机关的科长和股长、医院的科室主任等。

管理者在组织中所处的层次高低与管理性工作的量成正比例的关系，也就是说，管理者的层次越高，管理性工作就越多，而非管理性工作就越少。

**3. 管理者应具备的基本素质**

不同层次的管理者应具备的基本素质要求不同。

（1）高层管理者应具备的基本素质如下。

① 行业和企业知识；② 在公司和行业中的人际关系；③ 信誉和工作记录；④ 能力和技能；⑤ 个人价值观；⑥ 进取精神。

（2）中、低层管理者应具备的基本素质如下。

① 了解公司背景情况；② 了解某项工作技术性要求以外的东西；③ 能建立一些超出上下级关系外的良好工作关系；④ 值得信赖的工作记录和声誉；⑤ 最低限度的知识技能和人际交往能力；⑥ 正直的品行、充沛的精力和领导动机。

**4. 管理者应具备的特别能力和品质**

① 身体方面：管理者应当身体健康、精力充沛、谈吐清晰。② 智力方面：管理者应具有学习能力、理解能力、判断能力、自控能力和适应能力。③ 精神方面：管理者应干劲大、信心足、有尊严、责任感强、主动性高、忠诚刚毅。④ 教育方面：管理者应该熟悉不完全属于自己所执行的任何职能的问题。⑤ 知识方面：管理者应该掌握任何职能所特有的知识技术职能，如管理的职能等。⑥ 经验方面：管理者应该从本职工作中获得知识。

**5. 管理者应具备的管理技能**

管理者应具备的管理技能，总的来说，包括技术技能、人际技能和概念技能。但对不同层次的管理者，由于他们的职责不同，对他们的技能要求也就不一样。

（1）技术技能。它是指完成需要一定方法和具体任务流程的能力。如工厂里的车间主任，要懂得有关操作机器设备方面的知识，要懂得各种操作技术，才能正确行使自己的职责。相对来说，管理层次越低的管理者，越需要具有技术技能，特别是基层管理者，技术技能尤为重要。因为他们大部分时间都在训练下属或解决下属工作中的问题。因此，他们必须知道如何去做，才能成为被下属尊重的上司。

（2）人际技能。指处理人际关系的技能，即理解人、激励人并善于在人与人之间进行沟通的能力。人际技能对高层、中层和基层管理人员都十分重要。

（3）概念技能。概念技能是指善于综合分析外部环境和内部条件，对事物复杂性的理解和将复杂性简化的能力。通过组织内部各种现象来分析和研究问题的本质、抓住问题表象，由表及里，并提出解决问题的方案。

管理人员应具备的 22 种能力如下。

（1）指挥能力：让手中的棋子都"活"起来。

（2）运筹能力：力戒盲目与冒险两大弊病。

（3）规划能力：要井然有序，不要杂乱无章。

（4）聚合能力：把下属拧成一股绳。

（5）创新能力：绝不跟在别人后面跑。

（6）强效能力：根治工作"疲软"现象。

（7）激励能力：让每名员工充分发挥其潜能。

（8）调控能力：刚柔结合，明暗交错。

（9）识人能力：一定要摸透人心。

（10）用人能力：让员工在自己岗位上发出亮光。

（11）管人能力：像大师指挥乐队。

（12）沟通能力：放下架子，拉住下属的手。

（13）协调能力：在各种关系中显神通。

（14）应变能力：在市场上躲闪进退。
（15）受压能力：把自己的骨头铸造成钢架。
（16）借势能力：放过机会是最大的错误。
（17）博弈能力：精通赚钱的 ABC。
（18）合作能力：单干只能累垮身体。
（19）竞争能力：不较量不知实力大小。
（20）营销能力：多一条渠道就多一条生路。
（21）理财能力：时刻都要有缺钱的危机感。
（22）谈判能力：把利益从对手处掏出来。

## 二、现代企业管理者

### 1. 现代企业经理概述

现代企业经理是现代企业管理的中坚力量，也是普通员工的直接管理者。中层管理者除了具有管理职责、岗位职责以外，还起到员工与公司决策者上传下达的作用。如果经理层执行力不强，不能发挥其应有的作用，就会极大地阻碍企业的有效管理和决策的有效贯彻。车间主任、职能部门科长等都属现代企业经理层管理人员。

经理层职务的人员，除了具备岗位技能和人格魅力外，还要具备智力能力、管理能力、人际交往能力和自我控制能力 4 种能力。

（1）智力能力。智力能力可分为概念化能力、判断力和逻辑思维能力 3 个方面。概念化能力即能看出表面上互不相干事件的内在联系，并从系统的角度进行分析。判断力是通过管理者对已知信息的处理，对事物发展趋势进行方向性把握的能力。逻辑思维能力是指管理者对一些事物进行的符合常理的判断。较强的逻辑思维能力有助于提高管理者实际工作行为的有效性。

（2）管理能力。管理能力可分为规划能力和行动能力。经理层应该具有达成本部门工作目标的规划能力，并能够在有很多不确定因素的情况下，对环境进行客观、正确的判断，并采取积极的行动。

（3）人际交往能力。人际交往能力可分为与上级交往能力、与平级交往能力和与下属交往能力。不论是同哪一级的交往，沟通能力都非常重要。

（4）自我控制能力。自我控制能力包括情绪控制能力、自我估计能力和环境适应能力。对管理者而言，情绪化的语言和行为并不能解决任何工作中的问题，反而会让其他员工丧失对管理者的认同。

由于职务或工作环境的变动，管理者是否能够继续有效地进行工作，胜任自己的岗位，这体现了管理者适应能力的强弱。

### 2. 现代企业经理的职业习惯

现代企业经理应具备的 12 个职业习惯——"八大习惯"和"四小习惯"，具体如下。

（1）八大习惯。

① 服从命令的习惯。先听从命令，切忌抢先发表自己的意见。

② 快速反应的习惯。明确任务后，立即行动，不能拖拖拉拉。

③ 认真对待的习惯。认真对待工作上的任何一个细节，不要认为什么事情都简单。

④ 勤奋工作的习惯。努力和勤奋是一对双胞胎，千万不要指望天上掉馅饼。
⑤ 反馈信息的习惯。不管做任何事情都要学会及时将情况反馈到它应该到的地方。
⑥ 主动沟通的习惯。主动沟通可以化解许多可能出现的矛盾。
⑦ 创新意识的习惯。创新是发展的动力。
⑧ 全局观念的习惯。对任何事情都要考虑到它和其他事物的关系及相互之间的准则。

（2）四小习惯。
① 准时的习惯。因为是团队工作，所以千万不能因为一个人而让大家去等。
② 节俭的习惯。因为是企业运作，所以应该像用自己的东西一样去使用集体物品。
③ 归位的习惯。因为大家在一起工作，所以用完每件物品最好物归原位。
④ 礼貌的习惯。因为是团队运作，所以应该礼貌地对待每位员工和顾客。

**3. 现代企业经理必须要做的 5 项工作**

德鲁克说过："我永远不会提拔一个从不犯错误，特别是从不犯大错误的人担任最高层的领导工作。"德鲁克认为，仅将经理人定义为"对他人的工作负有责任的人"是不够的，经理人应该是"对企业的绩效负有责任的人"。这里所谓的绩效，就是合理使用资源（人员、设备、原材料等）。因此，德鲁克将经理人的工作分为以下 5 项。

（1）制定目标。一个经理人首先要制定目标。他决定目标应该是什么，为了实现这些目标应该做些什么，这些目标在每一领域中的具体目标是什么。他把这些目标告诉那些同目标的实现有关的人员，以便使目标得以有效的实现。

（2）组织。从一定意义上说，经理人所从事的就是组织工作。他分析所需的各项活动、决策和关系，他对工作进行分类，把工作划分成各项可以管理的活动，又进一步把这些活动划分成各项可以管理的作业。他把这些单位和作业组合成为一个组织结构，然后选择人员来管理这些单位并执行这些作业。

（3）激励与沟通。人们工作是出于不同的原因，有人为了金钱，有人为了社会地位，有人为了得到别人的欣赏，也有人是为了在工作中获得满足感和自我发展。作为经理人，一定要了解员工的需求及变化，确保员工尽可能最有效地工作。

（4）衡量。经理人要建立衡量标准，而衡量标准对于整个组织的绩效和个人绩效至关重要。经理人要为每一个人确定一种衡量标准，衡量标准不但要专注于组织的绩效，而且还要专注于个人的工作绩效。

（5）培养他人。经理人最重要的工作就是培养他人。经理人是否按正确的方向来培养其下属，是否帮助他们成长并成为更优秀的人，将直接决定他本人是否能得到发展，是成长还是萎缩，是更优秀还是更平凡，是进步还是退步。

▶ 课堂讨论

上网或到企业车间搜集资料，编写现代企业车间管理人员现状调查报告并提出自己的建议意见，进行课堂分组讨论并进行评价测试：你是否已掌握现代企业车间管理人员基本要求？

## 任务三　车间组织机构和规章制度

➢ **任务提示**：本任务将引领你了解车间管理的组织机构和规章制度。

➢ **任务先行**：车间管理组织机构的设置原则是什么？车间管理组织机构的设计程序是什么？车间管理组织机构的模式是什么？它们各自有什么特点？什么叫车间规章制度？它包括哪些基本类别？车间应怎样做好规章制度的贯彻执行？车间规章制度的制订应注意什么？

## 视野拓展

### 某轧钢厂中小型车间管理模式的改革

现有某轧钢厂中小型车间生产线全部设备由意大利达涅利公司引进，年设计生产能力为40万吨，随着近两年生产任务的不断攀升，原有的管理方式已远远不能适应现在产能提升新形势下的发展要求。面对新的形势、新的挑战，寻求扁平化、精细化的管理体制，提升管理的有效性和管理绩效，是促进车间不断发展的关键所在。为此，该中小型车间把加强车间管理，探索车间扁平化管理的新方法、新手段，作为提高职工工作效率和工作质量的重要途径。

#### 一、原管理模式的现状分析

该中小型车间成立之初采用的是工段和大班相结合的管理模式，由生产工段负责车间设备的操作，维修工段负责设备的维修与保养。随着车间产能的逐渐提高，1999年车间产量已达到42万余吨，已经超过设计能力，同时设备超限问题也逐渐暴露出来，仅靠维修工段人员来管理好设备显得力不从心。为加强设备的管理与维护力度，车间先后成立了机械组、电气组、点检组、工艺组，负责全车间设备的技术攻关、点检反馈等工作。2003年，中小型车间面对全年75万吨的生产重任，不断完善落实设备点检、定修管理制度，实行全员参与的设备维护管理模式，使设备管理向精细化的方向发展。同时设立了工艺点检员，完善点检制度和考核标准，在维修岗位和生产岗位推行了工时制和计件工资管理办法，合理调配劳动力资源。虽然调动了职工工作的积极性，但是离车间快速发展的新形势还存在一定的差距，暴露出一些不尽如人意的方面和不利因素，例如，生产单位、维修单位和职能组在生产管理、设备管理中出现的对待某一项问题相互扯皮、推诿的现象仍有发生，形成了都来管理、都管不好的现象，一旦出现问题，应该考核"谁"，还需要对问题进行分析后定论，显然与当前快速发展的新形势不相适应。针对种种不良现象，中小型车间通过深入班组进行调查研究，分析存在这种不良现象的因素，按照推行精细化、扁平化管理的要求，提出了车间内实行"操检合一"的区域化管理新思路。

#### 二、形成新的管理模式

创新管理方法，解决难点问题的新管理思路已经明确，结合车间实际情况，中小型车间领导班子经过多次研究分析，采用以点带面的方法，首先对部分岗位制订了"操检合一"的区域化管理方案，出台了推行作业区管理体制改革的实施办法。2003年7月，中小型车间根据制订的作业区管理体制改革实施办法，率先在原来的精整岗位、机械岗位和电气岗位实行了区域化管理，成立了机械作业区和电气作业区。取消了机械工段、精整工段、电气组等6个工段（职能组）级单位和相应的工段级干部，实行了区域化管理作业。使机械、电气和生产岗位融为一体，将职能组的技术人员划归作业区，担任区域工程师的职务，并制订了区域工作标准和作业长、区域工程师职责范围。区域作业长负责作业区内部的各项管理工作，区域工程师担当起本区域内设备维护、改造等方面的技术问题，使每个作业区的干部职工不仅要组织协调好生产，还要维护好设备，形成了包产到户的良好格局。在每个区域，无论是生产管理，还是设备管理，都由本区域作业长一人抓，一旦出现问题，直接考核本区域相关人员。进一步增强了区域作业长的管理责任，全面增强了作业长在现场解决问题的主动性和积极性。

经过一个多月的区域化管理试运行，使试点单位各项工作质量有了明显提高，设备与生产管理问题得到很好的解决。推行"操检合一"管理模式的成功试运行，加快了在全车间推行区域化管理的步伐。之后，中小型车间对剩余的工段、职能组进一步优化调整，实行了区域划分，取消了轧钢工段、生产准备工段和工艺组，成立了生产作业区和生产准备作业区，及时出台了作业区标准、作业长岗位职责和各岗位工作标准等，推动了车间区域化管理模式不断向全面规范化的方向迈进。

### 三、新管理模式的效果

扁平化管理效果立显，促进了管理提速"操检合一"管理体制的有效运行，压减了管理层次，使作业长直接管理班组职工，消除了中间环节，在强化各区域人员工作责任心的同时，减轻了维修工的工作量，促进了设备点检维修质量的提高。对此，机械维修岗位的职工最有感触：以前，无论车间哪台设备出现问题，他们都要到现场进行维修，现在维修工划归作业区以后，负责的设备少了，责任明确了，在维护上也更精更细了，设备出现问题的概率明显减少，工作更有效率。新管理体制全面推行后的第二个月，正赶上车间的第四次设备大中修及深度挖潜改造。该车间按照新的管理体制，对各项改造维修项目进行了分工。各区域项目组人员各负其责，严格按照大修网络计划抓好工程进度。各区域人员之间互相帮助、互相支持，克服改造维修项目多等诸多不利因素，加班加点，每天工作在16小时以上，促进了各项目提前20多个小时保质、保量地完成。从而验证了区域化管理对促进人员工作主动性和积极性呈现出的明显优势。在设备管理方面，新作业区将每一台设备指定到人头，制订了设备维护点检标准和严格的奖惩制度，形成了靠制度管人、靠制度约束人的良好局面，每一位职工的责任心明显增强，人的能力得到充分发挥。在工作中，由各区域维修工与操作工负责设备日常点检与维护，由值班维修工负责全面检查、检修和设备改造等工作。这样，无论是操作方面的原因还是设备故障方面的问题，只要是本区域出现的问题，区域人员都把它当成自己的问题来处理，推诿扯皮现象自然就不复存在了。2004年以来，中小型车间结合新的形势进一步完善作业区管理制度、作业区工作标准、作业区岗位职责和相应的考核标准。促进了职工工作效率和各区域工作质量的全面提升，增强了全体职工的责任意识，使设备故障停机率明显减少，推动了生产指标的不断攀升。

> 知识链接

## 一、车间管理的组织机构

### 1. 车间管理组织机构的设置原则

车间组织机构系统是车间生产组织机构和管理组织机构的整合系统。设置车间管理组织机构，首先需要有个标准。符合哪些原则才是一个好的机构呢？根据人们长期进行的理论研究和管理实践，一般认为设置管理组织机构应遵循以下一些原则。

（1）目标明确化原则。任何管理组织机构的设置和调整（增加或合并）都是由它所要实现的特定目标决定的。也就是说，每一个组织机构的设置，都是以对实现其目标是否有利为衡量标准的。所以，在建立车间管理组织机构时，一定要首先明确车间总目标是什么？每个分支机构的分目标是什么？每个人的工作是什么？这就是目标明确化原则，也称为有效性原则。

（2）专业化分工与协作原则。分工是人类社会进步的标志，也是建立现代化管理组织的基础。多数企业的管理实践证明，实行专业化分工可以大大提高劳动生产率和工作效率。

分工就是按照提高管理专业化程度和工作效率的要求，把车间的目标、任务分成各种层次，明确规定每一层次、每个部门、每个人都干什么、怎么干，避免发生名义上共同负责、实际上职责不清、无人负责的混乱现象。有分工必然有协作。分工与协作是同一问题不可分割的两个侧面。只有把分工与协作结合起来才能形成一个整体，完成车间系统的共同目标。协作是指各个部门之间和部门内每个人之间的联系和配合关系。因此，在设置车间的管理组织机构时，根据分工的要求，要做到：① 尽可能按照专业化的要求来设置车间的管理组织机构；② 工作上要有严格的分工，每个职工所从事的专业化工作应达到比较熟练的程度；③ 分工应能收到较好的经济效益。根据协作的要求，要做到各个机构能自动进行联系配合；机构之间的各种联系配合关系应做到规范化、程序化。

（3）统一指挥与分权管理原则。统一指挥，就是要求各级管理机构必须服从它的上一级管理机构的命令和指挥，并且只服从一个上级管理机构的命令和指挥，不允许存在多头领导和指挥。分权管理，就是在分工的基础上将车间管理系统分为若干管理层次（如工段、班组），并向不同层次的管理者授予不同的管理权力，即把某些权力分给下级。集中统一领导与分级管理应当结合起来。

在设置车间管理组织机构时，正确贯彻统一指挥与分权管理相结合原则，必须注意以下几点。

① 各个管理层次，各种管理组织机构，都必须实行行政首长负责制。行政首长在其负责管辖的范围内，由他一人对有关的生产经营活动进行统一指挥，其下层人员必须严格执行他的命令，服从他的指挥。

② 要尽可能减少各级管理机构的副职，实行行政首长负责制，下级领导要对上级领导负责，副职要对正职负责，一般干部要对本部门的直接领导负责。实践证明，副职不宜过多，因为副职过多容易产生矛盾。国内外有不少企业的车间级中层管理职务实行一职一人，不设副职，或者只设一正一副二职，这样做都取得了良好的效果。

（4）管理幅度（控制跨度）原则。一个车间应分多少个管理层次，取决于车间规模和管理人员、管理幅度的大小。所谓管理幅度，是指一名管理者所能直接、有效地领导的下级人数。管理幅度与管理层次成反比例关系。一般地说，在总人数一定的情况下，管理幅度大，则管理层次就可以减少；反之，管理幅度小，则管理层次就需要增多。在设置车间管理组织机构时，必须正确处理管理层次与管理幅度的关系。因为管理幅度大，管理者接收的信息量很多，就有可能超过他的有效接收和处理限度，使信息得不到及时分析和处理，出现管不过来的失控现象。管理层次多，基层的信息要经过层层筛选传递才能到达上层，不仅信息量会减少，而且各层都加进了自己的理解和判断，容易使信息失真，导致决策失误。那么，管理幅度多大较为合适呢？根据我国企业的实践经验，车间中层管理者的管理幅度一般以 8~15 人为宜。基层管理者以 15~20 人为宜。

（5）权责一致原则。职权和职责是两个不同的概念。职责是指职位的责任、义务。职权是指处于某一职位上的管理者为完成其职责所应具有的权力，一般包括决定权、命令权、审查权、提案权等。在设置管理组织机构时，既要明确规定每一管理层次各职能机构的管理者的职责，又要赋予他完成职责所必需的管理权力，做到责权相符。在实际工作中，只有职责、没有职权或权力太小，管理者的积极性和主动性就会受到束缚，其职责也就无法完成；反之，只有权力而没有责任，就会造成滥用权力瞎指挥的官僚主义。所以，设置什么样的机构，配备什么样的人员，规定什么样的职责，就要授予其管理者什么样的权力，做到权责一致。

（6）精干、高效原则。管理组织机构是否精干直接影响它的效能。所谓精干，就是在保证完成目标，达到高质量和高效率的前提下，设置最少的机构，用最少的人完成其管理工作量，做到人人有事干、事事有人干，保证质量，负荷饱满。只有这样，才能消除机构臃肿、人浮于事的现象，使组织高效运转。

现代化管理的一个要求就是组织高效化。一个组织办事效率高不高，是衡量这个组织的结构是否合理的主要标准之一。所谓高效率，是指组织能实行最有效的内部协调，办事不但快速而且准确，极少发生重复和扯皮现象，并且具有比较灵活的应变能力。

**2. 车间管理组织机构的设计程序**

一般在3种情况下，需要考虑车间管理组织机构的设计：① 新建的车间；② 原有车间组织结构出现了较大的问题或车间目标发生了较大的变化；③ 对车间原有管理组织系统的局部进行增减或完善。这3种情况虽然不尽相同，但进行组织机构设计的程序基本上是一样的。

（1）围绕车间目标的完成进行管理业务流程的总体设计，并使总体业务流程最优化。

（2）按照优化的管理业务流程设计管理岗位。管理岗位是管理业务流程的环节，又是组织结构的基本单位。由岗位组成科、室、组，由科、室、组构成管理系统。

（3）规定管理岗位的输入、转换与输出。管理岗位是管理工作的转换器，即把输入的业务经过分析、加工转换为新的业务并把它输出，通过输入与输出就能从时间上、空间上、数量上把各管理岗位纵横联系起来，形成一个具有整体性的管理系统。与此同时，对每一个管理岗位的工作要进行详细分析，规定其输入与输出的业务名称、时间、数量、表格、信息等，并选择出各岗位的最优管理操作程序，用管理标准、工作规范把它固定下来。

（4）给管理岗位定人员、定编制。

（5）规定管理岗位人员的职务工资和奖励级差。一般是根据每一岗位在管理业务流程中的重要程度、任务量多少、劳动强度大小、技术复杂程度、工作难易程度、环境条件差异、政策水平高低、风险程度大小等8个指标来考虑管理劳动报酬的差别。

按照上述程序将车间管理组织机构的基本框架确定之后，还要对每一个管理层次和职能部门的工作规范、权力划分、考核与奖惩办法等做出明确规定。

（1）制订工作规范。工作规范是根据目标的要求，对每一管理层次、每个职能部门和每个管理岗位的工作项目、责任和要求进行规定。工作规范的项目主要包括基本职责范围、管辖界限和主要目标。

（2）赋予各岗位相应的权力。权力是保证责任落实、工作规范执行的必要条件。只有针对不同的责任和工作规范赋予相应的权力，做到权责相等，才能使管理业务流程顺利畅通，目标才能完成。

（3）制订考核与奖惩办法。为对各个部门的工作完成情况进行严格考核，要设置专门的考核机构，制订考核办法和制度，采用科学的、规范性的考核表格，形成一个完善的考核体系。

确定了工作规范、工作权力和奖惩办法之后，车间的组织机构设计就告完成，最后要把组织机构图绘制出来。组织机构图是用图表的形式表现车间各管理层次、各职能部门的主要职能和权力的关系。它不仅能表示出整个组织机构的形态和组织内上下级和同级的关系，而且还能表明权力及信息沟通的方向，给人以简洁清晰的印象。

**3. 车间管理组织机构的模式**

车间管理组织机构的设置要受产品特点、生产规模、生产技术复杂程度和专业化管理水平等因素的影响。所以，各企业车间管理组织机构的模式不完全一样。

因为车间系统是企业系统的一个子系统，所以，车间组织机构的设置与企业组织机构的设置是密切联系、不可分割的。因此，在讨论车间管理组织机构模式时要同企业管理组织机构的模式联系起来一起讨论。随着现代大工业的产生和发展，企业管理组织机构的模式也经历了一个发展变化的历史过程。这个历史过程可分为两个阶段：传统组织阶段和现代组织阶段。

在传统组织阶段中，先后产生了 4 种管理组织模式，即直线制、职能制、直线参谋制和直线职能参谋制。在现代组织阶段中，也产生了 4 种管理组织模式，即事业部制、超事业部制、矩阵制和多维立体组织结构。由于后 4 种不是大型或超大型企业（公司）所采用的管理组织机构模式，与车间管理组织机构设置的关系不大，所以这里只介绍前 4 种管理组织模式。

（1）直线制（亦称单线制）。它是工业发展初期的一种最简单的管理组织机构模式。其基本特点是组织中的各种职位按垂直系统直线排列，不存在管理职能的分工，一切指挥和管理职能均由厂长和车间主任自己执行，下属单位只接受一个上级的指令。其模式如图 1-1 所示。

图 1-1 直线制管理组织机构的模式

从图 1-1 中可以看出，厂长和车间主任都没有设置职能机构，生产、技术、销售、财务等业务都要他们亲自处理。这就要求厂长和车间主任通晓各种管理业务，成为"全能"式的人物。这种组织模式的优点是机构简化，权力集中，职责分明，决策迅速，命令统一。其缺点是：当企业规模扩大时，在产品品种多、业务复杂、技术要求高的情况下，厂长和车间主任仅凭个人知识、能力和精力会感到难以应付。因此，这种模式一般适用于小型企业。

（2）职能制（亦称多线制）。它的基本特点是：企业的各级行政负责人在其下都设置有相应的职能机构，并且各职能机构在自己的业务范围内可以向下级单位下达命令和指示，进行直接指挥。因此，下级行政负责人除了接受上级行政主管人的领导外，还必须接受上级各职能机构的领导和指挥。其模式如图 1-2 所示。

这种管理组织机构模式的优点是能提高企业管理的专业化程度，能调动职能管理人员的工作积极性，可以弥补各级行政负责人管理能力的不足，能够适应大型的、复杂企业的管理的需要。其缺点是多头领导，不利于集中统一指挥，不利于明确划分各级行政负责人和职能机构的责权等。在我国，一般企业很少采用这种模式，但政府的经济管理机关和大型工业公司的组织机构基本上接近于这种模式。

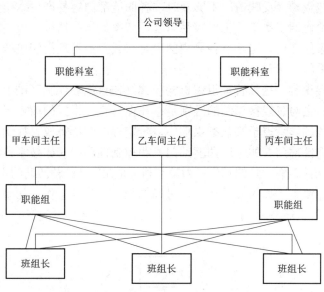

图 1-2　职能制管理组织机构的模式

（3）直线参谋制（亦称生产区域制）。这种管理组织机构模式是在吸取上述两种模式的优点、摒弃其缺点的基础上发展出来的。这种模式的特点是把企业和车间的管理机构与人员分为两类：一类是直线指挥机构和人员，他们拥有向下级下达命令、进行指挥的权力，并对本单位的工作全面负责（如车间主任就本车间的全部工作对厂长负责）；另一类是参谋机构和人员，他们是直线领导者的参谋，只能给直线领导者充当业务助手，不能直接对下级组织发布命令。其模式如图1-3所示。

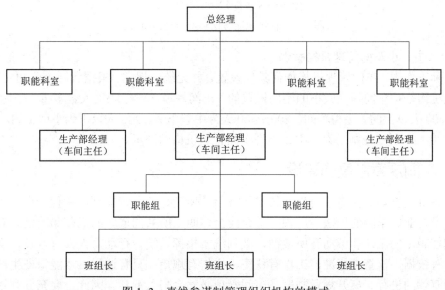

图 1-3　直线参谋制管理组织机构的模式

这种模式的优点是综合了直线制和职能制两种模式的优点，既可保证集中统一指挥，又可充分发挥职能人员的专业管理作用。其缺点是各职能机构自成体系，相互之间的横向联系薄弱；信息传递路线较长，反映情况不够及时，各职能部门容易产生本位主义，相互发生矛盾，增加高层领导的协调工作量；工作容易重复，效率不高；结构呆板，缺乏弹性，不易适应外部环境和内部条件变化。这是一种典型的"集权式"的管理组织机构，目前为我国绝大多数大中型企业所采用。

（4）直线职能参谋制。这种管理组织机构模式是在直线参谋制基础上发展而来的，是对直线参谋制的改进。它与直线参谋制的区别是：在保持直线指挥的前提下，为了充分发挥职能部门的作用，直线领导者授予某些参谋部门以一定程度的决策权、控制权和协调权，即职能职权。特别是协调性部门（如生产调度部门）和控制性部门（如技术检验部门、经营销售部门），如果对下级组织没有一定的相应权力是不利于企业生产经营活动的正常运转的。但是，职能职权的授予应当慎重，如果授予得当，可以加强企业管理工作；如果授予不当，则将削弱直线指挥权。直线职能参谋制管理组织机构比直线参谋制更完善、更有效。其模式如图1-4所示。

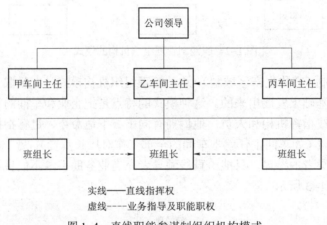

实线——直线指挥权
虚线----业务指导及职能职权

图1-4　直线职能参谋制组织机构模式

**4. 大、中、小车间管理机构举例**

在实际工作中，车间管理机构如何具体设置，并无统一规定。根据我国企业的实践经验，车间管理机构是按车间规模大小的不同设置的。车间规模一般按职工人数多少，分为大、中、小3类。400人以上的为大型车间，200~400人为中型车间，200人以下为小型车间。图1-5、图1-6与图1-7所示分别是大、中、小型车间管理机构的图示。

## 二、车间规章制度的建设

所谓规章制度，是指企业对生产技术经济活动所制订的各种规则、章程、程序和办法的总称。它是企业、车间的厂法、厂规，是企业全体职工所共同遵守的规范和准则。有了规章制度，就使职工的工作和劳动有所遵循，做到统一指挥、统一行动，人人有专责，事事有人管，办事有依据，检查有标准，工作有秩序，协作有规矩。只有这样，才能保证生产经营活动顺利而有效的进行。离开规章制度，车间管理必然会陷入混乱。因此，要充分利用规章制度的职能来管理企业、管理车间。

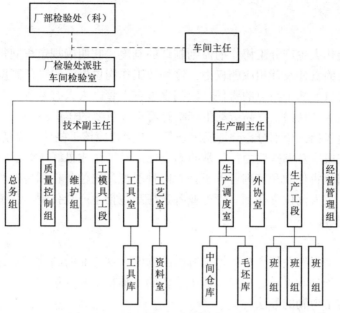

图 1-5 大型车间的管理机构

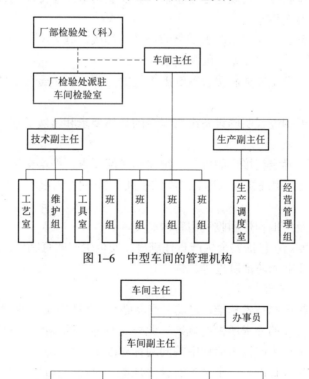

图 1-6 中型车间的管理机构

图 1-7 小型车间的管理机构

**1. 车间规章制度的种类**

企业的规章制度种类繁多，从车间的范围来看，按其所起的作用和使用范围，大体上可分为3大类。

1）责任制度

这是按照社会化大生产分工协作的原则制订的制度。它明确规定车间每个工作岗位应该完成的任务和所负的责任及其相应的权力。这种按工作岗位确定的责任制度，不论谁在哪个岗位上工作，都要执行那个岗位的责任，做到事事有人管，人人有专责，办事有标准，工作有检查，这对稳定生产秩序、提高劳动生产率有着十分重要的作用。

责任制的内容包括三个部分：一是规定任务，本岗位应该干些什么事情；二是授予权力，为了保证任务的完成应有哪些权力；三是明确责任，对工作成果好坏要承担什么责任。

责任制分为岗位责任制和管理业务责任制两种类型。岗位责任制包括领导干部责任制、职能人员责任制、工人岗位责任制。管理业务责任制包括生产责任制、营销责任制、质量责任制、经济责任制等。

2）管理制度

管理制度主要是指有关整个车间管理方面的制度。这方面的制度主要有以下几项。

（1）职工考勤管理制度。它规定了职工请假的批准权限和请假的手续及对各种假别的处理解决办法，规定了考勤的办法。

（2）思想政治工作制度。它规定各级管理人员及党员做思想工作的任务和责任，提出思想政治工作的内容、形式和方法。

（3）职工奖惩制度。它规定了职工受奖的条件和等级，确定了受到惩罚的范围和类别，明确了从车间主任到班组长的奖惩范围和权限。

（4）车间工资奖金及工人福利费管理制度。根据厂部工资奖金分配的原则，制订具体的分配和管理办法。

（5）设备维修保养制度。明确设备维修保养的具体要求和落实责任，编制本车间设备修理的计划。

（6）交接班制度。确定交接班的内容、纪律和时间要求，严格交接班制度。

（7）仓库保管制度。明确物资入库、出库的手续，加强物资保管的"三防"（防火、防腐、防盗）制度。

（8）低值易耗品及废旧物资回收利用管理制度。

（9）安全生产制度。它包括安全生产责任制度、安全生产教育制度、安全生产检查制度、安全事故处理制度、职业病防治制度等。

3）技术标准与技术规程

技术标准通常是指产品技术标准，它是对产品必须达到的质量、规格、性能及验收方法、包装、储存、运输等方面的要求所做的规定。此外还有零部件标准，原材料、工具、设备标准等。技术标准是职工在生产技术活动中共同的行动准则。

技术规程是为了执行标准，保证生产有秩序地顺利进行，在产品加工过程中指导工人操作、使用和维修机器设备及技术安全等方面所做的规定。一般有工艺规程、操作规程、设备维修规程和安全技术规程等。

技术标准和技术规程是由厂部制订的，车间主要是贯彻执行这些标准和规程。如果在执行中发现某些规定不符合实际，或者有缺陷，必须报请厂级有关职能科室进行验证，然后进行修改、完善，制订出新的规定后由主管厂长批准实施。

**2. 车间规章制度的制订**

企业的规章制度主要由厂部统一制订，车间的主要任务是贯彻执行企业的规章制度。此外，还可以根据车间的实际情况，制订一些执行企业制度的具体规定，使企业制度在本车间实施得更加细致、完善，更具有操作性。

制订车间管理制度必须注意以下几点：一是必须在内容上与上级制订的规章制度相一致，不要产生矛盾和冲突；二是必须适合本车间的管理实际，不能生搬硬套别的车间的管理办法；三是必须有利于调动全体职工的积极性，宽严适度，由宽而严，逐步过渡，使广大职工易于接受并逐步养成习惯；四是制订制度务必经过全体职工讨论，由大家共同制订自己的管理制度。只有大家共同讨论而制订的管理制度，才是最有群众基础、最具权威的制度，才能最有利于贯彻执行。如果光靠领导单方面制订制度，职工自己感觉到处于被动地位，往往会认为这是领导有意卡他们，从而容易产生逆反心理。而只有让广大职工都来参加讨论和制订制度，职工自然会有受尊重的感觉和实现了当家做主的感觉，故而心情舒畅，也能更好地理解制度的必要性，从而会产生一种自觉遵守制度的责任感，利于制度在车间、班组及全体职工中贯彻执行。

**3. 车间规章制度的贯彻执行**

再好的规章制度最终要靠贯彻执行，车间的职责是将规章制度变成职工的实际行动，而这一转变不是轻而易举的事情，中间要经历广大职工对制度的认识、接受、认同、内化，最终付诸实践，从而变成行为习惯的各个环节，这就要求车间领导做许多踏实细致的宣传教育、检查监督和积极引导的实际工作。

（1）宣传教育要"三令五申"。规章制度要变成广大职工的行动，不但要让职工充分了解其具体内容，更要职工懂得规章制度的重要性和必要性，以主人翁的责任感去自觉执行。因此，车间领导要亲自上台对职工进行纪律、法规教育，工段长、班组长要经常组织职工学习厂规、厂法，熟悉厂规、厂法的具体内容，以便在行动中贯彻执行。

（2）检查监督要持之以恒。坚持不懈、严格要求是规章制度的严肃性和权威性的体现。车间、工段、班组的领导都要经常检查、监督职工执行规章制度的情况，一有违背或偏离，立即予以纠正和教育。同时要把对规章制度的执行与必要的奖惩相结合，作为奖金考核、评先评优、工资晋级的一项内容。

（3）关键问题是干部带头。规章制度的贯彻执行，首先要发挥干部的模范带头作用。车间主任、工段长、班组长等领导人物以身作则、身体力行地带头执行规章制度了，职工群众就会跟着做，不愁难执行。因此，执行制度要一视同仁，不论是干部还是普通职工，违反制度的人员一样要受处罚。

（4）重要的问题是提高职工素质。规章制度的贯彻执行，与一个人的基本素质有很大关系。素质高的人，懂得规章制度对于集体劳动、集体生活的重要性和必要性，会自觉地去执行；反之，素质低的人，不懂得处理集体生活中的人与物、人与人关系，视规章制度为管、卡、压，心存反感，不情愿受规章制度的约束。职工的素质主要包括文化素质、心理素质和道德素质。车间领导要积极发动和创造机会，让职工更多地参加企业统一组织开展的职工培训活动，同时车间、工段、班组也要利用班前班后和节假日时间多开展一些生动活泼的思想政治、科学文化、参观学习、公共交际、社会生活、岗位技能等有利于职工身心健康、意志锻炼和技能提高的活动，以全面提高职工的集体观念和整体素质，从而也为职工自觉地理解和执行规章制度打好基础。

> **课堂讨论**

上网或到企业车间搜集资料，结合地区骨干企业某车间的特点提出车间组织机构的改进设想，编写一份车间管理规章制度，进行课堂分组讨论并进行评价测试：你是否已掌握车间管理的组织机构和规章制度？

## 任务四　车间设置和布置方法

➢ **任务提示**：本任务将引领你明确车间设置的原则和布置方法。

➢ **任务先行**：现代企业的车间有哪些类型？车间的设置原则是什么？车间布置包括哪些基本内容？车间的布置重点是什么？

> **视野拓展**

### 南京造漆厂涂料生产车间设置

涂料生产车间的设置，有两种基本形式：一是工艺专业化生产线，也称机群式。就是按照不同的生产工艺来设置不同的车间或工段班组，在工艺专业化的车间内，集中同工种的工人和安装同种类型的设备，如涂料厂的树脂车间、研磨车间、过滤工段、调漆工段、包装工段等。二是对象专业化生产线，也称封闭式生产线，就是以产品（或半成品）为单位来设置车间。在对象专业化的车间内，集中为制造某种产品所需要的各工种的工人和安装各种设备，它基本上独立完成该种产品的全部工艺过程。如硝基漆车间、聚氨酯漆车间等。

涂料工业的生产特点是原材料和产品品种多，生产工艺简单，流程短。传统的生产车间的设置方式多为按工艺来划分，根据油漆生产工艺：油料精制—熬炼—净化—拌和—研磨—调漆—包装。通常分成熬炼（或漆料）车间和色漆（或成品）车间。在同一车间内安装多台相同的工艺设备，如色漆车间有砂磨机群、三辊机群、球磨机群等，在调色工段通常有几台或几十台调漆罐，而几乎各类产品如油性漆、天然树脂漆、醇酸漆、氨基漆等，都在这个车间生产。南京造漆厂新设计安装的 15 000 吨/年色漆车间就是典型的工艺专业化生产车间。在这个车间内装有 2 台三辊机、2 台卧式封闭砂磨机、4 台卧式球磨机、8 台立式砂磨机。按工艺专业化设置生产车间的优点是，能充分利用设备和生产面积；便于对工艺进行专业化管理；新产品的投产可以在已有的生产线上组织实施，这些优点在品种少、规模小的企业更明显。多年来我国油漆厂除了个别品种（如硝基漆、过氯乙烯漆）外，生产车间的设置几乎都采用工艺专业化形式，在涂料行业生产发展中发挥了一定的作用。

近年来涂料厂新产品开发速度加快，产品大类和品种增加很多，生产批量变大，此时企业按工艺专业化设置生产车间在实践中已逐渐暴露出它的缺点：① 不同品种在同一工艺设备中通过，对产品性能会产生干扰，易发生质量事故；② 品种更换时，因清洗机器增加物料消耗；③ 车间库存的在制品种类多，生产资金占用量大；④ 生产计划的编制和调度工作难度大，不便于管理水平的提高。针对上述情况，特别是丙烯酸树脂漆及水性漆被逐步开发后，不少企业开始改变传统的方法，探索按产品品种来设置生产线的新形式。如天津油漆总厂的云母氧化铁防锈漆生产线，武汉制漆总厂的聚氨酯漆和环氧漆生产线，北京油漆厂的乳胶漆生产线等在实践中都取得了较好的效果。哈尔滨油漆厂早几年曾设想学习国内厂家，按工艺来划分车间，准备把相同的工艺设备集中安放在一个车间，但发现上述一些问题较难解决，后来决定按品种来设置生产线，建立了醇酸漆、氨基漆、硝基漆、调和漆及中试5个生产车间。几年来的实践使他们尝到了甜头：劳动生产率高，能源消耗低，原材料损耗小，产品成本降低，而且便于管理和考核。

按产品对象来设置生产车间，在一条生产线上安置各种不同的工艺设备，如基料罐、高速搅拌机、砂磨机、调漆罐、包装机等。在每个工序、每台设备上，只通过一个产品或特性相似的几个产品。产品专业化生产车间的优点是：① 减少品种间的干扰，有利于熟练操作技术和提高产品质量；② 减少因品种更换产生的物料工时消耗，生产效率高；③ 能使复杂的生产作业计划和调度工作得到简化；④ 可用最短的时间、最小限度的在制品量生产出最多的涂料产品，为实行最经济的生产计划管理提供了途径，有利于我国涂料行业改变作坊式生产方式，向大型化、连续化生产发展，有利于企业实行现代化管理。

## 知识链接

### 一、车间的类型及其设置原则

企业生产类型是影响生产过程的重要因素，而生产过程的组织形式决定生产单位专业化的原则和车间组织形式。在生产性企业里，根据车间在整个产品生产过程中的地位，可以将其分为基本生产车间、辅助生产车间、附属生产车间、副业生产车间。其中，基本生产车间是基本生产过程直接对产品进行加工的车间，是严格按照不同的专业化原则组成的。生产单位专业化的原则主要有工艺专业化原则、对象专业化原则和综合原则，与此相适应地存在3种类型的车间组织形式。

**1. 工艺专业化原则与工艺专业化车间**

工艺专业化原则，是指按照生产过程的各个工艺阶段的工艺特点来建立专业化的生产单位，也叫工艺原则。工艺专业化车间就是按工艺原则设置的车间。它具有"三同一不同"的特点，即在车间里集中同种类型的工艺设备和同工种工人，对不同类型的加工对象进行相同的工艺方法加工。这类车间又可分为两种：一种是为完成一个工艺阶段的全部工种作业的工艺专业化车间，如机器制造企业设立的机加工车间、热处理车间、表面处理车间、铸造车间、锻造车间、组装车间等；另一种是为完成一个工艺阶段的部分工种或某一工种的工艺专业化车间，如车工车间、铣工车间、刨工车间等。

工艺专业化车间的优点是对产品品种变化有较强的适应性，有利于充分发挥机器设备的作用，便于加强技术指导和组织同工种工人培训。其缺点是运输线路和生产作业周期比较长，资金占用多，生产单位之间的协作比较复杂。工艺专业化车间属于开放式车间，适用于单件小批生产类型。

**2. 对象专业化原则与对象专业化车间**

对象专业化原则，是指按照加工产品为主来建立对象专业化的生产车间，也叫对象原则。对象专业化车间就是按对象原则设置的车间。它具有"一同三不同"的特点，即在车间里集中为制造某种产品所需要的不同类型的设备和不同工种的工人，对同种产品进行不同工艺方法的加工。这类车间也可以分为两种：一种是以产品或部件为对象建立的总成车间，如汽车制造厂的发动机车间、底盘车间等；另一种是以同类型零件为对象建立的专业化车间，如机床厂的齿轮车间、轴承厂的滚子车间等。

对象专业化车间的优点是运输线路和生产周期比较短，占用资金少，生产单位之间的协作关系比较简单，有利于按期、按质、按量成套地完成任务。其缺点是对产品品种变化的适应性差，设备利用率低，给工艺管理和工人技术培训带来不便。对象专业化车间属于封闭式车间，适用于大量、大批生产或成批生产类型。

**3. 综合原则与综合性车间**

综合原则，是指综合运用工艺专业化与对象专业化来建立生产单位的原则。综合性车间就是按工艺专业化和对象专业化结合运用的综合原则设置的车间。这类车间在一定条件下吸取了上述两类车间的优点却避免了它们的缺点，因而是一种较为灵活的车间组织形式。这类车间既有按车间主要零件的工艺过程顺序排列工艺设备，以设备组为基础设置的生产班组，如机加工车间的车工班、铣工班、钳工班、磨工班等；又有按部件或产品生产为基础设置的生产工段或班组，如机加工车间的标准件工段、油箱班等。

上述3种类型的车间各有优缺点，选择车间的组织形式必须从企业的具体生产技术条件出发，全面分析不同专业化类型车间的技术经济效果，考虑长远发展和现实生产需要而加以决定。

## 二、车间布置的内容和原则

生产过程空间组织中的一个重要内容是工厂布置和车间布置。首先要通过工厂平面布置决定各基本生产车间、辅助生产车间、仓库、办公室及其他单位或设施在平面图上的相互位置和面积大小，同时还决定物料流程、厂内外的运输方式和厂内运输系统。然后在安排工厂平面布置的基础上，合理安排车间内的平面布置，即正确规定各基本工段、辅助工段和生产服务部门的相互位置和工作地、机床设备之间的相互位置。

在设计和安排车间的平面布置之前，必须根据工厂的生产大纲和车间分工表明确车间的生产任务，然后编制车间的生产大纲，制订加工的工艺流程，确定工艺路线和生产的组织形式，确定机床设备和起重运输设备的种类、型号及数量。

不同的生产类型，车间的组成部分是不一样的。一般来说，车间主要由以下几个部分组成。

（1）基本生产部分，如机加工车间的各种机床设备、装配车间的装配生产线等。

（2）辅助生产部分，如车间的机修组、电工组、检验室等。

（3）仓库部分，如中间零件库、半成品库。

（4）其他必需部分，如休息室、更衣室、洗手间、通道等。

如何将这些部分在车间内布置好，是车间布置的重要内容和任务。车间布置的规模比工厂布置的规模小，但是却更具体一些，直接牵涉产品在车间内生产时的效率和便利，以及生产现场管理和安全文明生产。

进行车间平面布置时，要绘制车间区划图，即进行车间的总体布置，确定车间各组成部分的相互位置，特别是基本工段、辅助工段和工具室、中间库之间的相互位置。应当使各基本生产工段、班组的相互配置符合工艺流程的顺序，辅助工段、生产服务部门的布置有利于对生产工段、班组提供服务。例如，材料、毛坯库应设在车间的前段或侧面；中间仓库应设在机加工段的尾部、装配工段（车间）的前段或紧邻位置；工具室应设在工人领取工具方便的位置，并与磨刀间相近；修理工段应设在车间一侧的单开间或邻近屋室。

车间总体布置后，应进行车间的设备布置，并通过设备布置来校验和调整车间的总体布置。从整体意义来说，车间布置的重点是设备布置，因设备布置而形成工作地，因工作地布置而形成生产班组、工段，最终由工段、生产班组布置而构成车间总体布置。车间设备布置的原则如下。

（1）按照生产过程的流向和工艺顺序布置设备，尽量使加工对象成直线运动，线路最短，将倒流减小到最低限度。

（2）注意运输方便，充分发挥运输工具的作用，如加工大型零件和长棒料的设备应布置在车间入口处，大型加工设备应布置在有起重机的厂房里。

（3）合理布置工作地，保证生产安全，并尽可能为工人创造良好的工作条件。

（4）考虑多机床看管工人作业的方便。

（5）合理利用车间生产面积，正确规定设备、墙壁、柱子、过道之间的距离。

（6）注意维护设备精度，照顾设备工作特点，如精加工设备应布置在光线最好和震动影响最小的地方。

### 三、设备布置的形式和方法

**1. 设备布置的形式**

车间设备布置的基本形式有以下 3 种。

（1）工艺专业化的布置形式，又称为机群式布置形式。它是将大致相同类型的设备相对集中地摆放在一起，形成一个群体，对产品进行相同或相似的加工，如按车床组、铣床组、钻床组等分区进行布置。这种设备布置形式有利于多品种、小批量生产条件。

（2）对象专业化的布置形式，又称为流程式布置形式。它是将设备按产品的工艺顺序进行摆放，形成一条生产线，完成对产品的全部加工。这种设备布置形式有利于少品种、大批量生产条件，典型的形式就是流水线生产。

（3）综合性的设备布置形式，又称为混合式布置形式。它是介于工艺专业化和对象专业化之间的相互结合的一种设备布置形式。

**2. 设备布置的方法**

车间设备布置的具体方法很多。在单一品种生产条件下，设备布置可采取直线式、蛇形式、U 形式、环形式、"工"字式等。

（1）直线式是常用的形式，它排列比较简单，组织比较容易，流程比较畅通。

（2）蛇形式适用于厂房宽度较大、长度较短的情况，它可以缩短纵深流程，经济利用空间。

（3）U 形式适用于受场地限制，材料进口与成品出口必须置于同一侧的情况。

（4）环形式适用于辅助工具、容器、运输工具必须周而复始地送回起点的情况。

（5）"工"字式适用于空间狭窄、零件体积较小的情况。

▶ **课堂讨论**

上网或到企业车间搜集资料，编写企业车间设置的调查报告，针对地区骨干企业某车间的特点提出车间布置的改进建议，进行课堂分组讨论并进行评价测试：你是否已了解车间设置的内容和原则？是否掌握车间布置的方法？

▶ **案例分析**

## 一、任务要求

没有好的车间管理，就不可能有好的企业管理和现场管理，车间管理在现代企业中的作用将日益突出。如何提高车间管理人员的素质，如何在车间工作中形成一套科学且行之有效的管理模式，提升生产制造过程的控制能力，这些问题成为车间亟待思考的重要问题。通过本模块 4 个任务的学习和训练，针对导入的案例进行分组讨论。结合自己的感受谈谈以下问题的看法。

（1）车间管理在现代企业管理中的重要性。

（2）车间管理人员应该具备哪些基本素质？如何在平时培养这些素质？

（3）车间管理组织模式有哪些？如何结合车间实际，创新车间管理模式？

## 二、检查方法

各小组针对以上案例通过参观、上网等方法收集相关资料，分组分析讨论，然后总结报告，在教师组织下进行综合评价。通过本次教学活动设计组织和导入案例的分析，更深入地了解车间管理的基本原则、车间管理人员的基本要求、车间管理的模式、车间规章制度、车间管理的内容和方法等基本常识，理解车间管理的重要性，为学习本课程增加信心并打下良好的基础。

## 三、评估策略

"浙江欢乐宝贝玩具有限公司车间主任谈车间管理人员"和"某轧钢厂中小型车间管理模式的改革"等车间管理的典型实践案例，有些相关的现象还是或多或少地存在于各个企业的车间管理中。通过对案例的分析讨论，对学生在整个案例学习分析过程中的情况进行正确评估，了解学生对车间管理模式和车间管理人员等问题的关切程度，采用的案例分析教学和拓展训练能使学生进一步理解车间管理在企业管理工作中的地位和作用，理解车间管理内容和方法、车间管理模式、车间设置和原则及布置方法等，并对车间管理的典型案例有一定的认知和分析能力，在案例分析中同时培养学生的团队合作精神。

在项目案例学习过程中，要对学生学习情况进行检查评估，主要采用学生互评、教师点评、校外企业车间管理人员评价等形式，从学生掌握车间管理概述知识点、案例分析报告质量、团队协作精神等方面对学生的项目学习情况进行综合评估（见表 1-1）。

表 1–1　车间管理概述项目案例学习评估策略表

| 序号 | 检查评估内容 | | 检查评估记录 | 自评 | 互评 | 点评 | 分值 |
|---|---|---|---|---|---|---|---|
| 1 | 现代企业车间管理的职能和基本原则、现代企业管理人员、车间管理的组织机构和规章、车间设置的原则和布置方法、车间管理的内容和方法等知识点的掌握 | | | | | | 30% |
| 2 | 典型案例"浙江欢乐宝贝玩具有限公司车间主任谈车间管理人员"分析报告质量 | | | | | | 20% |
| 3 | 典型案例"某轧钢厂中小型车间管理模式的改革"分析报告质量 | | | | | | 20% |
| 4 | 政治素质职业素养 | 政治思想、遵章守纪情况：是否具有正确的价值观和人生观？是否遵守各项制度要求？ | | | | | 10% |
| 5 | | 处理问题能力：分析问题是否切中要点？问题解决方法是否切实可行、操作性强？ | | | | | 5% |
| | | 语言能力：是否积极回答问题？语言是否清晰洪亮？条理是否清楚？ | | | | | 5% |
| 6 | | 安全、环保和质量意识情况：是否注意现场环境？是否具有安全操作意识？项目实施是否具有质量意识？ | | | | | 5% |
| 7 | | 团结协作、奉献精神情况：是否有团队精神？是否积极投入本项目学习，积极完成案例学习任务？ | | | | | 5% |

总　评：

评价人：

## 拓展训练

**训练 1**：案例分析。分组评论，单从班前会的工作现场看，你觉得这个车间主任称职吗？他的不足之处在哪里呢？

**【案例 1】某民营电子企业车间主任的工作片段**

一家民营电子企业一个车间主任的工作片段，感觉该企业管理上有大问题，在这里记录下与大家一道去探讨。

班前会：在车间主任值班室，这个车间主任坐在自己的椅子上，工人或站或靠或坐围在他的四周。没有工作前的注意事项的强调，应知应会的告知，工人就那么候着，只是等着了解今天我该做什么。他眼睛盯着手中的本子，那是员工的签到本，而不是事先做好的派工计划，也许他的大脑正在高速运转，五六分钟过去了，终于他发出了第一个指令，用笔依次指了两个工人，"×××，×××，你两个打方桶，走吧"。那两个人出去了。接下来，两分钟之后，他又派出了两个工人……"你是叫啥呀？"他用笔指着一个工人（这个工人已经来了第四天了），工人回答叫"×××"，"那你们三个去打板，去吧"，这三个人出去了，在他们旁边的两个工人也跟出去了。不一会儿，被他问名字的那个人回来了，问他："你安排我们哪三个人呢？"，这个车间主任板着脸略显生气地说："咋那么笨呢，不是说明白了吗？你们挨着的三个人。""但多出去了两个人呀"……（在他派工的整个过程中，虽然大家都努力地听，但有些还是没有听明白。整个派工过程用时12分钟，总共只有五台机器）。工派完了，先前走出去的工人，陆续又有回来的，要这个主任给开领料单，而有的则是问怎么配料的。

我们在车间听到了刚才回头问的工人正在与同事议论："什么车间主任，啥水平，布置工作说不明白，口里像含着东西，还埋怨我们。"……通过与工人接触，了解到其他一些情况，他们提到了该车间主任的种种不是……

**训练2**：案例分析。结合以下案例谈谈你对"车间管理制度"这一问题的看法。

【案例2】长城须崎铸造股份有限公司铸造车间管理制度

长城须崎铸造股份有限公司铸造车间管理制度化，以严、细、实入手。车间管理是一个烦琐的工作，车间主任必须在管人、管物、管事上做好文章，从严、细、实入手，使被管理者职责明确、管理制度落到实处。

一、严，管理制度和考核方案是车间规范每个职工的行为准则和对其工作成绩好坏进行衡量的尺度。既然有规章制度，就必须严格地去执行、考核，决不能避重就轻，以造成不良后果。同时对职工的管理、考核，必须做到公平、公正、合理、透明，这样使每个职工能心服口服，以便更好地开展工作。

二、细，车间管理有许多规章制度和考核方案，在上级制订的这些政策指导下，必须结合车间的实际情况，进行细化及完善，减少管理漏洞，使车间每个职工都有章可循，工作起来有条不紊。在这几年管理中，根据公司的经济责任制考核方案，先后出台车间的《经济责任制》《文明生产、定置管理考核办法》《工艺纪律、分体油漆保持考核办法》等许多契合车间实际操作的管理制度。

三、实，车间管理要顺、要好，光有制度还不行，重要的一面是现场管理要抓实。现场管理是车间管理工作的基础。车间主任必须要花大力气搞好。

**训练3**：组织学生参观机电生产企业车间现场，了解车间管理在企业管理工作中的地位和作用。

## 模块小结

车间是生产型企业的中心，车间和制造部门管理得好坏，直接影响产品"质量、成本、交货期"各项指标的完成，车间管理在企业中将扮演愈加重要的角色。本模块主要介绍现代企业车间管理的职能和基本原则、管理者和现代企业管理人员要求、车间管理的组织机构、车间规章制度建设、车间设置原则和布置方法、车间类型和设置的原则、车间管理的内容和方法。明确车间管理的重要性，树立现代企业车间管理理念。

# 模块二

# 车间劳动和职工管理

 **知识目标**

- 了解车间管理工作的方法研究和时间研究概念
- 了解车间职工管理的原则、方法和常用工具
- 了解企业和车间文化的概念与内容

 **技能目标**

- 掌握车间管理工作的方法研究和时间研究方法
- 掌握车间职工管理方法和常用工具的使用
- 掌握企业和车间文化的建设

 **模块任务**

任务一　车间劳动管理工作研究
任务二　车间职工管理
任务三　车间企业文化建设

 **任务解析**

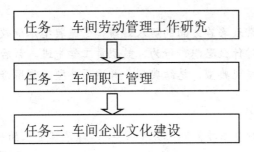

案例导入
视野拓展
知识链接
课堂讨论
案例分析
拓展训练
模块小结

**案例导入**

金工车间主管谈"团队激励运用与车间文化的形成"

车间是个正式的群体，是处于企业基层层面的团队。如何有效地激励职工、打造一支高

绩效的车间团队？这是车间主管工作的重中之重，而且将直接关系车间团队的发展，特别是对形成具有鲜明特色的车间文化有重要作用。本人作为金工车间主管谈谈团队激励运用与车间文化的形成。

## 一、车间管理中的激励方式

### 1. 目标激励

所谓目标激励，就是把大、中、小和远、中、近的目标结合起来，使职工在工作中时刻把自己的行为与这些目标紧密相联。目标激励包括设置、实施和检查目标3个阶段。在制定目标时须注意，要根据车间团队的实际业务情况来制定可行的目标。一个振奋人心、切实可行的目标，可以起到鼓舞士气、激励员工的作用。

### 2. 数据激励

运用数据显示成绩，能更有可比性和说服力地激励员工的进取心。对能够定量显示的各种指标，要进行定量考核，并定期公布考核结果，这样可以使员工明确差距，有紧迫感，迎头赶上。

### 3. 榜样激励

一个成功的车间团队主管，他之所以成功，其关键在于主管99%的行为魅力及1%的权力行使。即要成为大家的榜样，"喊破嗓子不如做出样子"。好的领导行为能给员工带来信心和力量，激励部属，使其心甘情愿又义无反顾地向着目标前进。作为车间主管要加强品德修养，严于律己，做一个表里如一的人；要学会推销并推动你的目标；要掌握沟通、赞美及为人处世的方法和技巧。真正为员工树立一个学习的榜样。

### 4. 奖励激励

奖励分为物质奖励和精神奖励。人在无奖励状态下，只能发挥自身能力的10%～30%；在物质奖励状态下，能发挥自身能力的50%～80%；在适当精神奖励的状态下，能发挥80%～100%，甚至超过100%。当物质奖励达到一定程度的时候，就会出现边际作用递减的现象，而来自精神的奖励则其激励作用更持久、更强大。所以在制订奖励办法时，要本着物质奖励和精神奖励相结合的原则。同时，方式要不断创新，新颖的刺激和变化的刺激，作用大；反复多次的刺激，作用就会逐渐衰减；奖励过频，刺激作用也会减小。

### 5. 典型激励

树立车间团队中的典型人物和事例，经常表彰各方面的好人好事，营造典型示范效应，使全体员工向榜样看齐，让其明白提倡或反对什么思想、行为，鼓励员工学先进，帮后进，积极进取、团结向上。作为车间主管要及时发现典型，总结典型，并运用典型（要用好、用足、用活）。

### 6. 关怀激励

了解是关怀的前提，作为车间团队主管对员工要做到"九个了解"，即了解员工的姓名、生日、籍贯、出身、家庭、经历、特长、个性、表现；"九个有数"，即对员工的工作状况、住房条件、身体情况、学习情况、思想品德、经济状况、家庭成员、兴趣爱好、社会交往心里有数。经常与员工打成一片，交流思想感情，从而增进了解和信任，并真诚地帮助每一位员工。

### 7. 团队激励

主管通过给予集体荣誉，培养团队意识，使员工以自己能在这样优秀的车间团队而为荣、为傲，从而形成一股自觉维护集体荣誉的力量。车间主管要善于发现、挖掘团队的优势，并经常向员工灌输"我们是最棒的"的意识，让员工觉得他们所在的团队是所有同类团队中"最棒的"。最终，使员工为荣誉而战。

**8. 支持激励**

车间主管要善于支持员工的创造性建议，充分挖掘员工的聪明才智；使大家都想事，都干事，都创新，都创造。支持激励包括尊重员工的人格、尊严、创造精神，爱护下级的积极性和创造性；信任员工，放手让员工大胆工作。当员工在工作中遇到困难时，主动为员工排忧解难，增加员工的安全感和信任感；当在工作中出现差错时，要承担自己应该承担的责任。当团队主管向上级夸赞员工的成绩与为人时，员工是会心存感激的，这样便满足了员工渴望被认可的心理，其干劲会更足。

## 二、团队激励运用与车间文化形成

车间主管对职工有效运用团队激励，首先可以调动员工的积极性，激励员工努力工作。其次可以提升车间团队的凝聚力和向心力，使员工心往一处想，劲往一处使。最主要的是可以塑造形成高绩效的车间文化，让职工不知不觉地把车间当成自己的家，增强职工对车间的热爱心和归属感。所以说，激励作用效果体现在车间文化建设上，就是运用团队激励所形成的车间文化使员工具有内心热爱和心灵归属的特点。这就要求在进行车间管理的过程中，车间主管应充分尊重职工的人格和权利，用心做到人性化管理，要事事用心、处处用心。

**1. 尊重之心**

尊重是一切社会活动的基础，管理尤其如此。更多强调员工的主体意识和作用，让员工感知到被尊重，从心里愿意和车间主管共事，愿意为车间主管排忧解难、共谋发展。

**2. 期望之心**

当车间主管对员工表达期望并持续进行的时候，他的管理就能收到意想不到的效果，员工的潜能就会不断地被激发出来，释放出巨大的能量，关键是车间主管要通过恰当的方式将他的期望合适地表达给员工，让员工知道主管对他的期望，从而达到管理的目的。

**3. 合作之心**

合作是车间主管重新定义他与员工之间关系的必由之路。现代管理强调管理者和员工之间的绩效合作伙伴关系。车间管理者应把员工当成工作当中不可缺少的合作伙伴，强调员工的主动性和自我管理能力，和员工站在平等的地位，主动创建自己与员工的绩效合作伙伴关系，把员工培养成工作的盟友，共同致力于彼此绩效水平的提高。

**4. 沟通之心**

沟通是管理的高境界，也是诸多管理问题的共同症结所在，沟通做好了将在很大程度上帮助车间主管处理好人际关系，完成工作任务，达成绩效目标；沟通不好，则可能会生出许多意想不到的问题，如管理混乱、效率低下、员工离职等都可能发生。主管一旦掌握了沟通的技巧并能熟练运用，将会把工作当成一件快乐的事情，所以车间主管要保持沟通之心，让沟通成为你和员工共同的工作方式。

**5. 服务之心**

管理者是为员工提供服务的供应商，所谓服务，就是把员工当成自己的客户。车间管理者所要做的就是充分利用手中的职权和资源为员工提供工作上的方便，为其消除障碍，致力于无障碍工作环境的建设，让员工体验到管理的高效率和办事的高速度，不断鼓舞员工的士气。

**6. 赏识之心**

经验表明，当你赏识一个人的时候，你就可以激励他。作为车间管理者，就是要不断用赏识的眼光对待属下员工，不断地在工作上表达他对员工的赏识，使员工受到鼓舞和激励，尤其是在员工做得优秀的时候。车间管理者不能默认员工的表现，一味地让员工猜测主管的态度，默认和猜测都将导致沟通的障碍，使员工对主管丧失信心。车间主管所能做的就是对员工说出自己对他们的赏识和评价，让员工从主管的表情和语言中感受真诚，激励员工的士气。

**7. 授权之心**

授权赋能是高效管理的必备条件。车间主管只有把应该授出的权力授予员工，员工才会愿意对工作负责，才更会有把工作做好的动机。车间主管必须在授权上多加用心，把授权工作做好，让授权成为解放自我、管理员工的法宝。

**8. 分享之心**

分享是最好的学习态度，也是最好的管理方式。管理者就是要在工作当中不断地和员工分享知识、分享经验、分享目标、分享一切值得分享的东西。通过分享，车间管理者不但能很好地传达自己的理念，表达自己的想法，更能不断形成个人的影响力，用影响力和威信管理员工，使员工心情舒畅地做更多的工作，效率更高。同时，通过分享，管理者也能不断从员工那里吸取更多有用的东西，形成管理者与员工之间的互动，互相学习、互相进步。分享应该作为管理者的关键词和座右铭不断强化，不断习练，使分享成为你创造高绩效车间团队道路上的重要内容。

如果车间管理者能够认真处理好个人与企业的利益关系，运用有效的团队激励，全身心地投入到车间管理中去，在工作当中不断用心，那么，慢慢就会形成具有鲜明特色的车间文化，广大职工和车间管理者就会把车间当成自己的家，这时候车间管理就不再是一件让人心烦的事，车间管理者就会按照企业明确的远景规划和战略目标，带领职工共同创造高绩效的车间团队文化。

劳动管理是现代企业管理的重要组成部分。加强劳动管理，搞好劳动组织，加强职工管理，培育企业和车间文化，对于充分开发企业人力资源，充分发挥劳动者的技能，调动职工劳动积极性，提高劳动生产率，具有十分重要的意义。

组织学生进行案例讨论，安排各小组收集资料并做报告，最后在教师指导下进行综合评价。通过案例分析，使学生了解车间劳动、职工管理和车间文化建设的概念，掌握职工管理的常用工具和方法，掌握企业和车间文化建设的内容与方法，在案例分析中提高自己分析问题和解决问题的能力，同时培养学生的团队协作精神。

## 任务一 车间劳动管理工作研究

➤ **任务提示**：本任务将引领你明确车间劳动管理工作研究方法。

➤ **任务先行**：什么是劳动管理工作研究？动作分析的意义是什么？时间研究的方法有哪些？各自的工作步骤是什么？什么是工作日写实？

> 视野拓展

## 中国华录电子有限公司（今中国华录集团有限公司）运用工作研究提高生产效率

工作研究是工业工程的基本组成部分，它是用科学的方法对生产过程，包括人、机、物、能源进行系统、周密的研究。它包括方法研究和时间研究两个部分。这项基本技术并不复杂，但实用价值很高。

中国华录电子有限公司自 2006 年开展工作研究以来，结合车间的实际状况，对 DVD、彩电的多条生产线进行了专门的研究，收到了很好的效果。

一、问题的提出和现状

2006 年 10 月，中国华录电子有限公司（以下简称"华录"）与松下电器公司（以下简称"松下"）签订一批 DVD 的组装合同。在第一期两万台散件还没有到达公司之前，销售合同已全部订出。为了抓住元旦、春节的有利销售时机，公司必须在 2007 年 1 月份完成全部组装任务。

该机种及生产形式华录都是首次接触，工艺部门只能根据松下提供的技术资料和华录现有的条件做出人员、工时、生产流程等计划安排。设计日产量为 220 台，整个流水生产线主要工序 5 道，工位 73 个，工位人数为元件成型 3 人、插件 30 人、修正 7 人、电源组件装检 9 人、整机装配检查 24 人、其他工序和辅助工序 29 人，合计 102 人。由于销售任务紧迫，散件一到公司，全公司上下全力以赴投入生产中去，争取早投产、早出产品、早销售、早出效益。

按合同规定，产品使用松下商标，但必须经过松下的质量认定才能出厂。所以在试生产阶段，公司把工作重点放在产品质量上。经过一个阶段的工作，经松下专家检查，一次性达到了松下的质量标准，顺利地过了质量关。但这一阶段的日产量只有 135 台，距离设计产量 220 台还有很大差距，因此，如何提高生产效率就成了当时的关键问题。

二、解决的办法

从试生产阶段观察到流水线主要堵塞在修正工序，所以决定从修正工序入手进行工作研究。修正工序共 7 个工位，用秒表对每个工位进行"测时"，得出数据如表 2-1 所示。

表 2-1 修正工序工位"测时"统计表

| 工位号 | 1 | 2 | 3 | 4 | 5 | 6 | 7 |
| --- | --- | --- | --- | --- | --- | --- | --- |
| 工位操作时间/s | 104.5 | 123.9 | 116.4 | 65.1 | 75 | 109.8 | 67.8 |

从表 2-1 可以看出，第二工位是 123.9 s，时间最长。通过分析发现：第二工位的工作地面积较小，工具、工装和半成品的摆放不尽合理。根据动作经济原则，车间重新布置了工作地，把工具、工装和半成品摆放在固定的地点，并且调了一名操作比较熟练的工人到第二工位。经过这样的改进，修正工序的工序时间由 123.9 s 降到 113 s，效率提高了 8.5%。

如果按照每天有效工作时间 7 h、工序时间 123.9 s 计算，日产量应为 203 台 [ $60 \text{ s/min} \times 60 \text{ min/h} \times \dfrac{7 \text{ h/d}}{123.9 \text{ s/台}} = 203$ 台/d ]。工序时间降为 113 s 时，日产量应为 223 台

$$\left[\frac{60\text{ s/min} \times 60\text{ min/h} \times 7\text{ h/d}}{113\text{ s/台}} = 223\text{ 台/d}\right]$$，而测定当时产量只有136台，说明在工作时间利用上还存在问题。为此车间对该工序的7个工位进行了工作日写实。经过分析整理，发现中断时间很长，每次总有个别人晚上岗现象，这就损失了近四十分钟。日上岗四次（上班、午饭后、两次工间休息），总有人不按时上岗，使流水线不能按时生产。工作时间随意闲谈，精力不集中，损失了有效工作时间，因而延长了工序时间，达不到"测时"时的效率。为此车间加强了劳动纪律的教育和管理，使工人明确了一个人不遵守劳动纪律会影响整个流水线生产效率的道理。随着劳动纪律的加强，产量有了明显的提高，很快达到了220台的设计日产量。

在修正工序效率提高之后，车间看到人数占流水线40%的插件工序有很大的潜力可挖。一天的工作用不了半天就可以完成任务，流水线严重不平衡。为此车间又对元件成型、插件、电源组件装配和整机装配检查4道工序的生产能力进行了测时：① 元件成型3人，完成每套件需要306人·s。也就是说3个人用102秒可完成一套。每天需要发料、收料70 min，有效工作时间350 min，日生产能力206套。② 插件工序共30人，其中插件共24个工位，检查6个工位。测时数据为24.1 s，每天需要领料1 h，有效工作时间按6 h计算，日生产能力可达到896台。③ 电源组件装检工序共9个工位，测量数据为49.4 s，日生产能力为510台。④ 整机装配检查工序共24个工位，其中装配12个工位，检查12个工位，测时数据为85 s，日生产能力为296台。

从中可以看到，各工序生产能力是极不平衡的，造成人力、物力、时间上的浪费，需要予以优化和调整。车间首先设定的目标是在现有条件不变情况下提高一倍效率，达到日产量440台。在此基础上进行测算：① 元件成型工序生产能力为206台，不到设定目标的一半，因此由3人增加到6人，由于批量加大可以集中发料，可减少发料、收料次数，收、发料时间从70 min缩短到45 min，有效工作时间提高到375 min，日生产能力可达442台。② 插件工序生产能力超过设定目标一倍，造成大量的工时浪费。因此由24个工位减到13个工位。工序时间从24.1 s延长到45 s。这样日生产能力降低到480台，减少了11人，充实到其他工序。保证质量检查原6个工位不变。③ 修正工序现有7个工位，生产能力为223台，只有设定目标的50%，车间又抽调7个人，使生产能力达到446台。④ 整机装配检查工序的生产能力为296台，比设定目标少144台，需要降低工序时间来解决，该工序24个工位中，有4个工位操作时间超过60 s，增加两个工位后，使他们的操作时间都降到60 s以下，工序时间由85 s降到60.4 s，生产能力提高到417台。由于上板工位和包装工位是较强的体力劳动，增产后各增加1人，该工序共增加4人。⑤ 其他工序和辅助人员由于工作负担不饱满，减少2人。

经过调整后，整机日产量计划可达到417台。按此方案投产后，由于熟练程度的提高使整机产量已达到430台。通过对生产线的工作研究，在不到一个月的时间里，人员基本不变的情况下，很快解决了流水线的不平衡现象，缩短了从试生产到正常生产的时间。在保证质量的基础上，生产能力比原设计能力提高近一倍，提前半个月完成两万台的组装任务。使销售部门抓住了元旦、春节的有利时机，将产品以现款结算方式全部售出，为公司取得历年来最好经济效益做出了贡献。

### 知识链接

劳动管理工作研究是研究合理的工作程序和有效的工作方法，以期提高工作效率和降低单位工作成本，并为制订劳动定额提供依据的一种管理技术。它包括方法研究和时间研究两个方面，通过方法研究制订标准作业，而通过时间研究制订标准时间。工作研究的目的在于最终达成先进合理的、科学的工作方法与工作时间，并据此培训职工，教育和帮助职工贯彻执行，使人员及物料等资源都能得到最有效的利用，从而达到提高生产效率和降低成本的要求。

## 一、方法研究

方法研究是对现行或拟议的工作方法做系统的观察、记录和分析，以寻求最经济合理、最简便安全的工作程序和操作方法的一种管理技术。方法研究的内容分为两个部分。

### 1. 生产过程分析（程序分析）

生产过程分析通常采用"六何提问法"和"四种技巧"，对生产过程进行考察、分析和改善，以不断提高效率。

"六何提问法"是对所研究的每项活动，都应从原因、对象、地点、时间、人员、方法6个方面依次做系统的提问（3次提问）来进行考察的方法（见表2-2）。

表2-2 "六何分析表"

| 六何 | 第一次提问 | 第二次提问 | 第三次提问 | 结论 |
| --- | --- | --- | --- | --- |
|  | 现状 | 为什么 | 能否改善 | 新的方案 |
| 原因 | 干的必要性 | 理由是否充分 | 有无新理由 | 新的理由 |
| 对象 | 干什么 | 为何要干它 | 能否干别的 | 应该干什么 |
| 地点 | 在什么地方干 | 为何在此干 | 能否别处干 | 应在哪儿干 |
| 时间 | 在什么时间干 | 为何此时干 | 能否在别的时间干 | 应在什么时间干 |
| 人员 | 由何人干 | 为何由他干 | 能否由别人干 | 应由谁干 |
| 方法 | 怎样干 | 为何这样干 | 能否用别的方法干 | 应怎样干 |

"四种技巧"即在运用"六何提问法"构思新的工作方法时，运用"取消、合并、改变、简化"等技巧进行分析。取消，即对研究的工作考虑取消的可能；合并，即针对因工序之间生产能力不平衡或分工过细而引起的不必要的多次搬运、反复装卸及人浮于事、忙闲不均的现象，需要对工序进行调整合并；改变，即对工作程序进行改变和重新组合；简化，即简化每一项工作的方法和动作，使新的工作方法效率更高。

生产过程分析即程序分析，是立足于生产的全过程进行的分析，它通过调查原材料或零件在生产过程中的移动和加工状况，将生产过程分解为不同的环节（工序），并用规定的符号记录生产过程，以此进行分析的方法。该方法是以被加工的"物体"为研究对象，其目的在于从整体上掌握工艺的全过程，从中发现问题，加以改进，合理安排生产程序。

生产过程分析的主要工具有作业程序图、流程图和流向图。作业程序图又叫产品工序图，是以产品为对象，运用加工、检验两种符号（○、□），对产品生产过程进行总体分析的图表，显示原材料投入、检验及全部作业的顺序。作业程序图的作用在于直观展示产品加工全过程概貌和各作业间的关系。流程图又叫工艺流程图，是以零件为对象，运用加工、检验、搬运和停滞 4 种符号（○、□、→○、▽），对零件从毛坯开始到制成为止的按工序顺序流动的全部生产过程的图表，详细地显示全部作业顺序的路线及搬运的距离、消耗的时间等。流程图的作用在于对零件制造进行加工分析、检验分析、搬运分析和停滞分析，以减少或合并不必要的工序，缩短零件制造工期。流向图反映工件在建筑物或区域的平面图上的流向路线。

**2. 动作分析**

动作分析是对人的动作进行细微的分析，省去不合理和无用的动作，找出最合理的动作，使作业达到标准化的一种方法。动作分析以生产过程的逐级细分为基础，对人的动作进行深入的细微分析。动作分析以生产过程分析为起点。基本生产过程可以划分为若干生产阶段（工艺阶段），生产阶段又可以细分为若干工序。工序是生产活动过程的基本环节和基本单位，具体是指一个或几个工人在一个工作地上对同一个劳动对象进行的生产活动。构成工序的三要素是：一个或一组工人，一个工作地，同一个劳动对象。三要素中任何一项变化，即是另一道工序。工序按照作用不同可分为工艺工序、检验工序和运输工序3种类别。

工序往下再细分，按机动系统可分为工步，工步又分为走刀。工步是指加工表面不变、工具不变、切削量不变的加工过程。一个工作面为一个工步，一个工序有若干个工步，一个工步有若干个走刀。走刀是指从加工对象表面切削一层金属，每切削一层算一次走刀。工序按手动系统可分为操作，操作又分为动作。一个工序有若干个操作，一个操作有若干个动作。例如，车工有8个操作：① 安装零件；② 开车；③ 进刀；④ 车削；⑤ 退刀；⑥ 停车；⑦ 量尺寸；⑧ 卸下零件。而安装零件这一个操作中，又可分为4个动作：① 拿起零件；② 接近卡盘；③ 卡正；④ 拧紧。动作还可以进一步微分为动素，即人体动作的基本要素。一个动作可微分为若干个动素。经研究表明，人体动作可细分为17种动素：伸手、移物、握取、对准、装配、拆卸、应用、放手、寻找、选择、检验、计划、预对、持住、迟延、故延、休息。同时，人体动作从低级到高级可依次分为手指动作、手腕动作、前臂动作、上臂动作、身躯动作。体力消耗和时间消耗由低级动作向高级动作递增，动作越高级越费力费时，因此应尽量采取低级动作以省时省力。

动作分析的意义在于：通过动作研究分析，减少无效动作和工人疲劳，增加有效动作，制订合理的操作和动作标准，以便节约工时，提高工效，提高劳动生产率，同时为制订劳动定额取得作业标准和标准时间的基础资料。

动作分析的方法有目视动作分析法、既定时间分析法和影片录像分析法。目视动作分析法是以目视分析方法来寻求动作的改进，简便易行，费用较低，但精确度较差。既定时间分析法又叫动素分析法，是对作业进行基本动作分解，根据预先确定的最小动作单位的时间表，逐项分析改进，求得每个动素的时间值，从而确定标准作业时间。该法精确度高，但工作量大。影片录像分析法即用电影摄影或录像、摄像的方式把操作者的动作拍摄下来，然后放映出来进行分析。现在这种方法运用十分广泛，其精确度很高，但费用也较高。

动作研究分析是生产过程分析的基础和细微化，其核心内容是动作经济原则。动作经济原则是实现动作经济与减轻疲劳的一些法则。其内容随着研究的深入得到不断充实，可归纳为三大类合计22项：一是关于人体的使用原则（9项）；二是关于工作场所的布置与环境条件的原则（7项）；三是关于工具和设备的设计原则（6项）。这些原则的基本着眼点是：两手力求同时使用；动作单元力求减少；动作方向力求圆滑；作业疲劳力求减轻；工作场地力求舒适。

## 二、时间研究

时间研究是各种时间测定技术的总称。它是以时间为单位，把工人所进行的工作细分成若干单元,分别加以观测,并记录其时间值,进行分析研究,建立标准工作时间的一种时间测定技术。

时间研究的意义在于:通过时间研究,可以消除或减少无效时间,提高整个生产作业系统的效率;制订各种作业的时间标准;为改进或设计生产系统提供时间方面的基础资料;为制订较为合理的工资和奖励制度提供依据。

时间研究的目的在于:通过寻求完成一项作业(工作)的标准时间,设法消除或减少无效和损失时间,充分利用工作时间,提高劳动生产效率。

所谓标准时间,是指采用一定方法,在一定条件下,由具有相当技能且生理条件适宜的工人,在不损害其健康的情况下,完成某一工作经常所需的时间。确定标准时间的方法主要是现场观测,具体有工作日写实、瞬时观测和测时3种方法。

**1. 工作日写实**

工作日写实是对一个轮班内的工时利用情况,按照时间消耗的顺序,进行实地观察、记录、分析的一种方法。

工作日写实一般按5步进行:① 选择,是根据目的去确定被写实的对象;② 记录,是在确定被写实对象的基础上,将被写实人的具体情况填入有关记录表;③ 观察,是在预先确定的观察日,在规定的轮班内,按时间顺序观察并记录被写实对象的工作活动,在观察时要做到观察人坚守岗位,实事求是地对被写实人情况做记录;④ 整理,是将观察结果加以分类、整理、汇总,按工时消耗的不同性质将发生的时间加以区别,求出占总时间的比例;⑤ 总结,是将整理的资料进行分类研究,发现问题,寻找原因,制订对策,落实任务,检查总结,以求改进。

**2. 瞬时观测**

瞬时观测是利用统计学中随机抽样的原理,对观测对象的活动进行瞬时观测和记录,推算观测对象总体状况的一种方法。其特点,一是一种间断性观测,二是记录瞬间发生的各种事件的出现次数而不是计时,三是其观察精度可以控制。

瞬时观测的步骤是:① 确定调查目的。调查目的不同,调查的范围、对象及应达到的精度都不同。② 确定调查项目和观测路线、观测位置。设计调查项目,对项目进行界定和分类,以便正确观察、记录和分析。③ 确定观测天数和次数。观测时间的长短由必要的观测次数决定,观测次数即取样本数。④ 确定观测时刻。观测时刻的选择应尽可能保持随机性,可以是不等间隔或等间隔。⑤ 计算观测次数。观测次数越多,结果越精确,但观测费用越大。⑥ 整理和计算观测记录。每天要对记录的数据加以整理,计算当日的事项发生率,计算累计观测次数和各事项累计发生率。⑦ 对观测结果进行检验、分析,根据汇总分析情况,提出改进建议和工时标准。

**3. 测时**

测时是对完成某一项工作或工序按操作顺序在实地观测工时消耗的一种方法。测时的目的是通过开展这项工作,总结先进工人的操作经验,寻求比较合理的工作方法和工序结构,了解各个操作的工时利用情况,以便制订作业时间标准。

测时的基本步骤是:① 确定工人的标准操作方法和标准操作程序;② 细分工序,将工序细分为若干个工作单元,确定各单元的终止瞬间和下一个单元的开始瞬间;③ 用秒表记录工人每一工作单元的操作时间;④ 评定实测时间,修正测定的作业时间;⑤ 确定工人操作适当的"宽放时间",即作业准备、管理需要、生理需要、疲劳休息和其他需要的时间;⑥ 确定作业(工作)操作的标准时间。

▷ **课堂讨论**

上网或到企业车间搜集资料,针对地区骨干企业某一车间进行劳动管理工作分析研究并写出报告,进行课堂分组讨论并进行评价测试:你是否已掌握车间劳动管理工作研究?

## 任务二　车间职工管理

➤ **任务提示**:本任务将引领你明确车间职工管理的原则和方法,掌握车间职工管理工具。

➤ **任务先行**:车间职工管理的基本原则是什么?岗位责任制执行时要注意哪些事项?岗位轮换法类型有哪些?现场培训法的实施要点是什么?多能工训练是如何组织与管理的?对员工激励的方法与技巧有哪些?对员工不当行为惩罚的方法与技巧有哪些?

▷ **视野拓展**

大国工匠洪家光

### "头痛员工"的管理

**公司背景**:一家200人左右的家具厂,小龚是油漆包装工段的工段长,以工代干。

**案例经过**:小龚因掌握了油漆工序各个环节的操作,在岗位上表现优秀,在2004年年初被提升为工段长,以工代干,给了半年的观察期,如果表现优异即转为正式管理。半年期限转眼就到,HR小萌及工厂厂长从各个方面对小龚进行了评估,结果却不太好,主要问题是小龚的心态不稳,脾气暴躁,对待下属态度总是很凶,对员工管理没有科学的方式方法,即使他的专业技术已经很娴熟,也不能达到一个真正车间管理者的要求。经过研究,公司决定让小龚继续以工代干,只是象征性地加了200元工资,小龚也同意认真做好本职工作。

到了2006年年初,工厂进行整改,换了新任厂长,新任厂长对小龚这种做事的态度和作风极为不满,但因为油漆是整个家具流程最关键的位置,对他也进行了容忍。而小龚对新任厂长的严格管理也不满意,一直抱怨很久没加过工资。新任厂长对他提出加工资的要求婉转拒绝,于是小龚提交了离职报告,其实并不是真的想走,只是变相地威胁新任厂长加薪。

新任厂长与HR小萌进行了分析,觉得留小龚在厂里继续做下去弊大于利,于是批准了小龚的离职报告,也有合适的人选顶上来。小龚看目的不达,本定于4月22日离职,但从18日开始玩忽职守,什么事也不管,什么事也不交接,天天待在库房小温那里闲聊。结果使一大批家具订单油漆出现了问题,在同一件产品上出现了三种不同的颜色,小龚熟视无睹,还大言不惭地告诉厂长助理,就是因为他没有关注而造成的。

小龚一上班就躲进库房,厂长助理去劝了也不听,没办法,HR小萌知道了,觉得也是自己的职责范围,就去库房,很和气地问小龚:"你在这里干嘛?"小龚不但不回答还火气十足,说在学习,你管得了吗?

HR小萌就告诉他说上班时间不应该串岗,小龚咄咄逼人地说:"你做好你的人事就行了,管这么多干吗?"甚至还威胁HR小萌说:"作为一个女孩子,你小心一点、注意一点……"极为难听兼威胁的话。并且小龚还大摇大摆地在厂里乱晃,根本不把新任厂长放在眼里,新任厂长也不想管他,反正还有两天他就要走了,何必弄出这么多事呢?

问题一:假若你是 HR 小萌,你会怎样解决这件事?

问题二:对待此种心态的离职员工,有没有稳妥的解决办法?

问题三:新任厂长应该怎样做?库房小温应该怎样做?

问题四:车间老、中、青年职工管理各有什么特点?如何管理?

问题五:今后在车间管理中碰到"头痛员工"你如何办?

## 知识链接

### 一、车间职工管理的原则和方法

企业管理,实质上是人对人的管理,是管理者对被管理者的管理,是领导者对被领导者的管理。企业各级领导者通过对职工的关心、培养和使用,使职工的智慧和才能得以充分发挥,做好企业生产经营各项工作。现代企业职工才能的发挥绝不能靠"挤"和"压",不能再沿用过去"管、卡、压、罚"一套冰冷强硬的老办法,而需要运用真正管理人的原则和方法,使职工自觉自愿、心悦诚服地贡献出力量。管理职工的根本原则是以人为本原则,即真正把人放在企业的中心地位,坚持以人为本的原则,以对人的价值关怀为目标,在管理中要尊重人、理解人、关心人、爱护人,最大限度地调动职工的积极性。

(1)确立职工在企业中的主人翁地位,使职工真正成为企业的主人。要采用各种渠道和办法,积极动员和组织职工参与企业管理和车间班组管理,行使他们作为企业主人的权利,尽到企业主人的责任和义务,最大限度地调动职工的积极性、主动性和创造性。

(2)尊重职工的尊严、权利和价值,使职工感到领导对自己的信任和工作对自己的需要。因此,要特别尊重职工的人格,严厉指出职工工作拖拉或错误是可以的,但不得伤害他的人格。要尊重职工的劳动成果,对创造了成果的工人要及时给予鼓励和必要的奖励,以体现组织的肯定和关心体贴。要尊重职工的建议和意见,不得把职工的意见和建议当成耳边风。要关心职工的生活疾苦,职工有困难要尽力帮助解决,职工生病一定要去看望,职工结婚一定要前往庆贺,职工遇有不幸一定要前往安慰。要关心职工的成长进步,尤其是对青年职工,他们想学习、要提高,领导一定要尽力设法为他们创造学习条件,帮助他们制订切实可行的措施,使他们更好的成长和进步。

(3)从满足职工需要入手,使职工从物质需要和职业发展与成就中最积极地激发其劳动热情和聪明才智。人的积极性,在很大程度上是指人的行为的积极性。而人的行为是由动机引起的,动机又源于需要。因此,最大限度地调动人的积极性必须从尊重人和满足人的需要入手。人的需要是一个由对物质条件的改善必然上升到对精神生活的向往的发展过程。因此,企业首先要满足和维持职工的物质需要,为职工提供基本的生存、工作环境和物质保障。其次要刺激、引导职工的需要,即提供激励因素,引导职工需要向更高层次发展,包括确立科学的价值观、人生观,树立崇高的精神和道德理想目标,追求职业发展与事业成就等。总之,要通过对职工需要的不断激发和满足,来最大限度地调动职工的积极性,使职工觉悟不断提高,使企业价值观得到巩固和发展,使企业生产经营目标得到不断实现。

(4)加强职工之间的协调和团结工作,为职工创造一个相互促进的人际关系环境和团结奋斗的和谐氛围。因此,要在职工中大力提倡团结协作的精神,增强团结意识,加强协作配合，建立工友友爱关系，形成集体的强大合力。要妥善调解好单位之间、职工之间的各种纠纷和矛盾，互相谅解，促进友谊。安排工作应尽可能照顾职工的特长和兴趣，以更好地激发他们的劳动热情。可根据某些职工的愿望和申请，适当进行企业内人才流动，改变环境更利于这些职工的工作和成长。要加强单位上下、左右信息畅通，使职工明辨事物真相，沟通思想和认识，减少猜疑和异议。要改进领导作风和观念，上下级之间应平等相待，平易近人，日常场合大可不必太拘泥于礼节，也不要过分讲究"正经"，以形成轻松、和谐的人际氛围，更能增进上下一心，心情舒畅，团结奋斗。

## 二、车间职工管理工具

**1. 岗位责任制**

1）概念解析

岗位责任制是指企业在定编、定员的前提下，根据精简、高效、统一的原则，对企业内每个部门和每个岗位在管理过程中所应承担的工作内容、数量和质量，以及完成工作的程序、标准和时限，应有的权利和应负的责任等进行明确规定的一种工作制度。

2）适用时机

当车间班组职工职责不清，或者新员工入职需要明确其职责时。

3）实操运作

（1）确立车间班组各成员的岗位责任。

① 班组长岗位责任。

- 根据计划要求协助主管安排本班组人员保质、保量完成各项计划。
- 本班组人员纪律管理，监督员工按照"车间管理制度"执行，有异常及时提出、制止、批评并做好记录及时上报。
- 按照工艺监督生产员工操作工艺，有异常及时制止并召集生产员工进行指导讲解。
- 加强对本班组产品的流程控制和质量监督，对本班组所有员工的操作及产品质量负责。
- 根据本班组人员与设备的实际情况，合理地进行工作分配调度，提高生产效率。
- 每月对本班组生产辅料的申请和使用控制。
- 车间环境维护。
- 安排新员工的培训与实际操作指导。
- 负责真实地统计本班组的产量及异常情况，并上报。
- 完成领导交付的其他工作事项。

② 生产工人岗位责任。

- 服从工作安排和调动。
- 按时且保质、保量完成生产任务。
- 遵守公司各项管理制度和生产管理制度。
- 生产中发现异常及时汇报给上级主管。
- 严格按照工艺规定生产。
- 保持车间整洁，积极主动做好"5S"。
- 积极提出改良建议。

- 完成领导交办的其他事项。

（2）执行车间班组岗位责任制。为了使车间班组岗位责任制能真正地发挥作用，而不是流于形式，须着重注意以下事项。

① 交接班。上下班的交接工作，要按岗位对口交接，各岗位交接完毕，要向班长汇报，如有不符合交接标准的，任何一方可拒绝交接，并要分清责任。执行交接班制度，主要是保证生产的连续性，上班要为下班生产创造良好的条件。如配料仓已加了什么料、哪些品种是等货、哪个设备亟待维修等都需交接清楚，这样既能节省时间，又能使下班有目的性地生产，使事情有轻重缓急之分。

② 沟通落实。上班时，不仅仅要与上一班沟通交接好，而且要与相关部门沟通计划好，向生产人员下达布置好。不能过分依赖某个部门把相关的工作完全落实好，不要存在"他没有做好我不负责"的念头，而是要主动积极地与之沟通，做到心中有数、有底。有效的沟通，能使工作安排有序，减少重复，减少浪费，提高生产效率。如在生产产品时与营业服务部内勤及时沟通，客户突然报计划来，就可根据"同一档次不同品种"及时供应客户所需要的货。这样既可节省成本，又可减少客户等货现象。

③ 巡回检查。为实现当班的优质、高产、低消耗、安全生产，要对原料、回机料、设备的重点部位进行定时、定量的巡回检查，并把检查的情况如实记录下来。发现问题，要及时采取措施，妥善解决。

④ 质量负责。按照生产工艺流程，明确制订每个操作岗位的产品标准和达到标准的操作办法（或要点），并根据不同类型的生产条件，制订质量自检互检、专业检查的方法，采取"看板"管理，确保产品质量。

⑤ 安全卫生。生产要安全，安全保生产，实施"5S"管理是关键。各种设备要做好标示，各种流程要标明流向，明确规定各工程安全操作规程。对隐患及时排除，对环境和生产场地、设备都要规定清洁卫生标准，落实责任且纳入经济责任制。

⑥ 培训教育。要定时定次对员工进行培训，尤其不能忽视计件工的岗位培训，要使他们明确自己的责任，不仅要熟练掌握本岗位工作，而且要熟知相关工种，只有这样才能更好地相互提醒、相互监督，才能更好地避免事故的发生。

**要点提示：**
班组长一定要按各岗位生产活动的特点，围绕班组的管理技术、指标的分解，明确各自的责任，做到事事有人管，人人有专责，办事有标准，工作有检查。

**2. 岗位轮换法**

1）概念解析

工作岗位轮换制是在不改变工作流程和工作岗位的情况下，让员工在性质类似、要求相近的不同岗位间相互轮换，并以此减少员工长期从事单一工作的厌烦与不满。

2）适用时机

适用于车间班组长或属下员工的岗位轮换工作。

3）实操运作

许多人在一项工作干久了以后，难免会产生厌烦情绪；或者由于工作轻车熟路，对出现的问题容易掉以轻心；或是觉得自己水平较高，便产生自满情绪，不再深入钻研等。对此，车间可以采取轮换岗位的制度，让下属从事一项新的工作，从而激发下属的责任意识。

(1) 岗位轮换的类型。一般来说，岗位轮换主要有以下几种类型。

① 新员工巡回轮换。新员工在就职培训结束后，根据最初的适应性考察被分配到不同部门去工作。为了使员工在部门内尽早了解到工作全貌，同时也为了进一步进行适应性考察，不要立即确定他们的工作岗位，而是让他们在各个工作岗位上轮流工作一定时期（一般一年左右），亲身体验各个不同岗位的工作情况，为以后工作中的协调配合打好基础。新员工每一岗位轮换结束时都有考评评语。通过岗位轮换，企业对新员工的适应性有了更清楚的了解，最后才确定他们的正式工作岗位。

② 培养"多面手"员工轮换。为了适应日益复杂的经营环境，企业都在设法建立"灵活反应"式的弹性组织结构，要求员工具有较强的适应能力。当经营方向或业务内容发生转变时，能够迅速实现转移。于是，员工不能只满足于掌握单项专长，必须是"多面手""全能工"。所以，企业在日常情况下，必须有意识地安排员工轮换做不同的工作，开发其潜在能力，使其取得多种技能，适应复杂多变的经营环境。

③ 消除僵化，活跃思想的轮换。长期固定从事某一工作的人，不论他原来多么富有创造性，都将逐渐丧失对工作内容的敏感而流于照章办事。这种现象称为疲顿倾向。疲顿倾向是提高效率和发挥创新精神的大敌，企业通过定期进行职务轮换，使员工保持对工作的敏感性和创造性。职务轮换是克服疲顿倾向的有效措施。制定这种制度的目的，在于给部门不断补充新鲜血液，使产品不至落后于时代潮流。

④ 其他轮换。当企业需调整某些部门的年龄构成，或者员工出现不能适应工作的情况，或者需加强或合并某些业务部门等，都要相应做出职务轮换。

(2) 员工轮岗的安排。员工轮岗安排一定要有计划、有组织地进行，要避免仅凭一腔热情的自由主义。

在人员选择上，要选取工作态度好、安全意识高、工作质量一贯稳定、原有岗位技能熟练的老员工为宜。

一般来说，老员工到新岗位要完全掌握作业技能，快的也要2~3个月。所以，在时间安排上，老员工转岗周期最好为3~6个月。

在转岗安排上，一旦决定某个员工转换岗位，就要像对待新员工上岗一样，明确指导人、责任人，明确转岗时间。一旦转岗，就要在规定的时间内固定在新岗位上，不允许随便变化，并做好新岗位的技能培训、质量考核和业绩管理工作，确保达到转岗目标。

**要点提示：**
为了确保岗位轮换的严肃性和计划性，一定要将相关安排书面化，并向相关人员或全员进行公开说明。

**3. 现场培训法**

1) 概念解析

OJT，就是 on the job training 的首字母缩写，意思是在工作现场内，上司和技能娴熟的老员工对下属、普通员工和新员工们通过日常的工作，对必要的知识、技能、工作方法等进行教育的一种培训方法。它的特点是在具体工作中，双方一边示范讲解、一边实践学习。有不明之处可以当场询问、补充、纠正，还可以在互动中发现以往工作操作中的不足、不合理之处，以便大家共同改善和提高。也称为"职场内培训"。

2）适用时机

适用于车间班组长对下属开展现场培训。

3）实操运作

（1）OJT 的优缺点。OJT 的优点在于，可以在工作中进行培训，工作和培训两不耽误，双方都不必另外投入时间、精力和费用，而且还能使培训和实际工作密切联系，形成教与学的互动。其缺点在于，负责培训的人如果不擅长教育别人，则效果会不理想，而且工作一忙起来，往往就顾不上认真、细致地说明讲解了。

需要强调的是，OJT 必须建立在提前做出计划与目标的基础之上。否则单纯地让员工"一边工作一边学习知识技能"，那就不叫 OJT 了。

（2）OJT 的目的。

① 促进生产现场的交流，强化生产现场的合作。

② 一个一个地提高作业人员的工作热情。

③ 有效地实施生产现场的工作，就能完成生产目标。

（3）班组现场 OJT 技能方面的内容。

① 工艺原理方面：原料及产品性质。

② 设备结构及性能方面：结构及主要尺寸构造原理；设计指标；维护保养要求。

③ 工艺流程及指标方面：详细流程；工序控制点；厂控和一般工艺指标；主要指标的控制原理和上下限。

④ 操作和事故处理方面：正常操作；事故处理；异常情况的判断和处理。

（4）OJT 的实施要点。

① 决定受教育者。确定教育者首先要列举其完成生产现场的各种作业所需要的能力，这里所说的能力是指与作业有关的知识、作业的顺序、作业的要点、应该达到的品质水准、作业速度、作业后的检查要点；接着对分配至流水线的作业者持有能力的评价，找出其必要能力和实际能力之间的差距，确认作业者不足的能力部分。

② 准备教材。为消除作业者必要能力和实际能力之间的差距，最好是将作业书面化，作业书面化是指将作业标准以文件的形式表现出来，即编制作业指导书。作业指导书起着正确指导员工从事某项作业的作用。

③ 帮助员工制定明确的绩效目标。首先得让员工知道自己该做什么，做到什么程度，把工作做好的标准是什么？班组长要帮助员工制定明确的绩效目标，帮助员工提高制定目标的能力，让员工学会用目标指导自己的工作。

在指导员工制订目标计划时，要明确目标应该注意以下几点。

- 符合公司的发展战略。
- 符合管理者的意图。
- 符合员工的职位要求。
- 有严格的考核标准。
- 有明确的截止期限。
- 符合员工发展的要求。

④ 帮助员工总结工作。总结才能提高，总结才能使员工更加清楚自己的实力，才能明确改进的方向和方法。班组长必须帮助员工不断对自己的工作做出总结，从总结中获得提高和

进步。

班组长应鼓励员工向自己汇报工作进展情况，鼓励员工提出工作中遇到的障碍，提出有关资源、协调、推动的请求，帮助员工更加高效地工作。

在员工所定目标的截止日期来临时，班组长要对员工过去一段时间的工作进行总结，对其中的不足之处提出建设性的建议，对员工正面的表现进行鼓励，通过总结，让员工看到自己的工作成果和工作中存在的不足，以便员工不断地调整自己，使工作更加符合要求，更加高效。

（5）进行实际作业指导的步骤。为有效地指导作业，要按以下3个步骤进行。

① 对作业进行说明。着重讲解作业的5W1H，对现在从事的是什么样的作业进行说明。询问员工对作业的了解程度，以前是否从事过类似的作业；讲授作业的意义、目的、质量及安全等重要性；重点强调安全方面的内容，使安全问题可视化；对零部件的名称和关键部位、使用的工装、夹具的放置方法进行说明。

所谓可视化，就是用眼睛可以直接、容易地获取有关方面的信息，例如，应用标志、警示牌、标志杆、电子记分牌、大量的图表等。

② 自己示范一遍，让员工跟着操作。示范时，对每一个主要步骤和关键之处都要进行详细说明，再针对重点进行作业指导；然后让员工试着进行操作，并让其简述主要步骤、关键点和理由，使其明白作业的5W1H，如果有不正确的地方要立即纠正；在员工真正领会以前，要多次、反复地进行指导。

③ 注意观察、进行指导。要观察员工操作，对其操作不符合要求或不规范之处要进行指导，并让其知道在有不明白的时候怎样能快速获得正确答案。

**要点提示：**

（1）首先掌握培训者的工作情况、技能情况，即熟悉培训对象。

（2）对培训者明确指出培训目标，以及通过培训要让他们达到什么层次标准，即指明培训目标。

（3）明确告诉培训者，现在他们的水平和希望达到的水平间差距还有多大，即指明差距。

（4）明确告诉培训者，为了消除这个差距，实现目标需要在哪些方面学习，怎么学习，学习多长时间，即给出长期的学习与培训计划。

（5）进一步做出详细的学习、培训内容，即做出短期内、阶段性的学习、培训计划。

**4. 多能工训练**

1）概念解析

多能工是指能承担多个工序或操作多种设备的作业者，相反，只能承担单一工序或单个设备作业的员工则为单能工。

2）适用时机

适用于培养多能工的工作。

3）实操运作

（1）多能工训练的必要性。多能工训练是现场管理中不可缺少的教育课题之一。原因如下。

① 出现缺勤或因故请假者如果没有人去顶替其工作，就会使生产停止或造成产量减少。

② 在品种多、数量少或按接单来安排生产的情况下，要频繁地变动流水线的编制，这要求作业员具备多能化的技艺以适应变换机种的需要。

③ 企业为适应激烈竞争，往往会根据客户的某种要求而改变生产计划，这就要求作业者多技能化。

（2）多能工训练计划的制订及记录。

① 调查在生产现场被认为是必要的技术或技能，列举并记录到多能工训练计划表（见表2-3）的横轴上。

② 把生产现场和作业者姓名记到纵轴上。

③ 评价每个作业者所具有的技术或技能，并使用规定的记号来记录。

④ 制订每个作业者未教育项目的教育计划。（何时为止？教育何种项目？）

⑤ 随着教育的进展而增加评价记号。

表2-3 多能工训练计划表

部门：　　　　　班名：　　　　　开始日：　　　　　完成日：

| 工号 | 姓名 | 工程名称 | | | | | | | | | | | | 掌握工程数量 | 评价 |
|------|------|----|----|----|----|----|----|----|----|----|----|----|----|------|------|
| | | 01 | 02 | 03 | 04 | 05 | 06 | 07 | 08 | 09 | 10 | 11 | 12 | … | |
| | | 磁石装配 | 磁石装配 | 充磁吸尘 | 装铜胶封口 | 电枢芯装配 | 大小壳装配 | 大小壳装配 | 啤小壳 | 胶印（批号） | 电检 | 外观检查包装 | 外观检查包装 | … | | 全工程占有率 |
| 001 | 陈×× | ● | | | ○ | | | | | | | | | | 1 | 8.3% |
| 002 | 李×× | | ● | | | ◎ | | | | | | | | | 1 | 8.3% |
| 003 | 王×× | | | ● | | ○ | | | | | | ◎ | | | 1 | 8.3% |
| 004 | 刘×× | ● | | | ● | | | | | | | | | | 2 | 16% |
| 005 | 赵×× | | | | | ● | | ● | | ● | | | | | 3 | 25% |
| 006 | 许×× | | ● | ● | | ● | ● | | | | | | | | 4 | 33% |
| 007 | 韩×× | | | ● | | | | ● | | | | | | | 2 | 16% |
| 008 | 周×× | ○ | | | | | | | ● | | | | | | 2 | 16% |
| 009 | 孙×× | | ◎ | | | | ● | | ● | | | | | | 2 | 16% |
| 010 | 黄×× | | | | | | | | | | ● | ● | | | 2 | 16% |
| 011 | 陈×× | | | ◎ | | | | | ○ | | | ● | | | 1 | 8.3% |
| 012 | 杨×× | | | ◎ | | | | | | | | | ● | | 1 | 8.3% |
| 各工程合计人数 | | | | | | | | | | | | | | | | |

注：○计划　◎实施中　●完全掌握

（3）多能工训练的组织与管理。

① 根据多能工训练计划表，按计划先后逐一进行作业基准及作业指导书内容的教育指导。

② 完成初期教育指导后，进入该工程参观该作业员操作，注意加深其对作业基准及作业

顺序教育内容的理解，随后利用中休或加班（工作结束后）时间，由班长指导进行实际作业操作。

③ 在由班长、副班长（或其他多能工）顶位时，可安排学员进入该工程与作业员工一起进行实际操作，以提高作业准确性及顺序标准化，同时掌握正确的作业方法。

④ 当学员掌握了正确的作业方法，并能达到其作业基准，又具备正常作业流水线的速度（跟点作业），也就是说完全具备该工作作业能力后，可安排其进行单独作业，使其逐步熟练达到一定程度的作业稳定性并能持续一段时间（3~6日最好）。但训练中的多能工学员在正常的跟点单独作业时，班长要对其进行确认。

⑤ 考核学员的训练效果。检查作业方法是否与作业指导书的顺序方法一致，有没有不正确的作业动作，如果有，要及时纠正；进行成品确认检查，看成品是否满足品质、规格要求，有无作业不良造成的不良品。

通过上述检查，各项作业均合格后，该员工的工程训练就可以判定为合格。

（4）多能工流水训练步骤。在流水线训练时，作业者可能会紧张，因为害怕做不过来影响下一道工序，所以无法很自然、放松地学习，将这种在流水线上训练多能工的方法称为"多能工流水训练"。

在这种场合下，要按以下的程序进行。

① 管理人员亲自示范。每个作业者都是模仿的天才，要让作业者明白如何作业，管理人员最好一边讲解一边亲自示范。

② 说明作业重点。对该工程作业的顺序、要点进行说明，直到作业者掌握。最低限度要让其明白节拍时间、作业顺序、标准用量、品质检查要求等。

③ 作业者动手操作。没有实际的体验，就难以掌握真正的窍门儿。这时，可以让作业者亲自作业，跟不上节拍时间时，班组长在旁边指导，直到其掌握为止。

但是，时间充裕的个人作业与流水作业毕竟有很大的不同。

作业者熟悉单个作业后，要继续练习连贯作业，直到完全跟得上节拍时间为止，这是"流水训练的最终目标"。

④ 现场召开总结会。流水训练结束后，必须在现场召开总结会，再次确认作业重点、检查老员工传授的要诀掌握情况。

**要点提示：**

多能工训练应该有计划地进行，在训练过程中要注意到新手和熟手有一定的区别，在作业者掌握技能的同时，千万不要打击他们的自信心。同时，班组长每日要把握各作业者的多能工化程度。

**5. 胡萝卜加大棒**

1）概念解析

胡萝卜加大棒是一种奖赏和惩罚相结合、恩威并用、软硬兼施的管理方法。胡萝卜（糖果）代表利益，大棒代表强制、暴力。胡萝卜加大棒的来历通常的说法是，用毛驴拉货的时候，赶驴的人会把一根胡萝卜吊在毛驴前边，这样，毛驴为了吃到胡萝卜，就会很用力地往前走，它想偷懒的时候，赶驴的人则会用大棒抽驴屁股。

2）适用时机

适用于车间班组员工的管理。

3) 实操运作

胡萝卜加大棒的管理方式自古就有。现在的管理学称为"激励机制"。"诱之以利,晓之以害""惩罚的目的不在于惩罚本身""奖勤罚懒""一手打一手拉"等管理格言,讲的都是这个道理。对此有一个成语概括得最好,叫作"恩威并施"。

(1) 实施奖惩的程序。

① 了解企业的奖惩政策。作为班组长,是没有权限去为企业制订具体的奖惩政策的,但要对下属实施有效的奖惩,就必须对企业的奖惩政策有充分的了解,这样在实施的时候才可能有针对性,也才能让下属心服口服。

② 说明规章制度。这一步骤是奖惩处理程序中最重要的,无论是在对新员工进行培训的时候,还是在车间会议上,要不断地告知新老员工规章制度的具体内容和要求。只有在大家知情的情况下,这些制度才能有效实施。

③ 观察员工表现。在向员工说明企业的规章制度后,接下来要做的就是不断观察员工的表现,并且经常给予反馈。员工的直接主管要告知员工怎么做是对的,怎么做是违反规定的。只有在与员工不断沟通并使之明确奖惩制度的前提下,才有可能顺利实施各项措施。

④ 与规章制度比较。在实施奖励、惩罚前,还要将员工的表现和成文的规章制度作对比,比较一下二者是否相差很多,差别表现在什么地方,这样可以为下一步骤的实施提供有力依据。

⑤ 实施恰当的奖励、处分。如果员工的行为远远背离规章制度,就要对其遵照规章制度实施恰当的处分。

(2) 对员工激励的方法与技巧。

① 物质奖励。班组长受权限的限制,没有最终决定对员工进行物质奖励的权力。但班组长对各种物质奖励的优劣及计算方法、公司的奖励政策应该有所了解,这样在员工问起公司的政策时也好回答。

a) 个人奖励。个人奖励计划包括按时计酬、按件计酬、按绩计酬 3 种基本形式;有些公司还设有团队奖励。以下就个人奖励做一些简要介绍。

按时计酬:按时计酬是最缺乏激励效果的物质奖励方式,其激励作用只是体现在每年调薪前后的一段时间,很难持久。但它也有一些优点,如收入稳定,给员工以安全感,便于留人和招聘;实施方便;劳动力成本易于预测;不会因为强调产出数量而忽视质量等。

按件计酬:按件计酬对一线员工的激励作用非常明显,适用于产出数量容易计量、质量标准明晰的工作。

(a) 简单按件计酬。这种方法计算过程非常简便,因此得到普遍采用。其公式为

$$应得工资 = 完成件数 \times 每件工资率$$

这种方法将报酬与工作效率相结合,可以激励员工良好地表现。产品数量多的员工,收入比较多,这样可以使员工更加勤奋地工作,而不会偷懒和磨工。

(b) 梅克里多按件计酬。这种按件计酬方式将工人分成了 3 个等级,随着等级变化工资率递减 10%。B 等和 C 等的工人获得合理的报酬,而 A 等的工人则会得到额外的奖励。

(c) 泰勒的差别按件计酬。这种按件计酬方式首先要制订标准的要求,然后根据员工完成标准的情况有差别地给予计件工资。

按绩计酬：由于按件计酬侧重产品数量而相对忽视产品质量的情况，在其后又出现了按绩计酬。按绩计酬也有多种形式。

- 标准工时制。这种奖励制度以节省工作时间的多寡来计算应得的工资。当工人的生产标准要求高时，按照超出的百分率给予不同比例的奖金。
- 哈尔西 50/50 奖金制。哈尔西 50/50 奖金制的特点是工人和公司分享成本节约额，通常进行五五分账，如果工人在低于标准时间内完成工作，可以获得的奖金是其节约工时的工资的一半，其计算公式为

$$E=TR+P(S-T)R$$

式中：$E$——收入；

$R$——标准工资率；

$S$——标准工作时间；

$T$——实际完成时间；

$P$——分成率，通常为 50%。

假设某工人工资率为 25 元/h，预计用 4 h 可完成工作，但他在 3 h 内完成了工作，他的收入是

$$E=3×25+1/2(4-3)×25=87.5 元$$

在这种方式下，$P(S-T)R$ 部分即奖金有可能大于 $TR$ 的日薪，只要 $P(S-T)>T$，即 $S>3T$，因此当工人的实际工作时间是预计标准时间的 1/3 时，他的奖金会超过日薪。

- 罗恩制。罗恩制的奖金水平不固定，依据节约时间占标准工作时间的百分比而定，计算公式为

$$E=TR+[(S-T)/S]TR$$

或

$$E=TR[1+(S-T)/S]$$

假设某工人完成工作的实际时间为 6 h，标准时间为 8 h，工资为 20 元/h，那么该工人的工资是

$$E=6×20+[(8-6)/8]×6×20=150 元$$

奖金水平为 25%，当实际工作时间相当于标准工时的一半时，所获奖金与哈尔西的按绩计酬相同。

b）物质奖励的法则。成功的管理者必须适时地从下述各方面对员工进行物质奖励：

（a）合理给予奖励的报酬；

（b）预先告诉员工应得的各种报酬；

（c）提供各种刺激；

（d）根据员工业务水平的工作业绩给予报酬；

（e）在劳动不断发生变化的情况下，采用灵活的报酬制度。

奖励要有具体解决方案，而非只图迅速了事。因为有的人为求取短期效益，看起来是迅速了事，实则牺牲了长期利益。

- 奖励冒险但要强调回避风险。
- 奖励创新而非一味墨守成规。
- 奖励果断而非犹豫不决。

- 奖励工作结果而非工作时间。
- 奖励精简而非无谓的复杂化。
- 奖励多做少说而非多说少做。
- 奖励品质而非速度。因为品质、目标比加快速度和降低成本更重要。
- 奖励忠于职守而非见异思迁。应在升迁、培训、发展、待遇及工作安定性等方面增加员工在职的忠诚度。

② 精神激励。赞美、表扬、鼓舞是激发员工斗志不可或缺的催化剂。

提高物质奖励对于员工来说自然是欢喜的,但对于班组长来说,更多的是使用"精神激励"这种方法。精神激励同样也能达到良好的效果。

a) 体贴关怀员工。日本的企业家很重视企业的"家庭氛围",在寻求和建立员工与企业之间的"情感维系的纽带"方面取得了丰富的经验。他们声称要把企业办成一个"大家庭",因而注意为员工谋福利,为员工过生日,当员工结婚、晋升、生子、乔迁、获奖之际,都会受到企业管理者的特别祝贺,这些做法的确使不少员工感到"企业是自己的家"。员工受到体贴关怀,认为自己受到了重视,从而激发起一种更加努力工作的热情。

b) 关注员工健康。有很多班组长,除了工作及与工作相关的事,很少关心员工的身体状况。其实只有员工身体健康了,才能以饱满的精神投入工作,如果员工生病了,领导真心诚意地给予其关心和体贴,一定会赢得全体员工的信服与尊崇。员工也会在有人情味的班组长的领导下,团结一心,干劲十足,业绩自然会不断提高。

c) 悉心照顾员工。有些班组长总是以自我为中心,从未想到要照顾下属,有的甚至为求取自身的利益而不惜牺牲员工的权益。其实,任何人都会怀念曾经照顾过自己的上司且终生难忘。拥有一位深具同情心并能对员工悉心照顾的班组长,无论工作多么艰难复杂,员工们都会有干劲的。

班组长照顾下属的技巧有以下几种。

(a) 告诉员工有关公司的情形。
(b) 给予员工好好工作的机会。
(c) 指点员工有关工作的做法与工作态度。
(d) 面对面地商谈,并能直接帮助员工。
(e) 经常招呼员工。随时注意员工的健康,并悉心关照。
(f) 注意员工进步的情况。
(g) 在员工日常生活方面能适当给予帮助。

d) 关心员工的个人生活。工作中的成功与工作外的成功是有关联的:一个在生活中不快乐的人,在工作中也很难成功。

当班组长询问员工为什么工作效率不如往常时,若员工的回答是:"抱歉,我有点私事,不能把心思放在工作上。"这时,班组长要重新激励起员工的干劲,首先必须对这些发生在工作环境以外的、造成员工工作障碍的私人生活中的一些问题给予充分的理解。而后,精明的班组长所做的不应只是关心他的工作了,而应对员工的私人事情加以真切的关心。

当员工因个人生活的问题不断被干扰,影响工作情绪时,班组长应让员工在工作和生活之中,充分感受到班组长对他的关注和照顾,使他早日从生活的低谷中走出来,精神百倍地进行工作。在他们生日或与他们闲话家常时,问问他们的小孩这次考试的成绩如何,或者当他们有什么特殊的情况,如订婚等这些在员工心目中值得庆贺的事情,组织班组成员一起庆祝一下,员工们会感到高兴的。相信那时,班组长再打招呼"早上好"时员工会感觉到:"的确,今天是快乐的一天。而且,明天会更美好!"

e)不要吝啬你的赞扬。当希望激励手下员工提高工作效率时,需要做的事情很简单,就是赞扬他。因为赞扬是达到这一目的最行之有效的办法。有实验结果表明,当主管公开赞扬下属时,他们的工作效率能提高90%;私下赞扬虽不及公开赞扬效果好,但他们的工作效率仍会有75%的提高。

有些班组长深感赞扬一个人很困难。他们抱怨没有在下属身上发现值得赞扬的"闪光点"。其实,每位员工都是一块闪亮的金子,只要班组长愿意睁大双眼,能很容易地在每个人身上找到值得赞扬的地方。

有人说,赞扬本身是一门艺术。赞扬时并非一定要给予壮志凌云般的鼓励,也可以对一些小事真诚地赞扬。实践证明,最有效的赞扬方式是面对面、私下进行的,而且最好在受称赞者未曾预料的情况下;另一种同样有效的方式,则是在一次众人皆关注的颁奖仪式中进行。

要点提示:

赞扬有一大忌,那就是切勿掉进"奉承"这一既虚假又无价值的陷阱里。简言之,奉承就是撒谎。班组长为一件很小的事诚恳地赞扬一个人,比挑一件很大的事对其奉承要有效得多。

(3)对员工不当行为惩罚的方法与技巧。

① 员工纪律处分的方法。对于奖励而言是比较好处理的,而对于处分,处理起来却不是那么容易的,所以,在此着重谈一下热炉规则。

热炉规则是实施处分的一种方法。按照这种方法实施处分应注意以下事项。

a)纪律处分要及时。处分必须在错误行为发生后立即进行,绝不能拖泥带水,绝不能有时间差,以达到让员工及时改正错误行为的目的。对违纪员工的处分,只有准确、及时才能起到有效的惩戒作用。

b)提出警告。对不能接受的行为事先提出警告也是极为必要的。当人们走近一个热炉,热炉散发的热量就会警告他们,如果触摸热炉则会被烫伤,从而提前使他们有机会避免可能发生的烫伤。

c)纪律处分要公平。热炉的灼伤是不受个人感情所左右的,这包含两方面的意思:一方面,纪律处分要做到一视同仁,无论是基层员工还是管理人员,只要违反了规章制度就要按章处罚,如果"刑不上大夫",那么规章制度不如没有,甚至比没有更糟糕;另一方面,纪律处分要做到对事不对人。员工违反规章制度,理应受到相应的处罚。这时应让员工明白,处罚决定的做出,绝不是针对个人的,而是对事而言。许多员工在受到处罚时,认为他们的人格也受到了侮辱,要避免这种情况的发生,就要通过有效沟通让他们明白,这次受处罚只是对他失误的惩戒,并希望其有信心为了自己和企业的发展继续努力。

d)不受个人情感左右。处分应该是不受个人情感影响的。热炉会灼伤任何触摸它的人——不带有任何私心。

尽管热炉方式有一些优点,但它也存在不足。如果所有惩罚发生的环境都是相同的,那么这种方式将没有任何问题。但是,实际情况往往差别很大,每项惩罚都涉及许多变量。例如,企业对一名忠诚工作了20年的员工的处分,和对一名来到公司不满6周的员工的处分能一样吗？因此，在进行处分的时候，不可能做到完全的一致和不受个人情感影响。

② 纪律处分的注意事项。在企业中，纪律处分的目的在于防止和纠正员工的违纪失职行为，保证企业目标的顺利实现。员工行为失当，受到企业处分，表示其动机与行为受到挫折，因而可能会对处分产生逃避或抗拒心理。如果员工受到处分后，工作情绪低落，工作绩效更不如以前，趋于消极等，就是逃避心理的表现；如果员工受处分后，对管理人员表现出敌视态度，认为处分不公而提出控诉，就是抗拒心理的表现。

由于对员工的处分可能产生上述心理，所以在处分时必须十分谨慎。在采取处分措施时，须注意以下因素。

a）不法或不当行为的原因和动机。员工表现出不法或不当行为的原因和动机，有的是值得同情与可以原谅的，有的是令人非常气愤、无法容忍的，处理时应区别对待，对情有可原的应从轻处分，对恶劣成性的，应从重处罚。

b）不法或不当行为的目的。有的员工虽表现出不法或不当行为，但其行为的目的，有的是好的（如以粗暴的态度来纠正下属的缺点），有时是不容许的（如以强制手段要下属从事不法勾当）。所表现的行为虽为同等的不法或不当，但对目的好的员工应从轻处分，对目的不容许的员工应从重处分。

c）是否必须处分。当对不法或不当行为的原因、动机与目的均深入了解后，需注意是否必须处分。一般来说，对员工采取的处分措施，需以"如不处分则将影响优良风气"为限。因为处分对员工而言毕竟是一种挫折，受挫折的员工能因受到挫折而更加奋发向上的毕竟不多，因受挫折而产生逃避或抗拒心理的却属常见。

d）给予何种处分。一般来说，处分措施严不如宽。因为从宽的处分易使员工感到内疚，可降低逃避或抗拒心理，较易产生奋发的作用。如无充分理由就对员工给予过严的处分，则弊多而利少。

e）如何给予处分。对员工的处分方法，可以是口头的，也可以是书面的；可以是公开的，也可以是私下的。一般来说，员工受处分并非光荣的事，如以书面及公开方法处理，员工所受挫折较大；如以私下或口头方法处理，则员工所受挫折较小。因此，除为维护纪律对性质恶劣的处分要书面公开处理，一般应以口头或私下进行，希望受处分的员工自己有所警惕，知错就改即可，不需使其他员工都知道，以减轻受处分员工的挫折感。

f）员工受处分的申诉。受处分的员工，如认为处分过重或认为受冤屈时，可能会提出申诉。当接受员工申诉时，在处理上必须慎重。在态度上给予同情，在程序上不可草率，在立场上必须公正，在考虑时必须周详。如员工所提申诉有理由，应立即撤销原有处分或减轻处分；如员工提出申诉无理，须维护原有处分，但必要时得同时改善员工的工作环境，如改调部门或调整工作任务，以免触景生情影响员工工作情绪。

**要点提示：**

不论是胡萝卜还是大棒，都是手段而不是目的。尽管被管理者各自有各自的价值观念和追求，但不要忘记管理的目的不是为了被管理者，而是为了实现管理者自己的目标，恩威并施的目的是达成管理者的目标。任何时候都不要忘记这一点，不要为了管理而管理。

▶ **课堂讨论**

上网或到企业车间搜集资料，应用车间职工管理工具提出加强职工管理的合理化建议，进行课堂分组讨论并进行评价测试：你是否已掌握车间职工管理工具？

## 任务三　车间企业文化建设

> **任务提示**：本任务将引领你明确车间企业文化建设的含义、内容和方法。

> **任务先行**：企业文化的概念是什么？车间文化与企业文化的关系是什么？车间文化的特征有哪些？车间文化的功能是什么？影响企业文化建设的因素有哪些？企业和车间文化建设的方法有哪些？

▶ **视野拓展**

**南通蓝博电子科技有限公司装配车间主任谈车间文化**

车间的精神文化，是车间在长期的生产实践活动中形成的。由管理者所倡导的车间文化不一定是真正的文化，只有通过长期生产实践，在员工中形成共同拥有的理想、信念、行为准则才是车间真正的文化。大部分企业和车间现在做的只是找出企业和车间倡导的是什么，而忽略了企业和车间的生产实践进化过程，导致企业和车间所倡导的与企业和车间进化出来的实际文化出现偏差。车间作为一个经济组织，即便是文化，它也必须要能够与企业和车间的各种制度互为作用，运用到管理行为中，才能产生实际价值。车间文化应该是渗透在车间一切活动中，它是车间的灵魂，是车间的内在素质。

（1）建设车间文化首先应正确认识车间文化的深刻内涵。车间文化是指在一定的社会历史环境中，车间和车间员工在生产经营和管理活动中逐步生成和发育起来的观念形态，是车间生存、发展中所表现出来的文化现象。要建设优秀的车间文化，就要走出思想误区，正确认识车间文化的深刻内涵。第一，简单地认为车间文化就是思想政治工作；第二，肤浅地诠释车间文化就是规章制度；第三，将文体活动作为车间文化的代名词；第四，片面地理解车间文化就是标语口号。不可否认，上述几种观点都有其正确的一面，或者说是车间文化的表现形式，或者说是车间文化的载体，而实际上都走进了认识的误区，对车间文化的深刻内涵做了片面的理解。

（2）建设车间文化必须内外结合，集思广益，发挥全体员工的聪明才智。内因是事物发展的根本原因，它决定着事物发展的方向、速度及外因作用效果大小；外因是事物发展的条件，它影响事物发展的方向、速度和具体过程。事物发展是内因和外因综合作用的结果。在建设车间文化过程中，必须坚持内外结合的原则，既要借鉴其他企业车间的成功经验，聘请专家学者策划指导，又要发挥全体员工的聪明才智，只有这样，才能少走弯路，事半功倍，收效明显。优秀的车间文化是车间管理者和全体员工共同的精神家园，在这个家园里，车间管理者所要做的唯一重要的事情就是创造和管理车间文化，而优秀的车间文化更需要有车间全体员工的聪明才智、积极参与、共同遵守和自觉贯彻。这是因为，车间员工是车间文化建设的主体，因此，必须充分调动和发挥全体员工的积极性与创造力，使企业和车间的目标、信念深深扎根于每个员工的心中，变成全体员工的共同信仰，从而使全体员工产生强烈的使命感、荣誉感和责任感，自觉地把自身利益、工作职责和企业的整体利益联结在一起，否则，建设优秀车间文化就无从谈起。

（3）建设车间文化必须富有特色、个性鲜明。车间文化应表现出具有自己特色的个性文化色彩。有个性才有吸引力，有个性才有生命力。车间文化与企业文化的关系是文化与亚文化的关系，车间文化不仅包含着与企业文化相同的价值观、行为规范，也有属于自己的独特的价值观、行为规范。独特的优秀车间文化不但能促进本车间的发展进步，也能为企业文化建设提供有益的成功经验。建设车间文化应切合实际，切忌相互模仿、千篇一律。

（4）建设车间文化必须与时俱进、不断创新。车间文化是随着车间内外环境的变化而不断发展和完善的。当一种车间文化形成时，它反映了车间成员的动机和价值取向，但这种文化是以开始的条件为基础的，随着车间的发展和条件的变化，这种文化就可能与形势的需要不相适应。这时，车间文化建设的组织者就要及时地予以发展和完善，扬弃旧的车间文化，创造新的车间文化。只有通过不断的变革，抛弃不利于车间发展的习惯和管理方式，学习和利用有利于促进发展的管理方法和制度，在此过程中形成车间真正的文化，才能促进车间的不断发展进步。

> **知识链接**

文化——广义指人类社会历史实践过程中所创造的物质财富与精神财富的总和；狭义指社会的意识形态，以及与之相适应的制度和组织机构。它是一种历史现象，每个社会都有与之相适应的文化，并随着社会物质生产的发展而发展。作为意识形态的文化，是一定社会的政治和经济的反映，又作用于社会政治与经济。

对于车间文化定义的理解，应该从广义和狭义两个方面理解。从广义上看，车间文化是指车间生产经营活动中物质文化和精神文化的总和。从狭义上看，车间文化是指车间的精神文化，也就是长期的生产经营活动中形成的共同持有的理想、信念、价值观、行为准则和道德规范的总和。广义的车间文化定义强调的是一种存在状态，即车间的物质存在状态和精神存在状态；而狭义的车间文化定义强调的是一种功能性意识形态，是通过建立一种共有的意识形态，从而形成一套思想上、行为上共同遵守的准则。显然，前者作为一种专注于文化学术性定义对于一般管理者没有太大的吸引力，而后者往往被更多管理者所接受。如果单纯从功能的角度上看，车间文化其实就是一种柔性的管理手段，是通过建立一种共同的价值观，从而形成车间统一思维方式和行为方式，进而实现建立车间发展原动力、加强车间凝聚力、提升员工对于车间目标与制度等的贯彻执行力的目的。

## 一、车间文化与企业文化的关系

企业文化对企业成员有感召力和凝聚力，能把众多人的兴趣、目的、需要及由此产生的行为统一起来。企业文化是在一定的社会历史环境条件下，企业及其职工在生产经营和改革的实践中逐渐形成的价值观体系、各种观念文化形态的总和，包括价值观、行为规范、道德品质、习俗习惯、制度法则、精神风貌等，而处于核心地位的是价值观。车间文化作为企业文化的子文化，长期生长在车间特定环境。由车间领导和全体职工共同创造，与工厂发展目标相适应并为全体职工普遍认同、共同奉行的理想价值观念、精神风貌、行为规范、职业道德及车间环境对人的生理和心理作用的总和。

一般认为，企业文化有三个层次结构，即精神层、制度层和物质层。一是精神层，是企业文化中的核心和主体，是广大员工共同而潜在的意识形态，包括生产经营哲学、以人为本的价值观念、美学意识、管理思维方式等。它是企业文化的最深层结构，是企业文化的源泉。二是制度层，指体现某个具体企业的文化特色的各种规章制度、道德规范和员工行为准则的总和，也包括组织内的分工协作关系的组织结构。如厂规、厂纪、员工行为准则等。制度层是企业文化中的中介层，它构成了各个企业在管理上的文化个性特征。三是物质层，它凝聚着企业文化抽象内容的物质体的外在显现，既包括了企业整个物质生产经营过程和产品的总和，也包括了企业实体性的文化设备、设施，如带有本企业色彩的工作环境、作业方式、图书馆、俱乐部等。物质层是企业文化最直观的部分，也是人们最易于感知的部分。物质层、制度层、精神层由外到内的分布就形成了组织文化的结构，这种结构不是静止的，它们之间存在相互的联系和作用。

企业文化是若干车间（科室）文化的集合，主要侧重于企业文化全局性战略构思，总体策划；而车间文化是企业文化的重要组成部分，主要反映企业区域性的文化建设与实践，一方面具有企业文化相同的属性，有导向、凝聚、约束、激励、辐射作用；另一方面有着自己的个性特征，具有使企业文化由精神变物质的转化功能，也就是说，只有真正把企业文化建设落实到车间、班组和广大职工之中的时候，企业文化才会成为企业发展的强大动力。任何一个车间在长期的生产经营活动中都会逐步形成自己的文化，都有历史和群众的基础。车间文化与车间同时客观存在，作为一种意识形态和软管理在生产经营活动中发挥着重要的作用。车间文化性质的活动是其文化体系中的重要组成部分，是车间文化建设的形式和载体。显然，把车间文化性质的活动说成车间文化本身的认识是片面的。车间文化是以人为本的管理理论和管理方式，其本质上是运用文化的手段、功能和力量对车间全部工作进行管理，从根本上说是对人进行管理。即在生产经营管理全过程中重视人的因素，坚持以人为本，突出精神因素的作用，着重提高职工的综合素质，激励和调动职业的积极性和创造性，从而促进车间发展。从这个意义上讲，车间文化是两个文明建设的结合点，是思想政治工作的有效载体，切不可混为一谈，更不能把它们互相代替或互相对立起来。

车间文化与企业文化的关系是文化与亚文化的关系，是企业总体主文化的次级文化。由于组织分层设立各种机构，各层次机构均具有其特定的业务、职责、权限，各层次机构人员的组成情况也不同，故会出现有着其特定的文化内涵与表现形式的次级文化，但在总体上保持与企业主文化一致的前提下，并不妨碍企业文化的贯彻与落实。车间是企业下属的次级组织，车间文化属于企业亚文化或次级文化。

## 二、车间文化的特征

在中国古代，"文化"一词指的是"以文教化"和"以文化成"，似乎是以"文"为形式，以"教"为手段，达到"化"的目的。这与今天西方语言的"文化"一词所指的培养、教育、改变、发展的意思大致相同。中国传统文化的目的性十分明确，那就是文治教化。纵观车间文化，概括起来说，除一般文化所共同的特点外，还有其个性。

（1）强调共同愿景。车间文化强调车间内部全体员工的共同价值判断，强调团队意识，追求"一体化"。这种"一体化"思想是从车间中每一个员工的行为、每件产品的制造过程、经营管理的每一个环节培养和体现出来的。

（2）强调自觉与自律意识。车间文化不是强制人们遵守各种硬性的规章制度和纪律，而是强调人的自觉性和主动性,强调通过启发人的自觉意识,达到自控或自律。

(3) 强调相对稳定性。优秀的车间文化作为企业文化的一种亚文化,其形成需要很长的时间,需要车间领导者精心地倡导和培育,一旦形成就应成为车间发展的灵魂,不应朝令夕改,不应因为车间产品的更新、组织结构的变革和车间领导人的更换而发生根本性的变化。如果说有变化,那也只是根据车间内部条件和社会文化的发展而进行一定的调整、完善和升华。

(4) 强调目标的模糊性。优秀的车间文化引导大家追求卓越,追求创新,目标清晰而又"模糊"。它不像车间的计划、产品标准和规章制度那样明确具体,它只给人们提供一种指导思想、一种行为的基本准则。

(5) 强调个性。尽管一个国家、一个民族和一定区域内的车间文化具有诸多共同特征,但不是说每个车间都采取一个模式,不同的车间应根据自身的内外环境和优势创造自身别具一格的文化特色。

## 三、车间文化的功能

探究车间文化的定义,可以发现车间文化至少具备以下3种功能。

(1) 激励功能。车间文化具有使车间员工从内心产生一种高昂向上的情绪和奋发进取的精神,它对人的激励不是一种外在的推动,而是一种内在的引导。它不是被动消极地满足人们对实现自身价值的心理需求,而是通过车间文化的塑造,在车间群体中产生一种责任感和使命感,使每个车间成员从内心深处自觉地产生为车间走向成功而努力拼搏的献身精神。

(2) 约束功能。车间文化对每个车间员工的思想、心理和行为具有约束和规范的作用。车间文化的约束,不是强制性的约束,而是一种软约束,这种软约束产生于车间中,弥漫在车间的文化氛围里,形成一个群体的行为准则和道德规范。文化形成的道德准则成为制度制约的有效补充,而文化对于被管理者思想的影响力又保证了对制度从内心上的根本顺从。制度是刚性的,文化是柔性的,"刚不可久,柔不可守",两者其实是相辅相成的。车间文化形成的车间的道德准则补充了车间制度制约的盲点,而车间文化对于思想的统一又能有效地消除人对于制度控制的抗性,车间文化是车间管理的辅助工具。

(3) 凝聚功能。当一种价值观被车间员工共同认可后,就会成为一种"黏合剂",把全体员工团结起来,从而产生一种巨大的向心力和凝聚力。文化是共同创造的,也是共同的价值体认(体验、认同),车间文化实际上是车间全体员工共同创造的群体意识,也就是共同的意志。每个人都是主人,这就使组织成员从思想上改变了自己的定位,从原来的被迫服从变为参与者、合伙者,从我和他变成了我们。事实上,从心理学上来分析,每个人都对控制有一种天生的抗性,谁都不愿意被控制,谁都想控制人。车间文化让车间内每个成员认识到自己是车间的主人,是大家在共同完成一项事业,是在为追求崇高的目标奉献自己,是在与一群志同道合的人互相协助、共同完成。车间文化能够形成强大的向心力,不但能加强现有员工的积极参与性,还可以吸引更多有智慧、有抱负的人加盟。

## 四、企业车间文化建设

### 1. 影响企业车间文化建设的因素

企业车间文化建设受很多因素的制约,既有企业车间的外部因素,又有企业车间的内部因素，所以当进行企业车间文化建设时，应当首先明确影响企业车间文化的各种因素及其强度，以及每种因素的作用方式。

（1）社会文化。企业是在一定的社会文化环境中生存和发展的，企业的文化建设接受并服从它所在的环境的影响和要求。不同的社会制度，不同的社会文化，其企业文化的特征也有所差异。从我国企业现存的文化状态考察，就会看到儒家思想的影响作用，如中庸之道、伦理、集体主义等。美国文化的核心是个人主义，崇尚个人奋斗，因此其企业文化具有美国的时代特征。这说明社会文化是企业文化的影响因素之一。当然，社会文化本身就是多因素的统一。

（2）行业特点。行业不同，其生产、经营的业务必然不同，该行业中的企业文化也必然带有明显的行业特征。例如，服务行业提倡顾客是上帝，以满足顾客的需求为己任；生产行业提倡质量第一，用户至上等。不同行业之间，其分工协作关系与特点不同，经营目的不同，企业文化建设的方式必然不同，必须紧密结合本行业组织业务的特点去研究企业文化的具体内容。

（3）企业所在的地理位置。任何企业都有自己的经营场所，都占据一定的空间位置。不同的空间位置，其社会环境、风俗习惯、市场发达程度等不一样，会直接或间接地影响企业文化的建设内容。例如，我国的上海、广州、福建、天津等发达地区，工商企业也发达，人们的思想观念比较开放。尤其是国家实施改革开放政策以后，受发达国家的新事物、新技术、新观念的影响，企业文化必然更加带有开放性。这种空间地理位置的差异性，使同行业处于不同地域的企业在经营上具有差异性。

（4）企业的历史传统。任何一个企业，都要经历一定时期的建立、成长、发展和成熟的历史过程，在这个过程中会形成种种约定俗成的价值观念、管理方式、工作习惯和生活习惯，从而表现为企业传统。这种传统会一代代地传下去，并在相传的历史过程中，越来越加以成形。但它有两重性，当它适应了时代的变化，就会有利于组织的生存和发展，当它不适应时代的变化而越来越保守、落后时，就会限制企业的发展。因此，企业的历史传统是建立或更新企业文化时必须认真调研并严肃对待的因素。

**2. 车间文化建设的方法措施**

1）确立和培育车间群体价值观，是搞好车间文化建设的核心

车间文化的结构在理论上一般有三个层面，一是表层物质文化，二是中层规范文化，三是深层精神文化。从三个层面的关系来看，其中精神层面及内容的价值对其他两层面具有指导作用，而其他两个层面，不过是精神层面借以传达的载体，因此培育和确立群体价值观是车间文化建设的根本。所谓群体价值观，就是车间职工对关系车间生存和发展的重要问题的评价和根本看法，是职工行为方式和交往准则的观念化。它包括理想信念、发展目标、职业道德、经营哲学等，是车间文化的核心。因此车间在大力建设标识文化、行为文化、理念文化之时，应高度重视精神文化建设，着力培育和确立群体价值观，为车间持续稳定发展提供坚实有力的智力支持、思想保证和精神动力。

2）建立健全组织机制，是实现车间文化建设的条件

车间管理干部要提高对车间文化建设的重视程度，充分发挥党政工团组织优势，将车间文化建设作为党政工团的共同任务，同时以班组为车间文化建设的有力抓手，构成车间文化建设网络，厘清车间文化管理权责，建立从上而下的逐级落实和从下而上的信息反馈制度，

确保车间文化建设的连续性，要保证必要的人力、财力投入，为车间文化建设提供物质保障。

3）推进群众性的文化实践活动，是搞好车间文化建设的基础

搞好车间文化建设，必须大力推进群众性的文化实践活动。首先，车间文化作为车间标准管理与制度管理的补充和强化，是高层次的人本管理，它以群体价值观为核心，以团队精神为支柱，来规范车间行为，净化职业道德，协调人际关系，形成一致的群体意识。大力推进群众性的文化实践活动，有助于这种"群体一致意识"的形成。事实证明，在职工群众广泛参与、集思广益的基础上制定的车间发展目标和群体意识、行为规范的要求，不但会符合车间的实际情况，而且比较容易在领导和职工中达成共识，比较容易得到职工的理解和认同，增强职工的亲切感、责任感，提高他们在实践中落实的自觉性。车间可以开展主题教育和形象建设，开办青年团校、职工之家，组织职工联谊会、知识竞赛等群众性文化实践活动，使职工对车间文化的理解和认同逐步趋向一致，并更好地转化自己的思想观念和行为习惯，更好地在本职岗位上充分发挥自己的聪明才智。

其次，车间文化是全员性的系统工程，需要全员参与。车间文化建设不是靠行政部门发几个文件，下几道命令就能完成的，单靠少数人的工作也是不能奏效的。车间文化建设不仅要贴近生产经营，贴近职工群众，同时要让职工真正成为车间文化建设的主体，车间文化只有扎根于班组，落实到个人，才能富有生命力。

4）构建具有自身特色的车间文化，是搞好车间文化建设的关键

在车间文化建设的实践中突出特色、追求个性是车间文化建设的关键。车间像人一样有着自己的性格、气质、个性、风貌，具有不同的文化特色，构建车间文化体系，要强化特色管理，突出本单位的个性，这是市场经济条件下生存和发展的必然要求。车间文化作为一种管理文化，由于历史传统、工作环境、领导和职工素质等种种不同而表现得千差万别。因此，车间无论大小都要努力追求突出自己个性的车间文化。必须充分考虑和发扬民族的文化精神和文化遗产，包括大胆吸收、借鉴外来文化，必须要有时代特色和行业特征，与时俱进，大胆创新。车间文化建设应从各单位自身实际出发，从最重要、最突出的问题入手，勿求体系的健全，只求特点的突出。

首先，要着力培育具有车间特色的团队精神。所谓团队精神，是指车间领导和职工长期精心培育的由车间群体共同体现的一种对待车间所开创的事业和具体工作的根本态度和精神风貌。车间精神是车间文化的灵魂，是车间发展的凝聚剂和催化剂，对职工具有导向、凝聚和激励的作用。

其次，要强化职业道德建设。职业道德是车间精神、管理理念的自然延伸。车间应开展形象教育、自治信誉教育、"精品名牌"意识教育等以职业道德为核心的系列教育，按照"目标导向、品牌效应、职业追求"管理思想教育职工爱岗敬业、遵纪守法，以"人品铸精品"，营造良好的职业道德氛围。

最后，塑造良好的车间形象。车间形象是车间以自己的产品质量、服务水准、车间信誉、职工素质、环境面貌和外观标识，在公司和用户心目中所形成的总体形象，是车间整体素质的外在表现。良好的车间形象是一笔巨大的无形资产，它对外有助于提高车间的知名度、影响力，对内有助于提高车间职工的荣誉感、自豪感和责任感，增强凝聚力。因此，形象建设是车间文化建设的重要内容，车间在形象建设的具体做法上，一是建立形象醒目的标识文化，如现场文化牌、文化长廊、夏季文化衫、职工文化书籍等；二是建立规范有序的行为文化，

从净言、正行、整容、塑形抓起，持之以恒，常抓不懈；三是建立生动鲜活的理念文化，如"双赢理念""撑杆理念"等。

5）依托信息化新媒体，是拓宽车间文化建设的新途径

当今 QQ、微信、微博等信息化新媒体形式的出现，标注着文化传播步入新时代。依托信息化网络、手机的新媒体平台，将图片、文字、视频及时实现共享，丰富文化建设的形式和内容，增强文化宣传的可读性和趣味性。同时由于年轻人的积极参与，无形中也带动老职工接受计算机、手机 App 等新兴事物，提高车间干部职工整体文化水平。如成立本车间的微信群，发动各个班组围绕凡人善举、班组动态、职工风采等内容制作网页，并将其中的精彩作品在车间各微信群内共享，营造车间文化集群建设的良好局面。

▶ **课堂讨论**

上网或到企业车间搜集资料，调研地区骨干企业车间文化建设的案例，对车间文化建设提出合理建议，进行课堂分组讨论并进行评价测试：你是否已掌握车间文化建设？

**案例分析**

### 一、任务要求

车间劳动和职工管理是现代企业车间管理的重要组成部分。加强劳动管理工作研究，加强职工管理，培育企业和车间文化，对于充分开发企业人力资源，充分发挥劳动者的技能，调动职工劳动积极性，提高劳动生产率，具有十分重要的意义。结合金工车间主管谈"团队激励运用与车间文化的形成"等典型案例进行学习，针对案例内容分组讨论并分析。结合自己的感受谈谈对"车间劳动管理研究""车间职工管理""车间企业文化建设"的看法。

问题1：结合实际谈谈车间团队激励方式都有哪些？

问题2：车间职工激励应注意什么问题？

问题3：结合实际谈谈如何加强车间文化的培育和建设？

问题4：车间文化和企业文化有哪些异同点？

### 二、检查方法

各小组针对导入的案例通过参观、上网等方法搜集相关资料，分组分析讨论，然后总结报告，在教师组织下进行综合评价。通过本次教学活动设计组织和典型案例的分析，更深入了解车间劳动管理方法研究和时间研究、车间职工管理方法和工具、车间企业文化建设等基本常识，理解车间劳动和职工管理的重要性，为将来在企业一线进行车间劳动和职工管理方面的工作打下良好的基础。

### 三、评估策略

"头痛员工"的管理和金工车间主管谈"团队激励运用与车间文化的形成"等车间职工管理与车间文化建设的典型实践案例，有些相关的现象还是或多或少地存在于各个企业的车间职工管理和企业文化建设中。通过对案例的分析讨论，了解学生对车间劳动管理工作、职工管理和车间文化建设等问题的关切程度，采用的案例分析教学和拓展训练能使学生进一步理

解车间劳动和职工管理在企业管理工作中的地位与作用，提高自己的认知和分析能力，在案例分析中同时培养学生的团队合作精神。

在项目案例学习过程中，要对学生学习情况进行检查评估，主要采用学生互评、教师点评、校外企业车间管理人员评价等形式，从学生掌握车间劳动和职工管理的知识点、案例分析报告质量、团队协作精神等方面对学生的项目学习情况进行综合评估（见表2-4）。

表2-4　车间劳动和职工管理项目案例学习评估策略表

| 序号 | 检查评估内容 | | 检查评估记录 | 自评 | 互评 | 点评 | 分值 |
|---|---|---|---|---|---|---|---|
| 1 | 车间劳动管理工作研究、车间劳动组织、车间职工管理、车间企业文化建设等知识点的掌握 | | | | | | 30% |
| 2 | 典型案例"头痛员工"的管理分析报告质量 | | | | | | 20% |
| 3 | 金工车间主管谈"团队激励运用与车间文化的形成"分析报告质量 | | | | | | 20% |
| 4 | 政治素质职业素养 | 政治思想、遵章守纪情况：是否具有正确的价值观和人生观？是否遵守各项制度要求？ | | | | | 10% |
| 5 | | 处理问题能力：分析问题是否切中要点？问题解决方法是否切实可行、操作性强？ | | | | | 5% |
| | | 语言能力：是否积极回答问题？语言是否清晰洪亮？条理是否清楚？ | | | | | 5% |
| 6 | | 安全、环保和质量意识情况：是否注意现场环境？是否具有安全操作意识？项目实施是否具有质量意识？ | | | | | 5% |
| 7 | | 团结协作、奉献精神情况：是否有团队精神？是否积极投入本项目学习，积极完成案例学习任务？ | | | | | 5% |
| 总评： | | | | | | | |
| 评价人： | | | | | | | |

## 拓展训练

**训练1**：结合案例1分组分析问题。

（1）试评点案例中体现了工作设计中的哪些行为理论？

（2）谈谈日本社会文化对企业车间工作设计的影响。

（3）分析工作职务轮换的特点和方法。

【案例1】日本A汽车电池制造公司（简称"日本A社"）的具体实践

一、组装车间面临的难题

汽车电池为一个盒子，内有数十张放置在电解液中的极板。汽车电池生产包括极板铸造、极板涂铅和电池组装3个部分。它们分别由3个独立的车间承担。这里主要考察其中的电池组装车间。由于电池种类不同，批量参差不齐，组装线刚性运作，物流在组装线之间、工序之间时常无法保持均衡流动，导致了组装线之间、工序之间高低峰不均、忙闲不均的局面。如果不尽快解决这一问题，将会延误某种产品的交货期，甚至导致某种产品的生产根本无法进行。这样，一个如何协调组装线之间、工序之间的权衡生产的问题就成为摆在组装车间面前的难题。

## 二、寻找协调途径

组装车间认为，缓解这种局面的最佳办法是利用因低峰而闲置的力量去填补因高峰而引起的力量空缺，具体来讲，就是让"闲着"的工人去支援"忙着"的工人。通过工人在工序之间、组装线之间的移动，使物流在工序之间、组装线之间保持均衡流动，达到均衡化生产，这就是协调生产的内涵。很显然，协调生产要求工人具备多样化的技能，同时，当生产量变化频繁、出现生产计划外的忙闲情况时，还要求工人能够不依靠上级指派，根据自己的判断，主动而及时地"支援"生产。胜任多种作业、能够自我协调生产是对工人技能的具体要求。

## 三、培养协调技能

组装车间认为，丰富的经验是培养协调技能的土壤，因此，要让工人尽可能地多从事不同类型、不同技术难度的作业。为此，组装车间结合每月的生产计划，系统地安排工人到不同岗位"支援"生产。车间管理者首先对每个工人的技能种类、技能水平、技能积累过程做出书面评价，以此为依据，精心设计每个工人每天的作业种类、轮换顺序及轮换频率。通过对工人的协调技能与优化生产资源配置达到有机的结合。

以第三组装线为例，考察工人是如何在岗位移动中提高协调技能的。1998年1—2月期间，组装车间第三组装线上共有59人工作过，其中22人是这条组装线的工人，占37%，其他37人则是从其他组装线或车间前来"支援"生产的工人，占63%。同一时期，第三组装线派出15人到其他组装线或车间"支援"生产，平均"支援"次数为1.9次。有30%的工人在第三组装线工作不到10天。岗位轮换的方式因职工的技能水平而异，但都遵循以下原则：从最简单的工序出发，进而轮换到技术较复杂的关联工序。仅就组装线工序之间的移动而言，就有以下几种移动方式：在22名属于第三组装线的工人中，2人（其中一位是新工人）只在第一和第四道最简单的工序之间移动；5人在前四道工序之间均匀移动；2人以前四道工序为主，在前四道工序与后四道工序之间移动；另有3人在前四道工序与后四道工序之间均匀移动；5人以后四道工序为主，在后四道工序与前四道工序之间移动；5人只在后四道工序之间移动。这样，所有工人至少在两道以上工序之间轮换岗位，至少要做2个以上难易不同的工作。

从以上数据记录中可以看到，第一，岗位移动者多。所有工人都参加了工序之间的移动，2/3的工人参加了组装线之间、车间之间的移动。这说明日本A社的技能培训面向全体工人，而不是局限于个别优秀工人。第二，岗位移动频繁。第三，岗位移动范围大，不仅有工序之间的移动，而且还有组装线之间的移动，甚至还有车间之间的移动。这说明协调技能以技能的全面发展为基础。第四，岗位移动原则统一，但方式多样化。这说明日本A社在选择岗位移动方式时既考虑了工人技能积累的可能性，又兼顾了生产效率实现的可能性。通过如此大范围、高频率、大规模的岗位移动，工人逐步掌握了多种不同类型、不同技术难度的作业的操作方法，技能的领域得到了拓宽，技能的深度得到了提高。同时，随着经验的丰富，工人对各种情况、各种作业及各种作业之间的关系的了解也逐步加深，为提高自我协调能力形成了良好的基础。

## 四、创建协调环境

实施大范围、大规模的岗位移动，必须以能给工人提供完成岗位移动所需条件的劳动组织为环境支持。为此，日本 A 社在劳动分工、劳动规范化及决策权分布方面做出了改革，形成了以低度分工、适度规范化和决策权下放为特点的劳动组织结构。第一，不实行岗位之间、工种之间的严格分工。具体来讲，就是不设岗位工，不将工人固定在某个岗位，不严格区分各工种的任务，让一个工种的任务适当延伸到另一个工种，比如，操作工人要适当做一些维修工人的工作。第二，公司不对车间提供具体的人员配置和工人技能培训计划，车间的生产协调、工人的技能培训基本由车间管理者的"现场干预"来进行。第三，将部分决策权下放到车间及工人。比如，工人有权自动协调生产、进行设备预防维修、解决机器故障等。

**训练2**：结合案例2谈谈对"职工岗位责任制"和"劳动分工"的看法。

**【案例2】机床操作工的投诉**

一个机床操作工把大量的液体洒在他机床周围的地板上，车间主任叫操作工把洒在地上的液体打扫干净，操作工拒绝执行，理由是任职说明书里没有包括清扫的条文。车间主任顾不上去查任职说明书上的原文，就找来一名服务工来做清扫工作。但服务工同样拒绝，他的理由是任职说明书里同样也没有包括这一类工作，这个工作应由勤杂工来完成，因为勤杂工的职责之一是做好清扫工作。车间主任威胁服务工说要解雇他，因为服务工是分配到车间来做杂务的临时工，服务工勉强同意，但是干完后立即向公司投诉。

有关人员看了投诉以后，审阅了这三类人员的任职说明书。机床操作工的任职说明书规定：操作工有责任保持机床的清洁，使之处于可操作状态，但并未提及清扫地板；服务工的任职说明书规定：服务工有责任以各种形式协助操作工，如领取原料和工具，随叫随到，即时服务，但也没有包括清扫工作；勤杂工的任职说明书确实包括各种形式的清扫工作，但他的工作时间是从正常工人下班以后开始的。

**训练3**：组织参观生产企业车间现场，了解车间劳动管理和职工管理实践情况，了解企业和车间文化的建设。

## 模块小结

劳动管理和职工管理是现代企业车间管理的重要组成部分。加强劳动管理，搞好劳动组织，加强职工管理，培育企业和车间文化，是直接影响企业和车间成败的关键因素之一。本模块主要介绍了车间劳动管理工作的方法研究和时间研究，车间职工管理的原则、方法和常用管理工具，企业和车间文化的概念、内容和建设方法等。

# 模块三

# 车间班组管理

 **知识目标**

- 认识车间班组设置的原则和组织形式
- 认识班组的任务和工作
- 认识班组的职责、权利
- 掌握班组管理的基础工作内容
- 认识班组长的定义、素质
- 认识班组长的职责和权限
- 掌握班组长管理工具

 **技能目标**

- 掌握班组基础工作的执行
- 掌握班组长管理工具的使用

 **模块任务**

任务一　车间班组的设置
任务二　车间班组管理的基础工作
任务三　车间班组长管理实务

 **任务解析**

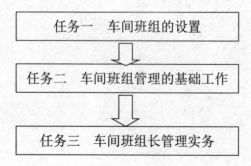

## 南通柴油机股份有限公司金工班组的管理

南通柴油机股份有限公司金工班组以"严"和"亲"的理念加强班组管理,取得较好的效果。他们的主要经验如下。

班组管理中的"严",不是表面化的严厉,而是严格的管理制度、严谨的工作态度。一个班组就是一个战斗集体,要有组织和纪律。

车间各项规章制度都是前人用经验和教训总结出来的,这包括交接班制度、考勤制度、设备巡视和检查制度、定期制度、各种操作规范及操作票执行制度、考核和分配制度、工作票制度等。要使这些管理制度得到认真贯彻和充分完善,不是靠简单的严厉训斥和乏味的说教所能达到的,而是要让班组中的每一名成员都清楚自己在班组中的工作不是简单的个人行为,个人工作中的松懈和随意不仅会给自己带来危害和损失,还会影响到整个班组的利益和荣誉,乃至给整个企业的安全生产带来影响,而企业的盛衰又势必影响每个人的切身利益。

只有将各项规章制度落实到班组每个人的心头,要让每个人明确自己的职责,树立起高度的工作责任心,其各项制度才会得到严格执行,才会发生作用、产生效力。同时,要做到班组管理工作中的"严",就要求作为既是班组管理工作的具体实施人,又是班组一员的班长要严于律己,从我做起,树立榜样。班组的工作成绩是班组管理工作好坏的一面镜子,懒散、工作不负责、事事推诿的班长是带不好班组的。班长要在工作中以德服人、以能服人、以理服人。德,即要有端正的品德,认真工作的态度,不以私利为重;能,即要有全面的技术才能和专业知识,丰富的经验,遇事不慌不躲;理,即对待班组成员要摆事实、讲道理,不武断专行,随意训斥。只有这样,班长才能在班组中树立威信,使"要每个人去做",变成"每个人要去做",使班组的严格管理得到真正的落实。

班组管理中的"亲",是指班组中要有亲和力,要班组成员感觉班组是真正的职工之家,在班组中形成和谐的工作气氛。如果职工带着抵触和不愉快的情绪上班,"各人自扫门前雪""事不关己,高高挂起",那班组工作还从何谈起?所以在搞好班组严格管理的同时,应当多一些人性化的管理。

班组犹如一个大家庭,是一个具有不同层次的群体。群体中每个人的成长经历不同,个性也不尽相同,都有自己特定的心理环境。这就要求班长在工作中不能以自己的处世标准来要求别人,要善于发现对方的长处,因势利导,尊重职工个人的兴趣和爱好,并考虑到每个人的心理状态,注意解决人们在交往中产生的矛盾。针对班组中青年人多,上进心强,而且自尊心也较强的情况下,应鼓励年轻人多学、多问,提倡有经验、有技术的同志多讲、多教,杜绝以往"留一手""一招吃遍天下"的保守做法,让大家清楚这个教和问的过程其实也是经验交流的过程,在向别人讲和教的同时也就是对自己知识与经验的加深与巩固。这样,最大限度地把职工团结在班组群体的周围,使职工感到班组中有关心、温暖、理解和信任,从而产生一种依恋班组的真挚感情,把职工的个性发展寓于班组的共性之中,形成个性与共性相一致的共同利益,充分调动全班组成员的积极性,创造团结和谐的集体气氛,全班组成员齐心协力,更好地完成班组工作。

班组管理中的"严"和"亲",很大程度上影响班组工作的开展,处理好班组管理中的"严"和"亲",将给班组管理工作带来事半功倍的效果。

班组是企业生产经营管理中不可缺少的细胞,是企业生产经营活动最基层的管理单位。水能载舟,亦能覆舟,班组如水,企业如舟,既能昌盛企业,亦能覆灭企业。班组管理提升是企业提高竞争力的基石,更是企业各项战略实施的执行主体、企业管理水平提升的推动者,亦是企业贯彻文化兴企落地生根的土壤,只有加强班组管理,才能不断提升班组生产能力,提高产品质量,以良好的质量树立良好的企业品牌。也只有以人为本,坚持人性化、民主化、科学化管理,以工作、文化、发展和谐为纲,才能充分激发班组成员与班组长、企业管理者齐心协力、勠力同心地付出时间和心血,为共同打造卓越班组和实现企业可持续发展提供基础保障和不竭动力。

组织学生对导入案例进行分组讨论,安排各小组收集资料并做报告,最后在教师指导下进行综合评价。案例分析讨论重点使学生理解车间班组设置原则,理解车间班组管理制度,理解班组长的地位、作用和素质,理解班组长管理工具的使用,理解班组考核方法等知识,并对车间班组管理的典型案例有一定的认知和分析能力,在案例分析中同时培养学生的团队合作精神。

## 任务一 车间班组的设置

➤ **任务提示**:本任务将引领你明确车间班组设置原则和班组的组织形式。

➤ **任务先行**:车间班组设置的原则是什么?车间班组的组织形式有哪些?班组的中心任务和主要工作是什么?班组的职责和权利是什么?

### 视野拓展

**鲁中冶金矿业集团公司车间班组设置与调整原则**

鲁中冶金矿业集团公司车间班组的设置与调整结合本单位的实际情况,从有利于管理、有利于提高劳动生产率和企业经济效益出发,根据生产(工作)任务、生产工艺特点、分工协作关系等具体情况和需要来确定。

(1)对于连续性倒班生产的车间(区、队),通常按生产工艺要求将同一时间上班的若干个岗位上的职工划分为一个班组。

(2)对同一类型设备的同工种、不同岗位的若干职工划分为一个班组。

(3)对生产工序联系性强的岗位,可按工艺流程的不同主要阶段分别设置班组。

(4)对生产过程中劳动强度大的岗位,可按工作地相同或相邻的同工种划分为一个班组。

(5)建筑安装专业通常按工种划分班组,也可根据施工对象的特点设置多工种班组。

(6)按照有效的管理幅度和科学的管理层次设置班组和班组人数。原则上每个班组不少于10人,可根据生产工作任务需要设班长1人。因特殊原因少于10人的,必须经单位公司人力资源部门审定,但最少人数不低于6人。

(7)根据生产需要,结合改善劳动组织和编制订员,由公司人力资源部门适时对车间

（区、队）提出的班组设置和调整意见进行审核，并建立班组档案；红旗标兵班组的注销、合并、班组长调整，应事先征得集团公司班组建设领导小组办公室同意。

（8）部分车间（区、队）设置的工段，应当纳入班组序列管理。

> 知识链接

## 一、班组的组织形式

生产班组根据班组设置的原则和不同情况，可采取不同的组织形式。其基本形式有以下几种。

（1）工艺专业化班组。此为根据工艺原则而采用的班组形式。它是按生产工艺的特点，把同类设备和同工种工人组织成一个班组，对不同产品进行相同工艺方法的加工。这种劳动组织形式由于工人进行同样的工种工作，因而便于工人相互学习、培训指导和考评管理。

（2）对象专业化班组。此为根据对象原则而采用的班组形式。它是按加工对象的任务，将为加工某产品所需的不同设备和不同工种工人组织成一个班组，对相同产品进行不同工艺方法的加工。这种劳动组织形式因设备不同和工人工种不同，培训指导比较复杂，但作业管理简化许多。

（3）混合班组。此为根据混合原则而采用的班组形式。它是在劳动分工的基础上，为完成某项工作任务，把相互紧密联系的不同工种工人及其工具设备组成一个班组。这种劳动组织形式有利于加强各工种之间的协作配合。

（4）机组班组。此为根据成组加工的要求而采用的班组形式。它是将同类机器组成机组或不同机器按工艺顺序组成机组，形成机群式的工作地，由一定数量的工人在明确分工的基础上，对零件进行加工的劳动集体组织形式。一个机群组及其操作工人就是一个班组。大型联动设备实际上也是一个相互连接的机群组，其劳动组织形式也归入机组班组形式。一台大型设备及其各岗位上的工人，就是一个班组。随着机械产品向大型化、精密化、自动化方向发展，机械加工设备自动化、数控化程度的提高，成组及特种工艺加工技术的推广应用，机组班组这一种劳动组织形式必将促进工人生产效率和设备利用率的提高，取得更好的经济效益。因此，机组班组是机械加工行业中一种先进的劳动组织形式。

以上4种生产班组的组织形式，究竟采用哪一种形式，应从各自的实际情况出发，根据具体生产条件和需要来确定。但不论采用哪一种形式，都必须注意人员的合理配备，明确岗位责任，搞好协作配合，齐心协力完成生产任务。

## 二、车间班组的中心任务和主要工作

班组的中心任务是：根据企业的经营目标和车间的生产计划，合理有效地组织生产和经营活动，保证全面均衡地完成生产任务，做到优质、低耗、安全、文明生产，创造最佳经济效益。

班组的主要工作如下。

（1）搞好劳动调配，进行生产调度，按照作业计划组织生产。

（2）搞好科学管理，贯彻落实和不断完善以岗位经济责任制为基础，以质量、成本为重点的各项规章制度。

（3）学习运用新技术、练好基本功、总结推广先进经验、开展合理化建议、发明创造、技术革新、技术改进活动，推进技术进步。

（4）实行民主管理，建立健全民主管理制度，发扬主人翁精神，人人当家理财。

（5）组织劳动竞赛，开展"比学赶帮超"活动。

（6）做好劳动保护和环境保护工作。

（7）组织职工参加政治、文化、技术业务知识的学习，提高素质。

（8）做好思想政治工作、关心职工生活，开展文体活动，做好计划生育工作。

### 三、车间班组的职责和权利

班组的主要职责是：根据车间下达的生产计划任务，正确有效地组织生产，保证按质、按量、按期全面完成班组的各项任务，开展班组经济核算，组织职工劳动竞赛，严格执行工艺，遵守劳动纪律，提高产品质量，降低产品成本，贯彻经济承包责任制，正确及时地做好各种原始记录，为车间、企业提供最直接、最准确的数据和信息资料。

班组在对企业负责的前提下享有以下权利。

（1）在有利于生产（工作）的前提下，允许合理分配工人工作和调整本班组的劳动组织。

（2）工艺文件不齐全，工艺装备和主要原材料不符合工艺设计要求及没有使用说明书或合格证，有权拒绝加工生产。

（3）发现设备运转不正常，影响产品质量或威胁工人身体安全时，有权停止设备运转。

（4）对班组工人在生产（工作）中有突出成绩或发生重要事故造成严重经济损失及违法乱纪、不遵守规章制度的，有权建议上级给予奖励或处分。

（5）在工人技术（业务）考核、晋级等工作中有组织评议和建议权。

（6）对那些在生产（工作）中严重失职的行政管理人员，有权提出批评或向上级提出申诉。

（7）对工厂和车间不符合实际情况的规章制度，有权建议取消或修改。

▶ **课堂讨论**

上网或到企业车间搜集资料，制订车间班组设置的方案，进行课堂分组讨论并进行评价测试：你是否已掌握车间班组设置的原则？

## 任务二　车间班组管理的基础工作

➤ **任务提示**：本任务将引领你了解车间班组管理的基础工作。

➤ **任务先行**：车间班组管理的基础工作主要有哪些？班组原始记录主要内容是什么？班组原始记录的统计分析方法有哪些？

▶ **视野拓展**

### 潍坊巨龙化纤集团有限责任公司"十星"级班组管理

潍坊巨龙化纤集团有限责任公司"十星"级班组管理办法的核心内容是实施十项管理标

准达标。① 生产任务达标；② 组织建设达标；③ 班务公开达标；④ 劳动纪律达标；⑤ 质量认证记录达标；⑥ 思想政治工作达标；⑦ 安全生产达标；⑧ 动态管理达标；⑨ 现场管理达标；⑩ 小改小革达标。这十项标准，每项为一"星"，班组和员工的工作达标，可挂一星，否则不挂星。挂星多少反映班组管理的优劣和员工的德、能、勤、绩。依据挂星多少兑现奖罚，使管理制度与激励机制有机地结合起来，以公平、公正、公开的激励机制，促进管理水平和职工基本素质、技术能力的提高，完善班组和员工的工作质量，达到提高企业经济效益的目的。这十项标准，从不同角度保证了班组和职工的工作质量。① 生产任务达标，是用量化方法控制了产成品完成的数量、质量，严格控制生产成本，降低生产过程的非合理消耗，达到优质、高产、低耗的工作目标。② 组织建设达标，是通过班组的合理、适宜、高效的管理人员设置，在组织上保证效益目标的完成。③ 班务公开达标，是加强民主管理、民主监督，促进企业自我完善，自我约束，激发职工主人翁精神的发挥。④ 劳动纪律达标，是规范员工行为准则，目的是提高员工遵守纪律的自觉性。⑤ 质量认证记录达标，是强化管理的基础工作，目的是使管理基础规范化。⑥ 思想政治工作达标，是发挥特色，达到弘扬集体精神、团队意识、遵纪守法、互相关心、共同进步的目的。⑦ 安全生产达标，是保护职工的安全，维护职工的基本权益。⑧ 动态管理达标，是通过严格执行标准达标考核，做好考核事项记录，每天在班后会中公布当日考核结果，每周填写一项职工动态管理卡，以考核结果上墙公布的形式，达到公开、公正、公平考核每一个成员的目的。⑨ 现场管理达标，是考核工作和学习环境，创造文明、整洁、卫生的工作和学习氛围。⑩ 小改小革达标，是鼓励和敦促职工工作中不断有所创新，促进生产和企业管理进步。这十项标准，涵盖了班组管理的全过程。

### 知识链接

班组管理基础工作是指在班组管理过程中，正确执行企业管理基础工作的各项规定和要求，结合本班组生产、经营、服务工作实际，做好管理基础工作。包括班组应执行的规章制度、定额管理、标准化、计量工作、原始记录、基础教育等方面内容。搞好这些工作是确保企业管理各项工作正常进行的基础。

## 一、班组定额管理工作

定额是组织生产经营活动的基础，也是进行物质分配的重要依据，定额和定额管理的水平直接影响劳动生产率和职工积极性。班组定额主要包括以下几方面。

（1）劳动定额，即工时定额、产量定额、看管定额。
（2）物质消耗定额，包括原材料、辅助材料、零部件、燃料、动力、工具、易耗品等。
（3）质量定额，包括成品率、废品率、合格率、返修率等。
（4）成本定额，即本班组各种生产费用之和，包括各种物资消耗和工时消耗费用。

## 二、班组标准化工作

班组标准化工作主要是贯彻执行企业的技术标准和管理标准。班组标准化工作内容包括以下几项。

（1）技术标准：是企业职工和班组进行生产、技术活动的依据，是企业的技术法规，是指执行工艺技术文件，按工序、按图纸加工、检验等，包括产品标准、零部件标准、材料标准、工艺标准、设备标准等。

（2）管理标准：指执行企业各项管理制度、规章、守则，是正确处理生产、交换、分配中的相互关系，正确行使和规范管理行为、作业行为，保证生产、经营活动顺利进行的重要手段。

班组工作标准化的要求如下。

（1）对班组各岗位的职责要有明确规定和考核标准。

（2）对班组各项业务工作和工作流程进行科学管理，制订合理标准，如生产指标、产品质量、产量，同时纳入全面质量管理，综合检查、考核。

（3）对岗位与岗位之间、上下工序之间、班组之间、班组与车间和有关部门之间的工作关系做出明确界定，防止由于关系不明、界限不清造成矛盾，影响工作。

（4）建立健全班组各项制度。

（5）对班组台账、原始记录、报表和有关数据、资料的积累，要求项目清楚、职责明确、责任到人。

（6）班组标准化工作包括标准的制订、贯彻和实施全过程。

（7）规范班组标准化工作，实现一日工作标准化，作业程序标准化，生产操作标准化，作业环境标准化，设备维护保养标准化，物料堆放、安全设施标准化。

## 三、班组原始记录及分析、管理

原始记录是反映企业生产经营管理的第一手资料，是企业进行经营决策、制订生产计划的重要依据。搞好班组原始记录，并切实加强分析管理，是一项不可忽视的工作。

**1. 班组原始记录的基本内容**

班组原始记录要根据企业生产经营的情况和实际需要来确定，一般包括以下几项。

（1）班组成员经济技术指标完成情况记录，考勤和工时利用记录等。

（2）生产过程记录。包括产品品种数量、质量记录，如投入品种数量记录，产品入库或送下道工序合格品数量，返修数量，废品数量记录，以及工艺条件和质量波动实况记录等。

（3）原材料、燃料、动力消耗记录，包括其投入、使用、结存和电力消耗记录，如领料单、退料单、在制品结存数，原材料分析化验单，回收利用单等。

（4）设备运转和安全生产记录，包括设备仪器使用记录（开动台数、运转时间）、设备利用和维修记录、工伤和设备事故记录等。

（5）班组活动记录，包括生产工作和质量分析会议、班组骨干会议、政治业务学习记录，民主管理、合理化建议、双增双节和评比竞赛等活动记录。

**2. 班组设置原始记录的基本原则**

（1）从实际出发，使原始记录符合企业生产的需要，适应统计、分析、管理的要求，不搞形式主义，为企业更好地加强经营管理提供准确可靠的资料。

（2）从搞好企业经济核算的需要出发，使原始记录满足企业统计、会计和业务技术3种核算的要求，并且符合国家统计与会计制度的要求。班组的原始记录应和车间、厂部所需资料紧密结合，协调一致，避免重复和遗漏。

（3）原始记录要简明扼要，项目明确，填记方便。

**3. 班组原始记录的统计分析**

班组原始记录的统计分析，是运用统计原理和方法，对原始记录资料进行分类、整理、核算、汇总的综合分析，获得客观地反映生产经营动态、预测发展趋势的综合数据资料并从中发现问题，找出原因，研究对策，指导工作。

（1）统计分析的形式。

综合分析：是将生产过程中的各个方面、各个环节联系起来进行全面分析，从中发现和找出薄弱环节及各种不平衡的内在因素，为调整布置组织新的平衡提供依据。

专题分析：如对某个时期的产品质量下降、原材料消耗成本增加开展专题分析，从中找出产品质量下降及原材料消耗成本增加的原因，然后制订对策，组织攻关。

（2）统计分析的方法。

对比法：如对产品质量、任务指标，可取上下月度、上下年度、上下工序之间的对比，历史同期对比，同类岗位、班组之间对比。

分组法：分组分析的形式可以灵活多样。如对产成品进行分析，可按型号、规格分组，可按性能和材质分组，还可按等级分组等。

因素分析法：如对人员思想状况分析，一般都采用因素分析法。如家庭因素、经济因素、客观因素、主观因素、年龄因素、环境因素等。

班组统计分析的重点如下。

生产进度分析，即按日、旬、月分析计划完成情况，以便随时掌握工作进度，及时发现问题，采取相应措施。

主要技术经济指标的对比分析，如通过对劳动力、原材料、动力、设备的运用，以及生产技术水平，经济效益等进行对比分析，找出差距和原因。对各项指标的综合分析，衡量班组的经济效益，重点对产量、质量、品种、原材料、燃料、动力消耗、劳动生产率等主要经济技术指标进行综合分析。

**4. 班组原始记录管理**

（1）统一规格。对原始记录的建立、修订和整理，应由企业主管部门提出方案，广泛征求和听取车间、班组意见，经企业领导批准后执行，防止各搞一套，互不对口和重复设置。在执行中如有不妥之处，班组应及时向上反映，提出改进意见。

（2）明确分工。班组原始记录要指定专人负责，并提出具体要求，一些重要数据资料的记录、整理、积累，班组长应直接参与。如班组的生产进度、技术质量和安全生产的分析及班组成员思想、工作状况分析，由班组长直接掌握，有利于把握班组的整体工作，随时调整工作布局。对其他原始记录应按工作岗位要求，指定责任心强的专人负责。

（3）督促检查。对原始记录不能放任自流，班组长应经常进行检查，及时发现和纠正原始记录中存在的问题。检查的重点是：记录是否规范；数据资料是否准确；内容是否全面完整。

（4）做好统计上报和资料积累。对数据资料的统计上报要做到准确及时，保证上级综合汇总的需要。原始资料要妥善保存，保存时间较长的资料，须按要求做好装订、编号、归档工作。

▶ 课堂讨论

上网或到企业车间搜集资料，拟制一份车间生产过程记录表，编写车间班组管理基础工作调研报告，进行课堂分组讨论并进行评价测试：你是否已掌握车间班组基础工作的主要内容？

班组绩效管理

## 任务三　车间班组长管理实务

➤ **任务提示**：本任务将引领你明确车间班组长的定义、素质、职责和权限，掌握车间班组长管理基本工具。

➤ **任务先行**：班组长应具备哪些素质？班组长有哪些职责和权利？什么是ABC时间管理法？ABC时间管理法适用于什么场合？什么是PDCA循环管理法？PDCA循环管理法的工作步骤是什么？什么是5W2H管理法？5W2H管理法适用于什么场合？

### ▶ 视野拓展

#### 金堆城钼业股份有限公司车间班组长队伍建设

班组长的地位和作用在企业中是极其重要的，对班组长的管理、考核、培训便成了企业中不可或缺的工作。金堆城钼业股份有限公司车间班组长队伍建设主要表现在以下方面。

**1. 对班组长的管理**

班组长是企业的后备力量，需要企业规范的管理。首先要制订合理的管理制度，使得管理的时候有所依据。制度要具体地说明担任班组长的设置条件、需要具备的素质、待遇的高低、奖罚的原则、自身的权利和义务等有关方面；其次要加强各方面的监督，班组长要在上级干部和管辖员工的监督下积极地做好自己的工作，企业可以设置举报箱和表扬箱来勉励班组长；最后要增加班组长的紧迫性，有工作能力的、业绩好的班组长可以继续担任。同时，不阻止其他优秀员工公平地竞争这个岗位。

**2. 对班组长的考核**

针对班组长的考核，首先要建立考核档案，使考核有条理地进行；其次要制订完善的考核制度，使考核有明确的依据；最后要定期进行考核，并做好总结工作，这样的考核结果才能真正作为提拔、奖励的依据。

**3. 对班组长的培训**

班组长每年需要一到两次的集中培训。首先要根据企业的需要和培训方的条件制订培训课程；其次在培训内容上要做足工作，设定循序渐进的版块。如分为自我素质与能力的管理、团队建设与拓展的管理、现场实务与生产的管理、工作交流等一系列课程内容的设置。

### ▶ 知识链接

### 一、班组长的定义和角色认知

班组长是指在车间生产现场，直接管辖若干名（一般不超过20名）生产作业职工，并对其生产结果负责的人。班组长管理控制的幅度，因行业、企业的区别而有所不同，而其称呼也有所不同，有班长、组长、领班、拉长、线长等称谓。班组长一般由车间主任任命，或由班组群众民主推选，再经车间主任批准产生。班组长既是直接参加生产的工人，又是班组生产活动的组织者和指挥者。

班组长的使命是为实现企业的生产经营目标而根据本班组现有的条件，优质高效地完成车间下达的生产经营任务或业务。班组长的工作是对将生产资源投入生产过程而生产出产品（服务）的管理，其任务包括对班组人员的领导监督和对班组生产活动的组织指挥，保证按质、按量、按期完成生产作业计划。

班组长按不同的角度，扮演着不同的角色，具体如下。

（1）对于企业来说，班组长是基层的管理员，直接管理着生产作业人员，是产品质量、成本、交货期等指标最直接的责任者。

（2）对于车间来说，班组长是车间主任命令、决定的贯彻者和执行者，是企业精神传播的窗口，又是车间领导与班组职工沟通的桥梁。

（3）对于班组职工来说，班组长是本班组职工的直接领导者和生产作业指导者，并对本班组职工的作业能力和作业成果做出评价。

（4）对于其他班组长来说，相互之间是同事关系，是工作上的协作配合者，又是职位升迁的竞争者。

班组长在企业、车间、职工、同事之间，扮演着不同的角色，不同的角色赋予其不同的价值：其一，班组长是企业价值和利润的创造者，班组长应努力锻炼自己成为能为企业创造更大价值的人，才会获得企业的珍惜和任用。其二，班组长是中层管理人员的"左右手"，认真贯彻执行车间主任的指示和命令，与上司形成配合和辅助的关系，才是班组长应有的聪明之举。其三，班组长是班组作业人员的帮助者和支持者，班组长应诚意为职工解决工作上以至生活上的困难，才会获得职工的拥护和爱戴，以权相压只会适得其反。其四，班组长是同事之间的战友和兄弟，彼此之间应多多交流，认真搞好协作配合，切忌互相拆台和互相攻击，主动搞好协作配合和团结，才会受上司赏识。

## 二、班组长应具备的素质

班组长的素质，就是班组长应具有的品质、能力和素养，也就是选配班组长的主要条件。班组长的素质，直接关系到整个班组的人员、技术、管理素质，决定整个班组工作的成效。班组长的素质主要有6个方面，具体如下。

大国工匠王伟

（1）政治素质。主要指班组长的政治态度。班组长对建设有中国特色的社会主义要具有高度的责任感；对社会主义现代化事业有坚定的信念；对党的路线、方针、政策能正确理解、认识明确；对企业的经营决策、工作目标能全面了解，贯彻落实；关心国家大事。

（2）思想素质。主要指班组长的思想意识、思想方法、思想修养。班组长在新形势下，要树立效益、竞争、科技、信息等一系列的新观念，强化质量、民主、法制、文明意识；讲究工作方法，培养良好的道德品质；加强自身修养，做到坚持原则不含糊，发扬民主不武断，热情真诚不落俗，平等待人不特殊。

（3）技术素质。主要指班组长对完成班组的生产任务应具备的专业知识。班组长要能熟练地掌握生产基本操作技能；熟悉本班组产品各工序的技术标准、工艺规程、操作要领和检测方法；对生产过程中出现的一般性的技术质量问题，有组织处理的能力；对本班组的设备和工具，懂性能、能操作、会保养；善于学习和掌握新设备、新技术、新工艺，是生产技术上的多面手。

（4）管理素质。主要指班组长应具备管理班组的工作能力。班组长要有科学管理、民主管理和现代化管理的意识，要了解各项管理的基本知识，掌握提高劳动生产率、全面质量管理、经济责任制、经济核算、劳动保护等方面的基本内容和管理的途径、方法。

（5）文化素质。主要指班组长应具备的文化知识水平。要求班组长起码要具备中专以上的文化水平，并且在此基础上，通过培训、自学、深造，努力达到大专以上的文化水平。高职院校毕业生是现代企业班组长的主要选拔对象。

（6）创新素质。主要指班组长应具有开拓精神和创新意识。随着改革开放的不断深化，班组内外新课题、新要求层出不穷，要求班组长一定要摒弃墨守成规的旧意识，积极学习并运用新知识、新方法，大胆开拓创新，带领全班职工更好地适应不断改革发展的新形势。

### 三、班组长的管理、考核和培训

班组长的地位和作用在企业中是极其重要的，对班组长的管理、考核和培训便成为企业不可或缺的工作。

（1）班组长的管理。班组长是企业的后备力量，需要企业规范的管理。首先要制定合理的管理制度，使得管理的时候有所依据。制度要具体地说明担任班组长的设置条件、需要具备的素质、待遇的高低、奖罚的原则、自身的权利和义务等有关方面；其次要加强各方面的监督，班组长要在上级干部和所管辖员工的监督下积极地做好自己的工作，企业可以设置举报箱和表扬箱来督促班组长。最后要增加班组长的紧迫性，有工作能力的、业绩好的班组长可以继续担任。同时，鼓励其他优秀员工公平竞争班组长岗位。

（2）班组长的考核。针对班组长的考核，首先要建立考核档案，使考核有条理地进行；其次要制定完善的考核制度，使考核有明确的依据；最后要定期进行考核，并做好总结工作，这样的考核结果才能真正作为提拔、奖励的依据。

（3）班组长的培训。班组长每年需要一到两次的集中培训。首先要根据企业的需要和培训方的条件制定培训课程；其次在培训内容上要做足工作，设定循序渐进的版块。比如分为自我素质与能力的管理、团队建设与拓展的管理、现场实务与生产的管理、工作交流等一系列课程内容的设置。

▶ 视野拓展

**【案例1】任劳任怨的刘力**

青工刘力是公司的工人技术骨干，为人老实厚道，多次在公司电工比武中名列前茅，电工班老班长退休后，车间领导任命刘力为电工班班长。刘力好钻研，电工方面的技术问题很少能难倒他。担任班长后，刘力更加任劳任怨，不管是电气设备检修还是运行线路的维护，每天从早忙到晚，手脚不得闲。刘力还有个特点就是不太爱说话，平时和领导、同事们的话就很少，车间调度会他很少发言，班前会也只是简短几句布置一下任务。私下里和领导、班组成员几乎没有什么来往，班组成员身体不舒服，家里有什么事，情绪有什么波动，他很少也没有时间注意到。他认为班长最重要的是以身作则，带头完成各项工作任务，再说，每天班上有那么多活要做，把精力用到鸡毛蒜皮的人际关系上，不应该。

刘力是个称职的班长吗？他的问题出在哪儿？

**【案例2】严格管理的张军**

经过一层层激烈的角逐，张军终于如愿以偿成为钳工班班长。为人严谨的张军认为班组管理的关键应该是制度管理，只要健全班组各项管理制度，严格考核，公平、公正，人们自然会心服口服，班组管理也会井井有条。上任伊始，他就细化了班组各项管理规定，并将考核结果与当月奖金挂钩，一旦发现违纪现象，他就绷起脸来，严加训斥。结果，在一个星期之内，班里 16 名工人被张军训斥了 10 位，并对 3 位实施了经济处罚。这样一来，大家对张军的意见很大，有人见到他就气鼓鼓的，班里以前和张军关系不错的哥们儿也对他"敬而远之"了，张军成了孤家寡人。

张军想不明白，我到底哪儿错了？

**【案例 3】老好人周姐**

质检班长周姐是个热心人，班里谁家有个大事小事的，她都能照顾得到，哪个身体不舒服，她都像老大姐一样关心照顾，还经常做些好吃的，拿到车间和大家一起分享。和同事朋友相处，她从不计较个人得失，活干在前头，荣誉、奖金拿在后头。论人品，没二话，班长周姐是个好人。周姐对领导言听计从，领导安排什么，她马上向大家布置什么，自己从没什么想法，一旦大家提出异议，她马上便说："领导说了，就照这样执行，你照吩咐做了，出了差错领导不会怪你，你如果不照这样做，出了问题你得自己担着。"大家听了觉得有道理，也就不再说什么。如果有了不明白的地方，就不再问她，而是直接请示主任，因为大家知道跟她说了也没用，她还得去请示领导。令周姐苦恼的是，她发现班里有个别人直接跟她"顶嘴"，不再服从她的指挥，有什么事也不跟她商量，直接找主任，她的"无能"渐渐被传播开来，以至于她原本"听话"的下属也开始不拿她当回事了。

你认为周姐的问题在哪儿？难道大家辜负了周姐的一片好心吗？

## 四、班组长管理基本工具

班组管理看板的使用方法

### （一）ABC 时间管理法

**1. 概念解析**

ABC 时间管理法，就是以事务的重要程度为依据，将待办的事项按照从重要到次要的顺序划分为 A、B、C 三个等级，A 类是管理的重点，要优先处理；B 类次之；C 类可以放一放。ABC 时间管理法可谓事务优先顺序法的"鼻祖"，它不但屡屡为时间管理专家们所称道，还被许多热衷于规划生活的人们所采用。这种方法可以有效地解决因日常事务异常繁乱而陷入混乱的状况，使学习、工作和生活等活动在有条不紊中进行。

**2. 适用时机**

它适用于班组长完成生产任务、班务工作、人员组织、物料管理、时间管理等事项。

**3. 实操运作**

在工作中你是否会同时碰到这样的问题：

某个设备坏了，停在那里等你报修。

上司让你马上给他整理一份近期生产记录。

有位员工生病了，要安排别人来顶班。

某个产品马上生产了，作业指导书还没来得及做。

有个物料迟迟没到，半个小时内就要停线了。

同时碰到这些问题，可能只恨自己无分身之术。那种焦头烂额、疲于奔命的感觉，甚至让人不再想上班。这个时候，就应该冷静下来，认真地运用 ABC 管理法来安排、处理所面临的各种问题。

1）ABC 时间管理法的原理

ABC 时间管理法是美国管理学家艾伦·莱金在《如何控制你的时间和生命》一书中提出的。他提倡管理者要编制每天的工作时间表。他认为，任何一位管理者每天都有许多事情要做，但不是每件事都能办完。领导者要按照每件工作的重要程度不同，把每天要做的事情分为 A、B、C 三类。A 类事情是影响全局而又急办的工作，因而是最重要的工作。B 类次之，C 类则可以放一放。

（1）分析工作情况。如果 A 类事情太复杂，或者工作量太大，领导者可将全部或部分 A 类工作交给别人去办，采用逐点解决或分段解决的办法去做好它。艾伦·莱金认为，A、B 两类事情做好了，就完成了工作的 80%，如果有人打电话来催 C 类事情，就可以把这类事情划为 B 类，如果有人亲自来询问，则可以把它划为 A 类。

（2）"ABC 时间管理法"说明提高工作效率的两种相辅相成的方法："急办"与"拖延"，即集中精力抓住和解决 A 类工作，兼顾 B 类工作，"拖延" C 类工作（可办可不办的事情暂不办，可开可不开的会暂不开，可发可不发的文件暂不发，如此等等）。

"拖延"了 C 类工作，领导者就更能集中精力去解决 A 类工作，并适当顾及 B 类工作。当 C 类工作被提到议事日程上来时，又可根据实际情况把它划入 B 类或 A 类。

"ABC 时间管理法"的基本原理就是处理任何事情都要分清主次、轻重，区别关键的少数和次要的多数，根据不同的情况进行管理，它可以帮助人们正确地观察并做出决策。

2）班组长对 ABC 时间管理法的运用

作为班组长，虽然是兵头将尾，但日常管理的工作还是很多的，生产任务、日常考勤、班组物料、班组成员管理、主持班前会、组织班组活动、组织班组学习……很烦琐。这就要求班组长能够合理地支配自己的时间，把大部分的工作时间用在少数几个重要工作上，而花在不重要工作上的时间应该只占小部分，甚至想办法推掉，否则，自己本末倒置，每天忙得团团转，累得半死，却会看不到绩效。

班组长在决定做工作前，首先要考虑如何合理地分配时间，要分清主次，明确轻重缓急，将主要的、重要的、急需要做的、必须亲自做的工作明确下来，将自己的主要精力放在这些事情上。其他的任务，可视工作状况另行安排。

在决定工作优先顺序时，先把一些该做的事情逐条列在表上。然后调整先后次序，最后按照这个顺序工作。这个程序说起来很简单，但只要能够依照这个程序进行，工作效率必定会有显著的不同。

（1）分析工作情况。假使每天有 10 件事要办，既有日常事务性的，也有紧急而复杂的，其中哪个最重要呢？对一天的工作进行分析，确定任务里有哪些属于日常的，哪些属于正在进行之中的，或者是中长期的工作，又有哪些属于极其紧迫且重要的，或者是需要立即完成的。

（2）分析工作任务。在面对工作任务时，应把自己现在的、将来的和日常性的所有目标及任务列在一张纸上，再把它们分成 A、B、C 三类。

A 类任务：重要而紧迫。

B 类任务：或者重要，或者紧迫，但并非两者兼有。

C 类任务：既不重要也不紧迫，属日常性工作。

如果对某项任务的归属犹豫不决，就把它们归为 C 类，或者干脆不考虑它。

（3）优先处理和授权代办。现在把所有的任务分成 A、B、C 三类，各类任务各占一列。从 A 类任务开始，对这几列任务从头到尾地下一番功夫，从而确定哪些任务需要别人的帮助，哪些只有自己能做，还有哪些可以授权别人代办。考虑一下是否有什么工作已没必要做，那么就删掉它。对那些需要外界支持的任务，安排引入相关的人员，可以请人代劳的事则应立即交出去。这样一来就剩下短短的三列：A、B 和 C 类任务，这些任务只有自己能做。

（4）制订一天的计划。可以接着做下面的一步：计划自己一天的工作。估算出自己完成每项任务所需要的时间（依先后次序逐项记下各个任务），这样自己将处在一个很有利的位置，再来协调同事们对某项工作的贡献，通过组织会议来配合自己的工作任务，并制订长期的工作计划。

（5）即时调整。工作的优先顺序随时都会变化，因为随时都会获得新的信息，甚至一点小小的变动也会改变工作安排。新的信息也许会改变某项工作的重要性或紧迫性。所以，当获得任何新的信息时，都要即刻重新评估工作的优先顺序。

## （二）PDCA 管理法

### 1. 概念解析

PDCA 是 plan（计划）、do（执行）、check（检查）、action（总结处理）4 个英文单词第一个字母的缩写。其基本原理就是做任何一项工作，首先要有个设想，根据设想提出一个计划；然后按照计划规定去执行、检查和总结；最后通过工作循环，一步一步地提高水平，把工作越做越好。这是做好一切工作的一般规律。如果能运用好 PDCA 循环法，相信可以帮助人们做好每一件事情，并有所收获。

PDCA 计划循环法是由美国管理专家戴明首先提出来的，也称为"戴明循环管理法"。20 世纪 50 年代初传入日本，70 年代后期传入我国，开始运用于全面质量管理，现在已推广运用到全面计划管理，它适用于各行各业的计划管理和质量管理，已成为我国现代化管理内容之一。

### 2. 适用时机

适用现场工作的管理改善。

### 3. 实操运作

1）PDCA 计划循环法的基本内容

PDCA 计划循环法一般可分为 4 个阶段和 8 个步骤。其内容分述如下。

（1）PDCA 4 个阶段的工作循环。

第一阶段是制订计划（P），包括确定方针、目标和活动计划等内容。

第二阶段是执行（D），主要是组织力量去执行计划，保证计划的实施。

第三阶段是检查（C），重点是对计划执行情况的检查、分析。

第四阶段是总结处理（A），主要是总结成功的经验和失败的教训，并把没有解决的问题转入下一个循环中去，从而完成一个完满的改善循环。上述 4 个阶段的工作循环如图 3-1 所示。

（2）PDCA 8 个工作步骤。

① 提出工作设想，收集有关资料，进行调查和预测，确定方针和目标。

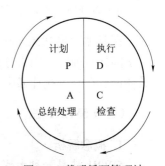

图 3-1 戴明循环管理法

② 按规定的方针目标，进行试算平衡，提出各种决策方案，从中选择一个最理想的方案。
③ 按照决策方案，编制具体的活动计划并下达执行。
④ 根据规定的计划任务，具体落实到各部门和有关人员，并按照规定的数量、质量和时间等标准要求，认真贯彻执行。这是第二阶段执行（D）的具体化。
⑤ 检查计划的执行情况，评价工作成绩。在检查中，必须建立、健全原始记录和统计资料，以及有关的信息情报资料。
⑥ 对已发现的问题进行科学分析，从而找出问题产生的原因。
⑦ 对发生的问题应提出解决办法，好的经验要总结推广，错误教训要防止再发生。
⑧ 对尚未解决的问题，应转入下一轮 PDCA 工作循环予以解决。
步骤①、②、③是第一阶段计划（P）的具体化，⑦、⑧两项工作步骤是第4阶段总结处理（A）的具体化。

2）PDCA 循环法的基本特点

（1）大循环套中循环，中循环套小循环，环环转动，相互促进。一个企业或单位是一个 PDCA 大循环系统；内部的各部门或处室是一个中循环系统；基层小组或个人是一个小循环系统。这样，逐级分层，环环扣紧，把整个计划工作有机地联系起来，相互紧密配合，协调地共同发展。如图 3-2 所示。

（2）每一个循环系统包括计划—执行—检查—总结 4 个阶段，都要周而复始地运转，中途不得中断。每一项计划指标，都要有保证措施，一次循环解决不了的问题，必须转入下一轮循环解决。这样才能保证计划管理的系统性、全面性和完整性。

（3）PDCA 循环是螺旋式上升和发展的。每循环一次，都要有所前进和有所提高，不能停留在原有水平上。每一次总结，都要巩固成绩，克服缺点；每一次循环，都要有所创新，从而保证计划管理水平不断地得到提高，如图 3-3 所示。

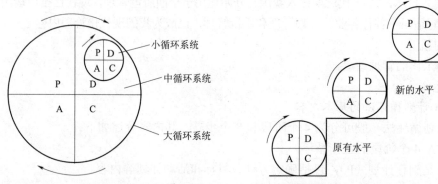

图 3-2 PDCA 循环示意图　　　图 3-3 PDCA 螺旋式循环示意图

在具体运用 PDCA 循环法的过程中，可以采用有关的数理统计方法，一般比较常用的有主次因素排列图、因果分析图、分层图、控制图、相关图及有关的统计报表等。这些方法的具体内容在有关统计书中均有详细论述。

## （三）5W2H 法

### 1. 概念解析

5W2H 法是一种考察方法，它对工作中出现的问题从原因、对象、地点、时间、人员、方法、程度 7 个方面提出问题并进行考查。

**2. 适用时机**

它适用于工作中任何问题的分析、解决。

**3. 实操运作**

5W2H 法是抓住问题、分析问题、解决问题的一种重要方法，它为人们提供了面对问题时的思路。5W2H 的目的是协助发掘问题的真正根源所在，以及找出可能的创造改善途径。有些人甚至提到了 5X5W2H 法，5X 表示 5 次。表示对问题的质疑不要只问一次而要多问几次，当然这个 5 是个概数，可多也可少。

1）掌握 5W2H 法的含义

5W2H 发问法，即问为什么（why）、做什么（what）、何人（who）、何时（when）、何地（where）及怎样（how）和多少（how much），从而形成改善方案的方法。

what——什么事？要做什么？用以明确工作任务的内容及目标。

who——由谁来执行？由谁来负责？用以明确工作任务的对象。

when——什么时候开始？什么时候结束？什么时候检查？用以明确工作任务的日程。

where——在哪里干？从哪里开始？到哪里结束？用以明确工作任务的空间位置和变化。

why——为什么要这样干？有没有更好的办法？用以告诉下级事情的重要性，使其可以更负责任或受到激励。

这 5 个英文单词的首字母都是以"W"开头，因此称之为"5W"。

how——用什么方法进行？用以明确工作任务完成的程序、方法的设计。

how much——做多少？做到什么程度为好？会花费多少成本？用以明确工作任务范围及解决问题所需成本。

这两个英文单词的首字母都是以"H"开头，因此称之为"2H"。用这种方法进行提问，有助于思路的条理化，从而杜绝工作的盲目性。

5W2H 例子见表 3-1。

表 3-1 会议进行方法（问题议案）

| 序号 | 内容<br>（问题、议题）<br>what | 目的<br>（目标）<br>why | 场所<br>where | 时间<br>（计划）<br>when | 方法<br>（对策内容）<br>how | 费用<br>how much | 责任人<br>who |
| --- | --- | --- | --- | --- | --- | --- | --- |
| 1 | 在制品数量不清（卷材、实心带） | 把握在库 | 材料仓库 | 6月10—15日 | (1) 实心带每日存库<br>(2) 卷材每日存库 | 无 | 王××<br>罗×× |
| 2 | 材料发单跟催 | 材料确保 | 各部门 | 6月10—15日 | (1) 发单检查书<br>(2) 发单管理表 | 无 | 彭××<br>邓×× |
| 3 | 冲压机及模具确认修理 | 冲压不良尺寸大 | 冲压部 | 6月10—15日 | (1) 更换下模块<br>(2) 模刃两侧研磨各 0.05 mm | 无 | 杨×× |
| 4 | 试模 | 确认尺寸修模效果 | 冲压部品管 | 6月10—15日 | (1) 试模品 50 PCS 试模<br>(2) 尺寸检查 | 无 | 张××<br>周×× |
| 5 | 量产开始 | 100 PCS | 生产部 | 6月10—15日 | (1) 工程确认<br>(2) 组装现状确认 | 无 | 陈×× |

2) 5W2H 法自问的顺序及内容（见表 3-2）

表 3-2　5W2H 法自问的顺序及内容表

| 5W2H | 意思 | 区分 |
| --- | --- | --- |
| what | 做什么？有必要吗？ | 对象 |
| why | 为什么要做？目的是什么？ | 目的 |
| where | 在哪里做？一定要在那里做吗？ | 场所 |
| when | 什么时候做？有必要在那时做吗？ | 时间 |
| who | 由谁做？其他人做可以吗？ | 人 |
| how | 怎么做？有比这更好的手段吗？ | 方法 |
| how much | 进行改进，会付出什么样的代价？ | 成本 |

在工作中充分运用 5W2H 的方法解决问题可以取得事半功倍的效果，有关汇报的问题也可以从 7 个方面进行解决：这次汇报的主要内容是什么？为什么要使用这个方案？它能达到一个什么样的目标？应该在什么地点、什么时候、由谁来执行、谁来负责？现在进行到了什么阶段，预计什么时候能结束？是否需要其他人的配合？大约会花费多大的成本？相关情况一一列出后，汇报工作基本上就会很明白了，利用这种方法来考虑问题更有利于工作的条理化。

### （四）5 个为什么问题解析法

**1. 概念解析**

5 个为什么问题解析法是一种连续问几个为什么，追根究底，将问题彻底解决的方法。

**2. 适用时机**

它适用于现场问题，尤其是质量问题的解决。

**3. 实操运作**

中国有一句歇后语："打破砂锅——璺（谐"问"）到底。"班组长在做工作时其实也需要有这种打破砂锅问到底的精神。在现场许多问题，尤其是质量问题，只要多问几个为什么，就会得出问题的症结所在，解决问题的方法也就掌握在自己手中了。

5 个为什么的特点就是就问题直接发问，回答也只需要就问题直接做回答。回答的结果又将成为下一个发问的问题，就这样一直追问下去，连续 5 次就可问出问题发生的真正原因。这样，就给自己解决问题又提供了一个新的办法。下面是一个小案例。

某班长一天发现生产现场的地板上有一滩油，他把当班的一个员工叫过来。

问："为什么地上会有油？"

员工回答："啤机正在漏油。"

"啤机上有个破洞。"

"为什么啤机会破一个洞？"

"塞子坏掉了。"

"为什么塞子会坏？"

"嗯，有人告诉我们，他们采购这批活塞的价钱很便宜。"

"为什么采购部门可以要到这么便宜的价钱?"

"我怎么会知道。"

班长打电话询问,结果是公司里有个政策,鼓励以最低价格采购,因此才会出现这个有毛病的零件,以及漏油的啤机和地板上的一滩油。

挑一个你希望由此开始对症下药的症状,也就是你希望由此解开死结的线索。问大家第一个为什么:"为什么××事情会发生?"结果,可能有3个或4个答案。把这些答案都记录在纸上,让答案四周留下足够的空间。

就纸上写下的每个叙述,重复相同的流程,针对每个叙述问"为什么",然后把答案写在第一个问题的旁边。追踪看起来比较可能的答案,就会发现这些答案会自己开始整合,十来个个别症状或许可以回溯到两个或三个系统根源。

要有效地解决问题,你问这5个为什么的时候,不要只顾责怪别人。例如:

当你发现工作场所的地板上有一滩油时,你问:"为什么地板上有一滩油?"可能有人会说:"因为维修人员没有把油擦干净。"

"为什么他们没有把油擦干净?"

"因为他们的主管没有叫他们擦干净。"

"为什么主管没有叫他们擦干净?"

"因为维修人员没有告诉他这件事情。"

"为什么他们不告诉他?"

"因为他没有问。"

责怪个人会使你除了惩罚他们之外,没有其他选择,没有机会做实质性的改进。

### 课堂讨论

上网或到企业车间搜集资料,编制车间班组长队伍建设调研报告和班组长管理工具应用的典型案例,进行课堂分组讨论并进行评价测试:你是否已了解车间班组长的素质?是否掌握班组长管理工具?

### 案例分析

#### 一、任务要求

强化班组管理是提升企业核心竞争力的关键。班组是企业的"细胞",是企业的有机组成部分,也是企业一切工作的立足点。班组长是企业从事生产经营活动的直接组织者,是生产经营现场的直接管理者,班组工作好坏,主要取决于班组长素质高低。通过本模块3个任务的学习和训练,针对导入的案例进行分组讨论。结合自己的感受谈谈对"车间班组管理制度和方法"及"车间班组长队伍建设"的看法。

车间班组长处理管理问题的十大管理技巧

#### 二、检查方法

各小组针对导入案例通过参观、上网等方法收集相关资料,分组分析讨论,然后总结报告,在教师组织下进行综合评价。通过本模块教学活动设计组织和导入案例的分析,更深入了解车间班组长的基本素质要求、班组管理的方法、班组管理的模式、班组考核管理等基本常识，理解车间班组管理的重要性，为将来在企业一线进行班组管理工作打下良好的基础。

## 三、评估策略

"金工车间班组管理的'严'和'亲'"等车间班组管理的典型实践案例，有些相关的现象还是或多或少地存在于各个企业的车间班组管理中。通过对案例的分析讨论，了解学生对车间班组管理和班组长队伍建设等问题的关切程度，采用案例分析教学和拓展训练能使学生进一步理解班组管理在企业管理工作中的地位和作用，掌握班组管理的基本技能，提高自己的认知和分析能力，在案例分析中同时培养学生的团队合作精神。

在项目案例学习过程中，要对学生学习情况进行检查评估，主要采用学生互评、教师点评、校外企业车间管理人员评价等形式，从学生掌握班组管理知识点、案例分析报告质量、团队协作精神等方面对学生的项目学习情况进行综合评估（见表3–3）。

表3–3　车间班组管理项目案例学习评估策略表

| 序号 | 检查评估内容 | | 检查评估记录 | 自评 | 互评 | 点评 | 分值 |
|---|---|---|---|---|---|---|---|
| 1 | 车间班组设置的原则和组织形式、车间班组的中心任务、车间班组管理的基础工作、车间班组长管理实务等知识点的掌握 | | | | | | 30% |
| 2 | 典型案例"金工车间班组管理的'严'和'亲'"分析报告质量 | | | | | | 20% |
| 3 | 典型案例"以考核卡为载体 促进班组管理精细化"分析报告质量 | | | | | | 20% |
| 4 | 政治素质职业素养 | 政治思想、遵章守纪情况：是否具有正确的价值观和人生观？是否遵守各项制度要求？ | | | | | 10% |
| 5 | | 处理问题能力：分析问题是否切中要点？问题解决方法是否切实可行、操作性强？ | | | | | 5% |
| | | 语言能力：是否积极回答问题？语言是否清晰洪亮？条理是否清楚？ | | | | | 5% |
| 6 | | 安全、环保和质量意识情况：是否注意现场环境？是否具有安全操作意识？项目实施是否具有质量意识？ | | | | | 5% |
| 7 | | 团结协作、奉献精神情况：是否有团队精神？是否积极投入本项目学习，积极完成案例学习任务？ | | | | | 5% |
| 总　评： | | | | | | | |
| 评价人： | | | | | | | |

## 🔗 拓展训练

**训练1**：结合案例1分组分析讨论问题。
（1）班组长应该具备哪些基本素质？
（2）谈谈班组管理中应该注意哪些问题？

火药之王王泽山

（3）班组长如何应用 ABC 时间管理法、PDCA 循环法、5W2H 法等管理工具进行班组的科学管理？

班组建设标准化管理手册（案例）

【案例1】班组管理的十忌

一忌：不能俯下身子深入生产一线了解具体事由而乱安排、瞎指挥。

二忌：管理工作不务实、欺上瞒下、做表面文章，甚至虚报数据、损公肥私。

三忌：遵纪守规不自律，"只许州官放火，不许百姓点灯"不能很好地起到模范带头作用。

四忌：作风问题不严明，爱占员工便宜，甚至公开索要，大兴腐败之风。

五忌：独权专制，不能很好地听取员工提出的合理化建议，甚至对优秀员工打击报复，限制其正常发展。

六忌：处事不公平，出现问题往往是对人不对事，大搞裙带关系。

七忌：遇事一筹莫展，畏首畏尾，不敢大胆管理。

八忌：政令不通，上级指示要求不能及时传达、落实下去，与上级步调不一致。

九忌：凡事不能很好地权衡利弊。安排工作找不到重点，往往首尾不得兼顾，大伤人力、物力。

十忌：惧怕别人评价。不敢大胆起用人才及技术标兵。

**训练 2：** 结合案例 2 谈谈对"班组管理模式创新"和"班组基础管理工作"的看法。

【案例2】中国嘉陵集团"一室六制五活动"

**1. 中国嘉陵集团"一室六制五活动"星级班组管理模式**

"一室"指班组学习室，是为员工学习、交流提供场所，为班组集体活动和文化建设提供良好的环境和载体，为制度的建立和实施提供有效平台。原则上各个班组都要创造条件建设班组学习室，不具备条件的班组可共建学习室，其目的就是为员工学习、交流提供平台。通过配备报纸、杂志等读物及工艺技术、作业标准、操作规程等资料，供员工在学习室学习、培训、交流使用，以此促进小组成员全面提高素质，并适应企业改革、发展的需要。

"六制"指"六项基本制度"，包括"班组园地管理制度、班组台账记录制度、班组班前会制度、班组值班组长制度、班组员工培训制度、班组五大员职责制度"等基本制度，从规章制度角度对班组成员的工作行为进行规范和约束，而这些基本制度既是公司规章制度建设的最基本要求，又紧密贴近了规范班组各项行为。提升班组管理水平，加强班组基础管理的生产经营实际情况。

"五活动"指"五项基本活动"，根据班组日常开展的活动情况，归纳提炼出"班组节能节约降成本活动、班组持续改善活动、班组合理化建议活动、班组技能竞赛活动、班组导师带徒活动"等班组基本活动，通过发动员工，广泛开展群众性节能、持续改善、合理化建议、岗位练兵、技术比武、师徒"结对子"等活动，既突出了生产经营重点，又能在活动中体现班组建设的效果。

**2. "一室六制五活动"模式与传统班组管理的联系与区别**

不管是星级班组管理模式还是嘉陵传统班组管理方式，参与者均是企业员工，两者都是围绕企业的生产经营中心，不断加强生产管理、技术管理、现场管理、质量管理、劳动组织管理、设备管理、工具管理、安全管理、经济核算等，都强调发挥团队精神，发挥每个成员的主观能动性、创造性，积极参与班组建设工作。不同的是，星级班组管理模式明确和规范了用"一室六制五活动"模式来全面统领和指导班组建设工作，相当于有统一的模板，而且有具体的规划；而传统的班组管理无统一的管理模式，无模板参考，无具体规划，只是由各班组根据实际情况自行开展相应工作。

**训练3：** 组织参观生产企业车间现场，了解车间班组管理和班组长队伍建设等实践情况，了解班组管理的作用。

## 模块小结

班组是企业生产经营管理中不可缺少的细胞，是企业生产经营活动最基层的管理单位。加强班组建设是提高企业生产水平、技术水平和经营管理水平的重要环节，是提升企业核心竞争力的关键。本模块主要介绍车间班组设置的原则和组织形式，班组的地位和作用、班组的中心任务、职责和权利，车间班组管理的基础工作、班组长的地位、作用和素质，班组长的职责和权限，班组长管理工具等。

# 模块四

# 车间生产作业管理

 **知识目标**

- 了解生产作业计划的任务和内容
- 了解大批量生产类型的期量标准和作业计划的编制方法
- 了解成批生产类型的期量标准和作业计划的编制方法
- 了解单件小批生产类型的期量标准和作业计划的编制方法
- 了解生产控制的任务、内容和方法
- 了解现代企业车间生产管理的最新趋势

 **技能目标**

- 掌握生产作业计划的内容
- 掌握大批量生产类型作业计划的编制
- 掌握成批生产类型作业计划的编制
- 掌握单件小批生产类型作业计划的编制
- 掌握车间生产控制的方法

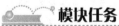 **模块任务**

任务一　车间生产作业计划认知
任务二　大批量生产的作业计划编制
任务三　成批量生产的作业计划编制
任务四　单件小批量生产的作业计划编制
任务五　车间生产作业的执行与控制
任务六　认识现代企业生产管理的新趋势

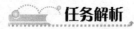

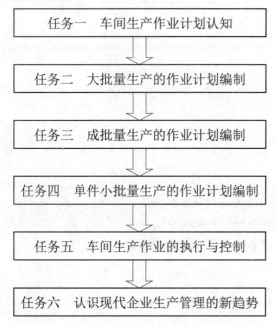

案例导入
视野拓展
知识链接
课堂讨论
案例分析
拓展训练
模块小结

## 南通柴油机股份有限公司车间生产管理

南通柴油机股份有限公司生产车间依靠 ERP 系统对车间生产过程进行管理，重点是编制符合生产实际的 MRP 计划，并对计划执行过程进行监控。MRP 计划编制的基础是合理的期量标准（批量方法、提前期），准确的需求信息和现有库存、车间在制品、采购在途等资源信息；计划执行及其过程监控阶段控制的重点是按照计划进行生产派工和组织生产领料工作，并严格报工制度，做到车间在制品账实相符。ERP 系统实施改善生产管理的要点包括下面几点。

**1. 严格库房业务管理，确保库房账实相符**

严格库房业务管理的目的在于确保库房账实相符，其主要内容就是要求库房管理人员和业务人员按照"日清日结，账实相符"的要求及时准确地在 ERP 系统内完成各类出入库业务，其数量的准确性以实物为准，不以业务来源单据为准——业务来源单据只是申请的出入库数量，实际出入库数量才是库房账务变化的数量。需要特别强调的是，这里说的库房不仅仅包括管理采购物资的库房，还包括管理自制零部件、自制半成品的库房。同时，账实相符还有另外一个要求，那就是严格禁止物料编码的混用，坚决杜绝一物多码或多物一码造成的账务混乱。

**2. 严格采购订单管理，提供准确的采购在途信息**

强调严格控制采购订单管理的目的在于为计划编制提供准确的采购在途信息，进行订单正式下达之后，在没有完成到货入库或被关闭之前，一直被视为"采购在途"。如果这部分数据不准确，就会造成可用资源数量的偏差。一些制造企业的用户往往忽视对订单状态的跟踪，下达订单之后出现数量上的变化或取消合同的情况时没有及时修改订单数量或关闭订单，造成 MRP 计划数量错误。

**3. 严格按照生产计划安排生产，并及时按照实际生产进度进行报工**

在业务部门或技术部门提供的期量标准的基础上，结合需求信息、库存现有量信息、采购在途信息及车间在制信息，编制出 MRP 计划之后，车间作业层面还要编制工序作业计划，这要求各工序的加工时间明确。计划编制之后，车间生产管理人员（车间计划员、车间调度员）按照计划规定的品种、批量、时间等要求，组织生产领料和生产作业。

生产领料环节的控制重点是严格按照投产计划的需求清单到库房领取对应物料，做到"计划投产什么品种，就为什么品种领料；投产多少就领取多少"，这里的难点是对于钢材等按质量计量的物料难以严格按照计划需求量领取，这就需要记录用料单位超计划领料的信息，并在下次领料的时候将其扣减。另外，对于计划外用料，必须进行严格的审核控制。

生产作业的控制重点在于车间及时准确进行完工汇报和完工入库，要求做到"及时准确，账实相符"。车间报工仅仅做到"日清日结"是不够的，车间必须做到"及时准确"或"近似及时准确"，所谓"及时准确"是指"加工一批、报工一批、传送一批"，车间作业完成一批零部件的加工或组装之后，必须完成工票报工才能往下进行工序传递。所谓"近似及时准确"是要求车间每隔一段时间（如一小时、两小时、半个班次等）进行一次统一的报工，这种方式短时间允许前工序先进行零部件传递后进行补充报工，所以称之为"近似及时准确"。

**4. 加强车间在制管理，压缩车间在制并提供准确车间在制信息**

加强车间在制管理包括车间物料现有量管理和车间自制半成品数量管理，前者可称为车间物料在制，后者可称为车间产品在制。车间物料在制数量伴随着生产领料增加，车间生产作业的进展减少；车间产品在制数量伴随着生产作业的进展增加，车间完工入库作业减少。

进行车间在制控制的目的在于，减少车间的物料积压，减少工艺平面占用，降低运营资金占用，提高企业资金周转速度。车间在制管理的重点在于对生产领料、作业报工、完工入库作业规范性的监控，使其能够做到"及时准确，账实相符"，实现生产过程信息的可视化与透明化，为进一步改善工作提供信息。

严格的生产领料作业控制了车间物料入口，要求做到"需要的物料请进来，不需要的物料请离开"。严格的车间作业报工控制了车间物料的消耗，车间在制半成品的增加是伴随着车间物料的减少发生的，要求做到"物料减少多少，在制半成品就增加多少"。完工入库作业是半成品减少和库房产成品增加的分界点，要求做到"半成品在制减少多少，库房产成品增加多少"。为了及时消除不规范作业造成的"账实不符"现象，在一个阶段（如一个月）的生产作业结束之后，生产管理部门还要及时组织车间进行实物盘点，确保车间物料在制、产品在制、产成品库存的准确性。

需要特别注意的是，车间在制品账的管理必须与车间实物在制的管理结合起来，否则就会变成"账"和"物"两张皮的现象。这就要求 ERP 推进部门和车间密切配合，必要的时候必须让企业决策层参与，对于账实不符问题比较突出的单位进行问题分析与改善。

**5. 在实施过程中不断优化期量标准**

期量标准本为 MRP 计划编制的基础，但是编制出来的计划可能与实际情况有些出入，甚至有些物料的期量标准与实际差别较大,造成计划无法指导实际生产,因此,在计划执行过程中,期量标准责任部门(如技术部门、生产管理部门、生产车间或其联合)要跟踪分析期量标准的合理性,例如,分析批量方法的实用性、批量数量的大小、提前期的长短等,并适时对其进行修改,使企业基础管理工作中的期量标准工作逐步完善,计划的准确程度也能够不断得到优化。

车间的任务主要是搞生产,生产管理是车间管理的核心内容。车间的生产管理主要通过生产作业计划的形式去实施,编制和贯彻执行生产作业计划是提高车间管理水平、取得良好经济效益的重要手段。

组织学生进行案例讨论,安排各小组收集资料并做报告,最后在教师指导下进行综合评价。案例分析讨论重点使学生进一步理解车间生产作业管理的作用,理解生产作业计划的任务和内容、不同生产类型期量标准和作业计划的编制方法、生产控制的任务、内容和方法等知识,并对车间生产作业管理的典型案例有一定的认知和分析能力,在案例分析中同时培养学生的团队合作精神。

## 任务一 车间生产作业计划认知

➢ **任务提示**:本任务将引领你明确车间生产作业计划的任务和内容等。

➢ **任务先行**:生产作业计划的任务和内容是什么?生产作业计划有哪些特点?搞好生产作业计划工作的要求有哪些?什么叫期量标准?制订期量标准的原则是什么?编制生产作业计划的依据是什么?

▶ 视野拓展

东芝机床事件

### 某橡胶零件制造厂工业制成品车间交货问题诊治

某橡胶零件制造厂共有两个半成品车间,4个产成品车间。产成品车间实行"产销一条龙"的管理体制,从承接订货到安排生产,均在车间内独立进行。1998年,在全厂的产量和销售量普遍回升的情况下,由于以汽车配件为主导产品的工业制成品车间产销缩减,全厂利润反而下降5%。为此,工厂求助于某咨询公司,请他们就这一情况进行诊治。

**1. 签订咨询合同,展开咨询工作**

咨询公司经与该厂接触,确定通过改进工业制成品车间的管理可以提高全厂的利润。在签订咨询合同后,咨询小组随即投入了工作。

经过初步调查,咨询小组了解到,工业制成品车间由于对多品种的生产管理不善,以及其他一些原因,致使其汽车配件订货合同有50%左右不能按期、按量完成。咨询小组根据对用户(汽车厂)及竞争对手(橡胶制品厂)的情况分析,认为应把保证按期、按量完成订货合同作为该工业制品车间改进生产管理的着眼点,据此进行了深入的调研。

在第一阶段,咨询小组对工业制品车间的用户进行分析,找出了主要用户,并进而找出该车间的主要产品,对主要产品的交货情况进行了分析,结果发现,主要汽车配件基本上都没有按期、按量交货。咨询小组对23种主要汽车配件按期、按量交货可使车间销售收入提高的幅度进行了分析，并进而寻找影响交货的原因。

影响交货的原因是多方面的，由于时间的限制，咨询小组仅从生产管理的角度对造成交货情况不好的原因进行了分析，结果发现以下影响交货的因素。

（1）生产机能方面的原因有：① 生产均衡性差；② 生产能力的利用率低；③ 生产周期长，在制品占用多。

（2）生产计划职能及工作方面的原因主要表现在：① 厂级年度生产计划过于粗略，车间的生产作业计划不够具体、明确；② 日常作业缺乏计划性；③ 进度控制与生产调度随意性大。

**2. 分析具体问题，提出改进方案**

咨询小组根据所掌握的各种信息及分析结论，经过研究，提出了以下改进建议。

（1）针对该车间模压制品多而杂的状况，建议有关人员对各类产品进行合理的分类。

（2）对各类产品年度生产计划编制方法的建议：

① 年度生产计划以年销售计划及产成品的库存情况为依据；

② 编制具体明确的年度生产作业计划，分季、分月安排生产任务，各月生产任务的安排，应针对不同类别的产品采取不同的编制方法。

（3）编制月份生产作业计划应据上月的实际完成情况和本月的临时任务及库存增减情况进行修正，从而确定本月的产出量，并据此确定月生产量，进而据全月的生产任务规定各种产品每天的生产进度。

（4）建议在车间月生产作业计划编制出来后，进一步具体分解为各台设备在更短时期内的作业任务。

（5）实行详细作业记录制度，把作业记录的累计号和生产作业计划的进度要求加以比较，据差异进行生产调度。

### 知识链接

生产管理是企业管理、车间管理的重要内容，而且是车间管理的核心内容，因为车间的任务主要是搞生产。车间的生产管理主要通过生产作业计划的形式去实施。生产作业计划是生产计划的继续和展开，是生产计划的具体执行计划。编好和贯彻执行生产作业计划，是提高企业和车间管理水平、取得良好经济效益的重要手段。

## 一、生产管理的内容

企业生产管理内容，主要包括生产过程组织、生产技术准备、生产作业计划编制和生产作业控制等几个方面。

（1）确定合理的生产组织形式，具体包括对生产过程从空间、时间上的分析和组织，制订科学合理的劳动定额，组建合理的劳动组织，建立良好的生产管理机制，促进生产发展和提高效率。

（2）制订科学的生产计划，具体包括市场调查预测，生产能力核定，优化产品品种、产量、质量指标，编制生产计划和作业计划，安排产品出产进度，分配生产任务等。

（3）做好生产技术准备，主要是产品设计、工艺技术、物料能源、人力资源、设备完好情况等方面的准备。

(4) 加强计划的实施和控制，主要包括作业计划的编制和实施，生产作业的执行和控制（进度控制、质量控制、成本控制、库存控制等），加强生产现场管理，出色地完成生产经营任务。

## 二、生产作业计划的任务

企业生产作业计划是企业年度生产计划（生产总体计划）的具体执行计划。它是生产总体计划的继续和补充，是对企业日常生产活动进行具体组织的行动纲领。它是根据生产总体计划的要求，把企业的生产任务具体分配到各车间及车间内部各个工段、班组以至每个工作地和个人，规定他们在每月、每旬、每周、每日以至每个轮班和小时内的具体生产任务。编制生产作业计划是企业计划管理的重要环节，做好企业计划工作应当把长期计划与短期计划结合起来，生产作业计划就是企业短期计划的重要组成部分。

生产作业计划工作的任务如下。

（1）保证实现生产计划。通过具体化生产总体计划并适时调整来保证。生产作业计划把产品、时间、单位和考虑的因素都具体化了。产品由整台产品安排到毛坯、零件、部件。时间落实到年、季、月、旬、周、日、轮班、小时。空间上由厂部落实到车间、班组、工作地、机器设备。并根据短期的重大变化来发现问题，及时解决，修正计划。这是实现生产总体计划的重要保证。

（2）合理组织生产过程。企业生产计划是通过合理地组织产品的生产过程来实现的。任何产品的生产过程都是由物流、信息流、资金（价值）流所组成的。生产作业计划的任务之一，就是要把生产过程中的"三流"合理地组织协调起来，争取用最少的投入获得最大的产出。

（3）实现均衡生产，建立正常的生产秩序和管理秩序。均衡生产是指企业各个生产环节，在每段相等的时间内，完成相等的或递增的数量任务，按计划均匀地进行投产和出产，保证完成计划任务，满足订货单位和市场的需要。实现均衡生产，建立正常的生产秩序和管理秩序，有利于充分利用企业的生产能力，提高产品质量，改善企业管理，全面提高企业经济效益。要实现均衡生产，就必须依靠生产作业计划合理地安排、组织企业各生产环节的生产活动，协调好各环节之间的关系，保证各环节在短期内都能完成任务。

（4）提高经济效益。生产作业计划的任务之一，就是要在产品的生产过程中，严格保证产品质量达到规定的标准，努力减少产品生产过程中活劳动和物化劳动的消耗，最大限度地降低产品生产成本，缩短生产周期，按期交货等，争取获得最大的经济效益。

## 三、生产作业计划的内容

企业生产作业计划工作，一般包括制订生产作业计划期量标准、编制企业各层次的作业计划和实施生产作业控制等，具体包括以下各方面。

（1）制订或修改生产作业计划期量标准。期量标准是工业企业为了科学地组织生产活动和编制生产作业计划，给制造对象（产品、部件、零件等）在生产数量和期限上所规定的标准数据。此标准数据通常叫"期量标准"或"作业计划标准"，还有人把它叫"期量定额"。它是计划定额的一种，如在制品定额、生产周期等。

期量标准实质是科学地规定生产过程各生产环节之间在时间上、数量上的联系和比例关系。现代生产管理科学，正是在不断加深对生产过程的期和量的认识、不断掌握它们之间的联系和转化规律、规定正确的期量标准中逐渐形成的。如泰勒为了制订合理标准时间，进行工作研究，创立了科学管理；福特创立了同期管理和流水生产。可见，正确地制订定期标准，为编制生产作业计划、控制生产作业，使生产管理科学化、标准化奠定了基础。

期量标准是企业生产的客观需要，是编制生产作业计划和日常组织生产的重要依据之一，它直接关系到企业经济效果的好坏。不同生产类型的企业，生产过程组织形式不同，采用的期量标准也有区别。制订期量标准的原则主要有下面几点。

① 均衡生产原则。根据计划节拍，规定产品、部件、零件在各个阶段上的生产期限和数量，并使它们相互衔接、协调一致，保证均衡生产。

② 先进合理原则。期量标准应具有先进合理水平，即以平均先进定额为依据，制订出符合企业实际的合理的生产期限和数量标准。

③ 粗细有别原则。期量标准的制订，应当适应不同的生产特点：大量大批生产的产品，期量标准要订得详细一些；单件小件生产的产品，期量标准则可订得粗一些。

④ 及时修改原则。随着企业生产技术条件的变化，期量标准也要及时修改，使之契合变化了的生产实际。但是，为了稳定生产秩序，期量标准也不能修改过密，一般应以一年修改一次为宜。

（2）编制企业各层次的作业计划，包括产品进度计划、零件进度计划和车间日程计划。要把企业全年分季度的产品生产计划细化为以零部件、工序为对象的厂部作业计划和车间作业计划，用零部件生产作业计划作为执行性计划，并编制出车间日程计划，把生产任务具体落实到车间、工段、班组、机台和个人，细分到月、旬、周、日、轮班和小时。

作业计划编制的资料依据主要有下面几个方面。

① 生产任务方面的资料。包括企业年度、季度生产计划规定的生产任务，各项订货合同，备品、备件生产计划，新产品试制计划，厂外协作任务，厂内部各车间、各部门之间的生产协作任务。

② 设计、工艺方面的资料。包括产品（零件）图纸，图纸更改通知，产品装配系统，工艺路线，自制或外购件清单，主要零部件和关键零部件明细表，各种工艺卡，以及按车间编制的零件明细表。

③ 生产能力方面的资料。包括各类生产工人在册人数和技术等级，厂房生产面积，设备的类型、规格、数量及完好程度，关键设备的工序能力情况，设备修理计划及完成情况，各类产品和零件分工种、工序的台时定额和汇总定额及定额压缩系数。

④ 生产准备工作方面的资料。包括工装、模具生产计划，原有工装的在用、在库、在制及配套情况，原材料、外购件、配套件、标准件等物资的供应和库存情况，动力、运输能力情况及消耗定额。

⑤ 前期计划完成情况。包括产品品种、质量、产量完成情况，废品率、合格率及其原因分析，各车间、库房在制品盘点报表，工时（台时）利用率、工人出勤率、人员配备、生产统计分析等方面的资料，工艺环境条件的要求及其变动情况，生产技术组织措施落实情况等。

⑥ 各项有关的期量标准。包括旧标准的修改，新标准的制订，现标准的选用。

（3）编制生产准备计划，包括原材料供应、外协件购买、设备维修、工模夹具准备、技术文件准备、劳动力调配等。

（4）计算设备负荷率，进行生产任务与生产能力之间的细致平衡，并进行产品加工作业排序，确定车间日程计划。

（5）生产作业控制和统计分析，生产控制主要包括生产进度控制、生产能力控制、在制品控制、质量控制等。同时要做好日常生产派工、生产调度和作业计划执行情况的统计分析与考核，及时跟踪检查、监督和统计每个工作地和每个工人的生产任务完成情况及生产进度，根据情况变化及时调整作业进度，采取措施使生产过程按计划顺利进行。

▷ **课堂讨论**

上网或到企业车间搜集资料，针对地区骨干企业某一车间的一项生产作业计划进行分析并写出报告，进行课堂分组讨论并进行评价测试：你是否已认知车间生产作业计划？

## 任务二　大批量生产的作业计划编制

➢ **任务提示**：本任务将引领你明确大批量生产类型的期量标准，初步掌握大批量生产类型的生产作业计划编制方法。

➢ **任务先行**：大批量生产类型的期量标准有哪些？大批量生产类型的生产作业计划编制方法有哪些？什么是在制品定额法？什么是平衡线法？什么是订货点法？

▷ **视野拓展**

### 山东泰山轮胎有限公司轮胎生产作业计划的编制与实施

在轮胎生产过程中，生产作业计划是用来指导生产、满足市场需求的重要依据。生产作业计划编制得是否科学、合理将在一定程度上影响生产效率、生产成本和市场需求；生产作业计划实施是否到位除反映计划编制的水平外，也与一个企业生产工序是否流畅、意外情况处理是否得当等有较大关系。生产作业计划的编制需要依据一定时间内的历史记录，分析、应对当前制约生产的瓶颈，具有严肃性和前瞻性；生产作业计划的实施则需要利用柔性生产系统解决遇到的各种问题，具有灵活性和现实性。

轮胎生产作业计划的编制属于宏观预测，需要依据一定时间内的销售历史记录进行市场预测、分析，应对当前制约生产的瓶颈，具有严肃性和前瞻性。生产作业计划一方面是指导当期生产，另一方面是根据生产计划的要求对不具备的条件进行补充完善。在生产作业计划的编制过程中，不同时段的计划具有不同的编制方式和依据。

（1）年计划。年计划的编制主要是依据企业目前最大的生产能力、人员状况、市场需求、产品结构和材料供应等情况来确定。

轮胎生产属流水作业，从原材料到成品轮胎需要经过炼胶、压延、挤出、成型和硫化等几道主要工序，决定生产线最大能力的关键不是产能最大的工序，而是产能最小的工序。根据木桶短板原理，组成木桶最短的那块木板决定了木桶水位的高度。因此，在制订年计划时，必须考虑制约生产能力、生产进度和生产效率的瓶颈，即生产中的"最短木板"。只有集中力量提高最薄弱工序的产能，才能达到提高产能的目的，因为产能最薄弱的工序决定了整个生产线的能力。

在编制年计划时，应充分考虑生产线人员状况，包括现有人数、可能流失人数、人员技能水平、人员最大缺口及其他所有影响人员稳定的因素。员工人数及技能水平不但影响生产作业计划的完成情况，而且对产品质量影响较大。因此，在制订生产作业计划之初就必须将人员状况考虑周全。

市场需求和产品结构是年计划制订与完成的基础。在市场经济条件下，往往市场决定产能，没有稳定的市场作保证，轮胎产能很难达到满负荷或扩大；同时产品结构也在很大程度上影响计划完成的进度、生产成本和利润空间。因此，在年计划制订前或制订之初，应充分考虑市场需求情况，进而调整产品结构，将产值高、利润高、附加值高的"三高"产品计划安排满、生产完成好。

材料供应对年计划的影响虽然不如上述因素影响大，但也在一定程度上制约着年计划的完成。

（2）月计划。编制月计划时应考虑本月的日历天数或有效工作天数、市场需求轮胎的规格和数量及本企业相关规格产品的最大产能、历史同期畅销规格产品的数量和生产起止日期及当前的政策信息与形势等。由于月计划的产值总量是将年计划按工作日的比例来分解的，因此在正常情况下，有效工作天数是完成月计划的前提。月计划应充分体现季节性较强的"三高"产品的重要性，并在编制计划时周全考虑各类影响因素，减少计划外因素对月计划的影响。

参照历史同期畅销产品规格的数量和生产起止日期及当前市场的需求状况，可以确定本月长线产品的计划生产量，避免生产计划实施过晚，导致产品供不应求；同时避免生产计划实施过早，造成产品积压。当前的政策和形势也在一定程度上影响月计划的内容。

（3）周计划。编制周计划时需要考虑本周平均日产值、重点生产的轮胎规格和数量、人员及设备状况等。周计划总量在月计划中基本占1/4的比例，周平均日产值应稍高于月平均日产值，以便于用周计划来保证月计划的完成，进而保证年计划的完成。由于周计划比较适宜于多品种、小批量生产方式的安排，因此应充分体现本周的市场需求重点。同时应充分考虑当前人员和设备状况，用最佳状态的操作工和完好的设备来保证重点产品规格的完成。

（4）日计划、班计划和机台计划。日计划、班计划和机台计划都是根据周计划的内容、当前生产重点、当天人员和设备状况等进行安排的，三者相互关联，应使机台计划、班计划和日计划依次完成，使计划日产值大于或等于周计划的平均日产值。在安排机台计划时，应考虑留有一定的余量，以避免人员和设备出现异常或有临时追加计划时无法安排。机台计划是班计划的分解，各类机台计划完成后，班计划也就有了保障，进而使日计划得以完成。

生产作业计划编制完成后，要逐一解决各个时段作业计划存在的问题，使实施作业计划需要的人员、设备、材料、工艺和市场等各项条件都具备。这时生产作业计划的实施贯穿于生产系统的各道工序，需要应用木桶短板原理或瓶颈分析找出制约生产的因素，进而利用柔性生产系统解决遇到的各种问题。

从轮胎生产作业计划的编制过程和实施效果来看，科学、合理、适时的生产作业计划对提高生产效率、降低生产成本、满足市场需求具有较好的指导作用；准确、有效、到位地实施生产作业计划则对此起到保证作用。因此，在轮胎生产过程中，应高度重视生产作业计划的编制,并将其实施到位。

> 知识链接

## 一、制订期量标准

大批量生产类型企业中,主要的期量标准有在制品定额、节拍、各种流水线的标准指示图表。

**1. 节拍和节奏**

节拍是指顺序出产前后两件产品(或零件、部件)之间的时间间隔。除节拍外,如果产品在工序之间是成批传送的,节拍与传递批量的乘积称为节奏;如是按件传送的,生产节奏就是节拍。节拍反映出流水线生产的速度。节拍和节奏的计算公式分别为

$$节拍 = \frac{流水线有效工作时间}{计划期产量}$$

$$= \frac{流水线制度工作时间 \times 时间有效利用系数}{计划期产量}$$

$$节奏 = 节拍 \times 批量$$

时间有效利用系数一般取 0.90~0.96。

**2. 在制品定额**

在制品是指从原材料投入生产到成品入库为止,处于生产过程中尚未完工的所有毛坯、零部件的总称。在大量生产中,生产过程各个阶段经常保持一定数量的在制品,是生产连续进行的必要条件。在制品不足,会引起生产中断;在制品过多,会造成流动资金的积压、工作场所的拥挤和产品生产周期的延长。因此,必须为每一生产阶段规定合理的在制品数量界限,即在制品定额。在制品定额是指在一定时间、地点和具体的生产技术组织条件下,为保证连续、有节奏地均衡生产,以实物计算的,在生产过程各个阶段上必须保持的在制品数量。根据大批量生产类型企业的实际,在制品占用量的构成,按存放地点分类,可分为车间在制品、流水线在制品和车间之间在制品、流水线之间在制品;按在制品的性质和用途划分,分为工艺在制品、运输在制品、流动在制品和保险在制品。在制品占用量的构成,如图 4-1 所示。大量流水生产在制品定额的制订,就是按图 4-1 分别确定、综合而成的。

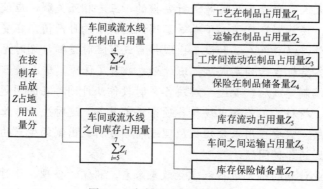

图 4-1 在制品占用量的构成

(1) 流水线内部在制品定额的制订。在制品按性质和作用划分。可分为 4 部分。

① 工艺在制品占用量，是指在流水线上正在各工作地进行加工、装配、检验的在制品数量。它取决于工序数、每道工序工作地数和每个工作地同时加工的零件数。其计算公式为

$$Z_1 = \sum sg$$

式中：$Z_1$——工艺在制品定额；
  $s$——每道工序工作地数；
  $g$——每个工作地同时加工的零件数。

② 运输在制品占用量，是指流水线内各道工序之间正在运输过程中所占用的在制品数量。它取决于运输工具和运输方式。当采用传送带连续运输时，运输在制品数量就是传送带上放置的在制品数量。

$$Z_2 = \frac{L}{L_2} n$$

式中：$Z_2$——运输在制品定额；
  $L$——流水线间运输装置总长度；
  $L_2$——相邻运输批次在装置上的距离；
  $n$——运输批量。

当工序间在制品运输采用吊车、手推车、插车等运输工具时，取决于隔多长时间运输一次，即运输重复期的长短。

$$Z_2 = (m-1)n_3$$

式中：$Z_2$——运输在制品定额；
  $m$——工序道数；
  $n_3$——每次运输批量。

③ 工序间流动在制品占用量，是指在间断流水线中，前后相邻两道工序由于工序节拍不同，生产效率不同，前后相邻工序在同一时间内的产量不等，因而在工序间为平衡生产率，就形成流动在制品占用量。如前工序生产率高于后工序生产率，则前工序生产到一定时间必须暂时停下来，以便后工序把逐渐积存的在制品加工掉；反之，如前工序生产率低于后工序生产率，则前工序必须提前加工，积存一定数量在制品，以便后工序能不停歇地加工，逐渐把积存的在制品加工掉。这种由于平衡前后相邻工序生产率周而复始积存的在制品，叫工序间流动占用量。它可用计算法和图表法结合起来加以确定。例如，轴加工间断流水线工序间流动在制品占用量的变化，如图 4-2 所示。

工序间流动在制品占用量的计算公式为

$$Z_3 = \frac{T_n S_1}{t_1} - \frac{T_n S_2}{t_2}$$

式中：$Z_3$——工序间流动在制品定额；
  $T_n$——相邻两工序同时工作时间；
  $S_1$——上道工序在 $T_n$ 内同时工作工作地数；
  $S_2$——下道工序在 $T_n$ 内同时工作工作地数；
  $t_1$——上道工序的时间定额；
  $t_2$——下道工序的时间定额。

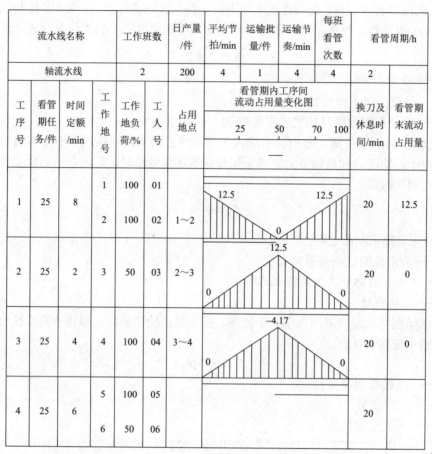

图 4-2 轴加工间断流水线工序间流动在制品占用变化图
注：看管时间，即工作地工作时间，带阴影图形为工序间流动在制品的变化。

例如，在图 4-2 中，第一、二道工序间最大占用量=50×2/8−50×1/2=−12.5（件）。

上式第一道工序两个工作地在 50 min 内共生产了 12.5 件，第二道工序一个工作地 50 分钟生产了 25 件，所以，要保证第二道工序在 50 min 内完成看管期规定的任务，在同时工作开始前，第一道工序就应该给第二道工序准备出 12.5 件在制品，否则第二道工序就完不成规定的任务。如果第一、二道工序在 100 min 内都同时工作，03 号工人就会有一半时间停工待料。这在经济上是不合理的，故在后 50 min 要让第二道工序停止生产，第一道工序在这段时间继续生产出 12.5 件在制品，给第二道工序第二个看管期用，这样周而复始地循环。

计算结果−12.5 件，说明最大占用量是在同时工作结束时产生的。

同理可计算出第二、三道工序间和第三、四道工序间的最大占用量，分别为 12.5 件和−4.17 件。由图 4-2 可见，流动占用量是不断变化的，0～100 min 都在变化。一般以看管期末为准来确定各道工序的流动占用量，其公式为

$$Z_3 = \sum_{i=1}^{m-1} Z_{2i}$$

式中：$Z_{2i}$——期末两工序流动占用量。

所以，$Z_3$=12.5+0+0≈13（件）。可见，流水线工作越协调，在制品就越少，应尽量使各工序同步化，组织流水生产，减少在制品。

④ 保险在制品占用量的计算。保险在制品是为了防止工序发生偶然事故，保证下工序不能中断所必需的在制品数量。其计算公式为

$$Z_4 = \sum \frac{T_c}{t}$$

式中：$Z_4$——保险在制品储备量；

$T_c$——上工序从发生事故到恢复正常所需的时间；

$t$——上工序单件时间。

保险在制品并非在流水线上每一道工序都要设置，而是在最易出故障的工序上设置。不应盲目加大它的占用量，动用后应利用非制度工作时间补足。

故流水线内的在制品定额，应由上述 4 部分组成，即

$$Z_内 = Z_1 + Z_2 + Z_3 + Z_4$$

（2）流水线之间的在制品定额的制订。由前后相邻流水线之间的生产效率不同和工作制度不同而形成的在制品叫流水线之间的在制品定额。如果前后流水线节拍相等时，流水线之间只有运输占用的在制品定额和保险在制品定额，当不同节拍时，要加上流动在制品定额和保险在制品定额。其计算方法同工序间各项在制品定额计算方法，即

$$Z_间 = Z_5 + Z_6$$
$$或\ Z_间 = Z_5 + Z_7$$

式中：$Z_间$——流水线之间的在制品定额；

$Z_5$——库存流动在制品定额；

$Z_6$——运输在制品定额；

$Z_7$——保险在制品定额。

流水线内在制品定额加上流水线之间的在制品定额，则得出车间流水线的在制品定额。

**3. 流水线标准指示图表**

因为流水生产是较稳定的生产，按照生产节拍或看管期重复进行生产活动，所以流水线可以根据节拍和工序单件时间的长短，计算每道工序的工作地数目，以及每个工作地的负荷，并根据实际采用的工作地数目和负荷，在考虑到多机床看管和工序兼作的情况下，确定每道工序应配备的工人。上述情况决定了可以为流水线编制标准计划，绘制标准工作指示图表（见表 4-1）。当生产比较稳定或变化不大的时候，这种计划或图表就可以作为流水线的工作班作业计划。

表 4-1　连续流水线标准工作指示图

| 流水线特点 | 小时 | | | | | | | | 一班共计 | | |
|---|---|---|---|---|---|---|---|---|---|---|---|
| | 1 | 2 | 3 | 4 | 5 | 6 | 7 | 8 | 间断次数 | 间断时间/min | 工作时间/min |
| 装配简单制品 | | | ■ | | | | ■ | | 2 | 20 | 460 |
| 装配复杂制品 | | | ■ | | | | ■ | ■ | 3 | 30 | 450 |
| 机械加工（使用耐用期长的工具） | | ■ | | ■ | | ■ | | ■ | 4 | 40 | 440 |
| 机械加工（使用耐用期短的工具） | | ■ | ■ | ■ | | ■ | ■ | ■ | 6 | 60 | 420 |
| 焊接、热处理等过程 | ■ | ■ | ■ | | | ■ | ■ | ■ | 6 | 60 | 420 |

注：□工作时间；■间断时间

编制流水线标准工作指示图表，按连续流水线和间断流水线分别进行编制。连续流水线的标准工作指示图表的编制比较简单。因为它的生产对象品种单一，各道工序的生产效率比较协调，工作稳定，对流水线只要规定工作和中断的时间与程序就可以了，至于工作制度则可以根据流水线的工作特点及所需的休息与中断时间加以确定。连续流水线标准工作指示图，可参见表 4-1。间断流水线由于各工序的工序节拍与流水线节拍不同步，各道工序的生产率不协调，要用看管周期流动在制品占用量来平衡工序间生产率。因此，间断流水线的标准工作指示图表，要分工序、工作地规定工作时间和程序，使每个操作者的负荷均衡，还要规定看管周期工序之间的在制品占用量定额。间断流水线标准工作指示图表，可参见图 4-2。

## 二、大批量生产类型的生产作业计划编制方法

在大批量生产类型的企业编制厂级生产作业计划、安排车间的生产任务时，由于企业的生产特点不同，编制计划的方法也不同。在产品结构比较简单、生产过程属于对原材料进行连续加工的企业，如冶金、纺织、化工等企业，只要根据生产计划规定的最后出产的产品数量，按照反工艺顺序，依次计算各先行车间的外销量、损耗量、库存差额，就可以确定各个车间的投入量和产出量。

但是，在产品结构比较复杂的加工装配型企业，情况就比较复杂了。不同专业化的车间，其作业计划编制方法也不同。如果是对象专业化车间，每个车间分别独立完成一定产品的全部（或大部分）生产过程，各个车间平行地完成相同的或不相同的产品的生产任务。在这种

情况下,编制厂级的生产作业计划,可采用直接分配法。这种方法,只要把计划期企业的生产任务按照车间分工、生产能力的负荷及各种生产条件的准备情况,直接分配给各个车间就可以了。

如果是工艺专业化车间,各车间是依次加工半成品的关系。这时,确定各车间的生产作业计划,就要按反工艺顺序,在各个车间之间进行衔接平衡。

在大批量生产类型企业中,一般采用在制品定额法、平衡线法和订货点法来确定各个车间的生产作业计划任务。

**1. 在制品定额法**

在大批量生产类型的企业中,生产任务、工艺技术比较稳定,产品品种单一,产量又比较大,各生产环节之间的分工和协作的关系也比较稳定,各生产环节所占用的在制品数量也比较稳定。在规定车间任务时,不用考虑品种,应根据在制品定额增减变化来确定,也就是按照在制品数量经常保持在定额水平上的要求,来计算各生产环节的投入和产出量的任务,保证生产过程协调地进行。作业计划的重点是安排产量。

在制品定额法,是指根据企业预先制订的在制品定额(包括半成品定额),本着使在制品数量经常保持在定额水平上的原则,从最后车间(装配车间)开始,按照反工艺顺序,采用连锁计算法,依次计算各个车间的投入量和产出量任务的方法。具体计算公式为

$$\text{某车间投入量} = \text{该车间出产量} + \text{本车间废品损耗数量} + \left( \text{本车间期末在制品定额} - \text{本车间期初在制品预计数量} \right)$$

这是由于某一车间的投入量和产出量的差别,是由本车间在制品变化量和废品损耗量决定的。

$$\text{某车间的出产量} = \text{后一车间的投入量} + \text{本车间的产品外销量} + \left( \text{本车间期末库存半成品定额} - \text{本车间期初库存半成品预计数量} \right)$$

这是由于某一车间产出量和后一车间投入量差别,取决于中间仓库半成品变化量和本车间半成品外售量。

上式中的装配车间产出量与各车间的半成品外销量,是根据生产计划任务确定的;车间计划废品量是按计划规定的废品率计算的;计划期初库存半成品预计数和期初车间内在制品预计数,一般是用编计划时的账面结存数量加上到计划期初预计发生的数量确定的。到计划期初开始时,再根据实际盘点的统计数字加以修正。用在制品定额法编制车间作业计划的实例,见表4–2。

表4–2 用在制品定额法编制车间作业计划示意表

| 产 品 名 称 | L30 汽车 | | |
|---|---|---|---|
| 产品装配产出量 | 1 000 台 | | |
| 零件编号 | 130—1011 | 130—1012 | …… |
| 零件名称 | 齿轮/件 | 凸轮轴/件 | |
| 每台件数 | 4 | 1 | |

续表

| | | | | |
|---|---|---|---|---|
| 装配车间 | 1 | 按装配产出量计算的零部件需要量 | 4 000 | 1 000 |
| | 2 | 废品及损耗 | — | — |
| | 3 | 在制品定额 | 500 | 100 |
| | 4 | 期初预计在制品结存量 | 350 | 60 |
| | 5 | 投入量 | 4 150 | 1 040 |
| 零件库 | 6 | 半成品外销量 | 400 | 0 |
| | 7 | 库存半成品定额 | 600 | 80 |
| | 8 | 期初结存量 | 500 | 100 |
| 加工车间 | 9 | 产出量（5+6+7−8） | 4 650 | 1 020 |
| | 10 | 废品及损耗 | 100 | 100 |
| | 11 | 在制品定额 | 450 | 180 |
| | 12 | 期初预计在制品结存量 | 300 | 60 |
| | 13 | 投入量（9+10+11−12） | 4 900 | 1 150 |
| 毛坯库 | 14 | 半成品外销量 | 200 | — |
| | 15 | 库存半成品定额 | 1 000 | 200 |
| | 16 | 期初预计结存量 | 1 000 | 300 |
| 毛坯车间 | 17 | 产出量（13+14+15−16） | 5 100 | 1 050 |
| | 18 | 废品及损耗 | 20 | 10 |
| | 19 | 在制品定额 | 250 | 40 |
| | 20 | 废品及损耗 | 150 | 40 |
| | 21 | 投入量（17+18+19−20） | 5 220 | 1 060 |

### 2. 平衡线法

平衡线法是运用平衡线形式安排产品生产进度计划与作业控制的一种方法。具体地说，是按照合同规定的交货日期和生产数量要求，通过绘制平衡线图表，使生产过程各个环节、各个时期内的在制品与出产进度保持平衡，并据以检查和控制生产进度，保证如期地陆续输出产品。平衡线法较适用于同一产品重复生产、一次订货、分期交货、合同期限较短的工业产品订货生产项目。运用平衡线法必须具备两个基本要素，即产品交货期限、数量的要求；生产各阶段的顺序及所需时间。

平衡线法的应用主要是采用图解方式来进行的，即通过绘制产品生产周期图、计划交货期图和任务完成情况检查图等来分析各生产环节实际进度和计划进度的差异，以便采取改进措施，使生产过程按预定目标完成。

在绘制产品生产周期图时，应根据某种产品各零件加工、部件组装和产品总装的生产程序，按整个产品生产程序的反工艺顺序，绘制每个生产环节的加工周期，如图4-3所示。

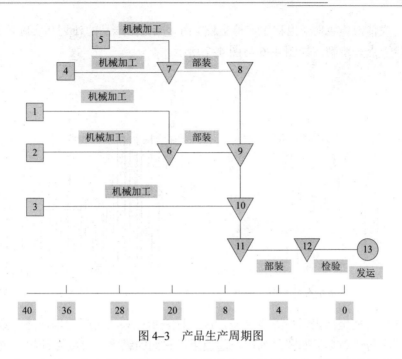

图 4-3 产品生产周期图

在图 4-3 中,方形、三角形和圆圈内标上数字的均为检查点。通过检查点来反映和控制原材料、在制品和半成品的投入与出产日期。如第 4 个点上原材料的投入,必须比产品发运日期提前 36 个工作日。在图 4-3 中的工艺工作日数是按实际工作日数计算的。在绘制计划交货期图(也称目标曲线图)时,应根据该产品订货合同规定的生产目标(各期的计划交货数量和计划累计交货数量)进行绘制,如图 4-4 所示。

在图 4-4 中的横坐标表示交货日期,纵坐标表示累计交货数量,斜线反映一定日期的计划累计交货数量。当整批产品是均衡地逐件交货时,其斜线为一根直线,如图 4-4 所示。若合同规定产品分期交货的各次数量不同,则为一条分段折线,如图 4-5 所示。

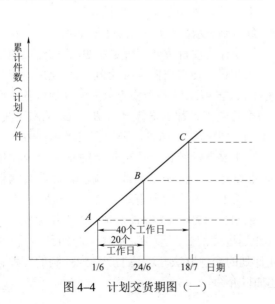

图 4-4 计划交货期图(一)

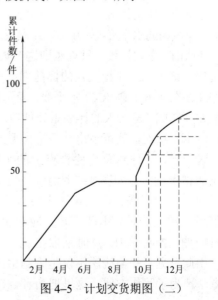

图 4-5 计划交货期图(二)

在绘制完成情况检查图（也称生产检查图）时，应根据产品的计划和实际累计交货数量，以及设置的检查点来绘制，如图4-6与图4-7所示。

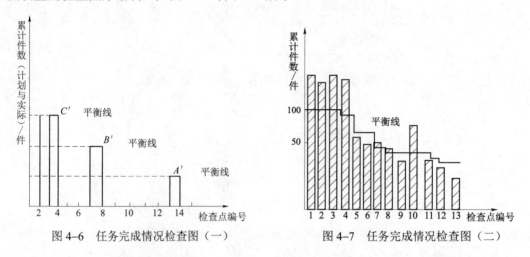

图4-6　任务完成情况检查图（一）　　　　图4-7　任务完成情况检查图（二）

在图4-6中，横坐标表示检查点编号，纵坐标表示计划与实际的累计交货数量。任务完成情况检查图应与计划交货期图并列在一起使用，它们的纵坐标尺度必须相一致。

平衡线法的操作过程，参见图4-4。6月1日为检查期，对交货数量进行检查，应先从最后的检查点（成品交付点）算起，也就是应从计划交货期图上的 $A$ 点向右画一条平行于横坐标的虚线，在任务完成情况检查图（见图4-6）中的第13检查点上方的平行虚线上，画一段较粗的水平直线，用 $A'$ 表示。

$A'$ 线段表明6月1日第13检查点上计划规定的累计交货件数。而对其他检查点在6月1日应交出的累计件数，则应根据各个检查点比产品发运日期需要提前的天数来确定。如对第7检查点的计划完成累计件数进行检查，要从生产周期图上查出第7检查点的出产提前期为20个工作日，便在6月1日这一基础上加上20个工作日和这段时间内的例假日，应为6月24日。然后从计划交货期图上找出 $B$ 点，经 $B$ 点向右画一条平行于横坐标的虚线，在图4-6第7检查点上方画一条较粗的水平直线，用 $B'$ 线段表示。$B'$ 线段则表示在6月1日进行检查时，第7检查点应完成的计划累计数。只有达到这个数字，才能使订货项目按合同规定在20天内连续地如期交货。第1、2、3检查点的提前期都是40个工作日，便可在图4-4上找出 $C$ 点后，用同样方法在图4-6上画出 $C'$ 水平线，表示在6月1日这一天，这3个检查点为保证后面各生产环节如期完成，应投入的计划累计件数。当在每个检查点上都画出像 $A'$、$B'$、$C'$ 的水平线，把各段水平相连，就可画出一条阶梯形的折线，即称平衡线。同时，在检查日（本例6月1日）这一天，还应对每个检查点上的实际完成累计数进行统计，并用较粗的垂直线画在任务完成情况图上，如图4-7所示。由于图4-6主要是用来说明平衡线的画法，故没有完整地画出这些粗线条。在图4-7中可以看出，凡是低于平衡线的所有检查点，其实际生产件数落后于预定计划。由此可知，应对第5、6、9、11、12和13检查点加强生产过程管理，分析问题，查明原因，及时采取措施，保持按计划进度的生产节奏，实现生产的预定目标。

由此可见，平衡线法不仅是编制生产作业计划的一种方法，还是生产作业控制的一种有效方法。为了写作方便，这里把两者合在一起加以介绍。

### 3. 订货点法

订货点法就是按照某种零件的仓库储备量定额来确定计划任务及投入、出产时间。它适用于规定标准件和通用件车间的生产任务。全厂各个时期对标准件和通用件的需要量很不稳定，并且标准件一般价值不大，加工劳动量也很小。因此，为了提高劳动生产率，厂部按一个合理的批量规定标准件车间的生产任务，一次集中生产一批，等库存储备量下降到订货点数量时再提出下一批的生产任务。所谓订货点，是指应该提出订货时的零件储备量。确定订货点的公式为

订货点=平均每月需要量×订货周期+保险储备量

在上式中，订货周期是指从提出订货到零件生产出来入库的时间间隔。订货点如图 4-8 所示。

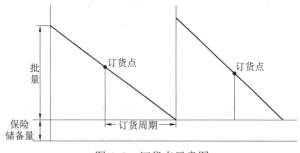

图 4-8 订货点示意图

> **课堂讨论**

上网或到企业车间搜集资料，针对地区骨干企业某大批量生产类型车间的生产作业计划进行分析研究并写出报告，进行课堂分组讨论并进行评价测试：你是否已掌握大批量生产类型的生产作业计划编制？

## 任务三  成批量生产的作业计划编制

> **任务提示**：本任务将引领你明确成批量生产类型的期量标准，初步掌握成批量生产类型的作业计划编制方法等。

> **任务先行**：成批量生产类型的期量标准有哪些？成批量生产类型的作业计划编制方法有哪些？什么是提前期法？什么是耗尽时间法？

> **视野拓展**

**中国包装进出口天津公司纸箱厂混合型成批量生产作业计划体系的实施**

中国包装进出口天津公司纸箱厂的 CIMS 应用工程（简称 CTP–CIMS）中的生产作业计划系统，是在借鉴国内外离散型与流程型 CIMS 研究与应用的经验基础上，针对纸箱厂混合型成批量生产流程、生产作业计划的特点与存在的问题，基于初步设计选定的 MRP 软件，提出了适合 CTP 混合生产过程的生产作业计划解决方案与体系结构，并实现面向 CIMS 环境，按订单设计生产制造模式下 MRP 与车间作业计划的集成，从而建立 CTP 的生产作业计划系

统。具体编制过程如下。

（1）订单管理。由于纸箱生产是按订单生产的，生产周期短、交货期短，生产计划受外界影响比较大，生产例外情况较多。所以订单管理是编排生产作业计划的重要部分，它与以下各项一起组成完整的生产作业计划系统。

（2）粗生产计划（粗能力平衡）。由于纸箱需展成纸板进行生产，因此，在进行纸板车间生产作业计划前，需展开第一层纸箱 BOM，进行粗能力平衡的同时，明确每种纸板的出产数量与出产时间。因此，需调整原 MRP 的生产作业计划的编制过程，即在进行 MPS 的同时展开纸箱的第一层 BOM，计算出纸板的出产数量与出产时间，为进行纸板车间生产作业计划做准备。在此系统中称之为粗生产计划。

（3）纸板车间作业计划。在 CTP 流程生产部分，由于只有制订了纸板车间作业计划，确定了纸箱所用原料幅宽并进行了作业拆分后，才能进行 MRP 计算。由于流程生产部分的生产线的状态和运行情况对生产计划的实施有极大的影响，使主生产计划的有效反馈点下移到生产线的在线控制上，MRP 的物料需求计划对其自制件的生产作业计划不起主要作用，所以流程生产部分自制件的生产作业计划需以车间作业计划为主，使离散生产部分的物料需求计划与流程部分的物料采购计划必须在流程部分车间作业计划之后进行，即 MPS 不能直接用于 MRP，必须通过流程生产的车间作业计划结果反馈修改后，才能进行 MRP 计算。

所以，混合企业生产作业计划的核心是流程部分的车间生产作业计划及流程与离散两部分生产作业计划的集成。对于纸箱企业，多品种产品组合排产为纸板车间作业计划的核心。初步设计选择的 MRP 的车间作业管理系统是物料需求计划的后续计划，仅适用于离散部分的车间作业管理，不能进行纸板排产，无法制订流程生产部分的车间作业计划。因此，需建立纸板车间生产作业计划子系统。

（4）物料需求计划（能力需求平衡）。当确定了产品出产数量和时间后，可按产品的结构确定产品零部件的数量，并可按各种零部件的生产周期，反推出它的出产和投入时间，即将粗生产作业计划转化为自制件投入出产计划和外购件需求计划。对自制件投入产出计划进行能力与任务平衡计算后，各车间可按自制件投入出产计划编制车间生产作业计划，用其指导实际生产。

在以上体系结构中，使配方管理优化与 BOM 有机结合，使纸板车间生产作业计划子系统与粗生产作业计划形成一个闭环的反馈过程，实现了灵活渐进式的 BOM 定义，也为编制流程物料采购计划与离散生产物料需求计划提供现实可靠的 MPS 输入，从而实现离散与流程两部分生产作业计划的集成优化。使企业在满足现有生产条件下，在产品生产期内，能合理安排计划期内各生产或加工单位的生产活动，合理安排产品的加工路径，实现生产高效率、高柔性和高可靠性，从而提高企业的整体效益。

▶ 知识链接

# 一、制订期量标准

成批生产类型的企业的特点是成批地轮番进行多种产品的生产。生产作业计划所要解决的主要矛盾是如何搭配品种，安排成批轮番生产，使生产有节奏、均衡地进行。成批生产类型企业的期量标准主要有批量、生产间隔期、生产提前期、生产周期、在制品定额等。这里仅介绍对编制成批生产作业计划影响较大的前三个期量标准。

**1. 批量**

批量是指每批制品的数量，或者一次投入和出产的一批相同制品的数量。相同制品指在结构、加工方法上完全相同的制品。

在成批生产的企业里，为了及时地满足订货单位对各种产品的需要和提高劳动生产率，每一种产品都是分成几批，一批一批地制造出来的，而且在一批生产完毕以后，要间隔一定的时间再重新生产下一批。

在年计划产量任务已定情况下，适当加大批量有利于减少设备调整次数，使平均单位产品的调整费用相应减少，有利于提高工人技术熟练程度，提高劳动生产率和设备利用率，使成本降低，简化计划工作和管理工作。但批量过大就会造成在制品、半成品数量增加，延长了生产周期，占用较多的流动资金和生产面积，仓库面积和保管费用增多，使成本增加。所以，企业要确定适宜的批量，使设备调整费用与保管费用的总和最省。

确定批量的方法有以下几种。

（1）最小批量法，它是根据允许的调整时间损失系数来确定的批量。所谓允许的调整时间损失系数，就是使设备调整时间损失对加工时间的比值不超过允许的数值。最小批量的计算公式为

$$最小批量 = \frac{设备调整时间}{损失系数 \times 单位加工时间}$$

一般的允许调整时间损失系数定为 0.05。

（2）经济批量法。成批生产，若一批的数量越大，每单位产品所应分担的调整机器一次所需的费用越小，但存货费用却随批量的增加而增加。所以，应有一个可使两种费用总和变为最小的数量。这一使设备调整费用和保管费用之和最小的批量，就是经济批量，如图 4-9 所示。

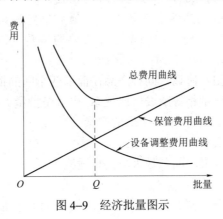

图 4-9 经济批量图示

经济批量的计算公式为

$$年设备调整费用 = A\frac{N}{Q}$$

$$年库存保管费用 = \frac{Q}{2}Ci$$

$$Y = A\frac{N}{Q} + \frac{Q}{2}Ci$$

式中：$N$——年计划产量；
　　　$A$——每次设备调整费用；
　　　$Q$——经济批量；
　　　$C$——产品单位成本；
　　　$i$——年保管费率；
　　　$Y$——总费用。

对批量 $Q$ 求导，并令 $dy/dQ=0$ 时，$y$ 值最小，即

$$A\left(-\frac{N}{Q^2}\right) + \frac{1}{2}Ci = 0$$

$$Q = \sqrt{\frac{2NA}{Ci}}$$

经济批量公式具有科学性，又具有局限性。应用经济批量是有条件的，不能到处生搬硬套，要因地制宜，创造条件正确地加以运用。例如，要对每次订货费用、保管费用率、年计划产量进行准确预测，确保需求量（消耗量）平稳等。

（3）以期定量法。以期定量法是根据标准的生产间隔期来确定批量的一种方法。这种方法是先确定生产间隔期，然后根据公式

批量＝生产间隔期×平均日产量

计算出批量。当生产任务变动时，生产间隔期不变，调整批量即可。

（4）经验批量法。这是一种粗略的计算方法。它是根据企业历年的统计资料，确定一个批量系数，把全年的计划产量乘以这个系数则得批量，即经验批量＝全年计划产量×批量系数。一般在大批生产时批量系数为 0.05，小批生产时为 0.02。

为了简化生产管理和适应其他生产条件，在最后确定标准的批量时，除应按上述 4 种方法计算之外，还要根据其他一些因素进行必要的调整。需要考虑的因素主要有以下几项。

① 各车间之间批量要相互协调，同种产品在前后两车间的批量应相等或互成倍数。
② 批量与工作地轮班产量相等或成倍比关系，也就是批量大小应尽量不少于各道主要工序的一个班的产量，最少也不应少于半个班的产量。
③ 批量尽量与工装一次装卡数相适应。
④ 批量的大小应考虑到生产面积是否与之相适应等。

**2．生产间隔期**

生产间隔期，又叫生产重复期或投入、出产间隔期。它是前后两批相同产品（或零件），投入或出产之间相隔的时间。投入相隔时间为投入间隔期；出产相隔时间为出产间隔期。

确定生产间隔期可以采用以量定期法。以量定期法是先确定初步批量，然后根据生产任务和批量确定生产间隔期。当生产任务变化时，可调整生产间隔期，而批量固定不变。

在实际工作中确定生产间隔期时，首先，要确定各种产品在装配车间的生产间隔期。根据每种产品的全年计划产量、单位产品价值、产品的生产周期、产品的体积和企业的生产面积、生产组织形式、生产稳定程度等因素，把各种产品的装配生产间隔期规定为按日、1/3月、1/2月、1月、1季等几种。其次，确定每种产品的零部件和毛坯的生产间隔期。根据单位零部件和毛坯的价值、体积、工艺技术的复杂程度、生产周期等，把零部件和毛坯分成若干类后，对每类零部件和毛坯分别确定生产间隔期，如按日、1/3月、1/2月、1月、1季等。一般地说，在确定产品（或零部件、毛坯）的生产间隔期时，凡是价值大、体积大、生产周期长、工艺技术复杂的产品（或零部件、毛坯），生产间隔期可短一些；反之，可长一些。各类零部件、毛坯在各车间的生产间隔期，应与该种产品的装配生产间隔期相等或成简单倍数的关系。

**3. 生产提前期**

生产提前期是指产品（毛坯、零件、零件组、部件）在各个生产环节的出产或投入的日期，比最后出产成品要提前的日数，即投入提前期和出产提前期。正确地制订生产提前期，对于各生产环节的生产活动在时间上紧密衔接，缩短生产周期，减少在制品占用量，提高企业生产活动的经济效果有重要作用。制订生产提前期分两种情况。

（1）在前后工序车间的生产批量相等的情况下，提前期的制订。其计算公式为

$$车间投入提前期=本车间出产提前期+本车间生产周期$$
$$车间出产提前期=后车间投入提前期+保险期$$

提前期的计算是按与工艺过程相反的顺序进行的。因为装配车间出产的时间也就是成品出产的时间，所以装配车间的出产提前期为零。然后根据装配车间的生产周期计算装配车间的投入提前期，根据装配车间的投入提前期和半成品库的保险期计算机械加工车间的出产提前期，以此类推，一直计算到毛坯车间的投入提前期。各车间的提前期及其相互关系如图4-10所示。

图4-10 提前期示意图

(2) 在前后车间生产批量不等时,生产提前期的制订。如果前后两个车间批量或生产间隔不等,即前一车间为后一车间的倍数时,各车间投入提前期计算公式与前述相同,就是某车间投入提前期等于该车间出产提前期与该车间生产周期之和。但是计算出产提前期就不同了,因为前工序车间生产一批就可以供给后工序车间若干批投入之用。这时出产提前期应比前面计算出产提前期更大一些。多出的时间就是前后车间批量不等而增加的时间等于前车间生产间隔期与后车间生产间隔期之差,即大生产间隔期减小生产间隔期。因此,计算出产提前期公式为

车间出产提前期=后车间投入提前期+保险期+本车间生产间隔期−后车间生产间隔期

## 二、成批量生产类型的生产作业计划编制方法

成批量生产类型的特点是成批、轮番地生产多种产品,产品品种变化大,在制品不稳定,不能用在制品定额法,但是每种产品投入、出产的批量、生产周期、提前期是稳定的,所以可以用提前期定额来确定各车间生产任务。而且这类企业生产作业计划要同时确定品种、产量、投入、出产期限等问题。成批生产类型企业厂级生产作业计划编制方法,有提前期法、耗尽时间法和 MRP 法等。

**1. 提前期法**

提前期法又叫累计编号法,是根据计划期要生产的各种产品的总的生产任务、提前期和装配车间的平均日产量,把预先制订的提前期转为提前量,以累计号的形式,给各个车间规定各种产品的投入、出产任务的方法。

采用累计编号法编制分车间生产作业计划,对生产的产品必须实行累计编号。所谓累计编号,是指从年初或从开始生产这种产品起,依成品出产的先后顺序,为每一件产品编上一个累计号码。由于成品出产号是按反工艺顺序排列编码的,因此,从同一时间各车间生产某种产品的累计号数的关系看,各车间不会同时生产同一编号的产品,而是越接近装配车间,累计号数越小,越接近开始阶段的车间,所生产的产品的累计号数越大。产品在某一生产环节上的累计号数,同成品出产累计号数相比,相差的号数叫提前量。提前量的大小同产品的提前期成正比例。它们之间的关系可以用以下公式来表示:

$$提前量=提前期\times平均日产量$$

这里根据预先制订的提前期来计算各生产环节的提前量,以保证各车间之间在生产数量上的衔接。

用累计编号法确定各车间生产作业计划任务的方法和步骤如下。

首先,计算装配车间成品的出产累计号数。计算公式为

$$成品出产累计号数=上期期末成品出产累计号数+计划期计划产量$$

其次,计算产品在各车间计划期末应达到的出产和投入累计号数。计算公式为

某车间出产累计号数=成品出产累计号数+该车间出产提前期定额×成品的平均日产量
某车间投入累计号数=成品出产累计号数+该车间投入提前期定额×成品的平均日产量

有了计划期应达到的出产和投入的累计号数,就可以作为计划任务的形式直接下达给各个车间。如果还要知道各车间计划期投入、出产任务的绝对数,可用以下公式计算:

$$\begin{matrix}计划期某车间\\出产或投入量\end{matrix}=\begin{matrix}计划期末出产\\或投入的累计号数\end{matrix}-\begin{matrix}计划期初已出产\\或投入的累计号数\end{matrix}$$

最后，如果是严格地按照批量进行生产，对计算出的各车间产出量和投入量，还应按各种零件的生产批量进行修正，使车间出产（或投入）的数量和批量相等或成批量倍数关系。提前期法的特点是：有提前定额，以累计号数规定任务，提前期与提前量是统一的，也就是说累计号数体现了期与量的统一要求。

提前期法的优点是，可以保证各车间出产和投入的品种、数量和期限相互衔接；缩短编制作业计划的时间，便于计划及时编制、及时下达；保证生产的成套性，节约原材料。

### 2. 耗尽时间法

耗尽时间法可用来确定共同使用同种设备的一组产品的生产时间。耗尽时间是指已安排的产品生产时间（台时），加上库存中已有的产品（台时）足以满足对这项产品的需求（台时）。这种方法的基本目标是平衡生产能力的利用，以达到所有产品"耗尽时间"都是相等的。因而在这组产品生产上所做出的努力是均衡的，而不是只集中注意几种产品却忽视了其他产品。

这种方法的步骤见表 4–3 和表 4–4。计划生产 6 种产品，在一周中可用来安排的台时数为 96.5。通过计算，累计的"耗尽时间"为 2.72 周，将其用于表 4–4 的 2.1 栏中，以确定本周末的必要库存量。在这里，假定每项产品都要求达到一个 2.72 周的耗尽时间。2.3 栏表明为了达到这一存储要求而必须安排的产量数。

表 4–3  耗尽时间计算

| 产品名称 | 期初实有库存/件 (1.1) | 生产时间/（台时/件）(1.2) | 预计耗用/件 (1.3) | 以台时表示的实有库存 (1.4)=(1.1)×(1.2) | 预计每周耗用/台时 (1.5)=(1.2)×(1.3) |
|---|---|---|---|---|---|
| 甲 | 125 | 0.2 | 60 | 25.00 | 12.00 |
| 乙 | 250 | 0.08 | 85 | 20.00 | 6.80 |
| 丙 | 75 | 0.5 | 30 | 37.50 | 15.00 |
| 丁 | 300 | 0.09 | 96 | 27.00 | 8.64 |
| 戊 | 239 | 0.15 | 78 | 35.85 | 11.70 |
| 己 | 98 | 0.7 | 42 | 68.60 | 29.40 |
| 合计 | | | | 213.95 | 83.54 |

表 4–4  达到要求的耗尽时间所必需的作业进度安排

| 产品名称 | 期末计划库存/件 (2.1)=(1.3)×2.72 | 产品总需要量/件 (2.2)=(1.3)+(2.1) | 计划产量/件 (2.3)=(2.2)+(1.1) | 以台时表示的产量 (2.4)=(2.3)×(1.2) |
|---|---|---|---|---|
| 甲 | 163 | 223 | 98 | 19.6 |
| 乙 | 231 | 316 | 66 | 5.3 |
| 丙 | 82 | 112 | 37 | 18.5 |
| 丁 | 261 | 357 | 57 | 5.0 |
| 戊 | 212 | 290 | 51 | 7.7 |
| 己 | 114 | 156 | 58 | 40.6 |
| 合计 | | | | 96.5 |

$$累计耗尽时间 = \left(\text{以台时表示的实用库存量累计} + \text{可利用台时} - \text{预计每周耗用量累计台时}\right) \Big/ \text{预计每周耗用量累计台时}$$

$$=(213.95+96.5-83.54) \div 83.54 = 2.72 \text{（周）}$$

目标是确定每项产品的耗尽时间（如甲已安排的产量 98 件加上实有库存数 125 件，能满足本项产品需求的台时223），然后以各种产品的批量安排生产作业计划，从具有最短的耗尽时间的产品开始，直到96.5台时全部排足。这些耗尽时间是以库存数加生产数被预计周耗用量除而确定的［如甲耗尽时间为125/60=2.08（周）］。96.5台时将依次分配给耗尽时间最短的甲、乙、丙产品。如果按相应批量生产这3项产品总共需要102台时（已知甲18台时、乙49台时、丙35台时），由于本期只有96.5台时可供安排，因此对产品丙所缺的5.5台时将在下期进行安排。

▷ **课堂讨论**

上网或到企业车间搜集资料，针对地区骨干企业某一个成批量生产类型车间的作业计划进行分析研究并写出报告，进行课堂分组讨论并进行评价测试：你是否已掌握成批量生产类型的作业计划编制？

## 任务四　单件小批量生产的作业计划编制

▷ **任务提示**：本任务将引领你明确单件小批量生产类型的期量标准，初步掌握单件小批量生产类型的作业计划编制方法。

▷ **任务先行**：单件小批量生产类型的期量标准有哪些？单件小批量生产类型的作业计划编制方法有哪些？什么是生产周期法？什么是订货单法？

▷ **视野拓展**

### 德力西集团有限公司多品种、小批量的生产计划编制方法

德力西集团有限公司的产品规格常在数百上千种之多。销售的品种规格繁多，各规格不一定每月都销售，每月也可能新增规格销售。这种典型的多品种、小批量情况，对生产管理人员凭记忆、经验管理的传统方法提出了巨大挑战。公司车间管理人员结合Excel软件，提出多品种、小批量生产条件的生产计划编制方法。

合理的生产计划，作为生产技术准备、任务及作业安排工作的依据，使制造企业的各环节围绕生产运转，有条不紊。首先应通过Excel软件对销售、生产时间等进行分析、运算，从时间、数量方面把握生产期量标准，为编制计划提供条件。

（1）库存计划。库存计划是生产计划不可缺少的部分。对"非常用产品"，不安排库存。对"常用产品"，分别确定其最低库存、预警库存和最高库存。

最低库存量可按"平均日销量""平均批生产周期"计算。例如，平均一批产品的生产周期是4天，即至少应以满足4天的销售需要作为最低库存。

预警库存。由于规格繁杂的产品必定是批量性间隔投入，轮番生产。预警库存量可按"平均日销量（投入间隔期+平均批生产周期）"计算。例如，平均一批产品的生产周期是4天，平均间隔3天投入一批，即至少应以满足7天的销售需要作为预警库存。

最高库存。库存越大，生产的压力就越小，但资金占压就越大。这应由企业的销售状况、财务状况、生产能力、供应条件等综合求得一个平衡点。原则上，最大库存不应超过一个月的销售量。

（2）常用产品的生产计划。计划时间。应在每月 25 日前编制下月的生产计划，下达至相关部门，以便早做准备。计量数量。常用 1 级、常用 2 级、常用 3 级产品，按下式计算：

下月计划生产量=预计下月销售量+预计下月末库存－预计本月末库存

式中，预计下月末库存即为设定的最高库存，本月末库存采用预计数。

（3）非常用产品的生产计划。对"非常用产品"，原则上不下达确定的生产计划量，而由生产管理人员根据市场信息、订单情况，结合最近半年、最近 3 个月的销售趋势，酌情安排。

（4）生产计划的调整。按以上方法拟订的生产计划数量，针对的是常用的产品规格（基本不会积压），由于加上了标准误差的调整，因此有偏大的趋向。在实际工作中，销售波动较大时，可以通过库存来调节：① 当库存量低于最低库存时，就应紧急安排生产，补充安全库存。② 当库存量低于预警库存时，应着手考虑安排生产，预备补充库存。③ 当库存量超过最高库存时，应了解并分析销售情况，或放缓生产节奏。④ 对于虽然是"常用产品"，但在最近 3 个月却没有发生过销售，应审慎考虑其销售趋势，综合市场反馈信息和其他情况，谨慎安排生产。⑤ 对于虽然是"非常用产品"，但在最近 3 个月中，有 2 个月或 2 个月以上发生过销售的品种规格，可能预示了潜在的销售趋势，应给予特别关注。

## 知识链接

### 一、制定期量标准

单件小批生产的特点是产品品种繁多，每种产品生产数量少，一般是根据用户要求按订货组织生产的。编制生产作业计划，主要使每种产品在各车间投入、出产在时间上相互衔接，并保证按订货要求的交货期准时交货。

单件小批生产类型企业的期量标准，主要有产品生产周期法、各项订货的交货日期、提前期等。其中产品生产周期图表是单件小批生产最基本的期量标准。它规定各工艺阶段的生产周期及其相互衔接关系、提前期类别等内容。

某产品生产周期表见表 4–5。

表 4–5　某产品生产周期表

| 工艺阶段 | 阶段周期/天 | 阶段生产周期及提前期/天 | | | | | |
|---|---|---|---|---|---|---|---|
| | | 180 | 150 | 120 | 90 | 60 | 30 |
| 铸造 | 30 | | | | | | |
| 毛坯库 | 5 | | | | | | |
| 油漆 | 20 | | | | | | |
| 毛坯库 | 5 | | | | | | |
| 冷作 | 60 | | | | | | |
| 加工 | 60 | | | | | | |
| 齿轮加工 | 60 | | | | | | |
| 六角件加工 | 60 | | | | | | |
| 零件库 | 10 | | | | | | |
| 装配 | 43 | | | | | | |
| 油漆 | 5 | | | | | | |
| 包装 | 2 | | | | | | |
| 合计 | 180 | ←———产品生产周期———→ | | | | | |

产品生产周期表的绘制原理是指在各工艺阶段生产周期基础上，根据毛坯制造、机械加工、装配等工艺阶段的衔接配合关系，按工艺过程反顺序绘制的。

## 二、单件小批生产类型企业生产作业计划的编制方法

由于单件小批生产类型企业生产产品的品种、数量、时间都不稳定，属于一次性生产，因此，不能采用在制品定额法和累计编号法编制生产作业计划。单件小批生产安排生产作业计划的重点是使产品在各生产环节期的衔接，保证成品按期交货。安排生产作业计划的方法，一般有生产周期法、订货单法和网络计划技术等。

**1. 生产周期法**

生产周期法是根据各项订货单的交货日期及预先制订的产品生产周期进度表，来规定各车间的生产任务。

用生产周期法编制生产作业计划的步骤如下。

（1）制订代表产品的复杂生产周期。把多种产品进行分类，在同类产品中选出代表产品，并制订代表产品的复杂生产周期，作为标准或定额。

（2）编制每项订货的具体生产周期进度表，参见表 4-5。该表是根据代表产品的生产周期标准编制的，用以规定各车间的生产任务。

（3）编制订货生产说明书。根据合同规定的交货期限，以及该产品的生产周期进度表，为每一项订货编制一份订货生产说明书，它规定该产品（或产品的各成套部件）在各车间投入和出产的时间。订货生产说明书见表 4-6。

表 4-6　订货生产说明书

| 订货编号 | 交货日期 | 成套部件编号 | 工艺路线 | 投入期 | 生产期 |
|---|---|---|---|---|---|
| 302 | 3月31日 | 124 | 铸造车间 | 1月20日 | 2月15日 |
| | | | 机械车间 | 2月25日 | 3月10日 |
| | | | 装配车间 | 3月15日 | — |
| | | 125 | 铸造车间 | 1月15日 | 2月5日 |
| | | | 机械车间 | 2月10日 | 3月5日 |
| | | | 装配车间 | 3月10日 | — |
| | | …… | …… | …… | …… |

（4）根据订货生产说明书，编制全厂综合月度作业计划，确定车间生产任务。在编制车间作业计划时，把计划月份应该投入和出产的部分按车间归类，并把各项订货的任务汇总起来，与该车间生产能力平衡，这就是计划月份各车间的投入、出产任务。

**2. 订货单法**

订货单法又称以销定产法，是按已接订货单和预计订货单来安排生产任务。它适用于产品生产周期短（几个小时或几天）、品种多、客户要货急、数量少的生产企业。在市场供求平衡或供过于求的情况下，市场竞争激烈，客户处于中心地位，拥有主动权。客户往往什么时候需要，什么时候才来电或发出订单，而且数量少、品种多、交货期短。订货单法强调计划是销售的后勤，满足销售的需要，以销定产；无销售的生产是无效的生产，销不出的产品是无效的产品。因此，订货单法一般以年度生产计划作奋斗目标，月度计划作

为近期目标，着重编制旬（周）生产作业计划。编制计划的主要根据是已经接到的订单、销售人员每天向客户巡访反馈的当旬（周）需求信息、上月销售情况、上年同期销售情况、当前库存和生产能力。厂部根据订单要求、销售动态和库存，分品种编制旬（周）计划任务，分配给各有关车间，各车间依次编制本车间作业计划。为了降低单位产品的成本和费用，减少流动资金占用，合理组织生产，提高产销率，在编制作业计划时，可以采用 ABC 分类管理法。

单件小批生产类型企业车间内部生产作业计划的编制，重点是对主要零件、主要工种安排计划，用以指导生产过程各工序之间的衔接。其余零件可根据产品生产周期图表中规定的各工艺阶段的提前期类别，或者按厂级计划规定的具体日期，以旬或周为单位，或者按各零件的生产周期规定投入和出产时间。在日常生产中，只要主要零件和主要设备能按计划进行生产，其余零件能按配套需要的先后次序和投入提前期及时投入，并加强日常调度，即可保证计划的实现。

▶ 课堂讨论

上网或到企业车间搜集资料，针对地区骨干企业某一单件小批量生产类型车间的作业计划进行分析研究并写出报告，进行课堂分组讨论并进行评价测试：你是否已掌握单件小批量生产类型的作业计划编制？

## 任务五  车间生产作业的执行与控制

➢ **任务提示**：本任务将引领你明确车间生产作业的执行与控制的任务和内容、生产控制的方法、生产调度工作等。

➢ **任务先行**：生产控制的任务和内容是什么？生产控制有哪些主要方法？生产调度工作的内容是什么？生产调度工作制度和方法有哪些？

▶ 视野拓展

**南通新三能电子有限公司车间生产作业控制**

生产作业控制就是对生产进度和生产作业计划完成情况进行有效控制，它是实现工序平衡控制的基础，也是生产现场基础管理工作之一。产量控制的关键是要做好流水线生产作业统计，生产作业统计是对生产过程各阶段产品和零部件投入、流转、出产及作业完工情况等生产活动的动态数据进行收集、整理、汇总和分析。

**1. 流水线生产作业统计**

流水线生产作业统计主要内容包括生产进度统计和生产作业计划完成情况统计，主要记录产品加工过程中各工序的投入期、投入数量、出产日期、出产数量、废品数、返修品数的统计和分析及产品完成计划任务的统计。生产作业统计工作要求数据准确、资料完整、分析正确、上报及时。生产作业统计一般以直观的表格形式记录生产状况。

车间生产进度周跟踪表详细记录每周的生产进度信息，并对生产进度资料做分析说明，如果发现进度有问题，可尽快采取相应措施。生产进度日跟踪报表是现场管理的重要图表之一，能反映实际工作状况，生产进度日跟踪报表通常还要加工整理，再汇总成生产日报总表，由生产管理部门核查每天的生产情况，以便采取必要的措施，及时调整生产进度。现场管理人员还要根据各类生产报表，进一步核查生产状况，做好工作总结，调整下一阶段的生产节奏。流水线生产作业统计是现场作业控制的重要手段，能有效掌握生产实际进度与生产计划之间的差距，以便采取相应措施，准确将作业分配到每个作业者和设备中，使生产均衡有序。

**2. 产量计划调整**

在生产过程中由于各种原因使生产进度未按原计划进行，造成生产延误，这在许多电子元件企业生产过程中都是常有的事，出现延误一定会有各种各样的原因（如停电、设备故障、新员工作业等），生产现场的班组长、管理者应该及时分析，找出改善方法和对策，调整生产计划进行补救，补救生产计划尽量在工作时间内完成，而不宜采用那种累计起来集中到某一休息日（星期天）进行加班生产来达到补救生产的办法。

### 知识链接

生产作业计划的执行，必须通过监督、检查和控制等系列活动才能实现。对生产作业计划的执行情况进行常态的监督、检查和控制，以及调节各生产环节之间的配合关系，保证有节奏地、均衡地完成生产计划，是车间生产调度工作的主要任务。

## 一、生产作业的准备与执行

为了保证作业计划的执行，必须做好生产前的准备工作。一是要求车间下月度作业计划必须在本月底下达到各工段、班组；二是要求各工段、班组及设备、材料、质量等各方面管理人员对照计划做好生产准备；三是要求车间计划调度组及时下达作业准备命令，包括机器调整命令、工具申请书、材料申请书等，使生产设备、工具、材料处于开工待用状态。生产作业准备工作经检查就绪后，车间计划调度组根据生产作业计划预定的时间和顺序，发出工作命令（工作传票），计划开始执行。

作业计划开始执行命令后，车间、工段、班组都要加强对计划执行情况的检查、监督和控制。在实际工作中，由于计划的不周、设计的改变、工艺的更改、事故的发生等，不可避免地会出现这样或那样的偏差。因此，要通过检查、监督及早发现问题，迅速采取对策，将问题解决在发生之前或之初。对作业的检查监督，要根据不同生产类型采取不同的监督工具。对大量生产条件下的生产作业，主要按工作轮班检查完成情况；对成批生产条件下的生产作业，可以直接利用月度作业计划进行监督检查；对单件小批生产条件下的生产作业，也可以直接利用作业计划图表检查各项订货完成情况。对于监督检查中发现的问题和偏差，要及时采取控制措施。

## 二、生产作业控制的任务和内容

生产作业控制是指对原材料投入生产到成品入库为止的全过程所进行的控制。生产作业控制是调节生产、解决生产问题的重要手段，是落实生产计划、保证企业生产经营活动得以持续进行的重要环节。

**1. 生产作业控制的任务**

生产作业控制的任务包括作业安排、测定偏差、偏差处理、信息反馈4个方面。

（1）作业安排。作业安排的程序分为两步：一是检查作业准备情况，查对生产作业计划规定的各个事项如材料、工模夹具、机床设备、外协件、生产人员等，是否按指令做好了准备；二是核实现有负荷能力和加工余力，按日程计划对每个工作地和操作人员进行作业分配，下达开始作业的指令。作业指令的形式是传票，包括有指令作业的工票，有为准备原材料和工模夹具的出库单，有为检查中间半成品或成品并记录结果的检验单，有用于传送和交接加工材料的调拨单。

（2）测定偏差。为了保证交货期和计划产量，在作业进行过程中要不断地检查计划和实际之间是否存在差距。一般包括：① 进度管理，包括生产预计分析、生产均衡性控制、生产成套性控制等；② 在制品管理，包括车间在制品控制和库存半成品控制；③ 加工余力管理，目的在于谋求能力与负荷的平衡，维持正常生产活动。

（3）偏差处理。当计划与实际产生差距时，应按照产生差距的原因、差距的内容和大小，采取相应措施进行处理。调整和消除差距可以采取的措施有：① 预测差距的发生，事先采取利用加工余力更改作业开始的顺序、加班、外协、利用库存、返修废次品等措施；② 将差距向生产计划部门反馈，修改产生差距后的计划，再重新计划；③ 将差距向生产计划部门反馈，将差距的修正量编入下期和以后的计划之中。

（4）信息反馈。及时提供执行计划情况的信息报告，包括生产数量、质量、成本、交货期、加工余力、库存变化；设备运转率、故障率、缺勤率、废次品率；单件作业时间、任务完成率、工时利用率、材料利用率、延期交货件数等，用于评价生产效率和分析原因，为下一期生产作业服务。

**2. 生产作业控制的内容**

生产作业控制，实质上就是生产进度的控制。通过生产进度的控制，可以采取有效措施预防可能发生和纠正已经发生的偏差，保证作业计划的实现。生产进度控制包括时间上的控制和数量上的控制两大方面。其具体内容有以下几项。

（1）投入进度控制。是指控制产品投入的日期、数量、品种是否符合计划的要求，同时还包括各个生产环节、各种原材料、毛坯、零部件是否按提前期标准投入，设备、人力、技术措施项目等是否按计划投入生产。做好投入进度控制，可以避免计划外生产和产品积压，保持在制品正常流转，从而为生产的均衡和成套性打下良好的基础。

（2）出产进度控制。是指对产品（或零部件）的出产日期、出产提前期、产出量、出产均衡性和成套性的控制。出产进度控制是保证按时、按量完成计划，促使生产过程各环节之间紧密衔接、成套和均衡生产的有效手段。

（3）工序进度控制。是指对产品（或零部件）在生产过程中每道工序的进度所进行的控制。它主要适用于加工周期较长、工序较多的企业，以缩短生产周期。

此外还有产品质量控制、生产成本控制，这些也是生产作业控制的重要内容。不过它们一般分属于技术管理和财务管理等另外内容之中，不列入生产作业计划之列。

### 三、生产作业控制的方法

为了准确了解生产情况，及时发现计划与实际的差距，有预见性地掌握生产发展的趋势，就要使用一些科学的控制方法。常用的生产作业控制方法有以下几种。

（1）进度分析。为了直观地了解生产进度及其与计划的对比情况，更好地控制生产进度，经常采用坐标图和条形图等图表进行进度分析。坐标图是指设置产量和日期作为纵坐标和横坐标,通过两条坐标交汇点来反映每天的产量进度,并将各点连接成生产进度线,将其与作业计划线对比,形象地描述生产进度计划的执行情况及逐日的变化趋势。条形图又称横道图,它是一种安排计划和检查计划完成情况的常用图表。

(2)倾向分析。倾向分析的主要工具是折线图,就是把各工序每日实际完成的数量按时间序列绘制成坐标图,并以此做进一步倾向分析。第一步,将每日实际完成的零件数量每三天一平均,得到若干平均值,连成一条曲线,称为短波,以观察其规律与发展趋势。第二步,将短波各尖峰连成一线,短波的各谷底连成另一线,则所连成的两线叫外覆线。第三步,在两条外覆线的中间绘一条曲线,称为中波线。这条中波线就是所要寻求的倾向线,据此进行倾向分析。此中波线一般以一个月时间的生产情况做分析,如果以三个月以上时间的生产情况绘制出一条中间线,则称为长波线,用于分析生产趋势。

(3)统计分析。当每日产量围绕着计划指标上下波动时,可以取若干值将其平均,得到$\bar{x}$;再根据每日产量与平均值$\bar{x}$之差,可以得到标准离差(偏差)值。以公式表示为

$$\sigma = \sqrt{\frac{\sum(x_i - \bar{x})^2}{n}}$$

式中:$n$——取值的数目。最后可以按$\bar{x} \pm \sigma$为控制界线,如果出现日产量偏差超出$\bar{x} \pm \sigma$以外的情况,应立即查明原因,采取措施,予以校正。

(4)日程分析。又称生产周期分析。检查各生产环节生产进度计划的完成情况时,必须进行日程分析。日程是指零件的加工时间、停滞时间和搬运时间的总和。通过日程分析,对缩短生产周期、减少中断时间和在制品都有明显的作用。进行日程分析,可借助于加工线路单、工票及其他生产记录,将投入与完工的零件数量逐日记入统计台账,并绘制动态指示图表进行分析。

(5)在制品占用量分析。在生产过程中,对在制品占用量进行经常性的作业分析,是组织均衡生产的重要条件之一。因此,控制在制品流转,在一定时间和一定条件下,保持必要的在制品占用量,是生产控制的一项重要工作内容。按照在制品占用量分配规律,它的绝大部分应分配在劳动消耗量最大的一些工序后面,以免这些工序一旦出现废次品或其他情况时,不致破坏规定的生产进度计划。因此,在制品占用量分析,也就是要对那些劳动消耗量最大的一些工序上的在制品流转和分配进行有重点的分析。可以采用一种阶梯式图表来分析掌握在制品占用量的变化趋势。采用阶梯式生产控制图表,既能及时查明各道工序在制品占用量是否按标准分配的情况,还可以查清是否遵守计划规定的投入期量,延迟或提前了多少,在哪道工序上发生情况,便于及时采取措施,予以校正。

## 四、生产调度工作

生产调度,是指组织执行生产作业计划的工作,是对日常生产活动所进行的组织、检查与调节。生产调度工作以生产作业计划为基础,涉及日常生产活动的方方面面,贯穿于生产作业控制的全过程,是实施生产作业控制的"控制器"。生产调度的任务,就是在企业日常生产活动中,按照生产作业计划的要求和具体情况,对企业生产进行有效组织、监督和控制,加强进度管理,不断克服不平衡和不均衡现象,并且通过各种信息的收集和处理,积极预防

生产中事故和失调现象的发生，使生产过程中的各个方面能够协调一致地工作，从而保证生产计划全面地完成。

**1. 生产调度工作的内容**

企业生产调度分为厂级生产调度、车间生产调度、工段生产调度。一般地，车间生产调度工作由车间计划调度组负责。车间计划调度组通常由一名计划员和几名调度员组成，也可以由一人兼任计划、调度两项工作，直接受车间主任领导。大型车间一般还设有值班主任，在值班期间代行生产副主任指挥调度全车间当班的生产作业活动。

车间生产调度工作的内容包括计划工作和调度工作两项内容。具体工作内容包括以下几项。

（1）编制车间生产作业计划和工段班组日历作业计划。车间作业计划必须以厂部下达的生产计划为依据，并根据本车间生产能力的实际情况去编写。

（2）检查和指导生产作业准备情况。根据生产作业计划规定的品种产量和进度要求，检查和指导各工段、班组作业前的准备工作，包括技术资料、设备工装、材料与毛坯供应、运输工作等。

（3）检查各个生产环节作业计划执行情况。通过检查，及时发现问题，找出原因，并采取措施加以解决。如需要调整生产作业计划，必须及时向车间主任和厂调度室汇报，取得同意后方可调整。

（4）检查在制品的储备情况和物资供应情况，使各个阶段的在制品储备量保持在定额水平，物资供应及时。

（5）掌握工人出勤情况，根据需要调配劳动力，保证各个生产环节、各道工序协调地工作。

（6）检查和了解设备的运行情况，督促维修工作，如果发生设备故障，要及时组织力量抢修，尽快恢复生产。

**2. 生产调度工作制度和方法**

（1）值班制。做到有生产就有调度值班，值班调度应经常在生产现场巡视，发现问题及时处理。

（2）报告制。值班调度要及时填写各种生产报表，及时向厂调度室反映当班生产情况。如遇重大问题，要随时向上级和有关部门进行报告。

（3）生产例会制。车间生产例会一般每周开一次，由车间生产主任主持，各工段长、班组长和职能组长参加。会议的主要内容是：传达上级生产会议精神；分析讲评本周作业执行情况，处理各工段、班组之间衔接配合及生产中的重大问题；布置下周的生产任务。车间生产会议不能解决的问题，可提交厂级生产会议解决。

（4）交接班制。要严格交接班制度，除了面对面交接外，还要填写好调度日记，把当班生产完成任务的情况，以及发生的问题和初步查明的原因，已经处理和遗留的问题等做出详细记录。交接班要做到困难留自己，方便让别人，能在当班解决的问题不拖到下一班解决，要为下一班完成任务创造良好条件，做到问题没交接清楚不下班。根据生产调度制度的要求，具体的调度方法有会议调度、通知调度、值班调度和现场调度。当生产现场发生的问题，本车间和一个服务单位不能解决时，应由车间主任或单位负责人及时向厂部生产主管部门报告，再由厂部主管部门组织召开有关单位参加的现场调度会议，共同研究并当场解决问题，以保证企业生产活动正常进行。

▶ **课堂讨论**

上网或到企业车间搜集资料,针对地区骨干企业某一车间的生产作业控制进行调查并写出报告,进行课堂分组讨论并进行评价测试:你是否已掌握车间生产作业的执行与控制?

## 任务六　认识现代企业生产管理的新趋势

➤ **任务提示**:本任务将引领你了解物料需求计划、精益生产、准时生产制、大规模定制、敏捷制造等现代企业生产管理的新趋势。

➤ **任务先行**:什么是物料需求计划?什么是精益生产?精益生产的特点是什么?什么是准时生产制?准时生产制的特点是什么?什么是大规模定制?大规模定制主要类型有哪些?什么是敏捷制造?敏捷制造的技术基础有哪些?

大国重器
中国盾构机

▶ **视野拓展**

### 湖南海纳新材料有限公司二车间精益生产项目的实施与控制

**1. 湖南海纳新材料有限公司二车间精益生产项目的实施策略**

为了转变人的认识,形成企业整体的共识,二车间做好以下工作:教育和培训;落实责任;确定目标和策略;搞好各部门间的协作;监督和检测;消除浪费;与供应商和用户密切合作。

**2. 湖南海纳新材料有限公司二车间精益生产线项目的实施控制**

1)生产线投入产出台账处理

该子项目主要是将检测点记录进行统计汇总,并把日投入数量、下线数量、合格数量等记入投入产出台账,经生产管理人员核实无误后,进行过账处理。对在制品严格按照计划限额,实行投入产出管理。车间内部的在制品流转,通过加工路线可以控制。填写流转表、指明工序和原因。对在制品、半成品要正确及时地进行记账核对。合理存放保管在制品,做好在制品状态标识,做到及时清理。做好在制品清查盘点工作,及时登账申报。

2)生产线监控及改进

该子项目的任务主要是根据生产线的运行情况,通过检查生产线进程情况、在制品与原材料的存储情况和物料的投入情况,并在生产线产生异常的时候,做出不同的报警。生产线的监控包括生产进度监控、在制品存储监控、原材料储备量监控、物料投入监控和生产线异常报警等内容。

(1)生产线进度监控通过每日的产品计划生产量与现时的完成量,反映生产完成进度的快慢;由各工序的机器数与开机数量,反映各工序的忙闲。

(2)在制品存储监控是根据各工序不同产品的在制品储量,反映在制品储量的高低。

(3)原材料储备量监控:由原材料的当前储备量,以及安全库存等指标来判断原材料的短缺情况。

（4）物料投入监控：根据当日的生产计划计算出的投料基准量和已投入的物料量，来反映投料情况。

3）在制品的控制

（1）控制在制品的变化情况。生产过程中不可避免地要发生设备故障等现象，在制品的数量就会发生变化。二车间生产周期为 7 天，保持在 7 道工序中用于生产周转的在制品共 18 吨氧化钴。库房仅用于启动生产所需，要求在生产过程中必须减少在制品的搬运，同时要求合格率极高，否则投入下道工序的半成品将不能保证生产出所需的班产的成品。为了保证成品质量，采取了以下措施：

① 一般情况下，技术员以合批需求为依据，采取定量在制品法对现场进行在制品控制；② 强化车间投入产出建账工作，对相关人员进行专门培训，经过几周核查和纠偏以后基本达到要求，提高了相关人员质量意识和操作技能，物料卡登记混乱和账物不符现象比采取措施前降低了 50%以上；③ 通过各工序交接责任划分和记录实施，使管理更加细化，使搬运环节减少 50%工作量，下道工序工人仔细检查上道工序质量，杜绝了前工序"质量问题"的发生，减少了在制品积压的因素。

（2）控制在制品占用量和储备量。为了保证车间连续均衡生产，保证生产在最低的在制品数量下运行，必须建立在制品占用量定额。定额制订的依据是生产线节拍、生产过程的物料占用量。生产线节拍（最慢处）约为 120 kg/h，"一个流"状态下有 18 t 物料在工序间流转。

**3. 湖南海纳新材料有限公司二车间精益生产项目实施前后的效果比较**

收率比较。2009 年 2 月开始实施精益生产后平均收率 99.77%，比实施前增加 10%。在制品比较按照精益生产的定量在制品法进行生产，二车间的在制品由实施前的平均 200 kg/h 下降到 120 kg/h。

成本比较。仅在二车间就减少在制品 5 t，可节约 125 万元的流动资金的占用。实施精益生产后每 t 降低成本 1 729 元，按全年 1 000 t 计，可增加利润 172.9 万元。

精益生产方式是一种以最大限度地减少企业所占用的资源和降低企业管理和营运成本为主要目标的生产方式。其指导思想就是：通过生产过程的整体优化，改进技术，理顺物流，杜绝超量生产，消除无效劳动与浪费，有效利用资源，降低成本，改善质量，达到用最少的投入实现最大产出的目的。

▶ 知识链接

现代企业生产管理，除上述介绍外，还有不少新的理论和方法。如 MRP、JIT、LP、AM 等，作为现代企业生产管理的最新趋势，本节主要简要介绍以下几种现代企业生产管理的最新理论和方法。

# 一、物料需求计划（MRP）

从实现计算机管理的目标和要求出发，需要一个规范的、标准的生产作业计划模式。这个模式就是 MRP（material requirement planning），直译为物料需求计划——一个适用于多级制造装配系统的、可以实现计算机管理的成熟的模式。

MRP 开始于主生产作业计划，然后根据产品的零件表和材料单及库存状况制订出材料需求计划，以下简称材料计划，这是 MRP 的核心。接下来，根据材料计划和产品的生产周期标准编制作业计划，确定零部件加工的提前期及批量，以及确定材料采购的提前期和批量，与此同时，依据零件加工的工艺路线和工时定额，编制详细的能力计划，对每一个主要工作地和工序的负荷与能力进行平衡，使作业计划切实可行。下一步是向生产单位（车间、工作地）发出作业指令和向采购部门发出采购与外协指令，由车间组织生产和由采购部门组织供应。最后，通过车间生产控制将作业计划执行情况和结果及时反馈给计划部门。

## 二、精益生产（LP）

### 1. 精益生产方式的产生

从欧洲生产出第一辆汽车开始到 19 世纪末，是以手工单件生产方式为主，这种生产方式的特点是：生产组织分散、管理高度集中、滞后，使用通用设备加工单件产品，雇用熟练技术工人进行生产，以师傅带徒弟的方式培养工人。手工单件生产方式造成生产成本高、效率低下。

随着生产的发展、人们消费需求的不断提高，在 20 世纪初以美国福特汽车公司为代表的大量生产方式出现了。实行大量生产方式的关键是零件的互换性和装配的简单化。大量生产方式的特点是生产组织较集中，劳动分工明确，协作严密，生产过程逐步达到专业化、标准化，采用生产线、流水线进行生产，使用专用设备，生产效率大大提高，成本大大下降等。它逐步成为企业采用的主要生产方式。

大量生产方式在历史上起到了它应有的作用，正如福特汽车公司生产单一产品，为其赢得了巨额利润，取得了巨大成功一样。但是，时代是发展的，当生产力提高到新的水平，人们不再满足于对单一产品的需求，便出现了需求多样化的趋势。生产单一产品想满足市场需求已难兑现。

日本丰田公司是 19 世纪末在制造织机基础上发展起来的。20 世纪 30 年代后期，受政府的影响开始生产军用载货汽车。第二次世界大战以后，日本国内汽车市场不可能需要同一品种的大量汽车，而要求品种多、数量小，加之他们无更多资金购买西方汽车生产的先进技术及其他一些原因，使丰田汽车公司面临困境。1950 年，丰田汽车公司领导人丰田喜一郎带队到福特汽车公司的鲁奇厂进行了为期 3 个月的考察，返回国后与主管生产的大野耐一进行了认真研究，认为大量生产方式不适合于日本，于是提出了丰田生产方式。

丰田生产方式传到美国，美国麻省理工学院的"国际汽车计划"的项目组研究人根据这种生产方式的特点，把它称为"瘦型"方式。因为它能比大量生产方式少用一半的人员、时间、生产面积、库存面积，生产出质量好、品种多的产品。LP（lean production）翻译过来比较贴切的意思为"精益生产方式"。

### 2. 精益生产方式的特点

精益生产方式是以社会需要、市场需求为依据，充分发挥人的创新能力，运用多种现代管理手段和方法，有效配置和合理使用企业资源，力求取得最大经济效益的一种新型生产方式。

精益生产方式具有以下特点。

（1）采用拉动式生产方式，去除生产中一切不增值的工作。精益生产方式把组织生产的方式由传统的推动式变成拉动式。以市场需求拉动企业生产,企业生产计划下达给最后工序,每道工序的生产都是由它的下一道工序的需求拉动的。在物料的生产和供应中严格实行准时生产制,做到按需要的时间和需要的数量,向需要的部门或岗位提供所需要的物料,即不设置中间库存。它把生产中的无效劳动和提前进入库存的过剩劳动都视为浪费。为彻底消除这些浪费,要求毫不留情地撤掉不直接为产品增值的环节和工作岗位,有效配置和合理使用企业资源。

(2) 强调人的作用,充分发挥人的创新精神。精益生产方式把工作任务和责任最大限度地转移到直接为产品增值的工人身上,而且任务分配到小组,由小组内的工人协作承担,实行小组工作法。为此,要求工人精通多种工作,减少不直接增值的工人,并加大了工人对生产的自主权。当生产线发生故障,工人有权使生产线停下来,查找原因,做出决策。小组协同工作使工人工作的范围扩大,激发了工人对工作的兴趣和创新精神,发挥了团队精神,更有利于精益生产的推行。

(3) 把多种现代管理手段和方法用于生产过程之中,如工业工程、价值工程等,包括电子计算机也在逐步地被应用到计划、过程控制中来,使其进一步增强了生命力和效力。

(4) 采用适度自动化,提高生产系统的柔性。精益生产方式并不追求制造设备的高度自动化和现代化,而强调对现有设备的改造和根据实际需要采用先进技术,按此原则来提高设备的效率和柔性。例如,在采用柔性制造系统时,应让它的柔性与市场需求的柔性相一致,不求过强的柔性,以避免技术和资金的浪费。它是市场经济条件下组织生产的好方式。

(5) 不断改进,以尽善尽美作为不懈追求的目标,即持续不断地改进生产,消除废品,降低库存,降低成本和使产品品种多样化。上述的把多种现代管理手段和方法用于生产过程之中,发挥人的作用等的措施,都是达到尽善尽美理想状态的人员和组织管理的保证。尽善尽美是无止境的,这就要求企业永远致力于改进和不断进步。

综上所述,精益生产方式是一种适应现代竞争环境的生产组织管理方法。它有无限的生命力,受到各国企业的极大重视。据有关资料介绍,在美国已有近半数的公司采用了这种生产方式组织生产。

丰田生产方式是日本丰田汽车公司在生产制造领域中实行的生产方式。1978年大野耐一在他所著的《丰田生产方式》一书中正式把公司多年研究和创造的生产方式定名为丰田生产方式。而精益生产方式,可以说是把丰田生产方式从生产制造领域扩展到产品开发、协作配套、销售服务、财务管理等各个领域。丰田生产方式有两大支柱:一是准时化;二是自动化。因此,有人把丰田生产方式又称为准时化生产方式。因为在丰田生产方式的准时化生产中,以"看板"为手段来控制生产,所以也有人把丰田生产方式称为看板生产方式。精益生产方式就是出自对丰田生产方式内涵的进一步扩展而命名的。

## 三、准时生产制(JIT)

### 1. 准时生产制的概念

准时生产制是指以市场需求为前提,在必要的时间按必要的数量生产必要的产品的一种生产制度,又称准时化生产(just in time,JIT)。它是涉及产品设计、工艺设计、设备选择、物料管理、质量管理、岗位设计等一组活动的集合。生产系统中的产品制造时间与供应商的交货时间经过科学的安排，在作业过程中的每一步，下一批都恰在前一批刚结束时到达。JIT的本质就在于科学地安排前后环节的生产和供货，从而缩短提前期，减少浪费。其目的在于实现原材料、在制品及产成品保持最小库存的情况下进行大批量生产。这种系统能够以相对于传统重复系统更少的浪费、更少的资源、更低的成本、更高的生产率，但更具柔性的方式获得大量的产出。由于 JIT 方式的有关技术主要是在大量重复制造行业发展起来的，因此，有人认为 JIT 仅仅适用于大量重复制造环境。然而，无论是在西方还是在日本，采用 JIT 管理方式的企业都发现，JIT 更适用于小批量类型的企业。小批量生产、小批量传送是 JIT 的特征之一。这是因为，当生产设备按成组技术组成生产单元时，小批量生产过程也就非常类似重复制造环境了。

准时生产制的目标是彻底消除无效劳动和浪费。无效劳动和浪费包括以下几种：① 制造过剩的零部件的无效劳动和浪费；② 空闲待工的浪费；③ 无效的搬运劳动；④ 库存积压的浪费；⑤ 加工本身的无效劳动；⑥ 不合理动作方面的无效劳动；⑦ 生产不合格品的无效劳动和浪费。

用专业化的术语来说明，准时生产制要达到以下目标：废品量最低（零废品）；准结时间最短（零准结时间）；库存量最低（零库存）；搬运量最低；机器损坏率低；生产提前期短；批量小。

**2. 准时生产制的特点**

（1）采取拉动式生产方式，下一道工序向上一道工序提取零部件。它改变了传统的推动式，由上工序逐步往下工序推动的做法。拉动式生产主要体现在：市场需求拉动企业生产，主导企业拉动协作配套企业的生产；后道工序拉动前道工序生产；前方生产拉动后方服务部门准时进行服务。

（2）化大批量为小批量。尽可能地减少在制品储备和做到按件传递。在必要的时候只生产一件，只传递一件，只储备一件。任何工序不准生产额外数量的产品，做到宁可暂时中断生产而绝不积压在制品。

（3）用最后的装配工序来调节、平衡全部生产。既然准时生产制是以最后装配工序为组织生产的起点，就意味着装配工序实际上起着调节、平衡全部生产的作用。

**3. 实施准时生产制的条件**

（1）树立"准时"意识。要改变传统观念，坚决摒弃企业生产什么，供应市场什么的思想，结合企业实际，市场需要什么，企业就从时间、数量、质量、品种等方面加以保证。而企业内部各环节之间，也必须坚持后一道工序、工段、车间需要时，前一道工序、工段、车间就从时间、数量、质量、品种等方面加以保证，形成完全拉动式生产的思想，否则，无法实施准时生产。

（2）要加强现场管理，实施"5S"活动，定置管理，为进行准时生产制创造条件。

（3）要了解现状，找出问题，创造条件，解决问题，保证准时生产制的实施。

（4）要认真对生产组织、生产布局、物流等做出调整，使其符合准时生产制的要求。

（5）要认真发动职工积极参与，要认真组织培训，对职工进行思想上、技术业务上的教育，让职工具备实施准时生产制的紧迫感和自觉性。

**4. 准时生产制的实施步骤**

结合我国的实际，实施准时生产制的步骤如下。

（1）企业做出实施准时生产制的决策，制订实施规则。

（2）对全体职工进行准时生产制的培训。了解什么是准时生产制，实施准时生产制的目的、意义，搞清它在市场经济条件下的作用，它与每个人切身利益的关系，动员和发动大家都积极参与这项活动。

（3）在了解准时生产制基础上，发动大家开展认识现状，对准时生产制与现状进行比较，找差距，提出改进措施的活动。

（4）逐级成立实施准时生产制的组织，并制订推行和落实准时生产制工作计划。

（5）对现场进行"5S"管理和看板管理，为准时生产制的实施打下基础。

（6）调整生产线，实行"一个流"的生产方式或多品混流生产方式。

（7）试验运作。在运作中不断改进、调整，使之逐步到位，并加以规范化和标准化、制度化。

我国长春第一汽车制造厂的变速箱厂已实施了准时生产制。实施的结果比原生产方式在生产组织、劳动组织、现场文明管理、管理体制和质量管理等方面都有明显的变化。实施准时生产制的基本手段是弹性配置作业人数，质量保证，适时、适量生产。实现适时、适量生产的具体方法是生产同步化、生产均衡化，采用看板管理。

## 四、大规模定制

### 1. 大规模定制的概念

大规模定制是斯坦·戴维斯在他所著的《未来理想》一书中首先提出的。其含义是满足顾客个性化需求为目标，以顾客愿意支付的价格，并以能够获得一定利润的成本高效率地进行定制，从而提高企业适应市场需求变化的灵活性和快速响应能力的先进生产方式。大规模定制既不同于大规模生产，也有别于通常的定制生产。一般的定制生产方式是根据消费者的特别需求而定制生产产品，它适合那些产品的歧异化对于消费者有重要意义的产品，对于消费者不需要歧异化的产品则不适合这种方式。定制生产与大量生产相比虽然能很好地满足消费者的需求，但其组织过程很复杂，组织不当会导致生产成本的大幅提高。

大规模定制兼有大量生产与定制生产的优点，即能够在不牺牲企业经济效益的前提下满足顾客对产品或服务的个性化需求。在该生产方式中，对顾客而言，每一种产品都是定制的、个性化的。但对生产企业而言，该产品都是主要采用大批量生产方式制造出来的，以大批量的生产成本和效率生产出个性化的产品。随着经济、技术的发展和人们生产生活水平的提高，人们对产品多样性的要求越来越突出，顾客需求个性化将成为一种趋势，通过为顾客提供个性化的产品和服务来提高顾客的满意度是现代企业获得竞争优势的有效途径。因此，大规模定制将成为21世纪主流生产方式之一。

### 2. 大规模定制的类型

（1）合作型定制。企业通过与顾客交流使顾客明确表达出对产品的具体要求，依此设计并制造。

（2）透明型定制。顾客不参与产品的设计过程，企业根据预测或推断不同顾客的需求，为其提供个性化产品。

（3）装饰型定制。企业以不同的包装把产品提供给不同的顾客。这种方式适用于顾客对产品本身无特殊要求,但对包装有个性化要求的情况。

(4)适应型定制。企业提供客户化的标准化产品,顾客根据要求对产品进行调整,以满足其个性化的需求。

## 五、敏捷制造(AM)

### 1. 敏捷制造的概念

敏捷制造(agile manufacturing,AM)的概念是美国里海大学雅柯卡研究所专家在其撰写的《21世纪制造战略》报告中提出的。其含义是企业在无法预测的、持续快速变化的竞争环境中生存、发展并扩大竞争优势的一种新的经营管理和生产组织模式,其最基本的特征是智能和快速。所谓智能,是指利用员工的智慧、知识、经验及技艺的能力;快速是指对市场需求变化的快速响应。革新的组织管理机构、柔性技术、有知识和技艺的员工是敏捷制造的三大基石。敏捷制造是以虚拟公司的组织形式出现的,它通过企业间优势互补的动态联盟参与竞争,在联盟内通过产品制造、信息处理和现代通信技术的集成,实现人、知识、资金和设备的集中管理及优化利用,以便迅速改变制造过程、设备和软件,快速生产多种新产品投放市场。

### 2. 敏捷制造的技术基础

(1)敏捷化信息系统。信息的采集、处理与分析、传递、集成的敏捷化是实现敏捷制造的必要条件。敏捷化信息系统具有开放性、系统可重构性、软件可重用性和规模可扩展性,可以通过添加新的要素,改变要素之间的连接方式,使系统动态地改变为新的系统,以适应新的要求。

(2)敏捷化工具集。在敏捷化信息系统上提供敏捷化工具集。工具集主要包括以下几项。

① 决策支持系统;
② 多媒体协同工作环境;
③ 工作流程管理系统;
④ 产品数据管理系统;
⑤ 质量保证体系;
⑥ 计算机仿真技术;
⑦ MRP/ERP;
⑧ 供应链管理系统。

这些工具集构成的软环境从不同的侧面支持敏捷化企业的运行。

(3)敏捷化制造技术。敏捷制造系统采用企业间协同制造、可重组加工单元、动态生产调度、企业间协同设计、动态加工仿真、实时工艺规划、产品并行设计、集成产品建模等提高产品设计、制造的速度和效率,降低制造成本。

## 六、成组技术

### 1. 成组技术基本原理

在社会生产中存在"批量法则",大批量生产由于可以采用高效、专用设备和先进制造工艺,容易获得高效率、低成本和高质量,而多品种、中小批量生产则刚好相反。为了解决多品种、中小批量生产方式生产率低下和经济效益差的问题,人们一直在寻求各种有效的方法,最终发展了成组技术（group technology，GT）。

在机电制造领域中，成组技术可以被定义为：将多种零件按其相似性分类成组，并以这些零件组为基础组织生产，实现多品种、中小批量生产的产品设计、制造工艺和生产管理的合理化。

由上述定义可见，机械制造中成组技术的基本原理是将零件按其相似性分类成组，使同一类零件分散的小批量生产，汇合成较大批量的成组生产，从而使多品种、中批量生产可以获得大批量生产的经济效果。

**2. 实施成组技术的基本问题**

（1）建立零件分类编码系统。零件分类编码系统是用字符（数字、字母或符号）对零件有关特征进行描述和识别的一套特定的规则与依据。零件分类编码系统是对零件相似性进行识别和划分零件组的基础。目前，世界上使用的分类编码系统不下百余种，较著名的有德国的 Opitz 系统，瑞士的 Sulzer 系统，荷兰的 Miclass 系统，日本的 KK 系统，我国的 JLBM-1 系统。

（2）划分零件组。合理地划分零件组是实施成组技术的重要内容，也是实施成组技术取得经济效果的关键。对于不同的生产活动领域，划分零件组的概念不完全相同。在产品设计领域，应按零件结构相似特征划分零件组；在加工领域，应按零件工艺相似特征划分零件组；在生产管理领域，应根据零件工艺相似特征及零件投产时间特征划分零件组；对于机床调整，则应按零件的调整特征划分零件组。由于零件的工艺特征涉及面较广，且直接影响加工过程，就整个生产过程而言，通常按零件的工艺特征划分零件组。

（3）成组工艺过程设计。成组工艺过程是指零件组的工艺过程，零件组内任何一个零件的工艺过程均与成组工艺过程相吻合，或者是其中的一部分。成组工艺过程是组成成组生产的基础。成组工艺过程的设计方法主要有两种：综合零件法和综合路线法。前者用于回转体零件的成组工艺过程设计，后者多用于非回转体零件的成组工艺过程设计。

实施成组工艺，可以人为地扩大生产批量，使先进、高效的生产设备和生产工艺得以应用，从而使多品种、中小批量生产可以取得大批量生产的经济效果。

采用成组加工和成组工艺，有利于设计和使用成组工艺装备。成组工艺装备指经少许调整或补充，就能满足零件组内所有零件加工的各种刀具、夹具、模具、量具和工位器具的总称。长期以来，工艺装备存在制造周期长、成本高、使用效率低等矛盾，这些矛盾在多品种、中小批量生产中表现得尤为突出。应用成组技术，可使这一矛盾从根本上得到解决。

（4）建立成组生产单元。成组生产单元是实施成组技术的一种重要组织形式。在成组生产单元内，工件可以有序地流动，大大减少了工件的运动路程。更重要的是成组生产单元作为一种先进的生产组织形式，可使零件加工在单元内封闭起来，有利于调动组内生产人员的积极性，有利于提高生产率和保证产品质量。

**3. 实施成组技术对生产计划的要求**

以成组工艺进行加工，可使零件加工流向相同，这不仅有利于减少工件运动距离，而且有利于作业计划的安排。因为对于同顺序加工的零件，先在组内排序，再在组间排序，可得到总加工周期较短的优化排序。

但采用成组技术方法安排零部件生产进度计划时，需打破传统的按产品制订生产计划的模式，而代之以按零件组安排生产进度计划，这在一定程度上会给人工制订生产计划带来不便（相对于传统的计划方法）。这也是某些企业推行成组技术遇到的一大障碍，而克服这种障碍的有效方法除了要转变传统观念以外，采用新的计划模式和计算机辅助生产管理方法十分必要。

### 课堂讨论

上网或到企业车间搜集资料，针对地区骨干企业车间生产管理现状进行调查写出报告，并对现代企业车间生产管理的新趋势提出合理化建议，进行课堂分组讨论并进行评价测试：你是否已掌握车间劳动管理工作研究？

### 案例分析

#### 一、任务要求

车间生产作业管理是车间管理的重要组成部分，它直接关系到企业经营的成败和对社会提供产品的数量与质量。编制生产作业计划是企业计划管理的重要环节，是对车间日常生产活动进行具体组织的行动纲领，对生产作业计划的执行情况进行经常的监督、检查和控制，以及调节各生产环节之间的配合关系，保证有节奏地、均衡地完成生产计划，是车间生产管理的主要任务。通过本模块6个任务的学习和训练，针对导入的案例进行分组讨论。结合自己的感受谈谈对"车间生产作业计划的编制"和"车间生产作业的执行与控制"问题的看法。并结合企业实践讨论下列问题：

问题一：影响生产车间交货的原因主要有哪些？
问题二：编制生产作业计划应注意哪些问题？
问题三：如何进行生产作业控制？
问题四：车间生产调度工作应注意哪些问题？
问题五：假如你是车间生产主管，如何创新生产管理模式？

#### 二、检查方法

各小组针对以上案例通过参观、上网等方法收集相关资料，分组分析讨论，然后总结报告，在教师组织下进行综合评价。通过本模块教学活动设计组织和导入案例的分析，更深入了解生产管理的内容、生产作业计划的内容和要求、不同生产类型的期量标准和作业计划的编制方法、生产作业的执行与控制等基本常识，理解车间生产作业管理的重要性，为将来在企业一线进行生产管理工作打下良好的基础。

#### 三、评估策略

"南通柴油机股份有限公司车间生产管理"和"橡胶零件制造厂工业制成品车间交货问题诊治"等车间生产作业管理的典型实践案例，有些相关的现象还是或多或少地存在于各个企业的车间生产管理中。通过对案例的分析讨论，了解学生对车间生产作业管理等问题的关切程度，采用案例分析教学和拓展训练能使学生进一步理解车间生产作业管理在车间管理工作中的地位和作用，理解车间生产作业计划编制方法，理解生产作业的执行和控制方法，提高自己的认知和分析能力，在案例分析中同时培养学生的团队合作精神。

在项目案例学习过程中，要对学生学习情况进行检查评估，主要采用学生互评、教师点评、校外企业车间管理人员评价等形式，从学生掌握车间生产作业管理知识点、案例分析报告质量、团队协作精神等方面对学生的项目学习情况进行综合评估（见表4-7）。

表4-7　车间生产作业管理项目案例学习评估策略表

| 序号 | 检查评估内容 | | 检查评估记录 | 自评 | 互评 | 点评 | 分值 |
| --- | --- | --- | --- | --- | --- | --- | --- |
| 1 | 生产作业计划的任务和内容、不同生产类型的期量标准和作业计划编制方法、生产作业的执行与控制、现代企业车间生产管理的最新趋势等知识点的掌握 | | | | | | 30% |
| 2 | 典型案例"橡胶零件制造厂工业制成品车间交货问题诊治"分析报告质量 | | | | | | 20% |
| 3 | 典型案例"湖南海纳新材料有限公司二车间精益生产项目的实施与控制"分析报告质量 | | | | | | 20% |
| 4 | 政治素质职业素养 | 政治思想、遵章守纪情况：是否具有正确的价值观和人生观？是否遵守各项制度要求？ | | | | | 10% |
| 5 | | 处理问题能力：分析问题是否切中要点？问题解决方法是否切实可行、操作性强？ | | | | | 5% |
| | | 语言能力：是否积极回答问题？语言是否清晰洪亮？条理是否清楚？ | | | | | 5% |
| 6 | | 安全、环保和质量意识情况：是否注意现场环境？是否具有安全操作意识？项目实施是否具有质量意识？ | | | | | 5% |
| 7 | | 团结协作、奉献精神情况：是否有团队精神？是否积极投入本项目学习，积极完成案例学习任务？ | | | | | 5% |
| 总　评： | | | | | | | |
| 评价人： | | | | | | | |

## 拓展训练

**训练1**：结合案例1谈谈对"大规模定制现代生产管理方式"的看法。

**【案例1】"戴尔模式"的中国实验——昌河汽车大规模定制**

早在十几年前，包括IBM、康柏、戴尔在内的计算机制造商就对定制规模化方向进行了尝试。众所周知，只有戴尔获得了成功。

在很多人看来，戴尔是不可模仿的神话。然而在中国，有一个并不起眼的汽车制造商——位于安徽合肥市的昌河汽车制造公司（以下简称"昌河"），却出人意料地成功了。在某些方面，昌河甚至比戴尔走得更远。

从1998年开始，昌河的销售经理们发现，消费者开始越来越多地提出个性化的定制要求。比如，能否选择外观颜色？顶部能否有天窗？通用的四挡能否变成五挡？制动系统能否采取前盘后鼓式？

1999年4月，安徽一个可口可乐的经销商定制一辆销售服务车，要求对中门窗、侧围窗及后排座椅的结构做出变动，车身全部要喷涂可口可乐指定的广告图案。

令人困惑的是，这些订单虽然总数很多，但是绝大部分都是几辆、几十辆的零星订单。这是20世纪末制造企业里常常出现的一个典型情景——一边是大量没有得到满足的需求，一边是大量的库存积压；一边是大量的小订单，一边又是闲置的生产线。

就在这一年，昌河正式提出了"一辆车的订单也生产"的定制口号，正式决定投入定制市场。

对于昌河来说，来自客户的定制需求不仅仅意味着订单，还是重要的市场信息。根据这些客户的需求，昌河不断开发新的定制品种，而且推出更符合市场的规模化新产品。

定制产品的推出，使产品种类大大增加。昌河由以前单一的三大系列产品拓展到140个品种。同一生产线如何在低成本、快速高效的同时大规模生产这么多种产品，是定制规模化成功实施的关键。这对于生产的设备、技术和组织管理提出了更高的要求。

由于定制产品需求的多样性和复杂性，有些定制形式和特殊的定制品种仍然无法在主生产线上生产。如果强行进入主生产线，就会扰乱生产节拍及节点控制。

昌河用两个办法解决这个问题：一是将定制产品分解成标准化、通用化、规模化、系列化的类型，将其结构也进行分类，然后再进入生产线，使得定制的技术开发和生产成本降到最低；另外，公司专门成立了一个综合能力强的小型车间——纳整（归纳整理）中心，将那些在生产主干线上很难完成的定制任务集中在这个车间统一进行，如开天窗、各种类型空调组成的选配、各种结构定制、各种复杂的内饰定制等。

由于采取了这些措施，车间生产主干线上的设备利用率始终保持在95%以上。

**训练2：** 结合案例2谈谈对"敏捷制造现代生产管理方式"的看法。

**【案例2】沈飞汽车的"敏捷式"经营**

沈阳沈飞汽车制造有限公司（以下简称"沈飞"）为适应瞬息万变的市场需要，积极推行"敏捷式"生产经营方式，把技术经济优势变成了市场竞争优势。

随着市场经济的深入发展，这个公司的领导越来越清楚地认识到，企业虽然从军工企业母体中脱胎而出，但还深深地打着计划经济的烙印，表现为竞争意识薄弱、时间观念不强、工作效率不高，这些直接影响着企业的发展。怎么办？他们经过慎重研究，在学习、借鉴国外先进经验的基础上，结合本企业的实际，创造出了一套具有企业特点的"敏捷式"生产经营方式，从1996年开始全面实行。

这种经营方式的主要特点是：以市场为导向，企业的各项工作、各个环节立足一个"快"字，以快节奏与时间赛跑，抢占市场制高点。其内容是：获取市场信息、掌握商机快，组织实施快，成果出得快，销售出手快，贷款回收快。这一个又一个"快"字，落实在企业的方方面面，项项相依，环环相扣，从而加快了各项工作的进程。

例如，有一次，他们获得某大城市需要公交客车的信息。公司有关部门仅用一周时间便制订出投标方案，及时送达招标方。尽管招标方认为"沈飞"的投标方案最完善、可行，但因种种原因，最终还是让当地的一家企业中标。他们虽然未能中标，但由此看到了城市公交客车的发展前景。公司总经理王时伟在回沈阳的途中，就酝酿成熟了打一场快速争夺战的方案。王总回到公司后，统一了决策层的认识，便立即组织实施。结果仅用一个多月时间就按既定方案研制出SFQ6100型城市公交客车样车。随后他们把样车开到招标方所在地，使招标方惊讶不已。招标方对他们这种锲而不舍的精神和快速应变的实力给予了高度的评价。因为招标方看到，中标单位当时仍旧在"纸上谈兵"。两相比较，促使招标方改变了初衷，当即宣布订购一批沈飞车。

1996 年 11 月，沈飞根据市场调研获得的信息，仅用 16 天时间便研制出 SFQ6110F 型低地板城市公交客车。在用户评审会上，许多用户对此车给予了充分的肯定，唯独重庆用户根据山城的特点，提出了一种新的公交客车的设想。他们根据重庆方面的建议，组织设计人员连夜研究，终于形成了 SFQ6101EF 型客车的样车，创造了新车研制时间最短、质量最好的纪录。当重庆方面得知这一消息后，开始抱有怀疑态度，当到沈阳看到令人满意的崭新客车后深表佩服，并签订了订购 95 辆该车的合同。这几种公交客车问世的消息不胫而走，天津、杭州、成都、福州、大连、深圳等城市的用户闻讯而至，争相订购。"沈飞"牌城市公交客车由此打开了局面，成为企业近两年新的经济增长点。

为了使"敏捷式"生产经营方式顺利推行，他们采取了一系列措施：首先是培养了一批能适应这种经营方式的干部和工程技术人员。他们把那些具有一定理论知识和实践经验的年轻大学毕业生推上了各级领导岗位。总生产长、总工程师、总设计师及设计所、技术部、试制部、生产部、计财部、质检部等关键部门，重要岗位都由 30 多岁的年轻人担当；其次是投资数百万元购置了 100 多台计算机和三维工作站，全面使用 CAD 系统，设计人员完全甩掉了图板，实现了无纸设计。同时，设计、工艺、供应、生产等部门实行计算机联网，达到信息共享，多部门高度平行交叉作业，工作效率显著提高；最后是建立健全了一系列必要的规章制度，一切工作纳入规范化、制度化的轨道，目标、标准、责任明确，严格奖惩，从而使全体员工的积极性、创造性得到了充分发挥。

沈飞汽车公司推行"敏捷式"生产经营方式已经收到明显的效果。1997 年产量首次突破设计能力，结束了多年徘徊的局面；从产品开发来看，1997 年全年研制成功 11 个品种 21 个型号的新客车，使沈飞客车的型号增加到 29 个品种 60 多个型号，基本能满足不同地域、不同层次、不同要求的用户对客车个性化的需求。

**训练 3**：组织参观生产企业车间现场，根据车间生产实际编制车间作业计划，并进行生产作业控制。

## 模块小结

车间的任务主要是搞生产，生产管理是车间管理的核心内容。车间的生产管理主要通过生产作业计划的形式去实施，编制和贯彻执行生产作业计划，是提高车间管理水平、取得良好经济效益的重要手段。本模块主要介绍了生产作业计划的任务、要求和内容，大批量、成批量和单件小批量 3 种生产类型的期量标准与作业计划的编制方法，生产控制的任务、内容和方法，生产调度工作的内容和方法，现代企业车间生产管理的最新趋势等。

# 模块五

# 车间现场管理

 知识目标

- 了解车间现场管理的概念、任务和内容
- 了解车间现场的标准化管理内容
- 了解车间"5S"管理活动的概念和内容
- 了解车间定置管理的概念和内容
- 了解车间目视管理的概念和内容

 技能目标

- 掌握车间现场标准化管理的内容和方法
- 掌握车间"5S"管理活动的内容和推行步骤
- 掌握车间定置管理的内容和推行步骤
- 掌握车间目视管理的内容和推行步骤

 模块任务

任务一　车间现场管理认知
任务二　车间现场"5S"管理活动
任务三　车间定置管理
任务四　车间目视管理

 任务解析

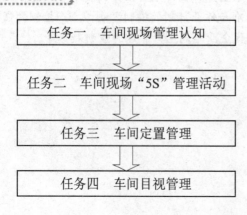

案例导入
视野拓展
知识链接
课堂讨论
案例分析
拓展训练
模块小结

国产复合性机床

## 南通通达动力科技股份有限公司强化车间现场管理

谈到现场管理，这似乎是一桩苦差事。何谓苦？因为现场管理涉及人、机、料、法、环诸因素，问题多，工作量大。抓一下可能好一点，稍有疏忽就会滑下来，时起时伏，时好时坏，成了现场管理难以克服的怪圈。南通通达动力科技股份有限公司不断吸收和借鉴世界上先进的经营理念、管理方法，努力实现企业管理与国际接轨。随着企业不断推进现代科学管理，现场管理越来越得到重视。公司从3个阶段推进现场管理。

**1. 以现场清扫、整理为主要内容的文明生产**

推进现场管理的第一阶段，主要是针对两类问题，逐条消除。

第一类问题，主要是因为生产繁忙引起对现场管理重视程度有所下降。地面整洁问题，如积水、破损、油污、定置线模糊等；零件保护问题，如零部件着地、油污、积灰、手印、带屑、堆放不齐、占用通道、敲毛碰伤等；墙面墙角问题，如墙面污损、积灰、卫生死角、茶杯摆放等；设备管理问题，如设备搬迁、设备点检、严重滴漏、积灰、油污、设备上随意放物品等。

第二类问题，主要是因为现场管理意识不强，必须建立长效机制。工位器具问题，如外协料架管理不善、周转不畅、物品叠放、料架不洁等；外协车辆问题，如车辆滴油、车辆废气、占用通道等；包装装箱问题，如物料堆放、包装垃圾、包装过多等；车间橱窗问题，如橱窗利用不足、张贴不齐、标语陈旧等。

**2. 以"5S"为主要内容的现场区域定置管理、区域定置、责任到人**

公司以车间为单位，将生产现场管理职责划到车间、工段。公司现有车间包括钣金、金工、装配、电控、动力、储运共6个。公司现有生产过程仓库包括钢材仓库、立体仓库、辅料仓库、电子元器件仓库共4个。每个车间、仓库都对车间生产管理全面负责，同时对车间、仓库区域的现场管理负责推进落实，具体落实车间"5S"管理、定置管理要求。

公司仓库都配有现场区域平面图，将现场区域按照生产流程、岗位区域、场地布局、设备设施、机台料架等内容划分为现场定置区，每个区都确定有责任人，责任人均为各车间内岗位操作者或具体管理人员。责任人对于定置区内的物流堆放、标志标牌、机床设备、清洁卫生、安全环保等具体落实。

公司以车间为单位，推进车间、班组现场管理。在钣金、金工、装配、电控等主要生产车间，将生产进度、管理要求通过车间底层管理信息系统在班组岗位现场的终端计算机上进行动态调配、管理。有的还通过班组生产看板，反映车间生产管理状态信息和管理要求。

**3. 以信息流和物流结合为主要内容的现场综合管理**

公司总体上开发和应用计算机管理信息系统（CIMS）进行销售、制造、物流、质量的信息传递与处理，制订公司的销售、生产、采购计划。CIMS系统由管理信息系统（MIS）和工程信息系统（EIS）两部分构成，作为公司所有生产经营各类业务活动和管理信息交互平台。MIS偏重于经营管理支持；EIS偏重于产品开发和生产的技术管理支持。

公司精益生产活动已经启动，在生产制造环节以MIS系统的计算机管理软件（SAPR/3

平台为基础，集合 IES 技术支持系统，构架车间底层管理信息系统。生产计划是严格根据当月销售合同订单生成，分解到各制造车间单元。对于需要外部采购的原材料，由生产供应部门根据生产计划编制采购计划实施采购活动。在现场管理上，主要生产岗位和生产设备均已实现公司计算机联网，实时实地输入和控制生产制造信息数据。车间生产现场显示主要的生产进度信息，便于目视管理。车间现场提供生产管理图板，记录发布生产现场质量管理信息。原材料、半成品、成品的需求信息、进度信息、报交、检验等生产环节全面按照计算机信息流进行节点管理，而实物物流在钣金、金工、装配、电控、储运及外协供方之间做出配送、调度、周转。现场零部件都在专门车辆、料架内存放搬运。

生产现场管理是为了有效地实现企业的经营目标，用科学管理制度、标准和方法，对生产现场的各个要素，包括人（操作者和管理人员）、机（设备、工具、工位器具）、料（原、材、辅料）、法（加工、检测方法）、环（环境）、能（能源）、信（信息）等，进行合理、有效的计划、组织、协调、控制和激励，使其处于良好状态，实现优化组合，保持正常运转，不断加以改进，以求达到优质、高效、低耗、均衡、安全地进行生产。

组织学生对导入案例进行分组讨论，安排各小组收集资料并做报告，最后在教师指导下进行综合评价。案例分析讨论重点使学生进一步理解车间生产现场管理的特点和意义，理解车间现场的标准化管理内容、理解车间现场"5S"管理的内容和步骤、理解车间定置管理的内容和步骤、理解车间目视管理的内容和步骤等知识，并对车间生产现场管理的典型案例有一定的认知和分析能力，在案例分析中同时培养学生的团队合作精神。

# 任务一　车间现场管理认知

▶ **任务提示**：本任务将引领你明确车间现场管理的特点、任务和内容及车间现场的标准化管理等。

▶ **任务先行**：什么是生产现场管理？生产现场管理有哪些特点？生产现场管理的任务是什么？生产现场管理有哪些主要内容？生产现场的标准化管理包括哪些主要内容？

▷ **视野拓展**

## 江苏格瑞实业有限责任公司生产车间"5S"现场管理

如今，走进江苏格瑞实业有限责任公司生产车间，让人感觉变化最大的，是各个岗位摆放整齐的操作工具，井井有条的样板区域，细致入微的灵活创意，这是江苏格瑞实业有限责任公司生产制造处落实"5S"管理举措，广大一线员工积极参与所带来的可喜变化。"5S"管理正在改变生产线面貌，"5S"成果正在车间落地生根，"5S"理念正在员工队伍中深入人心。

在切丝区，"保养工具"被设置为单独区域，拖把、笤帚、毛巾等工具被垂直地钉在同一水平线上，名称标注一目了然。打开工具柜，空间不大但首先给人的感觉是敞亮，姓名标签使个人用具区分开来，餐具和工具的分层放置科学合理，指向箭头明确了工具的位置，尤其是红蓝色标注的原料用量警戒线更是别具一格。打开冷端工具柜门，红蓝色的区分线同样醒目，工具板上依照各件工具轮廓画出的线条，提高了工具定置管理的精确度，手套特别是口罩的按人区分，更加实用、合理。在切片区，三人共用的工具柜，照样被划分得整齐有序。在成品管理储物间，成品标签分门别类存放在储物柜内，"最大存量10 000张""最小存量5 000张"的标志，直观地反映出标签消耗量，提高了管理准确度。管理员表示，正计划对两端标尺之间的数值继续细化，以使管理更加精确。走进标有"5S现场管理样板区"的备件库，管理员身后墙壁上"展出"的工具栏，是对"样板区"身份最有力的证明。按照尺寸大小依次排列的34个扳手，不仅大大提高了使用效率，恰如其分的间距、高度等拼合出的美感，也充分体现了管理员在细处的用心。在工具利用率最为频繁的维修间，也一改往日杂乱无序的堆放状态，取而代之的，是标签、标线的样样俱全，以及相得益彰的各类工具。可见，平日里干粗活最多的维修人员，工作的精细化却毫不打折。而与维修工具共同存放着的，还有一本《"5S"推行指导手册》。

值得一提的是，在各个岗位的诸多创意当中，所需的大部分材料来自岗位人员对于废弃物品的回收利用，经过大家独具匠心的设计，成功实现了变废为宝。而不同的设计虽然来自各岗位人员的各自创意，但多处的不谋而合，证明了这支团队的团结一致，相互之间的取长补短，和"比学赶帮超"的良好氛围。"整理、整顿、清扫、清洁、素养"，如果说前面几项都是要依靠动员部署的话，那么"素养"的形成，需要的则是员工个人的责任心和满腔热情，以及在勤于探索中所形成的经验积累。

随着江苏格瑞实业有限责任公司"5S"现场管理力度的不断加大，各岗位"5S"成果不断显现，但如此大规模"5S"管理局面的形成，却实现了一次真正意义上的改观，更体现了格瑞员工的新面貌，体现了广大员工以厂为家、爱厂如家的敬业精神。生产一线人员在兢兢业业完成生产任务的同时，积极主动落实部署，自觉自愿开动脑筋，迅速行动付诸实施。而这种公司决策在基层一线的完整落实，正是企业发展的最大保障。

▶ 知识链接

## 一、生产现场管理的概念

在生产管理中，现场有3层含义。从认识现场的最直观角度出发（现场就是作业场所），到生产产品的每个车间、班组、工作地去，见到的就是一个个作业场所；把问题发生的地点、出现阻碍生产正常进行的地方，称为现场；出现了问题，要去解决它，必须找出问题产生的原因，针对原因提出解决的办法和措施，把这也视为现场。人们对现场的认识和理解，是逐步深入的。

生产现场是指从事产品制造或提供生产服务的作业场所。它是指企业围绕经营目标而行使管理职能，实现生产要素的合理组合和生产过程有机转换的作业场所。生产现场包括加工、检查、储存、运输、供应、发送等一系列的作业现场和与生产密切相关的辅助场所等。每个企业都有自己的许多生产现场，形式千差万别，各不一样，它们都是按照产品加工特点的要求、生产类型、专业化形式等设置的，有着各自的特点。但是，它们也存在共性的东西。从宏观上看，它们都要进行生产要素的合理配置，都有投入产出的效益问题；在管理上都有区域性、可控性，都要符合生产规律。

优化生产现场管理是指在原有对生产现场进行管理的基础上，运用现代先进的管理思想，采用现代化管理方法和手段，用系统论的观点对生产现场的全部活动，包括人、机、料、法、环、能、信，以及技术、质量、经营等各种生产要素与各项专业管理进行合理组合与科学调配，使其发挥综合、整体效能，从而实现优质、低耗、高产、增效的目的。

生产现场管理优化的标志，有以下 10 个方面：① 均衡生产，调度有序；② 产品质量，控制有力；③ 定员定额，先进合理；④ 物流有序，原辅材料供应及时；⑤ 纪律严明，考核严格；⑥ 设备完好，运转正常；⑦ 安全第一，消除隐患；⑧ 堆放整齐，文明生产；⑨ 信息畅通，原始记录齐、准、快、明；⑩ 士气高涨，协调一致。

## 二、生产现场管理的任务和内容

生产现场管理的总任务，是形成一支坚强的职工队伍，营造一个良好的生产环境，实现安全生产和文明生产，为社会生产出质优价廉的合格产品。从这个总任务出发，生产现场管理的具体任务包括以下各项。

（1）通过生产现场管理，塑造出一支目标明确、团结向上、精神面貌好、技术素质高、遵章守纪、战斗力强、职责分明的职工队伍。生产现场管理既是对物的管理，又是对人的自我管理，要克服过去现场管理重物不重人的现象，坚持以人为本，通过现场管理不但出优质产品、出经济效益，而且要出人才、出文明、出安全，形成一支坚强有力的职工队伍。

（2）营造一个良好的生产环境。这个环境在人际关系上是团结、和谐、关爱、民主、协作和奋发向上的，在客观现场上是整洁、清新、安全、文明和令人心情舒畅的。在这样良好的环境里从事生产劳动，安全有保障，文明成风尚，团结协作好，人的干劲大，生产效率高，完成任务好。

（3）严格执行操作规程，严明工艺纪律，认真做好生产控制和质量检验，保证产品生产合格，质量水平不断提高，且节能降耗，产品成本不断降低。

（4）科学设置生产岗位，合理组织生产，把握生产节奏性和均衡性，防止积压或脱空，减少生产波动性，实现均衡、有序地生产。

（5）严格执行期量标准，分析现场物流规律，使各生产环节任务明确，环环相扣，物流顺畅，满足生产需要。

（6）大力做好设备的维护、保养、检修和合理操作，保证设备正常运转，绝不让设备问题阻碍生产运行。

（7）做好生产过程中原始凭证、台账、报表的记录、整理和传输，保证生产现场信息畅通。

在生产现场管理的具体操作上，特别强调工序管理、物流管理、环境管理三大内容。

（1）工序管理。工序是指一个或一组操作者在一个工作地，对一个或同时几个加工对象进行加工所连续完成的那一部分工作内容。工序是生产现场工作的基本单位。工序管理就是按照工序专门技术的要求，合理地配备和有效地利用生产要素，并把它们有效地结合起来发挥工序的整体效益，通过品种、质量、数量、日程、成本的控制，满足市场对产品要素的要求。

工序管理的内容包括工序要素管理和产品要素管理。工序要素管理，就是对工序使用的劳动力、设备、原材料的管理。其中，对劳动力的管理，要根据工序对工种、技术水平、人员数量的要求配备人员，并要求上岗职工必须严格遵守操作规程，遵守劳动纪律，积极完成工作任务。对设备、工艺装备管理要完好、齐全。对原材料、辅助材料、零部件要保证及时供应、足量供应，质量符合要求。

产品要素管理，就是对产品品种、质量、数量、交货期、成本的管理。其中，品种、数量方面要按市场需求进行组织，并保证交货期。质量方面要选好生产过程的质量管理控制点，抓关键环节、重点部位进行严格管理。成本管理要抓目标成本管理，实行逐级分解，层层落实控制，一级保一级，最终实现总体成本目标。

（2）物流管理。基本要求是使物流线路最短，在制品占用量最少，搬运效率最高。因此，要做好几方面工作：认真进行工厂总平面布置和车间布置；搞好生产过程分析，选择合适的生产组织形式；搞好各个生产环节和各工序间的生产能力平衡；合理制订在制品定额；提高搬运效率；等等。

（3）环境管理。环境管理包括人际关系处理和客观环境管理。人际关系处理要坚持以人为本，以和为贵，生产现场管理要体现尊重人、关心人、发展人、帮助人，团结友爱，分工协作，依靠群众，群策群力，发挥职工的主人翁作用。客观环境管理要做到安全、文明、清新、整洁，一进入生产现场，应使人感到心情舒畅，不会有烦恼、厌倦的感觉，更不会有不安全的危险因素和不文明的陋习。

## 三、车间现场的标准化管理

经过长期以来的管理实践，人们摸索出了一套管理办法，即把生产现场管理中千头万绪的工作主要归纳为两个方面：一是标准化管理，把各项工作程序和要求标准化，有关人员都必须按规定执行；二是异常管理，管理人员的主要精力放在与标准不一致的异常现象的处理上。标准管理和异常管理是相辅相成的两个方面，以标准化为目标，从标准化出发—发现异常现象—追查原因—改进管理—标准化的循环，这就是生产现场管理全部工作的内容和方法。

**1. 作业程序标准化**

作业程序标准化，是指从产品生产的工艺流程到每个工人的操作方式都制订有标准的规程和顺序，把设备和人更有效地组合在一起，工人按这些规定去做就是标准作业。标准作业包括生产节拍、作业顺序、标准在制品量三部分。标准作业是现场有效地进行生产的依据，是管理人员进行管理的基础，也是改进生产的基础。标准作业的目的是能有效地进行生产，把物品、机械和人力组合在一起。作业组合要求各工序之间必须很好地进行协作。为此，对生产现场的布置和人员的调配，必须注意：① 把物品出口和入口安排在一起；② 尽量把工人的作业区域集中；③ 作业人员的作业速度要保持平衡。

**2. 产品生产均衡化**

要保证均衡生产，除计划做到均衡以外，生产现场工序之间、生产线之间、车间之间必须保持同步，实行同步化节拍生产。

（1）以人的作业为中心，在规定的节拍时间内安排作业组合。

（2）如果每日装配数量或装配节拍固定，则每条生产线按统一节拍进行加工；如果装配数量有变化，节拍可随之改变，各条生产线的节拍也随之调整。

（3）工序之间、车间之间要形成一个有机的整体，后工序出现异常，前工序应自动停止作业；如前后工序节拍不一致，则服从"后工序不要，前工序不加工"的原则。

（4）只保留工序中必要的标准在制品储备量，不允许超量制造。

（5）注意消除无效劳动和产生零件碰伤的因素。

（6）在不违反工艺的情况下，考虑各生产线的通过能力，可加快节拍，以提高生产能力。

**3. 设备工装完好化**

设备、工装是实施现场生产最重要的条件，必须保证设备工装的完好。设备工装完好的目的是提高设备的可动率。可动率，是指需要开动机器时机器都能运转的程度。可动率的标准应该是百分之百，即任何时候机器都可以开动起来。为此要求：① 操作工必须做到"三好四会"（对机器设备管好、用好、修好，会使用、会保养、会检查、会排除故障），按操作规程操作，按"五定"（定点、定位、定期、定量、定人）进行设备润滑，清洁度达到85%以上。② 维修工必须坚持日点检、巡检，设备完好率达90%以上。③ 工具箱内的工具要分类定位，摆放整齐，精密量具要定期鉴定，用后入盒摆放，保证工具齐全配套。

**4. 安全文明生产制度化**

为了保证职工人身安全和生产安全，创造一个有良好安全保障的生产现场，必须建立一整套安全文明生产制度，例如，① 遵守劳动纪律，按时上下班，做好交接班手续；② 集中精力操作，不在岗位上吸烟、看报、闲谈、打闹；③ 遵守安全规则，不蛮干乱干；④ 严格遵守操作规程和工艺纪律，不违章作业；⑤ 认真执行开车前的润滑，严防运转部位和滑动面的干摩擦，设备的滑动面上不准放工具、零件等；⑥ 工位器具要完好，不超量存放零件；⑦ 成品零件做到"四无一不落地"，即无油污、无锈蚀、无毛刺、无壁碰，零件不落地；⑧ 车间所有工作点、工具箱、零件存放架要整齐清洁；⑨ 办公室内窗明地净；⑩ 车间周围不准乱放杂物，保持环境清新；⑪ 厂区干道整洁畅通，两旁不乱堆放物品；⑫ 讲究清洁卫生，经常打扫，要做到地面清洁，无烟头、无痰迹、无油污、无积水、积油，无杂物等。对各种安全文明生产规定要进行严格考核，做到"三检一评"，即日检、周检、月检和月评比。每月定期召开班组、车间安全分析会，检查不安全事故隐患，及时排除。出现事故做到"三不放过"，认真分析原因，吸取教训，采取措施，不准类似事故重复出现。积极开展"安全无事故"竞赛活动。

**5. 现场布置目视化**

现场布置目视化，是指把生产现场建成一个谁看都一目了然的作业现场，称之为目视管理。目视管理要求各个作业现场采取以下措施：① 车间的经营目标、方针要写在车间职工经常出入的门口处；② 车间的生产、质量、成本、安全等动态，要编制成日、月一览表，做成挂牌悬挂于人员集中、醒目的地方，让全体人员每天知道自己的工序、班组的生产情况；③ 各种安全标志要美观、醒目，交通标志要明显，道路保持畅通无阻；④ 规定产品、零件、物料的放置场所，并做出标志；工位器具、工具箱、废屑箱、杂物箱要定位摆放整齐；⑤ 废次品、零件要有明显标志，并及时处理和隔离，避免正、次品混装而造成无效劳动和质量事故；⑥ 采用现代电子通信手段，设置生产线自动显示装置和工序控制信息显示，随时观察和控制生产运行状况；⑦ 生产看板悬挂于生产线上方便、醒目处，以便了解生产进行情况和进行生产准备；⑧ 标准作业单或图表悬挂于生产岗位上，生产工人根据图表中的规定进行标准作业，管理人员根据图表检查生产工人是否正确地进行作业，发现问题及时纠正。

**6. 产品质量自控化**

生产现场绝不能靠事后检查来控制产品质量，而必须实行产品质量自控化，即要求每个作业人员负起责任，每一项工作都要确保质量，开展不制造不良品、只制造优良品的活动；不让一切不良品流出本道工序，只让合格品流入下工序。为此要求做到：① 把质量标准贯彻到作业指导书中，形成标准作业；② 建立工序质量管理点，实行工序质量控制；③ 建立现场质量保证体系，实行严格的质量检查。

**7. 鼓舞士气多样化**

生产现场职工的士气对生产效率影响很大。生产现场中影响职工士气的因素很多，其中主要的有生产故障；停工待料；工作中困难得不到解决；工序之间、职工之间工作不协调，出差错；生产任务完成不好或出了质量事故；出现不安全事故；在困难或劳累时受到领导批评指责；班组里出现偷懒耍滑的人等。作为生产现场的车间领导人，应该针对上述影响士气的主要因素采取相应的积极措施，迅速解决各类问题，并要设法防止再度发生类似情况。同时，要从生产现场的布置，从现场职工的心理气氛上造成声势，如利用黑板报、现场广播、闭路电视、竞赛台、光荣榜等对完成任务出色的班组送祝贺信、慰问信等各种方法鼓舞士气。在困难的时候，领导要跟班作业，给职工以关心、支持；为加班职工送水、送饭，给职工以慰问、温暖；提出鼓动性口号，张贴鼓舞性标语，振奋职工的精神。总之，要采取各种切实有效的措施，千方百计地把职工的士气鼓动起来，创造一个热火朝天、龙腾虎跃的生产环境，使职工始终保持一种高昂的生产情绪，精神振奋，努力完成生产任务。

▶ **课堂讨论**

上网或到企业车间搜集资料，编写企业车间现场管理调查报告，进行课堂分组讨论并进行评价测试：你是否已认知车间现场管理？

## 任务二　车间现场"5S"管理活动

➤ **任务提示**：本任务将引领你明确车间现场"5S"管理活动内容、操作方法和评价标准等。

➤ **任务先行**：什么叫"5S"管理活动？推行"5S"活动的目的是什么？"5S"活动包括哪些主要内容？"5S"活动推行的步骤有哪些？"5S"活动的评价标准和评鉴方法是什么？

▶ **视野拓展**

### K 公司的"5S"现场管理活动

K 公司是一家印刷企业，主要做包装用瓦楞纸箱、丝网印刷和传统的胶印业务。两年前，公司上马了一套"印刷管理信息系统"，在竞争非常激烈的印刷市场上确实发挥了很大的作用。此时的公司总经理侯先生，开始把目光瞄准了全数字印刷领域。

**1. 接受"5S"挑战**

K 公司与香港某公司洽谈中的合资项目，是 K 公司引进新的数字印刷设备和工艺，同时改造公司的印刷信息系统。

然而，与港商的合资谈判进展得并不顺利。对方对 K 公司的工厂管理提出了很多在侯先生看来太过"挑剔"的意见，如仓库和车间里的纸张、油墨、工具的摆放不够整齐；地面不够清洁、印刷机上油污多得"无法忍受"；工人的工作服也"令人不满"……

后来，在合资条款里，投资者执意将"引入现代生产企业现场管理的'5S'方法"作为一个必要的条件，写进了合同文本。

刚开始的时候，侯先生和公司管理层觉得港方有点"小题大做"。"不就是做做卫生，把环境搞得优美一些"，侯先生觉得这些事情太"小儿科"，与现代管理、信息化管理简直不沾边。

不过，为了合资能顺利进行，侯先生还是满口答应下来。

几个月的时间过去了，侯先生回想起来这些"鸡毛蒜皮的小事"，竟然"有一种脱胎换骨的感觉"。

**2. "鸡毛蒜皮"的震撼**

推广20世纪50年代就风靡日本制造企业的"5S管理方法"，需要做大量的准备和培训工作。

从字面上说，"5S"是指5个以日语单词的罗马注音"s"为开头的词汇，分别是整理（seiri）、整顿（seiton）、清扫（seiso）、清洁（seiketsu）、素养（shitsuke）。

这5个词，以及所表达的意思听上去非常简单。刚开始的时候，大家很不以为然。

几天后，港方派来指导"5S"实施的Mak先生，通过实地调查，用大量现场照片和调查材料，让K公司的领导和员工受到了一次强烈的震撼。

Mak先生发现，印制车间的地面上，总是堆放着不同类型的纸张，里面有现在用的，也有"不知道谁搬过来的"；废弃的油墨和拆下来的辊筒、丝网，躺在车间的一个角落里，沾满了油污；工人使用的工具都没有醒目的标记，要找一件合适的工具得费很大的周折。

仓库里的情况也好不到哪里。堆放纸张、油墨和配件的货架与成品货架之间只有一个窄窄的、没有隔离的通道，货号和货品不相符的情况司空见惯。有时候，车间返回来的剩余纸张与成令的新纸张混在一起，谁也说不清到底领用了多少。

Mak先生还检查了侯先生引以为荣的MIS系统，查看了摆放在计划科、销售科、供应科的几台计算机，发现硬盘上的文件同样混乱不堪。到处是随意建立的子目录与文件。有些子目录和文件，除非打开看，否则不知道里面到底是什么。而且，Mak先生还发现，文件的版本种类繁多，过时的文件、临时文件、错误的文件或一个文件多个副本的现象，数不胜数。

在K公司里，长久以来大家对这样一些现象习以为常：想要的东西，总是找不着；不要的东西又没有及时丢掉，好像随时都在"碍手碍脚"；车间里、办公桌上、文件柜里和计算机里，到处都是这样一些"不知道"——不知道这个是谁的；不知道是什么时候放在这里的；不知道还有没有用；不知道该不该清除掉；不知道这到底有多少……

"在这种情况下"，Mak先生直率地问侯先生，"你如何确保产品的质量？如何确信计算机里的数据是真实的？如何鼓舞士气？如何增强员工的荣誉感和使命感？"最后一个问题，Mak先生指的是墙上贴的一个落着灰尘的标语——视用户为上帝，视质量为生命。

**3. 整理、整顿、清扫**

Mak先生把推进"5S"的工作分为两大步骤，首先是推进前3个"S"，即整理、整顿、清扫。

整理就是要明确每个人、每个生产现场（如工位、机器、场所、墙面、储物架等）、每张办公桌、每台计算机，哪些东西是有用的，哪些是没用的、很少用的，或者已经损坏的。

整理就是把混在好材料、好工具、好配件、好文件中间的残次品、非必需品挑选出来，该处理的就地处理，该舍弃的毫不可惜。"特别是电子'垃圾'"，Mak先生告诫管理人员，"可以让你的工作效率大打折扣；不断冒出来的文件查找、确认、比较工作，会浪费大量的工作时间"。

整顿，就是要对每个清理出来的"有用"的物品、工具、材料、电子文件，有序地进行标识和区分，按照工作空间的合理布局，以及工作的实际需要，摆放在"伸手可及""醒目"的地方，以保证"随用随取"。

听上去"整顿"很简单，从 Mak 先生的经验来看，其实是很仔细的工作。如计算机文件目录，就是最好的例子。

"一般来说，时间、版本、工作性质、文件所有者，都可以成为文件分类的关键因素"，Mak 先生结合自己的体会，向大家详细介绍了"什么是电子化的办公"。对一个逐步使用计算机、网络进行生产过程管理和日常事务处理的公司而言，如何处理好纸质文件和电子文件的关系，是养成良好的"电子化办公"习惯的重要内容。

"在电子化的过程中，如果把手工作业环境里的'脏、乱、差'的恶习带进来，危害是巨大的。"Mak 先生说。

清扫，简单地说就是做彻底的大扫除。发现问题，就及时纠正。但是，"清扫"与过去大家习惯说的"大扫除"还有一些不同。"大扫除"只是就事论事地解决"环境卫生"的问题，而"清扫"的落脚点在于"发现垃圾的源头"。用 Mak 先生的话说，就是"在进行清洁工作的同时进行检查、检点、检视"。

**4. 爽朗心情**

随着"3S"（整理、整顿、清扫）的逐步深入，车间和办公室的窗户擦干净了，卫生死角也清理出来了，库房、文件柜、计算机硬盘上的文件目录、各种表单台账等"重点整治对象"，也有了全新的面貌。但是，包括侯先生在内的所有人，都没有觉得 Mak 先生引进的"灵丹妙药"有什么特别之处。

车间 5S 及现场目视化管理

不过，侯先生承认，大家的精神面貌还是有一些微妙的变化：人们的心情似乎比过去好多了，一些"不拘小节"的职工的散漫习惯多少也有了收敛；报送上来的统计数据，不再是过去那种"经不住问"的"糊涂账"，工作台面和办公环境的确清爽多了。

这当然不是"5S"管理的全部。Mak 先生结合前一阶段整治的成果，向侯先生进言："'5S'管理的要点，或者说难点，并非仅仅是纠正某处错误，或者打扫某处垃圾；'5S'管理的核心是要通过持续、有效的改善活动，塑造一丝不苟的敬业精神，培养勤奋、节俭、务实、守纪的职业素养。"

按 Mak 先生的建议，公司开始了推进"5S"管理的第二步：推行后两个"S"，一个是清洁，另一个是素养。

清洁的基本含义是"如何保持清洁状态"，也就是如何坚持下去，使清洁、有序的工作现场成为日常行为规范的标准；素养的基本含义是"陶冶情操，提高修养"，也就是说，自觉自愿地在日常工作中贯彻这些非常基本的准则和规范，约束自己的行为，并形成一种风尚。

Mak 先生进一步说明，后两个"S"其实是公司文化的集中体现。很难想象，客户会对一个到处是垃圾、灰尘的公司产生信任感；也很难想象，员工会在一个纪律松弛、环境不佳、浪费随处可见的工作环境中产生巨大的责任心，并确保生产质量和劳动效率；此外，更不用说在一个"脏、乱、差"的企业中，信息系统会发挥巨大的作用。

**5. "零"报告**

若干个月后，又是一个春光明媚的日子。

当 K 公司的侯先生带领新的客户参观自己的数字印刷车间的时候，在他心底里涌动着一种强烈的自豪感。车间布局整齐有序，货物码放井井有条，印刷设备光亮可鉴，各类标识完整、醒目。

公司的计算机网络和MIS系统，在没有增加新的投资的情况下，也好像"焕发了青春"，带给侯先生的是一系列"零报告"：发货差错率为零，设备故障率为零，事故率为零，客户投诉率为零，员工缺勤率为零，浪费为零……

在参观者啧啧有声的称赞中，侯先生感到，引进一套先进设备的背后，原来是如此浅显又深奥的修养"工夫"，真应了那句老话：工夫在"诗"外。

▶ 知识链接

生产现场管理优化的方法很多，如工作研究（包括方法研究和时间研究）、看板管理、成组技术、全控管理法、一个流的生产方式、满负荷工作法、多机床看管方式、ABC分类法、经济订购批量法、设备点检定修制、价值工程和现场工序质量控制法、实行标准作业、建立以生产线操作工为主体的劳动组织等。上述大多数方法，其适用范围和应用条件各不相同，在应用时要正确地选择。这里主要介绍近年来在各企业中广泛应用的生产现场管理方法："5S"活动、定置管理、目视管理和看板管理。

# 一、"5S"的起源和发展

"5S"起源于日本，"5S"来自日语单词的罗马注音整理（seiri）、整顿（seiton）、清扫（seiso）、清洁（seiketsu）、素养（shitsuke）的第一个字母"s"，所以统称为"5S"。"5S"是指在生产现场对人员、机器、材料、方法等生产要素进行有效管理，这是日本企业独特的一种管理办法。"5S"活动不仅能够改善生产环境，还能提高生产效率、产品品质、员工士气，是其他管理活动有效展开的基石之一。5个"S"的具体含义如图5-1所示。

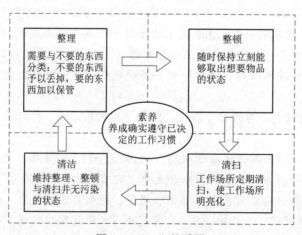

图5-1 "5S"关系图

1955年，日本的"5S"宣言口号为"安全始于整理，始于整理整顿"。当时只推行了前两个S，其目的仅为了确保作业空间和安全。后因生产和品质控制的需要又逐步提出了"3S"，也就是清扫、清洁、素养，从而使应用空间及适用范围进一步拓展。到了1986年，日本有关"5S"的著作逐渐问世，从而对整个现场模式起到了冲击的作用，并由此掀起了

"5S"的热潮。

日本式企业将"5S"运动作为管理工作的基础,推行各种品质的管理手法,第二次世界大战后,产品品质得以迅速的提升,奠定了其经济大国的地位,而在丰田公司的倡导推行下,"5S"对于塑造企业的形象、降低成本、准时交货、安全生产、高度的标准化、创造令人心旷神怡的工作场所、现场改善等方面发挥了巨大作用,逐渐被各国的管理界所认识。随着世界经济的发展,"5S"已经成为工厂管理的一股新潮流。目前,国内很多公司随着对"5S"活动认识的不断深入和企业管理要求及水准的提升,增加了安全(security),称为"6S"管理。

推行"5S"活动的目的:① 培养员工的主动性和积极性;② 创造人和设备都非常适宜的环境;③ 培养团队及合作精神。"5S"的根本目的是提高人的素质。图5-2为车间"5S"现场管理样板图。

图 5-2　车间"5S"现场管理样板图

## 二、"5S"活动内容和操作

### (一)整理(seiri)

整理就是彻底地将要与不要的东西区分清楚,并将不要的东西加以处理,它是改善生产现场的第一步。要做好整理工作,首先要判断哪些是不必要的东西,再将这些不必要的东西丢掉。所以,整理可按以下步骤进行。

**1. 现场检查**

对工作现场进行全面检查,包括看得见和看不见的地方,特别是不引人注意的地方。如设备内部、桌子底部、文件柜顶部等位置。检查场所及内容见表5-1。

表 5-1　检查场所及内容

| 场所 | 内容 |
| --- | --- |
| 地面 | 1. 推车、台车、叉车等搬运工具<br>2. 各种良品、不良品、半成品、材料<br>3. 工装夹具、设备装置<br>4. 材料箱、纸箱、容器等<br>5. 油桶、漆罐、油污<br>6. 花盆、烟灰缸<br>7. 纸屑、杂物 |

续表

| 场所 | 内容 |
| --- | --- |
| 工作台 | 1. 破布、手套等消耗品<br>2. 螺丝刀、扳手、刀具等工具<br>3. 个人物品、图表资料<br>4. 余料、样品 |
| 办公区域 | 1. 抽屉和橱柜里的书籍、档案<br>2. 桌上的各种办公用品<br>3. 公告板、海报、标语<br>4. 风扇、时钟等 |
| 材料架 | 1. 原材料、辅材料<br>2. 呆料<br>3. 废料<br>4. 其他非材料的物品 |
| 墙上 | 1. 标牌、指示牌<br>2. 挂架、意见箱<br>3. 吊扇、配线、配管<br>4. 蜘蛛网 |
| 室外 | 1. 废弃工装夹具<br>2. 生锈的材料<br>3. 自行车、汽车<br>4. 托板<br>5. 推车、轮胎 |

**2. 清除非必需品**

在对工作场所全面检查后，要将所有的物品逐一判别，分清哪些是"要"的，哪些是"不要"的。

清理非必需品的原则是看该物品现在有没有"使用价值"，而不是原来的"购买价值"，同时注意以下几个着眼点。

（1）整理前须考虑以下事项。

① 为什么要清理及如何清理。

② 规定定期进行整理的日期和规则。

③ 在整理前要预先明确现场需放置的物品。

④ 区分要保留的物品和不需要保留的物品，并向员工说明保留的理由。

⑤ 划定保留物品安置的地方。

（2）将暂时不需要的物品进行整理时，如不能确定今后是否还会有用，可根据实际情况来决定一个保留期限，先暂时保留一段时间，等过了保留期限后，再将其清理出现场。同时还要进行认真的研究，判断这些保留的物品是否有保留的价值，并弄清保留的理由和目的。

（3）判定一个物品是否有用，并没有一个绝对的标准，有时候是相对的，有些东西是很容易判定的，如破烂不堪的桌椅等；而有些则很难判定，如一些零部件的长期库存。判定时应注意以下事项。

① 对那些贴有非必需品红牌的物品，要约定判定的期限，判定的拖延将影响"5S"活动的进行，因此，要迅速对这些物品进行判定，以便后续处理工作的完成。

② 当那些贴有非必需品红牌的物品被判定为有用的时候，要及时向物品所属部门具体说明判定的依据或理由，并及时进行重新安置和摆放。

**3. 处理非必需品**

（1）处理方法。对贴了非必需品红牌的物品，须一件一件地核实现品实物和票据，确认其使用价值。若经判定，某物品被确认为有用的话，那么就要揭去非必需品的红牌。若被确认为非必需品，则应该具体决定处理方法，填写非必需品处理栏目。一般来说，对非必需品有以下几种处理方法。

① 改用。将材料、零部件、设备、工具等改用于其他项目或其他需要的部门。

② 修理、修复。对不良品或故障设备进行修理、修复，恢复其使用价值。

③ 作价卖掉。由于销售、生产计划或规格变更，购入的设备或材料等物品用不上。对这些物品可以考虑和供应商协商退货，或者（以较低的价格）卖掉，回收货款。

④ 废弃处理。对那些实在无法发掘其使用价值的物品，必须及时实施废弃处理。在考虑环境影响的基础上，从资源再利用的原则出发，具体决定废弃方法，如由专业公司回收处理等。

（2）处理的注意事项。

① 实施处理要有决心。在对非必需品实施处理的时候，重要的是要下定决心，把该废弃的处理掉，不要犹豫不决，拖延时间，影响"5S"工作的进程。

② 正确认识物品的使用价值。对非必需品加以处置是基于对物品使用价值的正确判断，而非当初购买物品时的费用。一件物品不管当初购买的费用怎样，只要现在是非必需品，没有使用价值，并且在可预见的将来也不会有明确的用途，就应下决心将其处置。

**（二）整顿（seiton）**

整顿是整理散乱的东西，使其处于整齐的状态。整顿的目的在于必要的时候能迅速取到想要的东西。整顿比整理更深入一步，它表示：能迅速取出、能立即使用、处于能节约的状态。图5-3为车间整顿改善前后对照图。

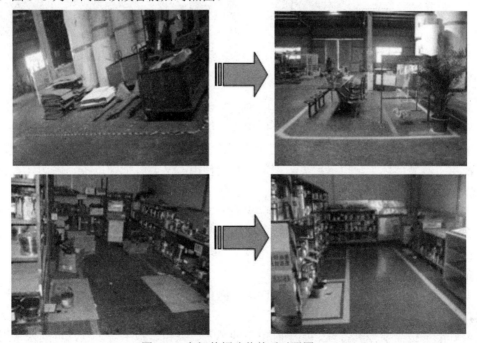

图5-3　车间整顿改善前后对照图

(a) 改善前　　　　　　　　　　　　(b) 改善后

图 5-3　车间整顿改善前后对照图（续）

在车间班组生产现场的整顿工作主要包括以下几个方面。

**1. 工装夹具等频繁使用物品的整顿**

应重视并遵守使用前能"立即取得"，使用后能"立刻归位"的原则。如图 5-4 与图 5-5 所示。

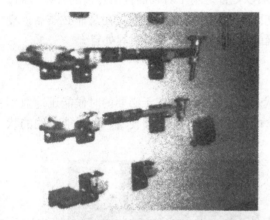　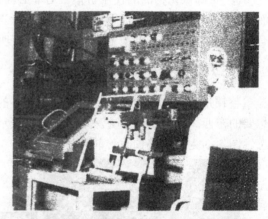

图 5-4　方便拿取的放置方法　　　　图 5-5　方便拿取的工具范例（在手边）

（1）应充分考虑能否尽量减少作业工具的种类和数量，利用油压、磁性、卡标等代替螺丝，使用标准件，将螺丝共通化，以便可以使用同一工具。如平时使用扳手扭的螺母是否可以改成用手扭的手柄呢？这样就可以节省工具了，或者想想能否更改成兼容多种工具使用的螺母，即使主工具突然坏了，也可用另一把工具暂代使用；又或者把螺母统一化，只需一把工具就可以了。

（2）考虑能否将工具放置在作业场所最接近的地方，避免取用和归位时过多地步行和弯腰。

（3）在"取用"和"归位"之间，须特别重视"归位"。需要不断地取用、归位的工具，最好用吊挂式或放置在双手展开的最大限度之内。采用插入式或吊挂式"归还原位"，也要尽量使插入距离最短，挂放方便又安全。

（4）要使工具准确归还原位，最好以复印图、颜色、特别记号、嵌入式凹模等方法进行定位。

工具最好能够按需要分类管理，如平时使用的锤子、铁钳、扳手等工具，可列入常用工具集中共同使用；个人常用的工具可以随身携带，对于专用工具，则应独立配套。图 5-6 为车间工具分类摆放。

图 5-6　车间工具分类摆放

**2. 切削工具类的整顿**

切削类工具需重复使用，且搬动时容易发生损坏，在整顿时应格外小心。

（1）经常使用的工具，应由个人保存；不常用的工具，则尽量减少数量，以通用化为佳。先确定必需的工具最少数量，将多余的工具收起来集中管理。

（2）刀锋是刀具的生命，所以在存放时要方向一致，以前后方向直放为宜，最好能采用分格保管或波浪板保管，且避免堆压。一支支或一把把的刀具可利用插孔式的方法，好像蜜蜂巢一样，即把每支刀具分别插入与其大小相适应的孔内，这样可以对刀锋加以防护，并且节省存放空间，且不会放错位。如图 5-7 与图 5-8 所示。

（3）对于一片片的锯片等刀具可分类型、大小、用途等叠挂起来，并勾画形迹，易于归位。

（4）注意防锈。抽屉或容器底层铺上易吸油类的绒布。

**3. 设备的整顿**

设备的整顿原则就是经整顿后要使设备更容易清扫、操作和检修，但最重要的还是"安全第一"。

图 5-7　不易摆错的刀具放置方法　　图 5-8　不让刀具碰撞之直立式摆放

(1) 设备旁必须挂有一些《设备操作规程》《设备操作注意事项》等。对设备的维修保养也应该做好相关记录。这不但能给予员工正确的操作指导,也可让客户对企业有信心。

(2) 设备之间的摆放距离不宜太近,近距离摆放虽然可节省空间,却难以清扫和检修,而且还会相互影响操作而导致意外。

如果空间有限,则首先考虑整理是否做得不够彻底,再考虑物品是否有整顿不合理的地方,浪费了许多空间。再多想一些技巧与方法。

(3) 把一些容易相互影响操作的设备与一些不易相互影响操作的设备作合理的位置调整。在设备的下面加装滚轮,便可轻松地推出来清扫和检修了。

### 4. 机台、台车类整顿

(1) 先削减作业台、棚架的数量。以"必需的台、架留下,其他的丢弃或加以整理"为原则,现场就不会堆积过量的台、架了。

(2) 台或架的高度不齐时,可从下方垫至高处齐平。还可加装车轮使之移动方便,并制作能搭载作业必要物品的台车,在换模、换线或零件替换时,可以将台车作整组更换。

(3) 台或架等,不可直接放置在地面上,应置于架高的地板上,这样在清扫时较容易。

### 5. 配线、配管的整理、整顿

在现场常见到如蜘蛛网般的配线,地底下或地面上的配管杂乱无章,上述情形都会成为刮破、磨耗或错误的起因及受伤害或故障的根源。如图5-9所示。

(a) (改善前) 杂乱的配线清扫困难　　　　(b) (改善后) 配线以束管加以集中

图5-9　配线、配管的改善

(1) 可以考虑在地板上架高或加束套以防止擦伤和振动。

(2) 在配线、配管方面必须采取直线、直角的安装,以防松脱。

(3) 在地底下的配线全部架设在地面上,并垫高脚架,每一条标上名称、编号及利用颜色进行管理,这样可防止错误发生。

### 6. 材料的整顿

(1) 材料整顿的要点。

① 定量定位存放。先确定材料的存放位置,再决定工序交接点、生产线和生产线之间的中继点所能允许的标准存量和最高存量,设定标准存量的放置界限,如长、宽、高的限定或占用台车数量及面积的限定,并明确标示。图5-10为库房材料定位摆放,图5-11为材料、在制品的定量、定位存放。

② 确保先进先出。现场摆放材料的各类周转箱、台车等,要求边线相互平行或垂直于区域线,保持堆放整齐,便于清点及确保材料先进先出。如图5-12所示。

图 5-10　库房材料定位摆放

图 5-11　材料、在制品的定量、定位存放

图 5-12　"先进、先出"原则，且依斜面方式以容易拿取（单向通行方式）

③ 搬运、储存要合理。要防止加工中搬运或装箱时的乱伤、撞击、异品混入等。

④ 不良品要有标示。不良品及返修品要设定放置场所，用不同的箱装好，一般用红色或黄色箱，以利于区别。不良品的装箱，以选用小箱子为宜，这样能很快就装满一箱。

（2）备品、备件的整顿。备品、备件的整顿重点为：在保管时，平常就得保持正确使用的状态，如污秽、伤痕、锈蚀等列管的重点，应明确设定清楚。如图 5-13 所示轴承之保管。图 5-14 为备品、备件的摆放改善前后对照。

图 5-13　轴承之保管

(a) 改善前　　　　　　　　　　　　　　(b) 改善后

图 5-14　备品、备件的摆放改善

（3）润滑油、液压油等油类整顿。油类的整顿要点：油的种类要统一，尽量将种类减少；以颜色管理，配合油的名称及加油周期，利用颜色或形状，使谁都能轻易分辨使用；将油类集中保管，在生产线附近设置加油站，设定放置场所、数量、加油站的补充规定、容器大小、架子等；依油或加油口的形状装备道具。油类必须考虑到防火、公害、安全等问题，所以要彻底防止漏油及灰尘、异物的混入。做好加油方法的改善及加油周期的延长。

（4）清扫用具的整顿。

① 放置场所。扫把、拖把一般使人感觉较脏，不要放置在明显处；清扫用具绝对不可放置在配电房或主要出入口处。

② 放置方法。长柄的如扫把、拖把等，用悬挂方式放置；簸箕、垃圾桶等，在地上定位。如图 5-15 所示。

（5）消耗品类的整顿。消耗品经常散落在生产线附近。为了防止掉落，可用较小的盒子装，但不要装满，并画上界限线。在收存时一定要加封盖，不要混入其他类似零件。如果捡起掉落的零件，也不可再丢入原盒子里，应该丢入落下物集中盒内，以免发生误品使用。

弹簧类容易纠缠在一起的东西，以及垫圈类不易抓取的东西，还有金属轴承等，均严禁破损、变形、伤痕等发生，这类小型物品，以模组成套方式，比较容易拿取。

对于电气胶带、电线等，要摆放成容易拿取的方式。如图 5-16 所示。

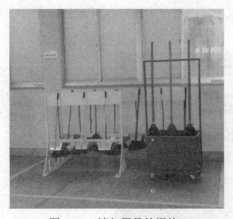 

图 5-15　清扫用具的摆放　　　　　图 5-16　消耗品摆放成容易拿取的方式

### 7. 危险品的整顿

（1）危险品的存放。危险物品的存放一定要按照危险品的存放要求和标准进行。如某类化学品必须存放在阴凉的地方，又或者某类化学品不能与某类物品一起存放等，所有这些教学法相关的常识，员工都应该了解清楚。

（2）张贴、说明等。化学用品的存放处应标明"使用规定""使用方法""注意事项"等，附近也应该具备一定的救护措施和张贴一些警示标语。

（3）化学品的标示。化学品的标示应该注明化学品的类型、名称、危险情况及安全措施等。

（4）穿戴防护用品。使用一些有毒、有害、有腐蚀性及刺激性的化学用品时，必须穿戴好防护衣、手套，以保安全。万一化学用品不慎沾及身体时应立即清洗，如感不适时，应马上到就近医院就诊。

### 8. 在制品的整顿

在生产现场，除了设备和材料，在制品是占据生产用地最多的物品，因此，也是生产现场整顿的主要对象。

（1）严格规定在制品的存放数量和存放位置。确定工序交接点、生产线和生产线之间的中继点所能允许的在制品标准存放质量和极限存放量，指定这些标准存放量的放置边界、限高，占据的台车数、面积等，并有清晰的标志以便员工周知。图5-17为车间物品按区域放置，图5-18为车间在制品定位摆放。

（2）在制品堆放整齐，先进先出。在现场堆放的在制品，包括各类载具、搬运车、栈板等，要求始终保持叠放整齐，边线相互平行或垂直于主通道，这样既能使现场整齐美观，又便于随时清点，确保在制品"先进先出"。图5-19为车间搬运车定置摆放。

图5-17　车间物品按区域放置

图 5-18 车间在制品定位摆放

图 5-19 车间搬运车定置摆放

（3）合理的搬运。

① 放置垫板或容器时，应考虑到搬运的方便。

② 利用传送带或有轮子的容器来搬动。

（4）在制品存放和移动中，要慎防碰坏刮损，应用缓冲材料间隔以防碰撞，堆放时间稍长的要加盖防尘罩，不可将在制品直接放在地板上。

（5）不良品放置场地应用红色标示。如果将不良品随意堆放，容易发生误用，所以要求员工养成习惯，一旦判定为不良品，应立即将其放置在指定场所。

### 9. 公告物的整顿

（1）墙壁上的海报、公布栏等张贴的要求。海报公告物不是哪里都可张贴，要设定张贴区域。未标示及超过期限的东西不可张贴。胶带遗留的痕迹不可留下，一定要擦拭掉。公告物上端要取一定的高度平齐张贴，这样会显得整齐划一。

（2）标志看板。垂吊式看板高度设定要统一，不可让风吹后摇晃，或者造成掉落，要确定把它固定住。

（3）查检表等。标准书、查检表、图画类等，必须要从通道或稍远距离也可看到。重要的地方用色纸加以醒目标示，以确认条件数值是否正确记录等。

## （三）清扫（seiso）

清扫是指清除垃圾、污物、异物等，要把工作场所打扫得干干净净，工厂推行"5S"运动时，清扫的工作组织须进行以下步骤。

### 1. 清扫准备

（1）安全教育。对员工做好清扫的安全教育，对可能发生的事故（触电、刮伤碰伤、涤剂腐蚀、坠落砸伤、灼伤等不安全因素）进行预防和警示。

（2）设备常识教育。对员工就设备的老化、出现的故障、可以减少人为劣化因素的方法，减少损失的方法进行教育。使他们通过学习设备基本构造，了解其工作原理，能够对出现尘垢、漏油、漏气、振动、异常等状况的原因进行分析。

（3）技术准备。事先制订相关作业指导书，明确清扫工具、清扫位置、加油润滑基本要求、螺丝钉卸除和紧固的方法及具体顺序步骤。

**2. 决定清扫的对象**

清扫的对象包括物品放置场所、设备、空间三类。

（1）物品放置场所。物品有各式各样的东西，其放置的场所也有很多，所以在清扫之前必须了解要清扫什么。物品放置场所的清扫对象为制品仓库、零件仓库、材料仓库、工厂内半成品放置处、零件放置处、生产线内放置处、机械工程内放置处、工具棚架等。

（2）设备。与设备有关的清扫对象为机器、设备、焊具、工具、刀具、量具、模具、车辆、搬运工具、作业台、橱柜、桌子、椅子、备品等。

（3）空间。空间的清扫对象为地面、作业区、通道、墙壁、梁柱、天花板、窗户、房间、电灯等。

**3. 决定清扫责任人**

清扫前须决定清扫责任人及清扫周期（是每天清扫，还是隔日清扫等）。具体要做到以下几项。

（1）编制清扫责任位置图，图5-20为个人别的"5S"区域划分。

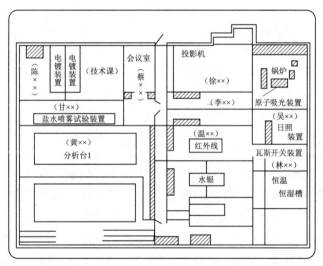

图5-20 个人别的"5S"区域划分

以平面图的形式，把现场的清扫范围划分到各部门单位，再由各部门单位划分至个人。公共区域可利用轮值和门前承包的方式进行。具体步骤如下。

① 绘制工作场所位置图。

② 将位置图加以区分。

③ 分配清扫任务责任者。

④ 公布在显眼的地方。

（2）制订清扫日程表。把清扫作业清理出来，予以日程化。特别是共同使用的地方可采用轮流值日制。制订日程表的步骤如下。

① 确定共同使用场所包括会议室、休息室、厕所、图书室等。

② 进行任务分配，有使用人、责任人。

③ 将清扫作业清理出来，依程序逐日分配。

④ 编制日程表并公告，编制轮值表，使各个责任人相互传阅。

**4. 决定清扫方法**

决定了由谁来执行经常性的清扫后，接下来则是考虑如何来做。清扫方法要点如下。

（1）养成每天早晨 5 分钟清扫的习惯。

（2）从清扫程序中整理出必需的清扫用具。

（3）将其使用方法、使用程序予以明确。

（4）准备清扫用具。

**5. 建立清扫基准和制度**

除了责任到人之外，还需要建立一套清扫的基准，制订一份清扫制度，以促进清扫工作的标准化，确保现场清洁。

**6. 准备清扫用具**

整理出来的清扫用具，要放置在容易取用、容易归位的地方。一般的清扫用具有以下几种。

（1）扫帚：对于切屑或粉末散落满地的现场，首先拿起扫帚开始清扫地板。

（2）拖把：主要是用于擦拭地板。

（3）抹布：作业台、办公桌、机械类等，原则上是使用抹布擦洗。灰尘或尘埃多的场合使用湿的抹布，需要磨光或除去油污的场合使用干抹布。

清洁用具的摆放，如扫帚、拖把等应该使用单支悬挂方式，手柄向上，不要杂乱堆放，拖把的拖头下方应放有水盆来盛装遗留的污水。污水应及时倒掉，以免引发异味和滋生蚊虫。抹布用完以后，应清洗干净，集中在一个地方晾晒，晾干后可叠放于指定柜内。

**7. 实施清扫工作**

（1）清扫地面、墙壁和窗户。在作业环境的清扫中，地面、墙壁和窗户的清扫是必不可少的，在清扫时，要探讨作业场地的最佳清扫方法。了解过去清扫时出现的问题，明确清扫后要达到的目的。清理整顿地面放置的物品，处理不需要的东西。全体人员清扫地面，清除垃圾，将附着的涂料和油污等污垢清除，并分析地面、墙壁、窗户的污垢来源，想办法杜绝污染源，并改进现有的清扫方法。

（2）清扫设备。设备一旦被污染，就容易出现故障，使用寿命也会缩短。为了防止这类情况的发生，必须杜绝污染源。因此要定期地进行设备和工具及其使用方法等方面的检查，经常细心地进行清扫。

在进行设备清扫时需要注意以下事项。

① 不仅设备本身，其附属、辅助设备也要清扫。

② 容易发生跑、冒、滴、漏部位要重点检查确认。

③ 油管、气管、空气压缩机等看不到的内部结构要特别留心。

④ 核查注油口周围有无污垢和锈迹。

⑤ 表面操作部分有无磨损、污垢和异物。

⑥ 操作部分、旋转部分和螺丝连接部分有无松动和磨损。

清扫设备时会发现不少问题，因而对发现的问题要及时处理，可以进行以下改进。

① 维修或更换难以读数的仪表装置。

② 添置必要的个人安全防护装置。

③ 及时更换绝缘层已老化或损坏的导线。
④ 对需要防锈保护或需要润滑的部位，要按照规定及时加油保养。
⑤ 清理堵塞管道。
⑥ 调查跑、冒、滴、漏的原因，并及时加以处理。

### （四）清洁（seiketsu）

清洁就是指工作场所始终保持非常干净的状态，即一直保持清洁后的状态。

**1. 坚持实施 5 分钟"3S"活动**

每天工作结束之后，花 5 分钟时间对自己的工作范围进行整理、整顿、清扫活动，无论是生产现场还是行政办公室都要推行该活动。以下是 5 分钟"3S"必做项目。

（1）整理工作台面，将材料、工具、文件等放回规定位置。
（2）清洗次日要用的换洗品，如抹布、过滤网、搬运箱。
（3）理顺电话线，关闭电源、气源、水源。
（4）清倒工作垃圾。
（5）对齐工作台椅并擦拭干净，在离开之前把椅子归位。

**2. "5S"目视化**

（1）透明化。在"5S"活动中，通常整理、整顿、清扫做得最差的地方，往往是看不到的场所，如藏在铁架或设备护盖背后的东西，此时，即可以利用目视管理，例如，取下护盖让它透明化，或者在外部护盖上加装视窗，可以看到里面的电气控制盘。

（2）状态的量化。装上各种测量仪器，将数量定量化，并用颜色标示管理界限，一旦有异常，便可立即了解。

（3）状态视觉化。如在电风扇上绑上布条，可以了解其送风状况，将配水管的一部分采用透明管道，并装上浮标，可以以目视管理做好水流管理。

**3. 适时深入培训**

"3S"活动展开初期，作业人员接受的是大众化的培训内容，如果要和自己的工作对号入座的话，有时又不知道从何做起。这就要求培训人员（管理人员）深入到每一个工序，与作业人员交换意见，制订具体的"3S"项目。

**4. "5S"标准化**

前面"3S"推进到一定程度，就进入了实施标准化的阶段。在生产管理现场，"标准"可以理解为"做事情的最佳方法"。

对整理、整顿、清扫如果不进行标准化，员工就只能按自己的理解去做，实施的深度就会很有限，就只能进行诸如扫扫地、擦擦灰、把工具摆放整齐一点之类的事情。

要彻底地进行整理、整顿、清扫工作就必须对于"3S"活动的维护方法及异常时的处理方法加以标准化，以维持整理、整顿、清扫工作必要的实施水准，避免由于作业方法不正确导致的实施水准不高、工作效率过低和可能引起的对设备和人身造成的安全事故。

### （五）素养（shitsuke）

素养是指培养具有良好习惯，遵守规则的员工，提高员工文明礼貌水准，营造团队精神。

素养是"5S"活动的核心，只有提高人员的素质，才能使各项活动顺利地开展，否则，就是开展了也坚持不了。

开展素养活动之后，班组长要对本班组成员素养活动的各个方面进行检查，查看效果如何。素养活动的检查内容包括以下几项。

**1. 日常活动**

（1）企业里是否已经成立"5S"小组。

（2）全公司是否经常开展有关"5S"活动方面的交流、培训。

（3）企业领导是否对"5S"很重视，并率先推广。

（4）全体员工是否都非常明确实施"5S"对企业和个人的好处，是否对实施"5S"活动充满热情。

**2. 员工行为规范**

（1）是否做到举止文明。

（2）能否遵守公共场所的规定。

（3）是否做到工作齐心协力，团队协作。

（4）是否遵守工作时间，不迟到早退。

（5）能否友好地沟通相处。

**3. 服装仪表**

（1）是否穿戴规定的工作服上岗，服装是否干净、整洁。

（2）厂牌等是否按规定佩戴整齐。

（3）鞋子是否干净。

（4）是否勤修指甲。

（5）是否勤梳理头发，面部是否清洁并充满朝气。

总之，素养可以持续推动"5S"，直至成为全员的习惯；使每位员工严守标准，按标准作业；净化员工心灵，形成温馨明快的工作氛围。

车间"5S"现场管理推行口诀：整理即需与非需、一留一清；整顿即科学布局、取用快捷；清扫即美化环境、拿来即用；清洁即形成制度、贯彻到底；修养即遵守制度、养成习惯。

## 三、"5S"管理活动推行步骤

**1. "5S"推行的不同做法**

推行"5S"基本可以分点式及面式两种不同做法。

（1）点式与面式推动比较见表5-2。

表5-2　点式与面式推动比较

| 项　目 | 点式做法 | 面式做法 |
|---|---|---|
| | 定点摄影法 | 评分改善法 |
| 适用企业 | 小型 | 中、小型 |
| 适用组织形态 | 1. 各部门人数比例悬殊<br>2. 有些部门人数过少（3人以下） | 1. 各部门人数均匀<br>2. 单部门人数较多者 |

续表

| 项 目 | 点式做法 | 面式做法 |
|---|---|---|
|  | 定点摄影法 | 评分改善法 |
| 执行难易度 | 简单易行 | 慎重、细琐 |
| 成效 | 较小、止于"4S" | 较大，达到"5S"全面之改善 |
| 推动期间 | 短（随时可导入） | 长（要选择时机导入） |
| 推动组织 | 管理科 | "5S"委员会或小组 |
| 执行人员 | 管理科科长 | "5S"主任委员、干事、各级委员 |
| 推动工具 | 照片 | 评分表 |
| 执行技巧 | 照片前后比较 | 稽核、沟通、协调 |
| 推动步骤 | 1. 计划<br>2. 宣导（训练）<br>3. 整理作战<br>4. 整顿作战<br>5. 方案施行<br>6. 缺点摄影<br>7. 公布改善<br>8. 奖惩对策 | 1. 计划　　　　2. 组织<br>3. 宣导　　　　4. 整理作战<br>5. 整顿作战　　6. 办法试行<br>7. 讨论修正　　8. 正式施行<br>9. 考评<br>10. 上级巡回评价<br>11. 检讨与奖惩<br>12. 推动后续新方案 |

（2）点式做法推动步骤见表5-3。

表5-3　点式做法推动步骤

| 序号 | 推动步骤 | 执 行 事 项 | 责任者 |
|---|---|---|---|
| 一 | 计划 | 1. 有关资料搜集、观摩他厂案例<br>2. 整理、整顿方式及行动目标规划<br>3. 教育训练及文宣活动计划<br>4. 部门区域或个人责任区之规划<br>5. 整理、整顿推动办法之设计<br>6. 整理、整顿推动计划表排定<br>7. 权责划分（员工、组长、课长、经理……）<br>8. 整理、整顿看板及缺点公告表之制作<br>9. 整理活动之规划<br>10. 整理之画线、定位、标示之规划 | 管理科 |
| 二 | 宣导 | 1. 全员及干部训练（n次）<br>2. 整理、整顿标语、征文、有奖征答活动<br>3. 绩优工厂观摩及心得照片发表<br>4. 整理、整顿推动办法讨论及宣达<br>5. 标语及海报制作，塑造气氛 | 管理科 |
| 三 | 整理作战 | 选一适当日期，实施整理计划，全厂大清理，区分要与不要的东西 | 各部门主管 |
| 四 | 整顿作战 | 选一适当日期，全厂执行定位、画线、标示，建立地、物之标准 |  |
| 五 | 推动办法实施 | 正式公告、下达决心 | 总经理、管理科 |
| 六 | 缺点摄影 | 1. 违犯整理整顿条文事实、摄影<br>2. 记住摄影位置（可做标记） | 管理科 |
| 七 | 照片公布改善 | 1. 及时公告<br>2. 标示事实、日期、地点及要求改正事项<br>3. 在公告栏公告，限时改正<br>4. 改正后，在同一地点再拍照，作前后比较 | 管理科 |
| 八 | 奖惩对策 | 1. 定期检讨（周、月、年度检讨）<br>2. 屡劝不改善者惩罚，表现绩效者表扬<br>3. 推动软体与硬体障碍对策、克服 | 总经理 |

（3）面式做法推动步骤见表5-4。

表5-4　面式做法推动步骤表

| 序号 | 推动步骤 | 执行事项 | 责任者 |
| --- | --- | --- | --- |
| 一 | 计划 | 1. 资料搜集与他厂观摩<br>2. 引进外部顾问协助<br>3. 行动目标规划<br>4. 训练与宣导活动设计<br>5. 方案与推动日程设计<br>6. 责任区域划分<br>7. 整理、整顿施行规划<br>8. "5S"周边设施（如看板）之设计 | 管理部或准"5S"活动干事 |
| 二 | 组织 | 1. 推动委员会的成立<br>2. 权责划分<br>3. 部门主管全身心投入<br>4. 执行评述作业<br>5. 行动业务支援<br>6. 协助改善工作 | 经过经营者核决 |
| 三 | 宣导 | 1. 教育训练<br>2. 标语、征文……比赛<br>3. 参观工厂<br>4. 海报、推行手册制作<br>5. 照片展<br>6. 经营者下达决心 | "5S"活动干事 |
| 四 | 整理作战 | 1. 找出不要的东西<br>2. 红牌作战……大扫除<br>3. 废弃物登记、分类、整理<br>4. 成果统计 | 各部门主管 |
| 五 | 整顿作战 | 1. 定位<br>2. 标示<br>3. 画线<br>4. 建立全面目视管理 | 各部门主管 |
| 六 | 推动办法实施 | 1. 全员说明会、经营者公布<br>2. 公告试行，要求严守 | "5S"活动主任委员 |
| 七 | 办法讨论修正 | 1. 问题点搜集与记录<br>2. 每周开会检讨，修正条文 | "5S"活动干事 |
| 八 | 推动办法正式施行 | 1. 全员集合宣布<br>2. 部门集合宣布 | "5S"活动干事 |
| 九 | 考核评分 | 1. 日评核<br>2. 月评核<br>3. 纠正、申诉、统计、评价 | 各评审委员 |
| 十 | 上级巡回诊断 | 1. 最高主管或顾问师亲自巡查（每月、每季）<br>2. 巡查诊断结果记录与说明（优、缺点提出） | 经营者顾问师 |
| 十一 | 检讨与奖惩 | 1. 定期检讨、记录对策（周、月、年度检讨）<br>2. 全员集合宣布成绩<br>3. 锦旗与黑旗之运用<br>4. 精神与实物之奖励 | "5S"活动干事 |
| 十二 | 推动后续新方案 | 1. 人员"5S"活动（纪律作战）<br>2. 设备"5S"活动（TPM作战） | "5S"活动主任委员干事 |

**2. "5S"活动推行步骤**

"5S"活动的导入与推行,每个工厂车间应依自己的实际状况,制订可行的具体计划,分阶段进行推展,一般来说,如果企业是初次推动"5S"活动,应按下述步骤进行,本书以某电子有限公司导入和实施"5S"的过程说明"5S"推行的步骤。

1)"5S"活动推行顺序

图5-21为整理、整顿活动导入流程图。

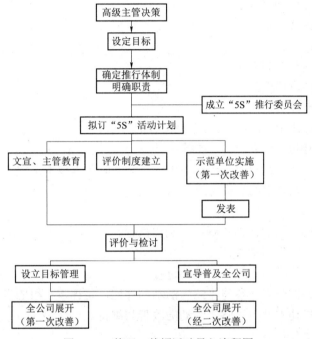

图5-21 整理、整顿活动导入流程图

2)建立"5S"推行组织

除了建立公司的"5S"推行委员会外,还应按部门,分别设置推进事务部门。公司最高管理者是当然的全体活动推动负责人,各职能部门主管即本部门推动负责人。例如,某电子有限公司"5S"推行组织如图5-22与图5-23所示。

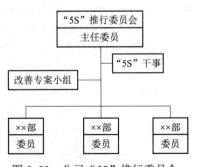

图5-22 公司"5S"推行委员会

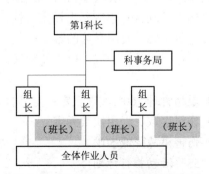

图5-23 车间"5S"活动推进组织图

3)"5S"推行组织职责

(1)"5S"推行委员会。

① 组织制订公司推行"5S"的目标、方针及可行的计划。

② 组织人员培训,制订可行的奖惩措施。

③ 主导全公司"5S"活动的展开。

(2)主任委员。

① 确定"5S"实施方针。

② "5S"活动计划的审批。

③ 批准推行委员会决议事项。

(3)"5S"干事。

① 拟订"5S"活动企划方案。

② 组织文宣活动及培训。

③ 召集会议和整理资料。

④ 组织检查、评比及评比结果的统计和公布。

(4)改善专案小组。

① 设定改善的主题,组织改善活动的进行,必要时要求技术工程人员参与。

② 督导改善活动在设定的目标与期限内完成。

(5)推行委员。

① 参与公司"5S"活动计划的制订并确实执行。

② 制订本部门"5S"活动规范。

③ 组织部门培训及推动"5S"活动的进行。

④ 完成诊断表、评分表并参与"5S"活动的评比,是评审小组的当然人选。

⑤ 定期检讨及推动本部门"5S"活动的改善与维持。

4)规划"5S"责任区域

公司"5S"推行委员会成立后,首先应明确划分各部门"5S"责任区域,确定"5S"责任人员,并以地图形式张贴公布。

5)制订"5S"推行方针及目标

推行"5S"活动,要依企业特色,制订具体可行的推行方针,作为"5S"活动展开的准则及推行工作的方向。如:① 彻底执行"5S",品质都在掌握中;② 人人做好"5S",企业体质一级棒;③ 塑造明朗、清爽、整洁的工作现场,从"5S"开始。

对"5S"活动推行也应预先设定目标,作为"5S"推行的努力方向及推行成果的参照,但目标设定要明确,要用具体的数字量化,设定的目标要经过一定时间的努力能达到,既不能太高,以免挫伤员工士气,也不能太低,轻而易举就能做到。目标可在活动中依实际情况进行调整。

(1)现品管理100%实现三定:定品目、定位置、定数量。

(2)物料误取、误用次数为零。

(3)伤害事故降低50%。

6)"5S"活动推行计划

编制"5S"日常活动推行计划表,保证活动按计划推进,设定执行期间的具体主题,既要有长计划，又要有短安排，并在外部顾问的指导下，阶段化、有系统地推动"5S"活动（见表 5-5 与表 5-6）。"5S"推行计划经"5S"推行委员会讨论定案，由主任委员审阅、核准，并公布予以执行。

表 5-5  某电子有限公司"5S"活动推行计划表

| 项目及步骤 | | 准备期间 | | | 实施期间 | | | | | | 维持期间 | | |
|---|---|---|---|---|---|---|---|---|---|---|---|---|---|
| | | 2月 | 3月 | 4月 | 5月 | 6月 | 7月 | 8月 | 9月 | 10月 | 11月 | 12月 | 1月 |
| 1 | "5S"推行前的协调会 | ←→ | | | | | | | | | | | |
| 2 | 建立推行组织、方针 | | ←→ | | | | | | | | | | |
| 3 | 宣誓会及海报、宣传活动 | | ←——→ | | | | | | | | | | |
| 4 | 拍摄存档 | | | ←→ | | | | | | | | | |
| 5 | 大扫除运动 | | | ←——→ | | | | | | | | | |
| 6 | 执行整理、整顿作业 | | | | ←————→ | | | | | | | | |
| 7 | 问题的检讨 | | | | | | ←——→ | | | | | | |
| 8 | 改善方案的做成 | | | | | | ←——→ | | | | | | |
| 9 | 实施改善与确认 | | | | | | | ←————→ | | | | | |
| 10 | 督导、评估、巡回检查 | | | | | | | ←————→ | | | | | |
| 11 | 拍摄存档 | | | | | | | | | | ←——→ | | |
| 12 | 发表会 | | | | | | | | | | | ←→ | |
| 13 | 活动反复推进 | | | | | | | | | | | ←————→ | |

说明：← 表示工作开始日期；→ 表示工作预期完成日期

表 5-6  某电子有限公司"5S"专案辅导工作进度表

| 期别 | 次数 | 日期 | 工作内容 | 参与人员 | 准备相关用品 |
|---|---|---|---|---|---|
| 训练宣导期 | 1 | | 1. 工作进度表确认<br>2. 讨论全部作业方式、确认做法<br>3. 现场"5S"资料及做法了解<br>4. 现场诊断及拍照<br>5. 干部训练 | 承办人员<br>各级干部 | 现行"5S"有关规定及投影机 |
| | 2 | | 1. 讨论先期活动之做法<br>2. 全员训练<br>3. 现场诊断及拍照<br>4. 有关"5S"教育资料讲解、了解 | 承办人员 | 幻灯机<br>投影机 |
| | 3 | | 1. "5S"执行做法资料说明<br>2. 标语或集训法研拟、讨论<br>3. 全员训练 | 承办人员 | 幻灯机<br>投影机 |
| | 4 | | 1. 标语比赛执行<br>2. 全员训练<br>3. 现场规划图绘制<br>4. 现场再度详细目视及问题点记录<br>5. "5S"缺点照片、海报制作 | 承办人员 | 海报纸<br>规划图（各区） |

续表

| 期别 | 次数 | 日期 | 工作内容 | 参与人员 | 准备相关用品 |
|---|---|---|---|---|---|
| | 5 | | 1. 涂色比赛执行方式研讨<br>2. 标语比赛评审<br>3. 规划图修正 | | 标语、比赛样张 |
| | 6 | | 1. 以规划图讨论定位方式（1F）<br>2. 现场检查<br>3. 干部训练细部"5S"之做法 | 1F 主管 | 规划图、投影机 |
| | 7 | | 1. 以规划图讨论定位方式（2F）<br>2. 现场实地了解 | 2F 主管 | 规划图、投影机 |
| | 8 | | 1. 以规划图讨论定位方式（3F）<br>2. 现场实地了解 | 3F 主管 | 规划图、投影机 |
| | 9 | | 1. 以规划图讨论定位方式（仓库）<br>2. 现场实地了解<br>3. 颜色区域心理法设定讨论<br>4. 干部训练：丰田"5S"观 | 仓库主管 | 规划图、投影机 |
| | 10 | | 1. "5S"活动办法草拟<br>2. 定位细节再讨论<br>3. 现场检查<br>4. 标语、漫画配置研究<br>5. 定点摄影法 | | 标语、漫画裱背、画线工具 |
| | 11 | | 1. "5S"活动办法修正及打印<br>2. 成立推动委员会，分发聘书<br>3. 看板建立研讨<br>4. 全厂定位结果检讨<br>5. 干部训练颜色管理 | | 组织表、投影机 |
| | 12 | | 1. "5S"试行前检讨<br>2. "5S"干部级解说、讨论<br>3. 标语、海报、漫画配置确立<br>4. 看板确立 | | 看板<br>（评价后） |
| | 13 | | 1. "5S"试行前检讨<br>2. 公布及全员解说（计2次） | | "5S"竞赛办法 |
| | 14 | | 1. 正式试行一个月<br>2. 干部训练"5S"与工作改善<br>3. 评分、运作方式检查<br>4. 评分结果检查 | | "5S"评分表及公布表 |
| 试行修正期 | 15 | | 1. "5S"有奖征答活动设计、研讨<br>2. 现场查核<br>3. 问题质疑 | | 有奖征答题目 |
| | 16 | | 1. "5S"问题点质疑、解答<br>2. "5S"执行结果检查<br>3. 下周试行结果检讨会准备 | | "5S"评分表 |
| | 17 | | 1. "5S"办法修正<br>2. "5S"问题点质疑<br>3. 现场拍照 | | "5S"竞赛办法 |
| | 18 | | 1. 正式施行"5S"办法，执行情形检查<br>2. 现场检查<br>3. 干部训练：沟通与协调之做法 | | |
| 正式推行期 | 19 | | 1. 绿化运动做法准备、讨论<br>2. 颜色心理法总结 | | |
| | 20 | | 1. 绿化运动后续执行、检讨<br>2. "5S"辅导总检讨 | | |

7）制订"5S"活动实施办法

"5S"活动推行与展开，要通过明确的书面规范，让员工了解哪些可以做，哪些不可做，怎么做才符合"5S"精神，"5S"活动办法包括：① 物品"要"与"不要"的区分标准；② 不要物废弃处理办法；③ "5S"活动评鉴方法；④ "5S"活动奖惩方法；⑤ 部门"5S"执行规范；等等。

"5S"活动实施办法制订方法有两种：一是由"5S"干事主导，深入基层详细调查，拟订出办法的草案，然后再召集基层干部讨论是否可行，经"5S"推行委员会召开会议修订、审核后发布执行；二是先对基层干部进行"5S"基础知识培训，由他们结合本部门现场实际状况，分工拟定本单位"5S"执行规范，再收集起来，通过"5S"推行委员会采取文件会审的办法达成共识，经审核修订后发布执行。一般采用第二种方法制订文件的企业较多，因为这有利于激发全员参与的兴趣，减少基层员工对"5S"活动的抵制，或者消除"'5S'只是推行委员会的事，与我无关"的心态。某电子有限公司正是采用后一种方法来制订其公司"5S"活动实施办法。由主任委员召集委员会议，请外部顾问机构对推行委员会各委员详细培训"5S"的基本知识，并讲解"5S"活动规范示例。然后在顾问机构的安排下，参观"5S"推行彻底的样板单位，分析公司现状，在顾问机构指导下，制订文件方案，经会审会签后，公布执行，其制订流程如图5-24所示。

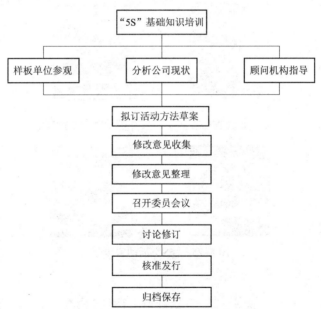

图5-24 某电子有限公司"5S"活动办法制订流程

8）广宣活动与教育训练

教育训练是"5S"活动成败的关键，特别是各推行委员，身为本部门的主管，一定要做到表率作用，做好本部门的老师，达成全员一致的认识，尤其是"5S"活动中会有一些反弹声音。如"'5S'重要，还是生产重要？""'5S'是改善浪费的活动，但做本身就是浪费"等。此时，部门主管必须做好教导工作，使"5S"活动有一个好的开始，为保证培训的效果，最好是能制订一本"5S"推行手册，并且人手一份，让全员确切了解"5S"的定义、目的、推行要领、实施方法、评审方法等。

在培训工作经过一定时间后,"5S"干事要组织各项广宣活动,进行宣导造势,在全厂范围内张贴标语、挂幅,如:① 人人做整理,空间会变大;② 整顿做得好,效率节节升;③ 时时做清扫,品质一定好;④ 你清洁,我清洁,工作流程更简洁;⑤ 常保素养心,天天好愉快。

设立"5S"专题黑板报,以漫画、图片形式介绍"5S"及"6S"知识(见图5-25与图5-26),组织"5S"活动演讲比赛,以及诸如"我对'5S'的理解""'5S'使我们更愉快"的征文活动。从其中选出优秀文章,在"5S"专栏中予以公布并给予一定的奖励,塑造踊跃参与"5S"的气氛。

图 5-25 "5S"活动宣传画

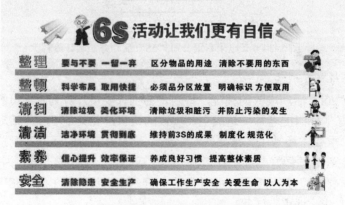

图 5-26 "6S"活动宣传画

9)"5S"活动试点展开

"5S"活动不是一开始即在公司全面展开,而应先选择特定的示范区域,树立样板单位。利用示范单位的经验加快活动的进行。在确定试行单位后,"5S"干事应协助试点单位主管制订试行方案,并督导做好试行前的准备作业,如:规划部门内部"5S"责任区域,并以图表方式公布;制订物品"要"与"不要"的标准并进行培训、说明;活动展开的用具如红色标签等的制作。

(1) 整理活动。按"要"与"不要"物品的标准将不要物品清除并进行大扫除,这个步骤未做完,活动不得往前进。不要物品如:① 生产现场的下脚料、废纸箱、破旧的包装袋;② 废弃的工具;③ 作业员的私人用品;④ 报废的设备及配管、配线等贴上红色标签。

(2) 整顿活动。经过大面积的清理后,建立清洁的工作场所,此时首先要做好污染源发生防止对策。因部门性质不同,污染源发生对策可能会有一些差别,对于处理技术难度较大的部位必须请工程技术部门协助配合。在实施作业场所或设备的清净化时,同时进行物品摆置方法的改善,对工、模用具、检测及测量仪器确定摆放方法及定位化,并通过目视管理进行维持与改善。例如,① 分析物料搬运途径及作业过程,制订现场平面规划图;② 将通道、原料区、完工区、不良品区画上黄线并用红漆喷上名称;③ 作业台或设备周围的成品区、不良品区画上黄线并标识名称;④ 作业设备予以编号,在每台设备上挂上过塑后的操作作业指导书;⑤ 在生产线头或工序上挂上名称标识牌;⑥ 确定工模存放区域,每台模具予以编号、分类摆放、标识;⑦ 将工具箱编号并规定摆放在作业台右边便于取拿处;⑧ 制订设备点检、保养制度及工模用后、每周上油规定。

(3) 检查评价。在试点单位整理、整顿活动开展一段时间后,由"5S"推行委员会检查试行方案的落实、达成情况,评价活动的实施效果。对试行期间的问题进行收集和分析。改善不足的方面,设计、调整下一次的行动方案,使新的计划更符合实际。

10)"5S"活动正式实施

通过对试点部门"5S"试行结果进行检讨后,确定公司正式实施"5S"的活动方案及推行办法、推行时间,由主任委员核准后予以公布,让公司全员了解"5S"活动推行的进程。活动办法由推行委员会对各委员进行说明,各委员对本部门进行说明。

当"5S"活动确定全面展开和实施后,公司最高管理者应召集全体人员举行宣誓大会。强调"5S"活动推行的决心,公布活动正式开始的日期及期望达成的目标。

11)"5S"活动的诊断与查核

"5S"活动的整个推行过程,必须对每个"S"进行定期诊断与查核。对活动过程中的偏差及时采取对策进行修正。

"5S"活动的诊断,一般采取部门自我诊断和推行委员会巡回诊断的方式。不管是采用哪一种方式,都要利用查核表。查核表的内容应包括查核的项目、方法、检查要点等。

(1) 车间、部门内部自我查核表(表5-7为整理内部自我查核表、表5-8为整顿内部自我查核表、表5-9为清扫内部自我查核表、表5-10为清洁内部自我查核表、表5-11为素养内部自我查核表)。

(2) "5S"巡回诊断表(见表5-12)。

表 5-7 整理内部自我查核表

| 项次 | 查检项目 | 得分 | 查检状况 |
|---|---|---|---|
| 1 | 通道状况 | 0 | 有很多东西,或者脏乱 |
| | | 1 | 虽能通行,但要避开,台车不能通行 |
| | | 2 | 摆放的物品超出通道 |
| | | 3 | 超出通道,但有警示牌 |
| | | 4 | 很畅通,又整洁 |
| 2 | 工作场所的设备、材料 | 0 | 一个月以上未用的物品杂乱放着 |
| | | 1 | 角落放置不必要的东西 |
| | | 2 | 放半个月以后要用的东西,且杂乱 |
| | | 3 | 一周内要用,且整理好 |
| | | 4 | 4日内使用,且整理好 |
| 3 | 办公桌(作业台)上、下及抽屉 | 0 | 不使用的物品杂乱 |
| | | 1 | 半个月才用一次的也有 |
| | | 2 | 一周内要用,但过量 |
| | | 3 | 当日使用,但杂乱 |
| | | 4 | 桌面及抽屉内均最低限度且整齐 |
| 4 | 料架状况 | 0 | 杂乱存放不使用的物品 |
| | | 1 | 料架破旧,缺乏整理 |
| | | 2 | 摆放不使用但整齐 |
| | | 3 | 料架上的物品整齐摆放 |
| | | 4 | 摆放为近日用,很整齐 |
| 5 | 仓库 | 0 | 塞满东西,人不易行走 |
| | | 1 | 东西杂乱摆放 |
| | | 2 | 有定位规定,但没被严格遵守 |
| | | 3 | 有定位也在管理状态,但进出不方便 |
| | | 4 | 任何人均易了解,退还也简单 |
| 6 | 合计 | 得分 | |

表 5-8 整顿内部自我查核表

| 项次 | 查检项目 | 得分 | 查检状况 |
|---|---|---|---|
| 1 | 设备、机器、仪器 | 0 | 破损不堪,不能使用,杂乱放置 |
| | | 1 | 不能使用的集中在一起 |
| | | 2 | 能使用但脏乱 |
| | | 3 | 能使用,有保养,但不整齐 |
| | | 4 | 摆放整齐、干净,最佳状态 |

续表

| 项次 | 查检项目 | 得分 | 查检状况 |
| --- | --- | --- | --- |
| 2 | 工具 | 0 | 不能用的工具杂放 |
|   |   | 1 | 勉强可用的工具多 |
|   |   | 2 | 均为可用工具,缺乏保养 |
|   |   | 3 | 工具有保养,有定位放置 |
|   |   | 4 | 工具采用目视管理 |
| 3 | 零件 | 0 | 不良品与良品杂放在一起 |
|   |   | 1 | 不良品虽没及时处理,但有区分及标示 |
|   |   | 2 | 只有良品,但保管方法不好 |
|   |   | 3 | 保管有定位标示 |
|   |   | 4 | 保管有定位,有图示,任何人均很清楚 |
| 4 | 图纸、作业标示书 | 0 | 过期的与使用中的杂放在一块 |
|   |   | 1 | 不是最新的,但随意摆放 |
|   |   | 2 | 是最新的,但随意摆放 |
|   |   | 3 | 有卷宗夹保管,但无次序 |
|   |   | 4 | 有目录,有次序,且整齐,任何人很快能使用 |
| 5 | 文件档案 | 0 | 零乱放置,使用时没法找 |
|   |   | 1 | 虽显零乱,但可以找得着 |
|   |   | 2 | 共同文件被定位,集中保管 |
|   |   | 3 | 以事务机器处理而容易检索 |
|   |   | 4 | 明确定位,使用目视管理,任何人能随时使用 |
| 6 | 合计 | 得分 |   |

表 5-9  清扫内部自我查核表

| 项次 | 查检项目 | 得分 | 查检状况 |
| --- | --- | --- | --- |
| 1 | 通道 | 0 | 有烟蒂、纸屑、铁屑等其他杂物 |
|   |   | 1 | 虽无脏物,但地面不平整 |
|   |   | 2 | 有水渍、灰尘,不干净 |
|   |   | 3 | 早上有清扫 |
|   |   | 4 | 使用拖把,并定期打蜡,很光亮 |
| 2 | 作业场所 | 0 | 有烟蒂、纸屑、铁屑等其他杂物 |
|   |   | 1 | 虽无脏物,但地面不平整 |
|   |   | 2 | 有水渍、灰尘,不干净 |
|   |   | 3 | 零件、材料、包装材存放不妥,掉地上 |
|   |   | 4 | 使用拖把,并定期打蜡,很光亮 |

续表

| 项次 | 查检项目 | 得分 | 查检状况 |
|---|---|---|---|
| 3 | 办公桌 作业台 | 0 | 文件、工具、零件很脏乱 |
| | | 1 | 桌面、作业台面布满灰尘 |
| | | 2 | 桌面、作业台面虽干净，但破损未修理 |
| | | 3 | 桌面、台面很干净整齐 |
| | | 4 | 除桌面外，椅子及四周均干净亮丽 |
| 4 | 窗、墙板 天花板 | 0 | 任凭破烂 |
| | | 1 | 破烂但仅应急简单处理 |
| | | 2 | 乱贴挂不必要的东西 |
| | | 3 | 还算干净 |
| | | 4 | 干净亮丽，很是舒爽 |
| 5 | 设备工具仪器 | 0 | 有生锈 |
| | | 1 | 虽无生锈，但有油垢 |
| | | 2 | 有轻微灰尘 |
| | | 3 | 保持干净 |
| | | 4 | 使用中防止不干净措施，并随时清理 |
| 6 | 合计 | 得分 | |

表5–10　清洁内部自我查核表

| 项次 | 查检项目 | 得分 | 查检状况 |
|---|---|---|---|
| 1 | 通道和作业区 | 0 | 没有划分 |
| | | 1 | 有划分，但不流畅 |
| | | 2 | 划线感觉还可 |
| | | 3 | 划线清楚，地面有清扫 |
| | | 4 | 通道及作业区感觉很舒畅 |
| 2 | 地面 | 0 | 有油或水 |
| | | 1 | 油渍或水渍显示得不干净 |
| | | 2 | 不是很平 |
| | | 3 | 经常清理，没有脏物 |
| | | 4 | 地面干净亮丽，感觉舒服 |
| 3 | 办公桌 作业台 椅子 架子 会议室 | 0 | 很脏乱 |
| | | 1 | 偶尔清理 |
| | | 2 | 虽经清理，但还是显得脏乱 |
| | | 3 | 自己感觉很好 |
| | | 4 | 任何人都会觉得很舒服 |

| 项次 | 查检项目 | 得分 | 查检状况 |
|---|---|---|---|
| 4 | 洗手台厕所等 | 0 | 容器或设备脏乱 |
| | | 1 | 破损未修补 |
| | | 2 | 有清理,没异味 |
| | | 3 | 经常清理,没异味 |
| | | 4 | 干净亮丽,还加以装饰,感觉舒服 |
| 5 | 储物室 | 0 | 阴暗潮湿 |
| | | 1 | 虽阴湿,但通风 |
| | | 2 | 照明不足 |
| | | 3 | 照明适度,通风好,感觉清爽 |
| | | 4 | 干干净净,整整齐齐,感觉舒服 |
| 6 | 合计 | 得分 | |

表 5–11 教养内部自我查核表

| 项次 | 查检项目 | 得分 | 查检状况 |
|---|---|---|---|
| 1 | 日常"5S"活动 | 0 | 没有活动 |
| | | 1 | 虽有清洁、清扫工作,但非"5S"计划性工作 |
| | | 2 | 开会有对"5S"宣导 |
| | | 3 | 平常做能够做得到的 |
| | | 4 | 活动热烈,大家均有感受 |
| 2 | 服装 | 0 | 穿着脏,破损未修补 |
| | | 1 | 不整洁 |
| | | 2 | 纽扣或鞋带未系好 |
| | | 3 | 厂服、识别证依规定穿戴 |
| | | 4 | 穿着依规定,并感觉有活力 |
| 3 | 仪容 | 0 | 不修边幅,又脏 |
| | | 1 | 头发、胡须过长 |
| | | 2 | 上两项,其中一项有缺点 |
| | | 3 | 均依规定整理 |
| | | 4 | 感觉精神有活力 |
| 4 | 行为规范 | 0 | 举止粗暴,口出脏言 |
| | | 1 | 衣衫不整,不讲卫生 |
| | | 2 | 自己的事可做好,但缺乏公德心 |
| | | 3 | 公司规则均能遵守 |
| | | 4 | 主动精神、团队精神 |

续表

| 项次 | 查检项目 | 得分 | 查检状况 |
|---|---|---|---|
| 5 | 时间观念 | 0 | 大部分人缺乏时间观念 |
| | | 1 | 稍有时间观念，开会迟到的很多 |
| | | 2 | 不愿时间约束，但会尽力去做 |
| | | 3 | 约定时间会全力去完成 |
| | | 4 | 约定的时间会提早去做好 |
| 6 | 合计 | 得分 | |

表 5-12 "5S"巡回诊断表

| 项目 | | 查 检 内 容 | 作业基准 | 判定 |
|---|---|---|---|---|
| 地面（踏板） | 1 | 地面没有洒落油渍、切削粉屑 | | |
| | 2 | 地面没有散落垃圾、零件等 | | |
| | 3 | 地面没有堆置不良品 | | |
| | 4 | 地面没有污渍 | | |
| | 5 | 地面没有破损或油漆剥落 | | |
| | 6 | 割分线、定位记号没有脏、破损或脱落 | | |
| 台车 手推车 | 7 | 台车、手推车有责任者标示 | | |
| | 8 | 台车、手推车没有破损处所 | | |
| | 9 | 台车、手推车车轮正常，没有垃圾、切削粉屑 | | |
| | 10 | 台车、手推车的摆置场所有标示 | | |
| 搬运（道具）箱 | 11 | 搬运箱依直线、直角定位摆放 | | |
| | 12 | 搬运箱高度未超过标准 | | |
| | 13 | 搬运箱没有破损处 | | |
| | 14 | 搬运箱没有附着垃圾、粉屑 | | |
| 机械 | 15 | 设备有标示机台编号、名称 | | |
| | 16 | 设备上无乱涂乱画 | | |
| | 17 | 设备上方平台，设有摆放东西的处所 | | |
| | 18 | 设备或工程，有标示防呆措施 | | |
| | 19 | 设备上没有任意粘贴不相关的贴纸 | | |
| | 20 | 机械的危险处所，有做危险标示（黄色、斑马斜线） | | |
| （油压）3点组合 | 21 | 3点组合的机油杯，有依规定量加油 | | |
| | 22 | 3点组合的过滤器，污水未超规定量 | | |
| | 23 | 3点组合的压力表，设定值标示未脏污 | | |
| 测定仪器 量具测定器 计测器 | 24 | 测定仪器没有污垢或生锈 | | |
| | 25 | 测定仪器的金属部分设有隔离以防碰撞 | | |
| | 26 | 测定仪器的摆置场所，有遵守规定 | | |
| | 27 | 测定仪器的检验标记，未超过标示期间 | | |

续表

| 项目 | | 查 检 内 容 | 作业基准 | 判定 |
|---|---|---|---|---|
| 润滑 | 28 | 润滑供油口,有依规格标示润滑液面 | | |
| | 29 | 作动油筒,有标示下次清洗及换油日期 | | |
| | 30 | 润滑分油器或齿轮箱漏油 | | |
| 各种机器 | 31 | 制动开关有标示开闭状态 | | |
| | 32 | 必要的螺丝,有标示吻合记号 | | |
| | 33 | 皮带护盖,有依规格标明尺寸及条数 | | |
| | 34 | 马达有张贴温度标贴纸(0.75 kW 以上) | | |
| | 35 | 回转部有标示方向指示 | | |
| | 36 | 刃具有标示检点、更换周期 | | |
| | 37 | 模具、工具有标示名称(编号) | | |
| | 38 | 刃具、工具有遵守设定的放置场所 | | |
| | 39 | 极限开关有对切削粉屑、油垢等做清除 | | |
| 码表 | 40 | 计器(压力计、油面计、电压计等)没有污垢 | | |
| | 41 | 计器(压力计、油面计、电压计等)各有标示范围设定 | | |
| 配线配管码表 | 42 | 配管、油气压装置部位没有漏油 | | |
| | 43 | 一次配管有标示规定的流向与识别 | | |
| | 44 | 配线有绑束,井然排列 | | |
| | 45 | 折动部位的配线,未与其他部分碰触 | | |
| | 46 | 配线之导管绝缘漆包线没有破损 | | |
| | 47 | 配线、配管接头部没有松脱、破损 | | |
| 分电盘控制盘操作盘 | 48 | 盘内无垃圾或不必要物品 | | |
| | 49 | 盘内备有配线图 | | |
| | 50 | 盘之门肩的密封状态良好,完全密闭 | | |
| | 51 | 盘体没有不必要的洞口 | | |
| | 52 | 盘体没有乱涂或不必要的贴纸 | | |
| | 53 | 盘面电流表示灯有点亮 | | |
| 作业台 | 54 | 作业台未置不必要之物品 | | |
| | 55 | 作业台无污垢、无破损 | | |
| 公布栏 | 56 | 公布物无污垢、无破损 | | |
| | 57 | 不要(已过效期)的内容没有公布 | | |
| | 58 | 标示物高度要一致,有直线、直角的张贴 | | |
| 其他(管理) | 59 | "5S"责任分担(我的 PM 责任)图表,吊挂在生产线的明显处 | | |
| | 60 | 操作员能自答自己的"5S"责任区域 | | |

12)"5S"活动的评价
(1)车间生产现场"5S"活动评分标准表(见表 5-13)。

表 5–13　车间生产现场"5S"活动评分标准表

| 项次 | 水准项目 | 得分 | | | | |
|---|---|---|---|---|---|---|
| | | 1 | 2 | 3 | 4 | 5 |
| 1 | 现场"5S"推展体制（单位主管） | 有"5S"推展组织表及推展计划 | 定期举行"5S"活动会议（有会议记录） | 全员参与，依照计划完成推行活动 | 订有改善的推展计划，且对策依计划完成 | 单位的达成水准一目了然，已达100%目标 |
| 2 | 清扫（设备本体） | 有制订清扫计划，各人的职责及图示，完成全员的教育 | 完成润滑部位及设备周围的清扫 | 完成附属设备之清扫 | 完成设备本体的清扫 | 对于潜在缺陷或振动过度、异声等，具发现异常能力，且制订对策 |
| 3 | 污染发生源 | 已能掌握污染发生源处 | 有图示，并完成对策计划（针对各项目） | 达成50%以上之对策 | 达成80%以上之对策 | 对策达成100%，并能于短时间内完成清扫 |
| 4 | 清扫困难处所 | 已能掌握清扫困难之处所 | 有图示，并完成对策计划（针对各项目） | 达成50%以上之对策 | 达成80%以上之对策 | 完成清扫器具、设备护盖之改善，对策达成100%，并能于短时间内完成清扫 |
| 5 | 30秒内取出、归位（资料夹、工具、测定器、零件等） | 具备识别必要与不必要物品的能力 | 归位、场所等已定位化（谁都可以看清楚） | 完成定位化的标示 | 制订确保容易取出的方法 | 已能达成30秒内取出想要的东西及归位，已结合能力提升绩效 |
| 6 | 安全对策（设备对象） | 已了解设备不安全部位 | 包括现有设备及新设备，已能全部达成安全部位之点检 | 对不安全部位完成对策 | 已按对策实施 | 定期的实施设备修护与改善，完了解正确使用，创造安全工作场所 |
| 7 | （目视管理）A：配管内物质流向标示 | 实施教育，已了解必要数量 | 配管标示达50%~70% | 配管标示达70%~90%。标志牌的装置未完成 | 配管标示达100%。实施标示牌的装置 | 有管理表单、图示，定期实施修护、改善，并完成误判防止、危险标示及安全确保等作业 |
| 8 | （目视管理）B：开关阀开关标示 | 实施教育，已了解各种类别、标示板之必要数量 | 标志牌的装置，完成50%~70% | 已完成70%~90% | 已完成100%，最少2次/天做到开关的确认 | 有管理表单、图示，定期实施修护、改善，并了解操作方向、开关的状态 |
| 9 | （目视管理）C：钢索、绳索之保管 | 已实施安全课程之教育，并了解各种类别之数量 | 钢索颜色的标示，已完成100% | 完成保管及尺寸标示 | 有管理表单，实施使用后之检点和钢索涂油作业，以及日常检点作业确定 | 保持最佳使用状态之维持管理 |
| 10 | （目视管理）D：灭火器标示 | 实施教育，已了解各种类别及数量 | 标志牌及管理责任标示完成70%以上 | 标志牌及管理责任者标示，完成100% | 有管理表单，并定期检点 | 有图示、规定，全员清楚，做好责任者的变更，容器、标志牌等清洁维持的管理 |
| 11 | （目视管理）E：温度标示 | 实施教育，已了解各种类别及数量 | 完成标贴纸之张贴达50%~70% | 完成标贴纸之张贴达70%~99% | 完成标贴纸之张贴达100%，且确实实施1次/天之标贴点检 | 有管理表单或图示，实施标贴纸污秽换新、修正、改善等能有效防止发热部位所影响之设备故障 |
| 12 | （目视管理）F：配合记号（栓紧螺丝） | 有实施计划，已了解必要处所的数量，完成教育实施 | 完成配合记号，达50%~70% | 完成配合记号，达70%~99% | 完成配合记号，达100% | 有管理表单，并实施定期点检，能有效防止因设备螺丝之松弛所发生的故障 |
| 13 | （目视管理）G：冷却风扇 | 实施教育，已了解必须张贴转向标贴之处所 | 完成转向标贴，达50%~70% | 完成转向标贴，达70%~99% | 完成转向标贴，达100% | 有管理表单，每日执行风扇转向的确认，能有效实施修护、改善及防止故障之发生 |

（2）"5S"的评鉴方法。

① 评鉴的频率。"5S"活动在导入期时，评审频率应较高，每日一次或每两日一次，每一个月进行一次汇总统计，对成绩较好的单位给予表扬，对成绩较差的单位则予以督导和纠正。

② 评鉴工具。评鉴活动人员应统一佩戴"评分员"臂章，使用统一的评分用资料夹、评分标准表、生产现场评分记录表（见表5-14）、"5S"活动评分表（见表5-15），评分时，评分人员在发现缺点时，先用评分记录表描述缺点状况，然后对照评分标准表查核缺点项目及应扣的分数，再用"5S"评分表予以统计得分，这样可节约评分时间。

表5-14 生产现场评分记录表

| 单位代号 | 缺点状况描述 |
| --- | --- |
|  |  |
|  |  |
|  |  |
|  |  |
|  |  |
|  |  |

评分人：　　　　　　　　日期：

表5-15 "5S"活动评分表

| 单位别 | 项目代号 | 得分 | 得分合计 | 单位别 | 项目代号 | 得分 | 得分合计 |
| --- | --- | --- | --- | --- | --- | --- | --- |
|  |  |  |  |  |  |  |  |
|  |  |  |  |  |  |  |  |
|  |  |  |  |  |  |  |  |
|  |  |  |  |  |  |  |  |
|  |  |  |  |  |  |  |  |
|  |  |  |  |  |  |  |  |
|  |  |  |  |  |  |  |  |
|  |  |  |  |  |  |  |  |
|  |  |  |  |  |  |  |  |
|  |  |  |  |  |  |  |  |
|  |  |  |  |  |  |  |  |
|  |  |  |  |  |  |  |  |

评分人：　　　　　　　　日期：

③ "5S" 评分计算方法。为了判断"5S"活动达成的水准及比较各小组的实施程度,要通过"5S"活动评分表所评分数计算各小组的实得分数。因为各小组的清扫难度、人员及责任区域不完全相同,因此要确定加权系数,这样才能比较客观地反映各小组的实际分数,其计算公式为

$$各小组实际分数 = "5S"评分表评分 \times 加权系数 K$$

$$加权系数 K = \frac{(K_1 + K_2 \times K_2 + K_4)}{3}$$ (各字母含义如下)

a) 整理、整顿难度系数 $K_1$。根据小组"5S"责任区域面积大小,需整理的物品数量、质量及物流频率综合设定,以其中一组难度较适中的作为参照系数 1,其余的与参照系数比较后确定各组相应的 $K_1$ 值。

b) 清扫、清洁难度系数 $K_2$。$K_2$ 主要参照该组的面积比率,其值为

$$面积比率 = 责任区面积数 / "5S"活动总面积数$$

例:

| 面积比率 | 0.1 以下 | 0.1~0.2 | 0.2~0.4 | 0.4~0.5 | 0.5 以上 |
|---|---|---|---|---|---|
| $K_2$ | 1 | 1.02 | 1.05 | 1.07 | 1.10 |

c) 清扫、清洁人数系数 $K_3$。$K_3$ 主要参照该组的人数比率,其值为

$$人数比率 = 该组员工人数 / "5S"活动总人数$$

例:

| 人数比率 | 0.1 以下 | 0.1~0.2 | 0.2~0.4 | 0.4~0.5 | 0.5 以上 |
|---|---|---|---|---|---|
| $K_3$ | 1 | 1.02 | 1.05 | 1.07 | 1.10 |

d) 素养系数 $K_4$。
$K_4$ 主要参照该组的人数比率。
例:

| 人数比率 | 0.1 以下 | 0.1~0.2 | 0.2~0.4 | 0.4~0.5 | 0.5 以上 |
|---|---|---|---|---|---|
| $K_4$ | 1 | 1.02 | 1.04 | 1.06 | 1.08 |

e) 各组的加权系数 $K$ 依各自的 $K_1$、$K_2$、$K_3$、$K_4$ 计算得出

$$K = \frac{(K_1 + K_2 \times K_2 + K_4)}{3}$$

| 编号 | 组别 | 组名 | $K_1$ | $K_2$ | $K_3$ | $K_4$ | $K$ |
|---|---|---|---|---|---|---|---|
| 1 | | 注塑组 | | | | | |
| 2 | | 装配组 | | | | | |
| 3 | | 冲压组 | | | | | |
| ... | ... | ... | | | | | |

④ "5S"活动评价公布。在评分活动结束的当天,由"5S"干事统计各小组实际分数,并于次日在公司或车间公告栏公布。成绩的好坏以相应的灯号颜色表示。

a)绿灯:90 分及以上;

b)蓝灯:80 分及以上,90 分以下;

c)黄灯:70 分及以上,80 分以下;

d)红灯:70 分以下。

⑤ "5S"活动奖惩规定。

a)每月举行小组竞赛活动,对竞赛成绩前三名单位给予表扬及物质奖励。

第一名的小组:授予"钻石水准"称号及锦旗,并发放奖金人民币××元。

第二名的小组:授予"金水准"称号及锦旗,并发放奖金人民币××元。

第三名的小组:授予"银水准"称号及锦旗,并发放奖金人民币××元。

最后一名的小组:授予"加油"锦旗,进行督导与激励。

b)所有小组成绩都在 80 分以下时,不予奖励。

c)奖金应作为小组的公共活动基金,不能予以私分。

13)"5S"活动的检讨与改善

"5S"活动必须持续地推进方能显现"5S"的效力。

(1)问题点的检讨。"5S"活动的导入期,要经常检讨存在的问题点,至少每周一次,如果一个月不检讨,就会发现问题成堆,活动难以推行。"5S"开始实施的时候,常见以下问题:

① 员工积极性不高,甚至有抵触情绪;

② 长期的不良习惯难以改变;

③ "5S"责任区域划分不均匀;

④ "5S"评比活动有失公正。

(2)问题点的整理。"5S"干事依"5S"评分记录表中记录的问题点进行整理,统计各部门的总缺点数量及主要缺点项目做成各部门重点改善项目,并以"5S"活动整改通知传达至各部门,要求在限期内进行整改至验证合格为止。表 5-16 为"5S"活动整改通知单。

表 5-16 "5S"活动整改通知单

| 部门别: | | 编号: | | |
|---|---|---|---|---|
| 项目 | 整改内容 | 责任人 | 整改期限 | 验证时间 | 验证人 |
| | | | | | |
| | | | | | |
| | | | | | |
| | | | | | |
| | | | | | |
| | | | | | |
| | | | | | |
| | | | | | |
| 发文单位 | | | 签收单位 | | |

（3）问题的层别。在"5S"活动的问题点中，以柏拉图分析法分层次区别出重点问题，针对少数的重点问题进行改善，以促进改善活动的成效，例如，图 5-27 为某电子有限公司 2009 年 6 月份"5S"活动问题点层别。

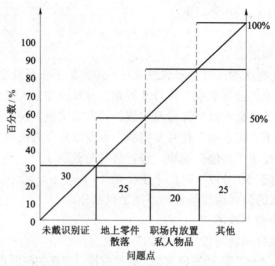

图 5-27　某电子有限公司 2009 年 6 月份"5S"问题点层别

结论：
① 未戴识别证；
② 地上零件散落；
③ 职场内放置私人物品。

以上 3 项内容为少数的重点问题，占总问题的 75%。

针对重点问题，进行原因分析，制订改善对策，责成责任者限期改善。表 5-17 为问题点对策表。

某民营企业
6S 管理案例

表 5-17　问题点对策表

| 编号 | 问题点 | 原因分析 | 对策 | 改善期限 |
| --- | --- | --- | --- | --- |
| 1 | 未戴识别证 | 1. 识别证遗失没及时补上<br>2. 干部未能严格要求 | 1. 遗失登记申请<br>2. 早会进行仪容检查，干部加强要求 | 月　日 |
| 2 | 地上零件散落 | 1. 零件散落未拾起<br>2. 搬运工具不适合<br>3. 作业不小心 | 1. 干部加以巡视和要求<br>2. 搬运工具和容器加以改进<br>3. 作业台加以改进 | 月　日 |
| 3 | 职场内放置私人物品 | 1. 员工未遵守规范<br>2. 私人物品柜不足 | 1. 严格要求员工遵守<br>2. 确认每位员工物品柜情况 | 月　日 |

"5S"活动的实施要不断进行检讨改善及效果确认，当确认改善对策有效时，要将其标准化、制度化，纳入日常管理活动架构中，将"5S"的绩效和能率、设备的开动率、客诉率、出勤率、工伤率等并入日常管理中。表 5-18 为日常管理表。

表 5-18 日常管理表

| 编号 | 管理项目 | 目　　标 | 基　　准 | 管理方式 |
|---|---|---|---|---|
| 1 | 能率 | | | |
| 2 | 开动率 | | | |
| 3 | 综合效率 | | | |
| 4 | 不良率 | | | |
| 5 | "5S"得分 | | | |
| 6 | 出勤率 | | | |
| 7 | 客诉率 | | | |
| 8 | 工伤率 | | | |

▶ 课堂讨论

上网或到企业车间搜集资料，针对地区骨干企业某一车间"5S"管理活动进行调研写出报告，并提出合理化建议，进行课堂分组讨论并进行评价测试：你是否已掌握车间"5S"管理活动？

## 任务三　车间定置管理

➤ **任务提示**：本任务将引领你明确车间定置管理的概念、内容和操作步骤等。

➤ **任务先行**：什么是定置管理？车间定置包括哪些主要内容？定置管理活动推行步骤有哪些？定置图绘制的原则有哪些？

▶ 视野拓展

### 南通青山船舶设备制造有限公司推行定置管理的实践与成效

南通青山船舶设备制造有限公司共有13个生产车间，经过30余年的基本建设，生产布局基本上是合理的，生产条件也得到了极大的改善，其中轮机、造机、修船、铜工、机电、船装等车间厂房也比较宽敞，设备布局较为合理，至于人、物、场所优化组合的条件，虽然存在一些困难，但推行定置管理应该没有大的问题，可以参照一般机械制造工业定置管理的经验进行设计和规划。难度大的是船体、船台、水上、铸造、锻压等车间，特别是船体车间作业面宽，工作场地分散，工作条件艰苦，原材料、材、构件粗重，中转环节多，脏、乱源多，由于历史的原因，清理、整顿的任务繁重，管理的难度也大。这些车间安全、质量问题较多，又是生产的主体车间，推行定置管理势在必行。在以上分析的基础上，公司对推行定置管理的方法、工作重点、程序和步骤作了以下考虑。

（1）应该有一个定置管理的办法，作为开展工作指导性的纲领。应该对有关定置管理的概念、内容和要求，需要开展的活动，达到的标准及检查考核的有关要求做出规定。该办法出台后要组织学习，为后一步的工作打好基础。

（2）应抓住推行定置管理的难点和重点，以点带面、点面结合开展工作。先考虑选择船体车间，该车间的问题解决了，就成功了一半，摸索出了经验，树立了榜样。

（3）应结合生产实际情况，在不影响生产进度的情况下，认真组织几次大的清理、整顿活动，为定置工作创造条件。

（4）要注意建章立制，把组织大的活动与加强日常管理结合起来。这就需要在定置管理工作开展到一定深度的情况下，及时指导车间建章立制，强化日常管理，并与经济责任制挂钩考核。

（5）在适当时候，组织人员对全公司定置管理工作进行检查评比、考核，以表彰先进，推广先进经验，鞭策后进，进一步推动工作向纵深发展。

在以上思路的指导下，经过进一步的调查研究，作为推行定置管理工作的第一步，2010年10月，公司制订和出台了文明生产定置管理办法，作为开展定置管理工作的一个指导性文件。该办法的主要内容包括以下几项。

（1）说明了定置管理和"5S"活动概念的内涵和外延。

（2）明确了定置的内容。主要有两条：

① 确定"物"所放置的场所及方式；

② 确定定置物的标志。

（3）对定置的对象和分类做出了规定。

根据船厂的特点和生产现场的实际情况，对操作者、作业加工的对象和场地布局按4类定置。

① 一类为与加工工序处于紧密结合状态之物。如未交验的产成品、正在加工、交检、装配的零部件、预制件、构件、产成品，在用量具、检具、辅具、卡具等。

② 二类为待用和待加工类，如毛坯、待加工、待装配的零部件、外购配套件、重复上场的工装、辅具、周转零件用的运输工具等。

③ 三类为代管物品类。如交检完待转的零部件、构件、产成品、待入库的产成品、封存的设备、工装和辅具等。

④ 四类为待清除类物品。主要是废品、料头、切屑、垃圾等。

（4）对各类定置管理图的绘制作了指导性规定。如车间、班组、库房等定置图均应明确存放定置物所处的区域，并用不同颜色标记出四类物品存放的位置，并且制成定置图，放置在生产现场醒目的位置。

（5）提出了加强定置管理要求。如定置物应放置在指定区域内，放置位置与标志牌相符，定置区域要用护栏或地线表示，零件摆放做到长的上挂、短的上架、成线成行，垃圾、铁屑、料头等入料斗，经常保持场地清洁等。

（6）确定了定置管理应达到的目标。如生产现场的定置率必须达到80%以上，库房定置率必须达到85%以上等。

（7）进行了职能分配，明确了检查标准、检查与考核的要求和实施单位。

### 知识链接

## 一、定置管理概念

定置管理是根据安全、品质、效率、效益和物品本身的特殊要求，进而科学规定物品置放在特定位置的管理方法。

定置管理起源于日本，由日本青木能率（工业工程）研究所的文明生产创导者青木龟男始创。他从 20 世纪 50 年代开始，根据日本企业生产现场管理实践，经过潜心钻研，提出了定置管理这一新的概念，后来又由日本企业管理专家清水千里在应用的基础上，发展了定置管理，把定置管理总结和提炼成一种科学的管理方法，并于 1982 年出版了《定置管理入门》一书。之后，这一科学方法在日本许多公司得到推广应用，都取得了显著的效果。

## 二、定置管理内容和操作步骤

定置管理是对生产现场中的人、物、场所三者之间的关系进行科学的分析研究，使之达到最佳结合状态的一门科学管理方法，它以物品在场所的科学定置为前提，以完整的信息系统为媒介，以实现人和物品有效结合为目的，通过对生产现场的整理、整顿，把生产中不需要的物品清除掉，把需要的物品放在规定的位置上，使其随手可得，从而促进生产现场管理文明化、科学化，达到高效生产、优质生产、安全生产的目的。它实际上是"5S"活动的一项基本内容，是"5S"活动的深入和发展。

**1. 定置管理的内容**

定置管理的内容较为复杂，在工厂中可粗略地分为工厂区域定置、生产现场定置和办公室定置等。在此主要讲一下与车间班组生产密切相关的生产现场定置内容。

1）区域定置

（1）A 类区：放置 A 类物品。如在用的工具、卡具、量具、辅具，正在加工、交检的产品，正在装配的零部件。

（2）B 类区：放置 B 类物品。如重复上场的工装、辅具、运输工具，计划内投料毛坯，待周转的半成品，待装配的外配套件及代保管的工装，封存设备，车间待管入库件，待料，临时停滞料（因工艺变更）等。

（3）C 类区：放置 C 类物品。如废品、垃圾、料头、废料等。

2）设备、工装的定置

（1）根据设备管理要求，对设备划分类型（精密、大型、稀有、关键、重点等设备）分类管理。

（2）自制设备、专用工装经验证合格交设备部门管理。

（3）按照工艺流程，将设备合理定置。

（4）对设备附件、备件、易损件、工装，合理定置，加强管理。

3）操作者定置

（1）人员实行机台（工序）定位。

（2）某台设备、某工序缺员时，调整机台操作者的原则是保证生产不间断。

（3）培养多面手，搞一专多能。

4）质量检查现场定置

检查现场一般划分合格品区、待检区、返修区、废品区、待处理品区。

可用字母符号 A、B、C 来进行区域分类标记；也可用红、黄、蓝等颜色表示或直接用中文表示。

5）质量控制点定置

质量控制点定置，即把影响工序质量的各要素有机地结合成一体，并落实到各项具体工作中去，做到事事有人负责。

（1）操作人员定置（定岗）。

（2）操作人员技术水平必须符合岗位技术素质的要求。

（3）操作人员应会全面运用质量管理方法。

（4）操作人员应做到文明生产。

6）其他定置

（1）工件的定置管理。

（2）工具箱及箱内物品的定置管理。

（3）运输工具、吊具的定置管理。

（4）安全设施的定置管理。

**2. 定置管理实施步骤**

1）方法研究

方法研究是定置管理开展的起点，它是对生产现场现有加工方法、机器设备情况、工艺流程等全过程进行详细分析研究，确定其方法在技术水平上的先进性，在经济上的合理性，分析是否需要和可能采取更先进的工艺手段及加工方法，进行改造、更新，从而确定工艺路线与搬运路线，使定置管理达到科学化、规范化和标准化。

2）分析人、物结合状态

在场所的几种状态中，A 状态是良好状态，B 状态是改善状态，C 状态是需要彻底改造状态。生产现场人、物与场地之间的结合状态见表 5–19。

表 5–19　生产现场人、物与场地之间的结合状态

| 代 号 | 结合状态名称 | 含 义 |
| --- | --- | --- |
| A | 紧密结合状态 | 正待加工或刚加工完的工件 |
| B | 松弛结合状态 | 暂存放于生产现场不能马上进行加工或转运到下工序的工件 |
| C | 相对固定状态 | 非加工对象，如设备、工艺装备、生产中所用的辅助材料等 |

这是开展定置管理的第二个阶段，也是定置管理中最关键的一个环节。定置管理的原则是提倡 A 状态，改造 B 状态，清除 C 状态，以达到提高工作效率和工作质量的目的。

3）分析物流、信息流

在生产现场中需要定置的物品无论是毛坯、半成品、成品，还是工装、工具、辅具等都随着生产的进行而按照一定的规律流动着，它们所处的状态也在不断地变化，这种定置物规律的流动性与状态变化，称为物流。

随着物流的变化，生产现场也存在大量的信息，如表示物品存放地点的路标，表示所取之物的标签，定置管理中表示定置情况的定置图，表示不同状态物品的标牌，为定置摆放物品而划出的特殊区域等，都是生产现场中的信息。随着生产的运行，这些信息也在不断地运动着、变化着，当加工件由 B 状态转化为 A 状态时，信息也伴随着物的流动变化而变化，这就是信息流。

通过对物流、信息流的分析，不断掌握加工件的变化规律和信息的连续性并对不符合标准的物流、信息流进行改正。

4）设计定置图

（1）定置图分类，见表5-20。

表5-20 定置图分类

| 区域 | 要求 |
| --- | --- |
| 车间定置图 | 要求图形醒目、清晰，且易于修改、便于管理，应将图放大，做成彩色图板，悬挂在车间的醒目处 |
| 区域定置图 | 车间的某一工段、班组或工序的定置图，定置蓝图可张贴在班组园地中 |
| 办公室定置图 | 要做定置图示板，悬挂于办公室的醒目处 |
| 库房定置图 | 做成定置图示板悬挂在库房醒目处 |
| 工具箱定置图 | 绘成定置蓝图，贴在工具箱盖内 |
| 办公桌定置图 | 统一绘制蓝图，贴于办公桌上 |
| 文件资料柜定置图 | 统一绘制蓝图，贴于资料柜内 |

（2）定置图绘制的原则有以下几项。

① 现场中的所有物品均应绘制在图上。

② 定置图绘制以简明、扼要、完整为原则，物形为大概轮廓、尺寸按比例，相对位置要准确，区域划分应清晰鲜明。

③ 生产现场暂时没有，但已定置并决定制作的物品，也应在图上标示出来，准备清理的无用之物则不得在图上出现。

④ 定置物可用标准信息符号或自定信息符号进行标注，并均在图上加以说明。

⑤ 定置图应按定置管理标准的要求绘制，但应随着定置关系的变化而进行修改。

（3）定置图设计步骤（见图5-28 某包装分厂定置管理图、图5-29 某金工车间定置管理图）。

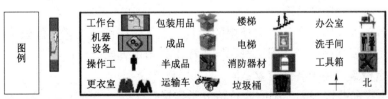

图5-28 某包装分厂定置管理图

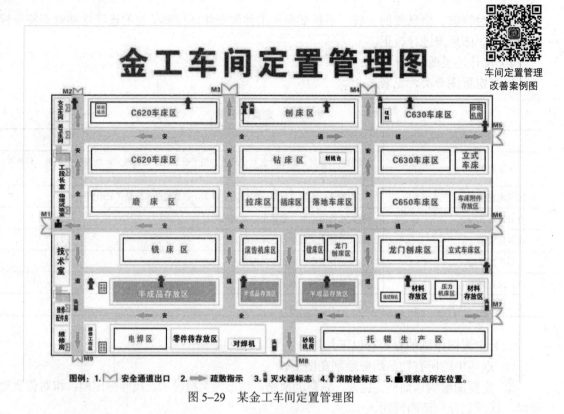

图 5-29 某金工车间定置管理图

① 对场所、工序、工位、机台等进行定置诊断分析。诊断分析的主要任务如下：

（a）分析现有生产、工作的全过程，确定经济合理的工艺路线和搬运路线；

（b）分析生产、工作环境是否满足生产、工作需要和人的生理需要，若不能满足，应提出改进意见；

（c）分析生产人员的作业方式和设备、设施的配置，研究作业者的工作效率，找出不合理的部分，提出改进措施；

（d）研究操作动作，分析人与物的结合状态，消除多余的动作，确定合理的操作或工作方法。

② 制订分类标准。即制订 A、B、C 三类标准。

③ 设计定置图。其主要内容有以下几项：

（a）根据工艺路线、搬运路线选择最佳的物流程序，确定设备、通道、工具箱、检验与安全设施等各类场地；

（b）按照作业计划期量标准确定工件（包括毛坯、半成品、成品等）存放区域，并确定工序、工位、机台及工装位置；

（c）工具箱内要定置，使当天使用的量具、工具、图样及工艺文件处于待用状态。生产用品和生活用品要严格分开，同工种、同工序工具箱定置要统一；

（d）确定检查现场中各区位置；

（e）C 类物品要按有无改制回收价值分类定置。

（4）定置图设计注意事项。

① 定置图按统一标准制作。如属于全厂范围内的定置图用 A0 纸幅，分厂（车间）与大型仓库定置图用 A2 纸幅，班组定置图用 A3 纸幅，机台、工位、工具箱定置图用 A4 纸幅等。

② 设计定置图时应尽量按生产组织划分定置区域，如一个分厂有 4 个较大的生产工段，即可在定置图上标出 4 个相应的定置区域。

③ 设计定置图可先以设备作为整个定置图的参照物，依次画出加工件定置图、半成品待检区、半成品合格区、产成品待检区、成品合格区、废品区、返修品区、待处理区等。

5）信息媒介物设计

信息媒介物设计，包括信息符号设计和示板图、标牌设计。

在推行定置管理、进行工艺研究、各类物品停放布置、场所区域划分时都需要运用各种信息符号表示，以便人们可以形象地、直观地分析问题和实现目视管理，企业应根据实际情况设计和应用有关信息符号，并纳入定置管理标准。

① 信息符号。在设计信息符号时，如有国家规定的（如安全、环保、搬运、消防、交通等）应直接采用国家标准。其他符号，企业应根据行业特点、产品特点、生产特点进行设计。设计符号应简明、形象、美观。

② 定置示板图。定置示板图是现场定置情况的综合信息标志，它是定置图的艺术表现和反映。

③ 标牌。标牌是指示定置物所处状态、标志区域、指示定置类型的标志，包括建筑物标牌，货架、货柜标牌，原材料、在制品、成品标牌等。

6）定置实施

定置实施是定置管理工作的重点。包括以下 3 个步骤。

（1）清除与生产无关之物（整理）。生产现场中凡与生产无关的物品，都要清除干净。可制订物品要与不要品的具体判断基准。

（2）按定置图实施定置。各车间、部门都应按照定置图的要求，将生产现场的设备、器具等物品进行分类、搬、转、调整并予定位。定置的物品要与图相符，位置要正确，摆放要整齐，储存要有器具。

（3）放置标准信息铭牌。放置标准信息铭牌要做到牌、物、图相符，设专人管理，不得随意挪动。要以醒目和不妨碍生产操作为原则。

▶ 课堂讨论

上网或到企业车间搜集资料，针对地区骨干企业某一车间定置管理活动进行调研写出报告，并提出合理化建议，进行课堂分组讨论并进行评价测试：你是否已掌握车间定置管理？

# 任务四　车间目视管理

▶ **任务提示**：本任务将引领你明确车间目视管理的概念、常用工具、目视管理具体应用方法和步骤等。

▶ **任务先行**：什么是目视管理？生产现场目视管理有哪些主要形式？目视管理活动推行步骤有哪些？目视管理常用工具有哪些？

> 视野拓展

## 南亚塑胶工业（南通）有限公司包装车间目视管理活动的实践与成效

### 1. 目视管理的实施

1）规章制度与工作标准的公开化

为了维护统一的组织和严格的纪律，提高劳动生产率，实现安全生产和文明生产，包装车间将凡是与现场操作人员密切相关的规章制度、标准、定额公布于众。如十项制度、现场卫生承包区域图、各个岗位的岗位职责、经济责任指标等。

2）生产任务与完成情况的图表化

包装车间对每天的生产情况，以及班组每月完成情况的具体数据做出分析，并画出趋势图，使车间班组的目视管理以数据为依据。

### 2. 目视管理工序点的控制

目视管理为班组进一步深入开展工作打下了基础。包装车间通过对现有生产过程的分析，找出了质量和成本两个关键工序点作为突破口，严加控制。

1）控制质量偏差，提高产品质量

质量是企业的生命，是企业得以生存和发展的先决条件，作为生产岗位上的一线员工，应当生产出优质的产品。包装车间班组积极响应车间提出的口号"向先进水平挑战，提高包装质量，向用户提供合格满意的产品"。为此，包装车间在抓好封口质量的基础上，重点抓好每一包产品的质量，把每一包产品的质量偏差控制在企业标准内。为了达到这一目标，包装车间采取了有效的措施。

（1）对产品抽样检查。每天开车检查4包料，确保产品合格率。

（2）随着产品的变化，称量机可能会出现不稳定状态。包装车间及时做出调整，保证称量机能正常称量。

（3）对每批产品的最后几包料进行过磅称重。

（4）对于不同牌号的产品，针对其密度不同，调节称量机挡板的高度，保证称量精度。

（5）加强设备的巡检工作，防止设备问题引起质量偏差。一旦发现问题，及时处理，保证不合格的产品不入库。

以上5个工序的管理措施，是包装车间班组在实行目视管理中发现问题、解决问题的手段。自从对工序点进行控制以来，包装车间班组每天做记录，每月编制质量偏差走势图，产品的质量偏差均控制在要求范围内。

2）控制重薄膜包装袋成本，降低班组成本

班组成本的考核一直是班组管理的重点。包装车间以科学管理为手段，把降低重薄膜包装袋单耗作为突破口，推动班组成本管理工作。为此，包装车间主要抓了以下几项措施。

（1）从源头抓起，杜绝重薄膜包装袋的两次损坏。铲车驾驶员从仓库铲薄膜特别注意，防止因操作上的不慎而造成不必要的损坏。

（2）加强重薄膜包装袋上机前的检查。薄膜上机前，操作工要检查薄膜质量，发现薄膜破损要及时做上记号，并在制袋部分将破损的重薄膜包装袋抽出，使薄膜的损失减小到最少。

（3）提倡"空袋"利用。以往将出现的空袋都当成废料处理，现在车间将可以利用的空袋人工放至投料口，使它们重新被利用，减少薄膜的消耗。

**3. 目视管理的成绩**

经过半年的实施，包装车间对目视管理有了一定的认识。目视管理形象直观，便捷明了，能严把包装质量最后一道关。通过目视管理，及时剔除观测到的料包内的异物，维护企业产品的形象；通过目视管理，直接监测料包上的打印批号，做到批号打印100%的准确及批号打印清晰度达到99.5%；通过目视管理，可直接将上、下封口不合格的料包及时地从输送带上拉下来处理，将料包的破损率牢牢地控制在0.05%以下。

目视管理透明度高，便于现场人员互相监督，发挥激励作用。

实行目视管理，对生产作业的各种要求可以做到公开化。干什么、怎样干、干多少、什么时间干、在何处干等问题一目了然，这就有利于职工们默契配合、互相监督，使违反劳动纪律的现象不容易隐藏。配合一定的手段，目视管理就能起到鼓励先进、鞭策后进的激励作用。

包装车间各班组通过开展目视管理，管理水平有了明显的提高，组内增强了岗位竞争意识。在创经济效益方面，仅以班组全年节约的薄膜为例，以每天节约40只空袋计，全年节约1.68吨，折合人民币11 760元。

▶ **知识链接**

## 一、目视管理概念解析

目视管理，是利用形象直观而又色彩适宜的各种视觉感知信息来组织现场生产活动，以达到提高劳动生产率的一种管理手段，也是一种利用视觉来进行管理的科学方法。目视管理的目的是把工厂潜在的大多数异常显示出来，变成谁都能一看就明白的事实。它具有以下特点。

（1）以视觉信号显示为基本手段，使大家都能够看得见。

（2）要以公开化、透明化的基本原则，尽可能地将管理者的要求和意图让大家看得见，借以推动自主管理（或叫自主控制）。

（3）现场的作业人员可以通过目视的方式将自己的建议成果、感想展示出来，与领导、同事及工友们进行交流。

目视管理适合于工厂车间的全部要素都是其管理对象。例如，服务、产品、半成品、原材料、零配件、设备、工夹具、模具、计量具、搬运工具、货架、通道、场所、方法、票据、标准、公告物、人等。

## 二、目视管理常用工具

目视管理的实施，要利用海报、标语、看板、图表、各类标示、标记、重点训示、重点标准等用具，正确传达资讯，使全员了解正常或异常状态，了解判定事态的标准及采取行动的标准，因此，目视管理要具体可行，必须依设定的管理项目准备目视管理用具。

准备好目视管理用具后，目视管理推行基本上可进入实施阶段。但是在实施过程中，往往会发生目视管理工具无法充分运用的情况，例如，生产现场的生产管理板一定要及时记入生产实绩和问题点，但却没有记入或即使生产出不良品，也没有放进不良品箱，而是随便摆在地板上，或者即便在装配生产线的作业员头上设置电光警示灯，但对作业员点灯的时机却未作相应的规定。

因此，为使目视管理工具能充分运用，必须制作说明运用规则的手册，在现场举行说明会，公布大家都能看懂的使用要点，并将手册分发给相关人员。

**1. 目视管理各阶段用具**

1）推行阶段的广宣用具

（1）刊物：以黑板报、专刊的形式，通过漫画等手段向员工灌输目视管理实施的目的、内容及效益等，激发全员参与的热情。

（2）海报。

（3）标语、横幅。

2）导入、实施用具

（1）教材。

（2）目视管理 Q&A 集：利用晨会或周会时间，以 10~15 min 的时间，针对基层员工进行在职训练，可采取有奖征答的形式，提高员工参与的兴趣。

一般工厂使用的目视管理用具，主要有以下几种。

① 丰田式的看板管理系统；

② "5S" 的红色标签、区域线及标示等；

③ 各种警示灯；

④ 异常状态的实物展示；

⑤ 改善实绩图表；

⑥ 作业指示书；

⑦ 各种查核表。

以下就几个大项目说明常用的目视管理的实施用具（见表 5-21）。

表 5-21 目视管理的实施用具

| | | | |
|---|---|---|---|
| 制程管理<br>交期管理 | 生产管理板、进度管理箱、电光标示板、流动数曲线负荷累积表、作业指示看板、交期管理板、催促箱、交货时间管理板 | 现品管理 | 放置场所编号、品名标示看板、料架牌、现货揭示板、库存标示板、最大最小库存量的高度限制或空间标示、订购点及订购量标签、不要品红色标签、缺货库存标签、过大库存标签 |
| 品质管理 | 不良图表、管制图、不良发生标示灯、不良品放置场所、不良品展示台、品质查检台、不良处理规则标示板、界限样本、不良样本、初期物品查检台 | 设备管理<br>工具管理 | 重要保全设备一览表、保全及点检处标示、点检查检表、金属模具及工具放置场所编号及品名标示、工具形态放置台、测定器具形态放置台、管理负责人铭牌 |
| 作业管理 | 作业标示板（灯）、作业标准书、人员配置板、个人别出勤表、多能工化预定表、刀具交换预定及实绩表、停机记录表、设备运转率图表、作业改善指示板 | 改善目标<br>管理 | 月别生产计划达成率图表<br>月别接单交期达成率图表<br>月别作业率、作业效率图表<br>月别不良件数图表<br>月别库存推移图表<br>月别制造成本降低图表<br>月别 "5S" 进度图表 |

3）目视管理查核用具

① 查检表；

② 改善前后照片、录像带；

③ 目视管理评鉴标准表；
④ 目视管理评鉴报告。

### 2. 目视管理用具设计要点

目视管理用具的设计，要考虑工厂生产形态的特点及管理水准设定管理项目，然后对照设计实施用具。例如，针对进度管理、作业管理的需求，设计、制作相关的管理图表、看板，对生产排程、材料、备品交期进度、作业标准、成品库存状态、设备移动状态实施目视管理。表5–22为作业管理的管理设定项目与目视管理实施用具对照表。

目视管理
工程案例

表5–22 作业管理的管理设定项目与目视管理实施用具对照表

| 管理设定项目 | 目视管理用具 |
| --- | --- |
| 是否确实掌握生产量？ | 目标生产量标示板<br>实绩生产量标示板<br>生产量图表 |
| 作业员是否按作业标准作业？ | 作业标准书<br>作业指导书<br>作业要领书<br>标准作业组合表 |
| 是否发生等待作业指示？ | 作业标示板（灯） |
| 是否因换模而停止作业及按照换模作业标准进行作业？ | 作业标示板<br>换模作业标准书<br>换模查检表 |
| 是否按标准时间、标准周期期间进行作业？ | 生产量标示板<br>时间标准书<br>生产管理板 |
| 现场、生产线人员配置是否适当？ | 人员配置板 |
| 是否有请假、外调、早退人员？ | 个人别出勤表 |
| 是否发生作业员的过量或不足？ | 上班率表、上班率图 |
| 是否实施多能工化？ | 多能工化计划表<br>多能工化率推移图 |
| 机械的刀具是否按规定频率交换？ | 刀具交换预定表<br>刀具交换实绩表 |
| 机械是否经常停止？ | 经常停止记录表<br>经常停止柏拉图<br>运转标示板 |
| 机械是否故障？ | 故障时间表、图<br>运转标示板（灯） |
| 是否了解设备每天的运转情况？ | 运转率表、运转率图 |
| 工作开始前及结束后的准备、收拾是否按步骤进行？ | 工作开始查检表<br>工作结束查检表 |
| 是否实施作业改善？ | 作业改善实施图<br>作业改善实例揭示板 |

#### 1）谁都能看清楚

目视管理工具要考虑字体的大小，或者构思生动的图画或漫画及底色与字体颜色形成强烈对比等。

字体太小的话，看的人要靠近才能看清楚，会造成当事人的不便。画面如果生动活泼的话，不但可激发有关人员的兴趣，而且可加深印象，使其能"看图识事"，而达到"一目了然"的效果。

另外，要留意底色与字体颜色的陪衬，例如，深红色的底色写上黑色的字体，看起来一定很吃力。因此，当底色深时，就要写上浅色的字体，如蓝底白字或绿底白字；当底色浅时，就要写上深色的字体，如白底蓝字或白底绿字。读者不妨多注意街道两旁的招牌，一定能立刻印证上述的观点。

2）明确管理或传达的内容

不管是在生产现场或事务现场，所要管理、传达的事项无非是产量（P）、品质（Q）、成本（C）、交期（D）、安全（S）、士气（M）六大活动项目，利用图表显示其目标值、实绩、差异，以及单位产出（每单位人工小时"MH"的产出）、单位耗用量（每批产品或每个产品所消耗的材料费、劳务费）等。

3）异常状态可立刻分辨

通过目视管理，不管是谁，都可依标示针对现状提出指正、评价，例如，对于停止运转达两天的设备，特地挂上停止原因的标牌，其主要理由如下。

① 待修：设备本身故障。
② 待料：诸如材料、配件未到。
③ 待人：操作员不足或请假。
④ 待订单：尤其是订货生产的产业，无法预制库存品。

这样，连每年到厂巡视不到一两次的董事长或总经理，如果看到"待修"的牌子，就会找生产技术部经理，深入了解状况；如果看到"待料"的牌子，就会找采购部经理查明真相；如果看到"待人"的牌子，就会找人事部经理或相关部门经理追究为何无法招募足够的人员、为何人员无法适当调度；如果看到"待订单"的牌子，可能就要奔回总公司找业务部经理想办法了。

4）内容易于遵守、执行

为了使物流顺畅及促进人员、物品的安全起见，在地面上画3种区域线，即为物品放置区的"白线"、安全走道的"黄线"、消防器材或配电盘前面物品禁放区的"红线"，这些标准不管是谁都要遵守，而且不管是管理者或监督者，都能依物品放置的实况判定是否正常，如果是异常的话，立刻能对当事人发出指示，并加以矫正。

**3. 目视管理用具实例**

1）标示、标签

（1）润滑方面的标示。
- 加油口贴上指定的颜色标签（油种、周期、负责人）；
- 保管容器依黏度指数别，以颜色加以区分；
- 加油器具的油种别的颜色标签；
- 上下限油位的标示；
- 每单位时间的消耗量标示。

例如，设计周密的加油标签，使作业员能依标签的指示，明确加油责任者、定期加正确的油种（见图5-30），而不会遗漏。

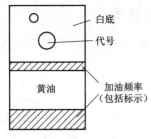

图 5-30 加油标签

说明:
① 代号: 责任人。
代号1——作业员(制造部门);
代号2——维修员(生技部门)。
② 加油频率及色别标示。
红色: 1次/周; 黄色: 1次/月; 蓝色: 1次/季。
③ 油种: 依实况填写油品名称。
④ 油种品目别标签的张贴如图5-31所示。

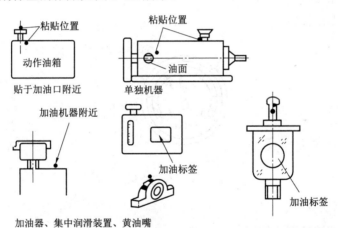

图 5-31 油种品目别标签的张贴

⑤ 标示油面标签的张贴如图5-32所示。

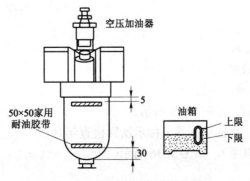

图 5-32 标示油面标签的张贴

（2）螺丝、螺帽的标示如图5-33所示。
① 色别标示；
② 定位标记。

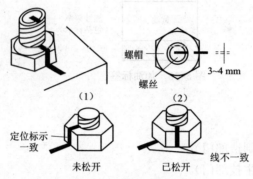

图5-33　螺丝、螺帽标示

（3）仪表类的标示如图5-34所示。
① 设定压力的标示；
② 电磁阀的用途标示。
③ 电磁阀的温度标签。

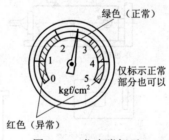

图5-34　仪表类标示

（4）传动方面。
① 三角皮带或链条型式的标示；
② 三角皮带或链条回转方向的标示；
③ 设置点检用的透视窗。
（5）电气方面。
① 马达的温度标签；
② 固定检出器的锁紧标记；
③ 保险丝的用途标示等。
（6）计测器具管理区分色别标示。
① 管理区分色别标示，如图5-35所示。
② 标示次回检查月。在色别标签上标示次回检查年月。
③ 标签粘贴部位（参考），如图5-36所示。

（注）C级（绿）标签适用于自主管理对象的计测器

图 5-35 管理区分色别标示

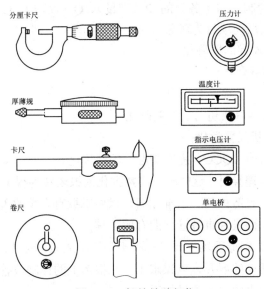

图 5-36 标签粘贴部位

2）电光标示板（警示灯、呼叫灯）

目视管理应用于生产线的管理，是极其有效的方法，例如，在生产线上设置呼叫灯，当材料刚用完或正要换线、换模时，由作业员开灯通知搬运工或外部换模工。在装配生产线的作业员头顶设置电光式的标示板，当异常发生时，只要作业员按下按钮，标示板上的电灯就会亮，生产线的状况即可一目了然。或者在机械设备停止时，挂上表示换模、待料、机械故障等原因的标示板或设置自动亮起来的标示灯。对于这一类的目视管理用具，管理者必须制订用具的使用方法，并通过在职训练（OJT）让全员了解工具的使用方法及时机。

3）管理看板

制作作业指示板、日程管理板、作业进度管理板等，设置或标示于现场，对目前生产的品种、生产进度、落后原因等都可一目了然。或者在作业员容易看见及取用的地方，公布记载作业程序、作业要点的作业标准书及作业要领书等。

看板的制作要尽可能用光滑白板、水彩笔、电磁铁条片或图片、电气颜色胶带等，加深人们的印象，尽量不使用绘制或书写的方法。对于看板字体的书写方向、尺寸、标志颜色等应统一规范。看板可直接挂在墙上或采取垂吊式，如流水线头的日程管理板，但是要留意看板的张挂地点是否适当，如高度适合、光线充足、周围无恶臭气味，以利于观看。

（1）日程管理板。将日程管理板设置于生产现场或办公室，对制订的日程计划进行管理。准备红色、蓝色、绿色等颜色别磁铁片，依据磁铁片的移动对生产进度状况实施目视管理。但是，再完美的日程管理板，必须要有人来执行，因此，明确日程管理板的负责人及制订日程管理板使用说明，并对现场督导人员实施充分的教育，贯彻日程管理板的有效运用。

（2）管理图表。

① 管理图表的作用。管理图表是管理者、监督者最常用的管理工具，它可以一目了然地传达进步或退步、水准如何、正确与否等信息，使管理者明确掌握自己所负责业务的目标、计划与实绩，借此正确掌握异常与问题点，缩短理解的时间，有能力迅速采取适当的对策。管理图表以工作现场（含制造与事务）的 P（产量）、Q（品质）、C（成本）、D（交期）、S（安全）、M（士气）六大活动项目为对象。

P：目标与实绩之间差异的明确化；

Q：异常、问题点的显在化；

C：显现现场三不（不节省、不合理、不均一）；

D：排程进度状况（落后或超前）的明确化；

S：事故件数、灾害状况警觉化；

M：现场各种改善活动（QCC、提案制度）的活泼化。

在目标与实绩之间有差异时，这时唯有将数据化的报表转为视觉化的"管理图表"，才能发现其间的变化有多大、趋势如何、水准如何，以便掌握有多少改善空间、如何去进行，并预测今后的进行方向，从而成为事务管理的有效工具。

② 管理图表的项目。制造现场主要目标在于降低半成品、成品、备品等库存及缩短前置时间，亦即借现场促进活动的展开，以谋求工厂在根本上的体制改善，最终实现成本降低及利益增加。因此，管理图表的主要项目如下。

（a）排程与交期管理；

（b）品质管理；

（c）作业管理；

（d）现物管理；

（e）设备或工具管理；

（f）改善目标管理。

③ 管理图表的内容。

a）决定管理的主要项目。

（a）业绩管理（管理各工作场所的主要工作成果）；

（b）进度管理（管理各工作项目的进度状况）；

（c）行动管理（管理各工作场所或个人的动态）；

（d）技能管理（管理各工作场所有关个人技能、知识的提升）。

b）决定管理的细项目。

（a）首先决定管理图表的目的，然后再选定难以掌握或频生问题的工作项目；

（b）容易延误的工作项目；

（c）状况不明的工作项目；
（d）总是慢半拍才发现问题的工作项目；
（e）经常发生事后管理的工作项目；
（f）如果不向相关人员逐一查询，就弄不清楚的工作项目。
c）决定管理的范围。
（a）全公司或全厂（如营业额推移图）；
（b）各部门（如良品率或产量推移图）；
（c）各课或各班（如不良率推移图、改善目标达成状况推移图）。
d）个人（如产量、品质、改善提案等排行榜等）。
e）部门与个人并用（如技能地图、提案件数推移图）。
f）各现物（产品、制单编号等）。
g）各现物与个人并用。

表 5-23 与表 5-24 为各部门目视管理项目与内容。

**表 5-23　各部门目视管理项目与内容（一）**

| 项目 | 部门 | | | | | |
|---|---|---|---|---|---|---|
|  | 制造 | 生产技术、设备、工业工程 | 设计 | 生产管理 | 物料采购 | 品质管理 |
| 交期管理 排程管理 | 小排程计划、负荷计划、差异进度状况（落后、超前情形及其原因、处置对策） | 程序计划（设定制程步骤、使用机械、工具人员、生产批、基准日程、标准时间等）、进度状况（落后、超前情形及其原因、处置对策） | 排程计划、负荷计划、进度状况（落后、超前情形及其原因、处置对策） | 生产计划、排程计划（大排程、中排程）订单交期进度达成状况（落后、超前情形及其原因、处置对策） | 订购、入库计划，交货状况（落后、超前情况及其原因、处置对策，尤其是误期物品之交货预定日） |  |
| 品质管理 | 不良发生状况（件数、原因、处置对策）制程内检查基准及检查结果不良处理准则 |  | 设计引起不良、抱怨发生状况（件数、原因、处置对策）设计失误发生状况（件数、原因、处置对策） |  | 外协对象、采购对象、不良发生状况（件数、原因、处置对策） | 不良发生状况（件数、原因、处置对策）品质保证体系验收、完成品检查基准及检查结果 |
| 作业管理 | 标准作业、作业标准、标准时间异常、不对劲的发生状况、人员配置状况、多能工实施状况 |  | 设计变更发生状况（件数、原因、处置对策）、图面变更、提前安排出图等准则 |  |  |  |

**表 5-24　目视管理项目与内容（二）**

| 项目 | 部门 | | | | | |
|---|---|---|---|---|---|---|
|  | 制造 | 生产技术、设备、工业工程 | 设计 | 生产管理 | 物料采购 | 品质管理 |
| 现场管理 | 现物地点、履历、使用日等库存量（过多、正常、缺货）、滞存品、不需品、不良品 |  | 设计所引起滞存品、不需品发生状况、利用状况 |  | 现物地点、履历、使用日等库存量（过多、正常、缺货） |  |

续表

| 项 目 | 部 门 | | | | | |
|---|---|---|---|---|---|---|
| | 制造 | 生产技术、设备、工业工程 | 设计 | 生产管理 | 物料采购 | 品质管理 |
| 工具管理设备管理 | 机械短暂停机、故障发生状况(次数、时间、原因、处置对策)、工具地点 | 设备管理及保养 | | | | |
| 改善目标管理 | 排程计划达成状况<br>半成品降低库存状况<br>小批量生产(批分割)实施状况<br>前置作业缩短状况<br>空间利用状况<br>前置时间缩短状况<br>不良降低状况 | 为实现前置时间缩短之改善实施状况(尤其是物品系统改善)<br>降低设备故障率<br>减少设备修配费用 | 排程计划达成状况<br>设计前置时间缩短状况<br>不良、抱怨降低状况<br>设计失误降低状况<br>各种改善实施状况 | 生产计划、大排程、中排程计划达成状况<br>订单交期达成状况<br>成品、半成品库存降低状况<br>前置时间缩短状况<br>各种改善实施状况 | 订购交期达成状况<br>材料、配件库存状况<br>前置时间缩短状况<br>小批量分割入库实施状况<br>各种改善实施状况 | 不良降低状况<br>良品率提高状况 |

④ 管理周期。诸如每日、每周、每月、每季等，决定管理周期时，必须考虑时效性并进行预防管理。

⑤ 管理图表的使用规则。同日程管理板一样，管理图表也要确立明确的使用方法。否则，设计再合理的管理图表也无从发挥预期的作用。

目视管理图表的使用规则编制原则，必须明确有关事项如下：

（a）管理目的（why）；

（b）责任人员（who）；

（c）管理对象（what）；

（d）周期（when）；

（e）场所（where）；

（f）使用方法（how）。

亦即具体考虑重点如下：

（a）明确目的所在；

（b）由谁管理、填写；

（c）决定管理时机及周期；

（d）决定填写的项目、内容；

（e）用不同色别描述；

（f）填写时所依据的资料；

（g）如需计算时，要确定计算公式；

（h）把握问题点并举行会议进行协调及检讨对策与实绩；

（i）如有异状发生，可以很容易发觉；

（j）能评估所采取的对策是否有效；

（k）明确管理责任者；

(1) 确立维持方式。

⑥ 管理图表实例。

（a）士气激励活动。通常显示部门士气高低的管理指标有出勤率、提案件数、品管圈数等，因此，举出数项代表性的管理看板或图表如下：提案活动实绩图（见图 5-37）、技能地图（多能工培养）（见图 5-38）。

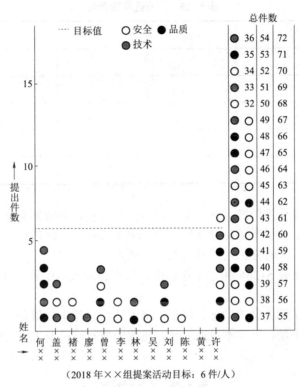

（2018 年××组提案活动目标：6 件/人）

图 5-37　提案活动实绩图

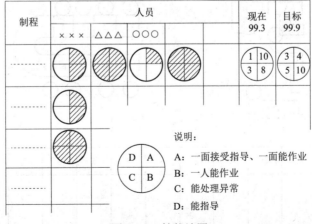

图 5-38　技能地图

图 5-38 中包括个人、全组的目标值与实绩值，并利用颜色图形纸标签，以表达提案的属性为安全（黄）、品质（红）、技术（绿），可说是内涵丰富。

图中表达组员在各制程的技能水准，如图中上角，组长列出现在本组人员的水准，以及半年后本组人员技能水准的提升目标，可说是一目了然。

（b）制程管理。作业进度管理，见表 5-25，用于当天的标准计划，以管理作业进度的状况。

表 5-25　作业进度管理表

| 时间 | 计划 | 实绩 | 差异 | 问题点 |
| --- | --- | --- | --- | --- |
| 8:00—9:00 | | | | |
| 9:00—10:00 | | | | |
| 10:00—11:00 | | | | |
| 11:00—12:00 | | | | |
| 14:00—15:00 | | | | |

原则上适用于反复生产的产品，汇总一日以上的批量，并对其实施进度管理。每隔一定时间，查核生产实绩数，如果比计划落后，再尽快采取行动，以达成一日的计划量。记入计划数、实绩数、差异，同时亦记入差异理由与问题点。

人员配置管理，见表 5-26，用于工作场所或生产线的人员配置。另外，亦可用于作业者的作业指示。

由看板上可清楚了解人员的动态，例如，员工请假、外出、借调（含地点）等。同时借此掌握人员的过剩或不足，发生不足情况时，迅速采取对策；发生人力过剩情况时，就要活用人力，适当调度。

表 5-26　人员配置表

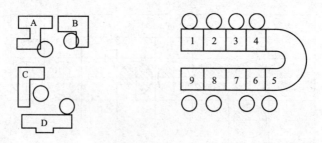

| NO. | A | B | C | D | 1 | 2 | 3 | 4 | 5 | 6 | 7 | 8 | 9 | 请假 |
| --- | --- | --- | --- | --- | --- | --- | --- | --- | --- | --- | --- | --- | --- | --- |
| 制程名 | | | | | | | | | | | | | | 外出 |
| | | | | | | | | | | | | | | 借调 |

（c）设备管理活动。通过全面生产保养（TPM）活动，以消除因"故障""前置作业调整""短暂停机或空转""速度降低""不良或修理""开机"所引起的六大损失。整合"事后保养（BM）""预防保养（PM）""改良保养（CM）""保养预防（MP）"四大保养手段，以提高平均故障间隔时间（MTBF），降低平均修复时间（MTIR），借此提高设备移动率，并减少不良品的产生。亦即提高整体的"设备综合效率"，提高时间移动率、性能移动率，以及产品的良品率。现列举数项管理看板、标示范例如下：重要保养设备一览表（见表5-27）、重要保养设备标志牌（见图5-39）、保养点检部位一览图（见图5-40）。

表5-27 重要保养设备一览表

| 号码 | 设备名 | 设置场所 | 管理责任者 | 购入年月 |
|---|---|---|---|---|
| 1 | CNC | 大型第2 | ○○ | 1996.7 |
| 2 | M/C | 大型第1 | △△ | 1998.3 |
| ⋮ | ⋮ | ⋮ | ⋮ | ⋮ |

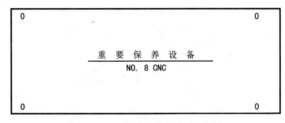

图5-39 重要保养设备标志牌

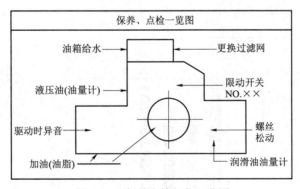

图5-40 保养点检部位一览图

d）品质管理活动。为了管理、改善品质，通常活用柏拉图、特性要因图、图表、查核表、直方图、管制图、散布图等（有关的改善步骤与手法见图5-41）。

提高品质水准。图5-42所示为品质抱怨件数统计图，有关部门据此对全员进行要因分析，采取有效对策，以使抱怨件数减少。

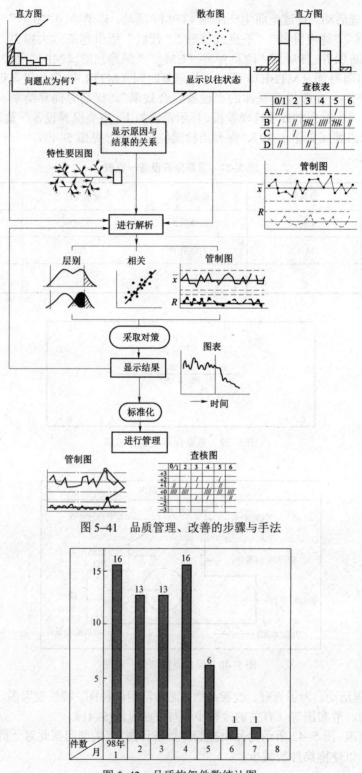

图 5-41　品质管理、改善的步骤与手法

图 5-42　品质抱怨件数统计图

(e) 改善目标管理。

提案制度：提案件数推移，如图 5-43 所示。品管圈活动：活动目标达成状况，如图 5-44 所示。产品不良降低活动推移，如图 5-45 所示。

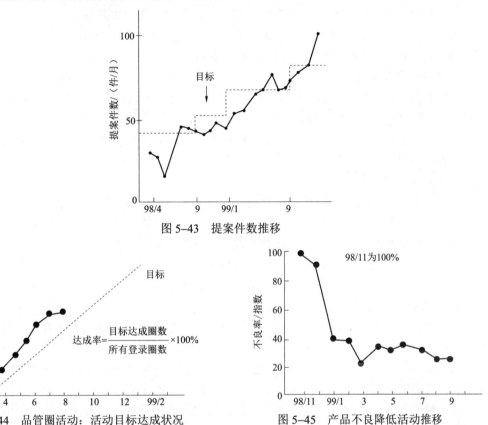

图 5-43 提案件数推移

图 5-44 品管圈活动：活动目标达成状况

图 5-45 产品不良降低活动推移

## 三、目视管理的具体应用

### 1. 设备的目视管理

设备的管理除了建立系统的点检保养制度外，还应对存放区域进行规划、标示及目视管理。设备的目视管理以能够正确地、高效率地实施清扫、点检、加油、紧固等日常保养工作为目的。

（1）要清楚、明了地显示出维护保养的部位，可对管道、阀门等分别用不同的颜色区别管理。

（2）为能迅速发现温度是否异常，可在马达、泵上使用温度感应标贴或刷涂温度感应油漆。

（3）要了解供给是否正常、运转是否清楚明了，可在设备旁边设置连通玻璃管、小飘带、小风车等物。

（4）在设备盖板的极小化、透明化上下功夫，特别是驱动部分，使人们容易看见。

（5）标示出计量仪器的正常和异常范围、管理界限，如绿色表示正常范围，红色表示异常范围等。

（6）要了解设备是否按要求的性能、速度在运转，可在设备上标注出应有的周期和速度。

**2. 模具、工装夹具（简称工具）的目视管理**

（1）为了减少工具的遗失，可透过"工具、模具离库广告牌"来掌握工具、模具的动态。

（2）在模具、工装夹具上刷上或贴上颜色，以辨别工具、模具身份。

（3）将工具、模具放置于一个固定地方，给它们建立一个温馨的"家"。

（4）运用履历表来掌握工具、模具的使用情况。

**3. 物料的目视管理**

在日常工作中，需要对消耗品、物料、在制品、产成品等进行目视管理。这些物品通常可放置于以下 4 个地方：伸手可及之处，较近的架子、抽屉内，储物室、货架中，某个特定区域。

物料管理的目标是快速地弄清"什么物料""在哪里""有多少"，在必要的时候，必要的物料要求都能快速地取出放入。

物料目视管理要点如下。

（1）明确物料的名称及用途。可分类标示及用颜色来加以区分。

（2）物料放置之处的判断。可采用有颜色的区域及用不同的标示加以区分。

（3）物料的放置应能够保证物料顺利地先进先出。

（4）确定合理的库存数量，只存放必要数量的货物，但要防止断货。可在物料处标示出最大在库线、安全在库线和下单线，明确一次下单数量。

**4. 品质的目视管理**

（1）防止因"人的失误"出现质量问题，可将合格品与不合格品分开放置，用颜色加以区分。

（2）如何区分物品的检查状态？从区域上分别设立待检区和已检区，将检查过的物品分区摆放。对于装箱物品，可以挂上合格证或书写检验员的工号。

（3）能快速、准确地进行判断。方法是采用上下限的样板判定方法，可以不用计算，快速测定，防止人为失误。

（4）张贴质量管理的宣传标语和质量谚语。

**5. 作业的目视管理**

工厂里的各项工作是通过各种各样的工序及人组合而成的。各工序的作业是否按计划进行？在作业管理中，是否有异常发生？如果有异常发生，应如何应对？这些都是作业目视管理的要点。

（1）核查实际进度与计划要求是否一致，可用生产动态板和外包工动态板、各类看板来标明。

（2）清楚地判定作业是否按要求在正确实施，可用作业指导书、误用警报灯来表示。

（3）了解设备负荷是否正常，状态如何，可用设备保养记录、设备负荷显示板标示。

（4）在异常的早期发现上下功夫。方法是利用控制图、缺料预警、设备异常警报灯来反映。

**6. 安全的目视管理**

（1）让员工知道何处是安全禁区，可设立安全警告标志牌。

（2）让员工知道何处是工厂的"猛兽"区（易燃易爆物品的区域、有毒有害区域、高压电区域等），用安全色和标志牌来区分。

（3）将消防器材正确定位，并设立一个明显不易被遮住的指示看板。

（4）将应急响应和预案贴在墙上，使员工在出现危机时知道如何正确应对。
（5）对员工进行正确辨认安全标志的教育。

## 四、目视管理推行步骤

目视管理的导入流程如图 5-46 所示。

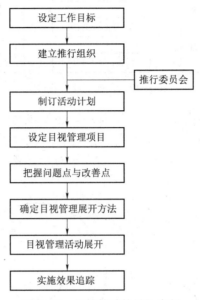

图 5-46　目视管理的导入流程

**1. 设定工作目标**

目视管理导入首先要明确管理的目的、期望目标、活动期间、推行方法等，并形成文件。

**2. 建立推行组织**

目视管理的实施不能由公司各个部门各做各样，而应成立全公司的推行委员会，协调各部门有组织、有计划、步调一致地展开。

**3. 制订活动计划**

推行委员会组织人力制订目视管理活动计划、办法、奖惩条例及宣导事宜等，并通过各种渠道进行宣导，让全体员工了解目视管理实施的作用、目的。

**4. 设定目视管理项目**

目视管理实施之际，要让生产现场的管理者、作业员明确哪些项目必须管理，并依管理的重要性与紧迫性，制作必要的管理看板、图表及标识，目视管理大项目可区分为以下几项（见图 5-47）。

（1）生产管制及交期管理。
（2）品质管理。
（3）作业管理。
（4）现品管理。
（5）设备、工具管理。
（6）改善目标管理。

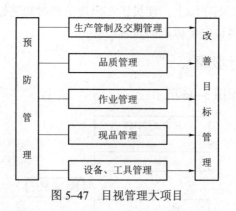

目视化管理现场案例图集

图5-47　目视管理大项目

上述（1）～（5）项要能彻底实现预防管理，必须转动管理循环（见图5-48）。而改善目标管理是（1）～（5）项及作业方法等不断进行改善时所需要的管理方法，要以目视化的方式在现场对照标明改善目标与实绩，以谋求对管理者、督导者及作业员的激励与改善意识的提高。

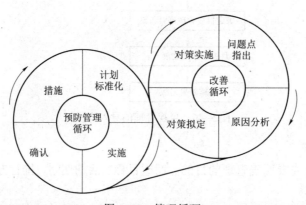

图5-48　管理循环

**5. 把握问题点与改善点**

设定了目视管理的活动项目，必须设计、制作查检表，检讨有关设定项目是否已实现及实施效果如何。能否做到一目了然？并表明问题点与改善点。

**6. 确定目视管理展开方法**

（1）彻底推动"5S"。实施目视管理，首先要彻底推动"5S"，"5S"是实施目视管理最基本的工具，通过"5S"的实施，彻底做好整理、整顿，使物流顺畅，目视管理才可以实施，同时改善材料、零件、产品等存放位置的布置及保管方法。

（2）准备目视管理用具。要实施目视管理，最重要的是准备好目视管理的用具，例如，检讨现有的日程计划与进度管理体系，设置标示生产计划实绩的生产管理板及装配生产线的呼叫灯，对物料、产品放置场所编号及品名标示。

（3）建立目视管理体系。针对全部工作场所，按工作场所的工作别、个人别，建立一目了然的目视管理体系，清楚明白个人的作业内容、作业量及作业计划进度超前或落后及其对策等，以确实把握现状，发现问题，迅速采取有效对策，建立预防管理体系。

**7. 目视管理活动展开**

在目视管理进入实施阶段的时候，为了保证实施的实际效果及不流于形式，必须在推行委员会的统一指导下，有计划、有步骤地展开。

（1）导入教育。
（2）制订活动办法（含激励方式）。
（3）展开活动。
① 经营阶层宣誓实施决心；
② 设计并张贴海报、标语；
③ 编制"目视管理 Q&A 集"；
④ 规划责任区；
⑤ 规划办公室、各制程、设备、公共场所等标示、管理看板、管理图表；
⑥ 制订目视管理活动评审准则；
⑦ 现场巡回、指导及评审；
⑧ 成果发表。

**8. 实施效果追踪**

除非目视管理已完全实施，而且实施成果已得到巩固，否则推行委员会及高阶管理层都要定期稽查、追踪。

### 课堂讨论

上网或到企业车间搜集资料，针对地区骨干企业某一车间现场目视管理活动进行调研写出报告，并提出合理化建议，进行课堂分组讨论并进行评价测试：你是否已掌握车间"5S"管理活动？

### 案例分析

## 一、任务要求

生产现场是指从事产品制造或提供生产服务的作业场所。它是指企业围绕经营目标而行使管理职能，实现生产要素的合理组合和生产过程有机转换的作业场所。生产现场管理是生产第一线的综合性管理，管理对象非常多，工作千头万绪。"5S"活动、定置管理、目视管理和看板管理是现代企业车间中广泛应用的生产现场管理方法，对改善生产环境、提高生产效率和产品品质、鼓舞员工士气起到很好的作用，是其他管理活动有效展开的基石之一。通过本模块 4 个任务的学习和训练，针对导入的案例进行分组讨论。结合自己的感受谈谈对"车间现场'5S'管理活动"和"车间定置管理和目视管理"等现场管理问题的看法，并结合企业实践讨论下列问题：

问题一：分析 K 公司和江苏格瑞实业有限责任公司生产车间是如何进行"5S"现场管理的？
问题二：你认为在"5S"管理中应注意哪些事项？
问题三：假如你作为车间管理人员如何开展"5S"管理？
问题四：你认为在现场目视管理和定置管理活动中应注意哪些事项？
问题五："5S"现场管理活动与 ISO 9001 质量管理体系有什么关系？

## 二、检查方法

各小组针对导入案例通过参观、上网等方法收集相关资料,分组分析讨论,然后总结报告,在教师组织下进行综合评价。通过本模块教学活动设计组织和导入案例的分析,更深入了解车间现场管理的内容、生产现场标准化管理内容、"5S"现场管理活动的内容、定置管理和目视管理活动的内容等基本常识,理解车间生产现场管理的重要性,掌握生产现场管理的现代科学方法,为将来在企业一线从事车间现场管理工作打下良好的基础。

## 三、评估策略

"南通通达动力科技股份有限公司强化车间现场管理"和"K公司的'5S'现场管理活动"等车间生产现场管理的典型实践案例,有些相关的现象还是或多或少地存在于各个企业的车间生产管理中。通过对案例的分析讨论,了解学生对车间生产现场管理等问题的关切程度,采用案例分析教学和拓展训练能使学生进一步理解车间现场管理在车间管理工作中的地位和作用,理解车间现场的标准化管理,理解车间现场"5S"管理活动的推行步骤,理解车间定置管理和目视管理的推行步骤,提高自己的认知和分析能力,在案例分析中同时培养学生的团队合作精神。

在项目案例学习过程中,要对学生学习情况进行检查评估,主要采用学生互评、教师点评、校外企业车间管理人员评价等形式,从学生掌握车间现场管理知识点、案例分析报告质量、团队协作精神等方面对学生的项目学习情况进行综合评估(见表5-28)。

表5-28 车间现场管理项目案例学习评估策略表

| 序号 | 检查评估内容 | | 检查评估记录 | 自评 | 互评 | 点评 | 分值 |
| --- | --- | --- | --- | --- | --- | --- | --- |
| 1 | 车间现场管理的任务和内容、车间现场的标准化管理、车间现场"5S"管理活动、车间定置管理、车间目视管理等知识点的掌握 | | | | | | 30% |
| 2 | 典型案例"K公司的'5S'现场管理活动"分析报告质量 | | | | | | 20% |
| 3 | 典型案例"南通通达动力科技股份有限公司强化车间现场管理"分析报告质量 | | | | | | 20% |
| 4 | 职业素养 | 遵守纪律情况:是否不迟到、不早退?是否遵守各项制度要求 | | | | | 10% |
| 5 | | 处理问题能力:分析问题是否切中要点?问题解决方法是否切实可行、操作性强 | | | | | 10% |
| 6 | | 语言能力:是否积极回答问题?语言是否清晰、声音是否洪亮?条理是否清楚 | | | | | 5% |
| 7 | | 团结协作:是否有团队合作精神?是否积极投入本项目学习,积极完成案例学习任务 | | | | | 5% |

总 评:
评价人:

## 拓展训练

**训练1：** 结合案例1谈谈对"车间目视管理活动"的看法。

**【案例1】** 泰达电子有限公司目视管理活动办法

**1 目的**

为塑造一目了然的工厂管理，改善工作环境，使工作合理化，提高工作场所的安全、品质与效率，以达到"强化体质，永续经营"的目的，特制订本办法。

**2 适用范围**

本公司所有部门、员工。

**3 活动目标**

3.1 明确并绘制区域线。

3.1.1 黄线→安全道——不可有物品超出线外；

3.1.2 白线→物品放置区——物品不可乱放，且在白线区内堆放整齐；

3.1.3 红线→禁放区——在消防器材或配电盘前之红线区内，不可放任何物品。

3.2 进行物品的标示，100%地实现物品"三定"：定品目、定位置、定数量。

3.2.1 物品与放置区的标示必须一致；

3.2.2 柜子、架子各层物品必须归类，且标示清楚。

3.3 活用重点标准、重点训示、查核表。

3.4 活用管理看板、管理图表。

3.5 确立"厂用设备颜色标准"。

3.6 统一制作全厂安全标志。

**4 活动期间：共4个月**

4.1 中间评核五次（占60%）。

4.2 最终评核（占25%）。

4.3 发表会（占15%）。

**5 组织及职责**

5.1 组织：目视管理推行委员会。

5.2 职责

5.2.1 推行委员会

① 拟订有关目视管理活动的年度推行计划；

② 拟订有关目视管理活动的办法并推动；

③ 拟订有关目视管理活动的教育计划并实施；

④ 拟订有关目视管理活动的宣导事宜；

⑤ 拟订修订有关目视管理活动的组织规定、实施办法与标准。

5.2.2 主任委员：设主任委员一人，由总经理担任，主持委员会会议，宣示有关专案活动的策略、方针，并进行指导事宜。

5.2.3 执行长：设执行长一人，由主任委员派任，配合公司方针及执行主任委员的指示，统筹专案活动事宜，并督导各工作小组的工作。

5.2.4 执行秘书：设执行秘书一人，由委员中选任，任期为一年，连选得连任。其职责如下：

① 开会通知、资料准备及记录；
② 协助执行长推行目视管理专案活动；
③ 协调各工作小组的业务。

5.2.5 工作小组：委员会之下设策划小组、宣导教育小组、评鉴小组 3 个工作小组，各设小组长 1 人，由委员中选任，任期为一年，连选得连任，负责综理各小组事务与推行。各小组由 3～5 名成员（含各小组长）组成，由小组长聘任，成员不一定为执行委员，若非执行委员者，则以主任委员名义发予聘书，以示慎重。工作小组职责如下。

① 策划小组：
- 编制年度活动计划及预算；
- 策划活动。

② 宣导教育小组：
- 设计、制作海报或标语等；
- 编印宣传资料等（如卡片）；
- 拟订教育计划；
- 编制教材；
- 实施教育训练及辅导事宜；
- 安排讲师；
- 安排授课场地及准备教具。

③ 评鉴小组：
- 评鉴各项活动；
- 评估活动绩效；
- 实施效果督导及追踪。

5.2.6 总干事：由 3 个厂长及办公室主任担任，其职责如下：
① 协助工作小组的业务推动。
② 督导各执行委员推动各项专案活动。

5.2.7 执行委员：由各科科长、各组组长及部门实际负责人构成。其职责如下：
① 教育宣导；
② 执行专案推行委员会决议的事项；
③ 协助工作小组的业务。

**6 会议的召开**

分为定期会议及临时会议。

6.1 定期会议：每两周召开一次委员会会议，所有委员全部出席。
6.2 临时会议：主任委员或执行长认为有必要时得随时召开。
6.3 会议主席：由主任委员担任，因故未能出席时得由执行长代理。
6.4 会议记录：由执行秘书记录整理后分发给各委员。

**训练 2：**结合案例 2 谈谈车间如何开展定置管理活动，并根据案例要求尝试设计车间定置管理图。

**【案例 2】一个分厂（或车间）的定置要求**

**1. 场地定置要求**

（1）要有按标准设计的定置图。

（2）生产场地、通道、工具箱、交检区、物品存放区都要有标志，如标牌、不同颜色的标志线等。

（3）对易燃或易爆物品、消防设施、有污染的物品、停滞的半成品、待安装设备、建筑维修材料等应有特别定置的规定。

（4）车间、工段、班组卫生责任区，应设有定置的信息牌。

（5）应有临时停滞物品区域的定置规定，包括积压物品的分类标志，如料头箱（红色）、铝屑箱（黄色）、铁屑箱（黄色）、铜屑箱（黄色）、垃圾箱（白色），并应伴有明显的标志。

（6）垃圾、废弃物回收点应定置，且回收箱应有分类标志。

（7）按定置图的要求消除与所在区域无关的物品。

**2. 各工序、工位、机台的定置要求**

（1）有相应的定置图。

（2）有图样架、工艺文件等资料的定置规定。

（3）有工具、夹具、量具、仪表、小型工具、器具，在工序、工位、机台停放的定置要求。

（4）有材料、半成品、工位器具等，在工序、工位上摆放的数量、方式的定置要求。

（5）附件箱、零件、货架的编号必须同零件账、卡、目录相一致，并有相应的流水号。

**3. 工具箱的定置要求**

（1）必须有按标准绘制的定置图。

（2）工具摆放应严格遵守定置要求，不准随便摆放。

（3）定置图及工具卡一律贴在工具箱内门壁上。

（4）工具摆放地点符合定置要求。

（5）同工种工序的工具摆放要标准化。

**4. 库房的定置要求**

（1）要绘制库房定置总图并按定置要求存放。

（2）对易燃、易爆、易污染、有储存期要求的物品，按规定实行特别定置。

（3）超储存期物品应单独放置，一般对超期1～3个月的物品设置期限标志，并在库存报表上要用特定信号表示。超期三个月以上，就应作报废处理了。

（4）账册中应具有序号的物品目录。

（5）特别定置区域应用标准的标识显示。

（6）物品存放的区域、架号、序号应与账本相一致。

**训练 3**：组织参观生产企业车间现场，了解车间"5S"管理活动、目视管理和定置管理活动的情况，并编制调查报告。

## 模块小结

生产现场管理是为了有效地实现企业的经营目标，用科学管理制度、标准和方法，对生产现场的各个要素进行合理、有效的计划、组织、协调、控制和激励，使其处于良好状态，实现优化组合，保持正常运转，不断加以改进，以求达到优质、高效、低耗、均衡、安全地进行生产。本章主要介绍了车间现场管理的概念和特点，生产现场管理的任务和内容，车间现场的标准化管理，车间生产现场"5S"管理活动的内容和推行步骤，车间定置管理的内容和推行步骤，车间目视管理的内容和推行步骤等。

# 模块六

# 车间质量管理

 **知识目标**

- 了解质量和质量保证体系的概念
- 了解质量管理发展阶段
- 了解全面质量管理的含义和特点
- 了解车间质量管理工作内容
- 了解质量检验的基本知识
- 了解质量检验类型和方法
- 了解车间质量检验工作
- 了解质量管理常用工具的内容

 **技能目标**

- 掌握全面质量管理内容
- 掌握车间质量管理工作内容
- 掌握车间检验工作方法
- 掌握质量管理常用工具的使用方法

 **模块任务**

任务一　质量管理认知
任务二　车间质量管理工作
任务三　车间质量检验
任务四　质量管理常用的工具

# 模块六 车间质量管理

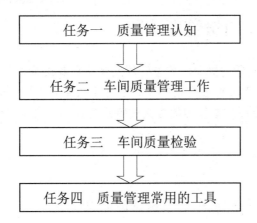

- 任务一 质量管理认知
- 任务二 车间质量管理工作
- 任务三 车间质量检验
- 任务四 质量管理常用的工具

案例导入
视野拓展
知识链接
课堂讨论
案例分析
拓展训练
模块小结

## 案例导入

挑战者航天飞机灾难

### 湖南长丰汽车制造股份有限公司涂装车间质量管理

湖南长丰汽车制造股份有限公司涂装车间借班组活动管理和人本管理的优势，广泛开展质量管理活动，探索了一套行之有效的质量管理办法。一是采取专题、现场、案例、以会代训、正反两方面的经验与教训等形式，不断对员工进行质量意识教育。二是在车间明确一名副主任专管质量，指定四名专职人员专抓质量，并规定他们的工资与车间的工序质量挂钩。三是车间建立和实施了质量警告、质量罚款、质量换岗、质量降级、质量息岗、质量下岗和质量赔偿制、质量连带责任制、质量风险抵押制、优质优价核算制、月质量最佳和最差员工评选制等一系列质量管理办法与制度。四是强化了质量考核与奖惩。根据质量合格率或是否出现质量事故，每月被评为最佳质量的员工给予 200 元的奖励；连续 3 个月被评为最佳质量的员工，报公司命名为星级员工；年度被评为质量标兵的员工，由公司组织免费在国内任选一个区域，享受 10 日旅游活动。相反，连续 3 个月被评为最差质量的员工，车间将给予息岗 2 个月处理（息岗者由公司培训），一次性质量损失达 2 000 元的，将申报公司给予解除劳动合同处理。近几年来，该车间加工产品的实物质量水平逐年提高，工序质量合格率始终保持在 98%以上，产品连续保持湖南省名牌称号。

在企业质量管理工作中，车间主要负责产品制造过程的质量管理，质量管理是车间管理的核心，始终体现在车间的一切生产技术经营活动之中，它是一项头绪多，涉及面广，难度大的工作。质量管理的理论性和实践性都很强，只有指导思想正确，方法运用得当，措施落实，抓住重点环节，重视细微管理，才能把质量工作搞好。

组织学生对导入案例进行分组讨论，安排各小组收集资料并做报告，最后在教师指导下进行综合评价。使学生进一步理解质量和质量保证体系的概念，理解全面质量管理的内容、理解车间质量管理工作内容、理解车间检验工作内容、理解质量管理常用工具等知识，并对车间质量管理的典型案例有一定的认知和分析能力,在案例分析中同时培养学生的团队合作精神。

# 任务一 质量管理认知

> **任务提示**:本任务将引领你明确质量的概念、质量管理发展阶段和质量保证体系等。
> **任务先行**:质量的概念是什么?产品质量检验阶段的主要手段是什么?有什么优缺点?统计质量控制阶段的特点是什么?全面质量管理的含义和特点是什么?质量保证体系的概念是什么?

### 视野拓展

#### 合肥长安汽车有限公司焊装车间质量管理体系构建

**一、合肥长安汽车有限公司焊装车间质量管理体系构建措施**

结合对焊装车间质量管理现状的分析,为了有针对性地解决问题,同时也为了进一步厘清车间质量管理各要素之间的协同关系,构建车间质量管理体系,将实施以下措施。

(1)把以 IATF 16949 为代表的质量认证体系作为车间质量管理体系的指导。

(2)全面质量管理(TQM)作为体系建设的基础。其中 QC 小组、合理化建议应作为质量改善的重要手段,信息化管理将作为联系纽带。

(3)建立合理的质量指标体系作为衡量标准,监控质量管理体系的运行情况。其中质量统计分析的各种管理工具应得到充分应用。

(4)把过程质量和实物质量作为重点环节。其中生产现场应作为主战场,不合格品控制、操作与工艺符合性、过程监控将成为主要手段。

(5)把质量责任制、培训和班组建设作为保障。

**二、合肥长安汽车有限公司焊装车间质量管理体系的实施方案**

在车间质量管理体系的构想中,体系的构成归结为五大核心要素。分别为:以 IATF 16949:2016 为代表的质量认证体系,全面质量管理,过程质量和实物质量,质量指标体系,质量责任制、培训和班组建设。

**1. 以 IATF 16949 为代表的质量认证体系统领焊装车间质量管理子系统**

IATF 16949 是专门针对汽车行业的质量管理体系。

IATF 16949:2016 是由国际汽车特别工作组(IATF)和日本汽车制造商协会(JAMA)在 ISO/TC 176 质量管理和质量保证委员会的支持下共同制订的质量管理体系认证标准。它以 ISO 9001:2015 为基础,兼收并蓄了意大利 AVSQ、法国 EAQF、美国 QS 9000 及德国 VDA 6.1 等各国汽车业管理体系的特长。它还体现了精益生产方式的精神。它的一个重要的目标就是为了避免多重认证,并为汽车生产件和相关服务件组织提供质量管理体系的共同方法。

因此,车间应以大力推行 CCPS 为契机,将各类质量管理规范整合为 IATF 16949:2016 体系,并统领车间质量管理体系。在实际工作中,车间须树立有效利用人、财、物、信息等资源,以最经济的手段生产出顾客满意的产品这一思想,开展好各项质量管理工作。

**2. 以全面质量管理为体系的运行基础**

全面质量管理（TQM）就是一个组织，其以质量为中心，以全员参与为基础，目的在于通过让顾客满意和本组织所有成员及社会受益而达到长期成功的管理目的。在实际工作中，车间须坚持质量第一，把顾客的需要放在第一位，实行全员、全过程、全车间和多种方法综合运用的质量管理。

大力开展 QC 小组活动，把 QC 小组活动作为质量攻关和质量改进的一把利刃。引导和鼓励自发组织跨单位、跨层级的专业人员有针对性地解决突出的质量问题。

动员全员参与合理化建议活动，把合理化建议活动打造成为全员参与质量改善的平台，从小改小革入手，从一点一滴做起，不断改善质量。

把信息化作为质量管理的联系纽带，信息化管理需要营造一个规范化的管理环境，然后将信息技术融入其中，以达到提升管理效益的目的。在实际工作中，车间须最大限度地发挥公司 ERP、MES 和 CMP 的功能，实现质量信息精准化的采集、汇总、分析、处理和反馈。

**3. 把提升过程质量和实物质量作为体系的核心内容**

从过程管理的角度来看，质量管理就是由若干相互联系、相互作用的增值过程构成的，因此只有过程质量得到了保证，质量才处于受控状态，实物质量才能得以实现。

在实际工作中，车间要把生产现场作为质量管理的主战场：要通过规范操作、自查自控、过程监控、树立"不产生、不传递不合格品"的良好风气、预防性维护等工作，结合业务流程再造（BPR）以过程质量的提高来达到实物质量的提升。

**4. 建立合理的指标体系作为质量管理状况的风向标**

根据产品品种的拓展，建立起车身精度、一次交检合格率、奥迪特考核扣分项、单台维修频次、单台索赔费用等指标，并形成经济价值类、过程控制类、实物类和消费影响类等多维度、多层次的质量指标体系。

有了合理完善的质量指标体系，如何对各项指标的变动趋势进行统计分析，发现潜在的问题和潜在的提升空间，从而找到问题的本质，将是质量指标体系发挥效用的重要一环。为此，车间须加强学习和应用好碎石法、控制图、散布图、关联图法、质量功能展开等各种质量管理工具，提高科学管理、结构化管理和系统化管理的水平。

在具体措施上，焊装车间必须结合全员质量管理（TPM）加强对夹具工装和设备的维护，控制好磕碰划伤，控制好焊点质量，有针对性地控制毛刺、飞溅、残胶，加强控制不合格品等方面入手，全面做到各项质量指标达标，使质量水平不断地稳中有升。

**5. 把质量责任制、培训和班组建设作为体系的重要保障**

车间质量管理体系是一个动态和螺旋式上升的过程，它也是一个 PDCA 的循环过程。在这个过程中，质量责任制、培训和班组建设发挥了不可估量的作用，它们是内化于车间组织的不竭动力。

质量责任制是一把高悬的利剑，它使大家对"质量"保持一颗敬畏之心，它又是一种激励机制，激励机制设置得合理与否将直接影响质量管理的效益。在实际工作中，车间须秉承"责、权、利对等"和"奖罚分明"的原则，不断完善和修订车间的质量责任制。

班组是车间的组织细胞，细胞健康才能保证机体健康。培训和班组建设是保证组织细胞健康的内循环。在实际工作中，车间须既组织好公司级的一、二级培训，又开展好现场培训、技能比赛、外出交流、工艺考核指导等多种形式、多个层次，以"缺什么补什么"和"立足岗位、扩展岗位"为主导思想的三级培训，在培训内容上强调质量意识、控制方法和专业技术。在班组建设方面，车间须以精益班组标准为指导，强调班组长管理职能的发挥，在班组内形成积极向上的质量文化。

### 6. 五大核心要素是一个系统性的统一结构

以上五大核心要素相互联系、相互支持和相互贯通，在实际运用和实施过程中绝不能相互割裂，要相互照应、相互协同，最终要取得综合性的质量管理效果。

### 知识链接

## 一、质量的概念

全面质量管理中所说的质量，是一个广义的概念。按照国家标准的规定，质量是指产品、过程或服务满足规定或潜在要求（或需要）的特征和特性的总和。可见，质量不仅指产品质量，而且也包括过程质量、服务质量。对于过程质量和服务质量，可以统称为工作质量。

### 1. 产品质量

产品质量，是指产品的适用性，也就是指产品的使用价值，产品适合一定用途，能够满足人们的某种需要所具备的特性不同的产品，由于适用性的要求不同，因而其质量特性也不相同。对于耐用产品，特别是现成产品，它们的质量特性可以概括为性能、寿命、可靠性、安全性、经济性五个方面。

产品的性能，是指产品应达到使用功能的要求。如电视机使用功能的要求是图像和声音清晰，稳定性好等。

产品的寿命，是指产品在规定的条件下，满足规定功能要求的工作期限。如灯泡的使用小时数、轮胎的行驶里程数等。

产品的可靠性，是指产品在规定时间内，在规定条件下，完成规定功能的能力。其中包括产品的平均无故障工作时间，精度保持的时间长短等。

产品的安全性，是指产品在流通使用过程中保证安全的程度。如产品在使用过程中，保证对操作人员无伤害，不影响人身健康，不污染环境等方面的可能性。

产品的经济性，是指产品寿命周期总费用的大小。即不仅注重制造成本，而且要注意产品的使用成本。

在以上五个方面的特性中，产品的性能是产品质量的基本要求，其他几项都是产品质量的延伸和发展，是随着生产力的发展、科学技术的进步而逐步提出来的要求。产品性能可以通过生产企业的现场检验做出判断，而其他几项都需要在使用过程中做出判断。

产品的质量特性，有些是可以直接定量的，如载重汽车的发动机功率（马力）、载重量、时速、耗油量等，而在大多数情况下很难用直接定量表示，如某些产品的精度、灵敏度、舒适程度等。这就要对产品进行综合的和分零部件的试验研究，以确定某些技术参数来间接反映产品的质量特性。把这些反映产品质量特性的技术参数明确规定下来，形成技术文件，就是产品质量标准，也称技术标准。它是衡量产品质量的技术依据。

### 2. 工作质量

工作质量，是指企业中与产品质量直接有关的工作，可以稳定地保证产品质量和提高产品质量的保证程度。工作质量一般很难像产品质量那样具体直观，也难以定量化表示，但它却客观地存在于企业的生产经营活动之中，最终通过企业的工作效率、产品质量和经济效果等工作成果表现出来。我国一些企业在实践中总结出来一套采用制订工作标准，并结合经济责任制来衡量和考核工作质量的办法。

由上述可知，产品质量与工作质量是两个不同的概念，但它们之间是密切相关的。产品质量是企业工作质量的综合反映，企业工作质量是一定产品质量的基础和保证。因此，企业在质量管理中，应当把相当一部分精力用在抓工作质量上，以不断改进和提高工作质量来保证和提高产品质量。

## 二、产品质量形成的过程

产品质量是经过生产的全过程一步一步产生、形成和实现的。好的产品质量，首先是设计和生产出来的，不是单纯检验出来的。

一般来说，产品质量产生和形成的过程，大致经过市场调查研究、新产品设计和开发、工艺策划和开发、采购、生产制造、检验、包装与储存、产品销售及售后服务等重要环节，其详细过程可以用一个螺旋形上升循环示意图来表示，如图6-1所示。此螺旋称为朱兰质量螺旋或质量环。从图6-1中可以看到，产品质量在产生、形成和实现的过程中，各个环节之间存在相互依存、相互制约、相互促进的关系，并不断循环，周而复始。每经过一次循环，产品质量就提高一步。

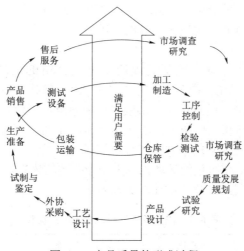

图6-1　产品质量的形成过程

## 三、质量管理发展阶段

质量管理是由于商品竞争的需要和科学技术的发展而产生、形成、发展至今的，是同科学技术、生产力水平及管理科学化和现代化的发展密不可分的。从工业发达国家解决产品质量问题涉及的理论和所使用的技术与方法的发展变化来看，它的发展过程大致可以划分为这样三个阶段：产品质量检验阶段、统计质量管理阶段和全面质量管理阶段。

**1. 产品质量检验阶段**

产品质量检验阶段质量管理的主要手段是：通过严格的检验程序来控制产品质量，并根据预定的质量标准对产品质量进行判断。检验工作是质量管理工作的主要内容。其主导思想是对产品质量"严格把关"。

产品质量检验阶段的优点在于：设计、制造、检验分属三个部门，可谓"三权分立"。有人专职制订标准（计划）；有人负责制造（执行）；有人专职按照标准检验产品质量。这样对产品质量标准的严肃性有好处，各部门的质量责任也得到严格的划分。但这种"检验的质量管理"有下列缺点：一是解决质量问题缺乏系统的观念；二是只注重结果，缺乏预防，"事后检验"，只起到"把关"的作用，而无法在生产过程中"预防"和"控制"不合格品的产生，一旦发现废品，一般很难补救；三是它要求对成品进行100%的全数检验，对于检验批量大的产品，或对于破坏性检验，这种检验是不经济和不实用的，在一定条件下也是不允许的。

**2. 统计质量管理阶段**

"事后检验"的弱点，迫切需要克服，这就在客观上为把数据统计的原理和方法引入质量管理领域创造了条件。统计质量管理阶段的主要特点是利用数理统计原理，预防不合格品的产生并检验产品的质量。这时，质量职能在方式上由专职检验人员转移给专业的质量控制工程师和技术人员承担，质量管理由事后检验改变为预测、预防质量事故的发生。这标志着将事后检验的观念改变为预防质量事故发生的预防观念。

有时由于过分强调了质量控制的数理统计方法，搬用了大量的数学原理和复杂的计算，又不注意数理统计方法的通俗化和普及化工作，忽视了组织管理工作，使得人们误认为"质量管理就是数理统计方法""数理统计方法理论深奥""质量管理是数学家的事情"，因而对质量管理产生了一种高不可攀的感觉，令人"望而生畏"，因此，影响和妨碍了统计质量管理方法的普及与推广，使它未能充分地发挥应有的作用。

**3. 全面质量管理阶段**

最早提出全面质量管理概念的是美国通用电气公司的质量总经理费根鲍姆（A.V. Feigenbaum）。他强调质量职能应由公司全体人员来承担，解决质量问题不能仅限于产品制造过程，质量管理应贯穿于产品质量产生、形成和实现的全过程，且解决质量问题的方法是多种多样的，不能仅限于检验和数理统计方法。他指出："全面质量管理是为了能够在最经济的水平上考虑到充分满足用户要求的条件下进行市场研究、设计、生产和服务，把企业各部门的研制质量、维持质量和提高质量的活动构成为一个有效的体系。"由此产生了"全面质量管理"的思想。质量管理发展三个阶段的比较见表6–1。

表6–1 质量管理发展三个阶段的比较

| 序号 | 对比内容 | 产品质量检验阶段 | 统计质量管理阶段 | 全面质量管理阶段 |
| --- | --- | --- | --- | --- |
| 1 | 生产特点 | 以手工及半机械生产为主 | 大量生产 | 现代化大生产 |
| 2 | 管理范围 | 限于生产现场质量管理 | 限于生产现场质量管理 | 产品形成全过程质量管理 |
| 3 | 管理对象 | 限于产品质量（狭义质量） | 从产品质量向工作质量 | 产品质量和工作质量（广义质量） |
| 4 | 管理特点 | 以事后把关为主 | 把关与部分预防相结合 | 防检结合，全面管理 |
| 5 | 管理依据 | 产品质量符合质量规格 | 按既定标准控制质量 | 以用户为主，重在产品适用性 |
| 6 | 管理方法 | 主要用技术检验方法 | 应用数理统计方法 | 运用多种管理方法 |
| 7 | 管理标准化 | 标准化程度差 | 由技术标准发展到质量控制标准 | 严格标准化，技术、管理标准化 |
| 8 | 管理经济性 | 忽视经济性 | 注重经济性 | 讲究经济性 |
| 9 | 参与管理人员 | 依靠检验部门和质量检验人员 | 依靠技术部门、质量检验部门、质量检验人员 | 依靠全体职工 |

## 四、全面质量管理的含义及特点

全面质量管理是指企业为了保证和提高产品质量，组织全体职工及有关部门参加，综合运用一整套质量管理体系、管理技术、科学方法，控制影响质量全过程的各因素，结合改善生产技术，经济地研制和生产用户满意的产品的系统管理活动。

全面质量管理有以下特点。

**1. 满足用户需要是全面质量管理的基本出发点**

把用户需要放在第一位，牢固树立为用户服务、对用户负责的观念，是企业推行全面质量管理的指导思想和基本原则。企业通过开展全面质量管理，不仅要经济地研制和生产出用户满意的产品，而且要为用户使用过程提供各种方便和技术服务，以充分发挥产品的效用，达到更好地满足用户需要的目的。这条基本原则，不仅适用于生产企业处理与用户之间的关系，而且可以引用到企业内部处理前、后工序（或环节）之间的关系。全面质量管理要求企业各道工序（或工作环节）都必须树立"后工序（或环节）就是用户""努力为后工序服务"的思想。

**2. 全面质量管理所管的对象是全面的，即广义的质量**

全面质量管理不仅管产品质量，而且管产品质量赖以形成的工作质量。离开工作质量的改善，提高产品质量是不可能的。全面质量管理特别要在改善工作质量上下功夫。通过提高工作质量，不仅可以保证和提高产品质量，而且可以做到降低成本，供货及时，服务周到，以全面质量的提高来满足用户的要求。

**3. 全面质量管理所管的范围是全面的，即产品质量产生、形成和实现的全过程**

实行全过程的质量管理，要在产品生产过程的一切环节加强控制，消除产生不合格品的种种隐患及其深层的原因，形成一个能够稳定生产合格产品的生产系统；要加强开发设计的质量管理，提高开发设计的质量，使产品设计充分满足用户的适用性要求；要保证用户的使用质量，保证技术服务工作质量。这就把质量管理从原来的生产制造过程扩大到市场调查、开发设计、制订工艺、采购、制造、检验、销售、用户服务等各个环节，形成"一条龙"的总体质量管理。

**4. 全面质量管理是全员参加的管理**

企业产品质量的好坏，是企业许多工作和许多环节活动的综合反映，它涉及企业各个部门和全体职工。保证和提高产品质量需要依靠全体职工的共同努力，从企业领导、技术人员、管理人员到每个工人，都必须参加质量管理，学习和运用全面质量管理的思想方法，做好自己的工作。只有人人关心质量，承担相应的质量责任，做到主要领导亲自抓，分管部门具体抓，各个部门协同抓，才能搞好全面质量管理。广泛开展群众性的质量管理小组活动，是组织广大职工参加质量管理，把群众关心质量的积极性引导到实现质量目标上来的有效形式。

**5. 全面质量管理所采用的方法是多种多样的、综合的**

在全面质量管理的各项活动中，要把数理统计等科学方法与改革专业技术、改善组织管理、加强思想教育等方面紧密结合起来，综合发挥它们的作用。因为影响产品质量的因素错综复杂，来自各个方面，既有物的因素，又有人的因素；既有生产技术因素，又有组织管理因素；既有自然因素，又有心理、环境、经济、政治等社会因素；既有企业内部因素，又有企业外部因素等。要把这方方面面的因素综合地、系统地控制起来，必须根据不同情况，有针对性地采取各种不同的管理方法和措施，才能促进产品质量长期稳定地持续提高。

理解全面质量管理的上述特点，对于正确地开展全面质量管理是十分重要的。

## 五、质量保证体系的概念

大国工匠
研磨师宁允展

为了弄清质量保证体系的概念，先要明确与其有关的质量保证、质量控制和质量管理的含义，以及它们之间的相互关系。

（1）质量保证，是指为使人们确信某一产品、过程或服务质量能满足规定的质量需求所必需的有计划、有系统的全部活动。

在这里，不要把质量保证混同于保证质量。质量保证的含义绝非仅仅是为了保证质量，更重要的是，要通过一系列有计划、有组织的活动，使需方对供方能否提供符合要求的产品（或服务）和是否提供了已符合要求的产品（或服务）而掌握充分的证据，建立足够的信心，具有相当的把握。当然，质量保证并非不要保证质量，而是以保证质量为基础，进一步引申到提供"确信"这一基本目的。

质量保证分为内部质量保证和外部质量保证两类。内部质量保证，是企业管理职能的一个组成部分，它是为使企业领导确信本企业的产品质量满足规定要求所进行的活动，其中包括对质量体系的评价与审核及对质量成绩的评定。其目的是使企业领导对本企业的产品质量放心。外部质量保证，则是通过供需双方一系列有计划、有组织的活动使需方对供方提供的产品质量能否和是否满足规定质量要求的"确信"。因此，可以把内部质量保证看成是企业的一种管理手段，而把外部质量保证看成是供方为取得需方信任的一种手段。

（2）质量控制，是指为保持某一产品、过程或服务质量满足规定的质量要求所采取的作业技术和活动。这就是由掌握了技术和技能的人有计划、有组织地监视这些作业技术和活动，在产品质量产生、形成和实现的全过程中，控制所有影响产品质量的因素，及时发现并排除全过程中各环节产生质量问题的原因，以便有效地保证产品质量。可见，质量控制不是仅限于制造过程，而是全过程的。

（3）质量管理，是指对确定和达到质量要求所必需的职能和活动的管理。质量管理的职能是负责企业质量方针的制订和实施。质量方针的实施，包括对企业质量保证和质量控制的组织与实施，以及质量体系的有效运行。它不仅包括对产品质量产生、形成和实现全过程中各环节直接影响产品质量的因素要实行监视和控制，而且要对各种间接影响产品质量的因素，如培训教育、质量奖惩、质量成本及群众性质量管理活动等，进行有组织、有计划的系统检查活动；还要建立和不断完善质量体系，并使之有效地运行，以保证企业质量方针、目标的实现。

（4）质量保证体系，是指为保证产品、过程或服务满足规定的或潜在的要求，由组织机构、职责、程序、活动、能力和资源等构成的有机整体。

企业建立质量保证体系的目的是使其产品能达到满足规定的用途和需要，满足用户的期望，符合有关的标准和技术规范，符合社会有关法令的要求；同时，要使企业获得良好的经济效益。为了实现这个目的，企业质量体系必须包括"硬件"和"软件"两大部分。"硬件"主要是指资源，包括人才、专业技术和各种设备，这是支持质量体系和实施质量管理必不可少的物质技术条件；"软件"则是借助于这些"硬件"所进行的各种质量活动，以及与之相关的组织机构、职责和程序等。它们形成了互相联系、互相促进、互相制约的有机整体。目前企业广泛执行 GB/T 19001—2016、ISO 9001:2015 标准的质量体系和 IATF 16949:2016、ISO 14001、QC 080000 等质量体系标准。

上述几个概念，尽管内涵不同，其间的关系是十分密切的。质量控制是企业质量管理的基础，也是质量保证的基础，是质量体系中的主要活动。在企业质量方针的指引下，完善质量保证体系，落实质量职能，是实施质量管理的核心。

▶ 课堂讨论

上网或到企业车间搜集资料，调研地区骨干企业质量体系实施情况并写出调研报告，进行课堂分组讨论并进行评价测试：你是否已认知质量管理？

## 任务二　车间质量管理工作

➢ **任务提示**：本任务将引领你明确车间质量管理工作内容等。

➢ **任务先行**：车间质量管理基础工作包括哪些内容？怎样做好车间质量计划？车间主任的质量管理责任制是什么？质量教育的内容主要有哪些？什么是质量控制点？常见的防误措施有哪些？质量可追查性的方法有哪些？什么是 QC 小组？有哪些组织形式？QC 小组的活动内容和要求是什么？

▶ 视野拓展

### 重庆长安汽车股份有限公司铸造车间质量管理

重庆长安汽车股份有限公司铸造车间作为企业生产经营活动的基层单位，其质量管理工作的好坏，直接关系铸件质量的好坏，关系车间的声誉。质量管理是车间管理的核心，始终体现在车间的一切生产技术经营活动之中，它是一项头绪多、涉及面广、难度大的工作。质量管理的理论性和实践性都很强，根据铸造车间质量管理工作的实践，体会只有指导思想正确，方法运用得当，措施落实，抓住重点环节，重视细微管理，才能把质量工作搞好。重庆长安汽车股份有限公司铸造车间着重做好以下几方面的质量管理工作，车间铸件产品质量稳定提高，取得了较好的经济效益。

**1. 以目标管理为手段**

目标管理是以定量与定性相结合，能鼓舞职工干劲、振奋职工斗志的一种科学管理方法。质量工作实行目标管理，看得见，摸得着，工作有方向，既有自我压力，又有自我动力。铸造车间应根据工厂年度质量工作方针目标，结合实际情况，尤其是质量管理中的难点和重点，制订出具有本车间特点的年度质量工作方针、目标和实施计划，包括教育培训、工艺纪律、QC 活动、技术进步、现场管理、理化计量及质量改进等内容，并按职能组室、生产工段、生产班组进行层层分解，实行分级管理，分层负责。围绕车间年度质量工作方针，抓好目标的分阶段组织、实施、检查和考核，重在实效。每月根据生产计划，结合年度质量工作目标与计划，制订月度重点工作内容，明确具体的目标，落实责任人，并纳入个人月度质量工作业绩考核。

### 2. 以质保体系为主导

质量管理工作的核心部分是质量保证体系，搞好质量管理的目的就是提高铸件质量及保证品质的一致性。铸件的质量集中体现在各个管理体系上，质量管理必须以科学防止不良品、缺陷的措施为出发点，认真贯彻 ISO 9000 系列质量标准，严格执行《质量手册》和《程序文件》，按 PDCA 循环开展质量管理工作，并带动一系列的其他管理工作。管理也是技术，提高质量管理水平是生产技术进步的一个重要反映。管理是企业永恒的主题，是企业一切工作的基础。企业管理将逐渐步入知识管理阶段，这种革命性的变革必然引起质量管理概念的一系列创新。贯彻 ISO 9000 体系，健全完善车间质量保证体系，它包括工艺、材料、模具、工装夹具、理化计量、职工教育培训、信息及组织机构等内容；建立工序质量管理流程图和质量管理点；制订质量管理工作标准和工序质量控制措施。企业员工应牢固树立"质量第一，预防为主；防控结合，一次成功；没有最好，只有更好；与时俱进，追求卓越"的思想，具有"下道工序就是用户"的服务意识，把质量问题控制并解决在出车间前。以高度的责任心、精湛的技艺生产高品质的产品，处理好生产与质量、速度与质量、工艺与质量、技术与质量、设备与质量、安全与质量、现场与质量、管理与质量及效益与质量等一系列的关系。

### 3. 以教育培训为先导

提高职工的质量意识、专业理论素质、业务素质和操作技能是搞好质量管理工作，生产优质产品和提高产品质量的重要前提。市场竞争异常激烈，绝不是单纯的价格竞争，而是以质量为前提条件的产品、价格、交货期和服务等的综合竞争，竞争的焦点集中在产品质量上。而在竞争的背后，是管理水平、技术水平、成本水平等的竞争，归根结底，实质上是人的素质的竞争。在客观条件确定的情况下，人是最基本、最重要的因素。在知识经济时代，也可以说，人的素质是决定性的因素，人的素质决定产品的最终质量，谁能够在经营、管理、技术及操作方面拥有优秀人才，谁就能在竞争中立于不败之地。当今科学技术飞速发展，世界正处在从工业经济向知识经济转变的时代，在现代经济中，知识正在成为真正的资本和首要财富。随着工业产品对质量的要求越来越高，工艺技术的发展必然是高度机械化、自动化、智能化，且配以高科技含量的各种新工艺、新技术，如果员工的素质不高，要提高产品质量是很难想象的。因此，坚持"干什么，学什么；缺什么，补什么"，让各类人员都清楚自己该干什么，该怎么干，该干到什么程度；组织员工学习现代质量管理知识，学习专业理论知识，学习操作技术，掌握和熟悉工艺规程、设备操作规程、安全技术操作规程和各项规章制度，造就一支作风过硬、技术精湛、纪律严明的员工队伍，从而提高质量管理水平，提高操作技能，提高产品质量及客户的满意度。

根据工厂年度教育工作计划，制订契合本车间实际的年度教育工作计划。如每季度进行一次质量形势教育，增强职工的紧迫感、危机感和责任感；创建学习型班组，组织职工学习专业技术知识，开展"在职培训""在岗培训""岗位练兵""岗位成才""师徒合同""一帮一"等活动，创造一个浓厚的学习气氛，形成"比、学、赶、帮、超"的良好局面；在推广应用新工艺、新技术、新材料及新设备时，先组织有关的技术干部和工人进行相关的专业知识培训。通过教育培训，不断增强职工的质量意识，提高专业理论水平和操作技能。

### 4. 以制度管理为保证

落实经济责任制是提高工作质量和产品质量的根本保证。人管人，谁也管不了谁；用制度管人，人服人。按岗位质量责任制和工作标准要求，用行为规范进行自我约束。健全完善车间各类人员岗位经济责任制、质量责任制、质量管理实施细则及考核办法，同时狠抓各种经济责任制的贯彻落实，严格考核，奖惩分明，增强职工的工作责任心，减少依赖性和工作失误。在质量管理上，对低级质量问题、低级质量事故和反复发生的同样质量事故和质量问题应追究责任，实行质量索赔，通过经济杠杆的作用来调动员工提高产品质量的积极性，走一条质量效益之路。各种质量指标经细化、分解后，下达到职能组室、生产工段、生产班组和个人，落实谁主管谁负责，一级对一级负责，一级保证一级，加大质量责任与工资分配的挂钩力度，充分发挥思想政治教育和经济杠杆的激励与约束作用，增强职工提高质量的自觉性、主动性和创造性。

### 5. 全员参与是关键

要搞好铸造车间的质量管理，仍然要突出一个"全"字，需要全员参加。人是搞好质量管理，提高铸件质量的决定因素，在管理层次上从少数几个专职管理人员发展到车间全体员工，上自车间主任下至工人。全员参加质量管理，人人关心铸件质量，人人重视铸件质量，人人做好本职工作，把质量渗透到车间生产经营的各项工作之中，实现质量管理的科学化和现代化，在"细微管理"上下功夫，使铸件质量满足用户的要求，赢得市场。

### 6. 以过程控制、因素控制为方法

重视过程质量，过程质量决定了结果质量。铸件质量管理的特点之一是它具有复杂性，因为产生铸件质量问题的因素有很多，往往同一种原因可以产生不同的质量问题，而同一质量问题也可以由不同的原因造成。因此，应实行确认制度，坚持首件检验、工序检验和模样（具）通关制度，使每个操作员都是检验员，杜绝批量质量问题或批量质量事故，提高铸件的可靠性和一致性。对于批量生产的产品，要采取措施将偏离标准（异常现象或例外事项）控制在最小限度，对已发生的异常现象或问题，要进行紧急处置。多品种、小批量、单件生产的铸件，其质量控制比批量生产困难得多，因此，掌握例外事项或采取防止缺陷、废品等质量事故重复发生的措施是极为重要的。建立车间内部和外部质量信息传递卡，及时、准确地反馈和处理信息，保证信息畅通无阻。开展"班前预防，班中控制，班后小结"活动，随时掌握当班现场质量动态。重大、关键等铸件应制订作业指导书并严格实施，变"管结果"为"管因素""管过程"，控制各生产工序的工艺参数和操作质量，做好工艺、材料、模样（具）、工装夹具及理化计量等生产技术的先行准备工作。重要、关键工序实行定人操作，对容易产生质量缺陷的因素及薄弱环节从"人、机、料、法、环"5个方面进行分析，并进行重点控制，使工序质量处于受控状态。上道工序每天走访下道工序，并定期或不定期地走访相关的车间，征求质量意见，研究质量问题，制订质量措施，使生产准备、生产过程、生产服务形成环环相扣的一条线，杜绝重大质量事故和批量质量事故。在质量管理过程中，还应注意随时总结和积累经验，建立质量档案，对历年的质量问题进行统计和分析，针对主要问题，找出主要影响因素，分析产生的主要原因，制订对策措施，严格控制，消除质量隐患，防止质量事故。出现质量问题或质量事故，要及时召开质量分析会，防止质量问题的重复发生。

### 7. 以工艺纪律为重点

工艺是组织生产的依据，是指导工人操纵的准则，执行工艺是获得优质产品的保证。生产实践反复证明：凡是违反质量形成规律，必然会付出代价。对工艺技术文件和质量管理制度视同法律，全体员工必须无条件地、不折不扣地执行，没有任何商量的余地。每个干部和工人在头脑中应牢固树立不违反工艺纪律的自觉意识，形成在行动上无违反工艺纪律行为的

良好风气。以工艺为突破口，狠抓工艺纪律的贯彻执行及检查、考核。生产组织安排应满足工艺、产品质量的要求；操作者严格按图样资料、工艺规程、质量标准生产；管理者严格按岗位职责、工作程序、规章制度工作。工序之间应做到：检查上工序，不接受缺陷；保证本工序，不制造缺陷；服务下工序，不传递缺陷。这就要求生产者自检和自我控制，实行质量确认，其实质就是把原来的狭义过程控制概念扩大了，即把握中间，向两头延伸，把工作重点转移到以"预防为主"的轨道上来。也即在铸件形成之前的一系列工序和环节上下功夫，只有搞好工序质量才能保证铸件质量。严格批次管理，账、物、卡一致，生产做到"五清六分批"，具有可追溯性。技术干部要随时深入生产工序，加强监督和指导工艺规程的贯彻执行。充分发挥检验员、质量管理职能人员、班组质量员的监督、检查、指导和否决作用，加强定期或不定期现场工艺纪律的监督、检查、考核。此外，图样资料、工艺文件的更改应符合管理、审批程序，并随时满足"五性"的要求。

### 8. 以 QC 活动为途径

结合工序质量、服务质量、工作质量和产品质量，开展有针对性、有目标的（如"降低工序不良品损失""提高工序一次合格率""向零废品挑战"等）群众性 QC 活动。运用各种方式，在 QC 活动内容上不断创新和深化，形成良性循环。每月召开一次车间质量管理领导小组及班组品管员会议，根据对每月质量数据的数理统计和质量问题的事实进行质量动态分析，掌握质量趋势。每季度进行一次质量活动分析，以促进工序质量、服务质量、工作质量及产品质量的不断提高。每年适时召开一次或两次 QC 活动总结会，抓好 QC 活动的实施及成果的发表，注重数据的可靠性、完整性，既讲究形式，更注重内容。

### 9. 以技术进步为动力

"科学技术是第一生产力"，也是提高产品质量的最重要的手段和生产经营的主要力量，科技进步是经济发展的决定性因素。现代市场竞争激烈，而市场竞争在相当程度上是凭借以技术创新为基础的经济实力来决定成败的。我们正处于一个经济大转变的时代，提高质量离不开知识经济作指导，以人类最新科学技术成果为基础的知识经济正向我们走来，并显示出强大的生命力和发展潜力。技术进步和技术创新是推动经济发展的强大动力，加快推进技术进步和技术创新，增强创新的优势（质量和成本），是企业不断发展的基础。从某种意义上讲，加工工艺技术水平的高低，决定着一个加工车间产品质量的优劣及生存发展，只有在原有优势的基础上，通过加大技术创新力度，推动核心竞争力的不断提高，形成新的质量竞争优势，才能在市场经济中立于不败之地。通过推广应用新工艺、新技术、新材料和新设备，以推动和促进工序质量、产品质量的稳定和提高。因此，车间每年应召开一次或两次技术进步研讨会，开展"质量改进""质量攻关""技术改造""挖潜节约""合理化建议"等活动，使产品质量不断达到新水平，推动企业的科技进步。

### 10. 以现场管理为基础

一个清洁、舒适的环境是提高产品质量的重要条件，养成良好的行为规范是保证铸件质量的关键。环境的好坏直接影响人的精神、情绪和思想，开展"定置管理""看板管理""5S 活动"，治理生产现场的脏、乱、差，实施清洁化生产，使人流、物流及环境（物资材料、工位器具的摆放，设备、工序的设置布局等）符合稳定和提高产品质量的要求。

**11. 以理化计量为保证**

理化计量是提高产品质量的重要保证手段，因此需重视检测方法的研究和检测手段的完善，对关键环节和重要工序进行检测监控。严格执行计量标准，及时更新计量仪器、仪表，定期校验工艺样板及理化、热工、电工和压力等计量仪器，以保证其精确性、灵敏性。另外，还应定期检测工作介质的物理参数，保证其在工艺范围内，杜绝超期使用的现象，以稳定工序质量和铸件。

> **知识链接**

在企业质量管理工作中，车间主要负责产品制造过程的质量管理，其具体任务一是组织生产过程各个环节的质量检查、检验工作，严格贯彻执行工艺规程，发挥"把关"作用，保证不合格的材料不投产，不合格的零件不转工序，不合格的成品不出厂；二是贯彻以预防为主的方针，发动群众运用各种科学方法进行质量控制、质量分析，把废品、次品、返修品减少到最低程度，并不断提高产品质量。为此，车间要做好质量管理的许多基础性工作。

## 一、质量教育工作

质量教育是指培养和发展企业各级各类人员对待质量的正确态度，强化质量意识，进行质量知识和技能的培训，以便提高全企业质量水平的一系列工作。要提高产品质量，就必须提高工作质量，而一切工作都是由人来做的。只有通过质量教育，提高职工队伍的素质，才能使工作质量乃至产品质量得到保证。质量教育是一个潜移默化的过程，很多是在职工的日常工作中非正式地进行的。因此，质量教育除了通过正规的学习和培训之外，还必须创造良好的企业环境，使职工在日常工作中不断地受到教育。质量教育的内容主要包括三个方面。

（1）**质量态度教育**。即培养和增强质量意识，使全体职工牢固树立"质量第一"的观点，为开展全面质量管理打下坚实的思想基础。

（2）**质量管理知识教育**。即开展同质量有关的各种专业知识的教育，让职工了解全面质量管理的基本内容和全过程。

（3）**质量管理技能教育**。即对各级各类人员进行设计、制造和维持优质产品所需要的各种专业技能培训，使他们掌握质量管理的方法和技能。

质量教育的对象包括上至厂长（经理）、下至每个工人的企业全体职工，由于各级各类人员的教育要求和目标各不相同，因此应按照不同的要求制订不同的教育计划及教育内容。车间职工处于生产第一线，直接接触到产品的生产和服务，更要有针对性地注重于质量管理技能教育，全面提高职工的生产技术水平。

## 二、标准化工作

车间标准化工作的主要内容包括安全文明生产管理制度及考核标准；执行工艺纪律的检查考核办法；设备维修保养管理制度及检查标准；奖金分配和考核制度；工作定额、定员、定岗管理办法；班组"三创"活动工作程序及检查考核标准；车间各类人员的岗位工作标准；车间主要经济技术指标的考核标准和办法；车间均衡生产考核标准；车间成本考核办法；车间质量管理制度；等等。车间标准化工作的要求一是必须符合车间的生产特点和管理现状，做到先进合理，应以企业的标准为基础略加修改，使车间标准既能保证企业标准的实现，又要使绝大多数职工通过努力都能达到；二是每项工作标准力求统一规范，应当包含管理内容、管理范围、管理目标、检查方法、检查手段、改进措施、考核办法、奖罚条例等必备内容；三是标准化工作的确定，一定要走群众路线，并经车间职工代表大会审议通过，充分体现制度的民主化，以利于标准制度的贯彻执行；四是随着生产的发展变化，车间要对各类标准、各项管理制度和办法及时进行修改。

## 三、车间质量计划工作

全面质量管理涉及车间内部每道工序、每个职工。要把每个单位、每道工序、每个职工的质量管理工作控制起来、组织起来，必须制订出周密、系统的提高产品质量水平的全面计划。车间质量计划是质量管理工作上的行动纲领，是全面质量管理行之有效的组织手段。车间质量计划的内容包括以下几方面。

（1）产品质量指标计划。根据产品质量技术标准，确定产品质量指标，主要有产品合格率、等级率、废品率等指标。其中，合格品是指完全符合质量标准的产品，否则称为不合格品或不良品。产品合格率是合格品数量与合格品数量加不合格品数量之和的比率。产品等级是指把合格品进一步划分为不同的等级，如优等品、一等品、二等品。产品等级率是各等级品数量与全部合格品数量的比率。废品是指不符合质量标准、不能在原定用途上使用的产出物，不能算作产品。废品率是废品数量与全部成品总量的比率。废品率表明生产过程的工作质量状况，利用它促进企业不断改善生产管理、提高生产技术水平，从而提高产品质量有一定的作用。

（2）质量改进措施计划。这是为了改进产品质量或解决某些质量问题而制订的技术改造和技术发展计划。改进措施具有很强的针对性，通常是按产品指标项目来制订的。

（3）产品质量"信得过"班组目标计划。车间应当大力开展班组产品质量"信得过"活动，以激励班组及工人不断提高产品质量水平。在"信得过"质量活动中，每个班组都应当制订出班组质量目标计划，以目标计划为依据推动班组及其工人的质量工作。

## 四、质量信息反馈

质量信息反馈工作，是指及时收集、反映、处理产品质量和供、产、销各个环节工作质量的信息，包括基本数据、原始记录、产品使用过程中反映出来的各种情况、企业内外产品质量的发展动向、市场调查分析资料等。车间的产品质量信息反馈，是车间领导决策的依据，是工序质量控制必不可少的重要环节。车间质量信息反馈系统以车间质量组为核心，由车间质量组、车间内各班组、厂部有关科室、市场用户四个环节构成。

车间质量信息的收集处理，由车间质量组归口负责。质量信息收集的内容包括成品或半成品在流转过程中的质量数据；用户的意见反映；工序操作者执行工艺纪律情况；原材料成分变更和入库前技术条件检查；职工对产品质量的改进建议；厂长和车间领导对质量的要求；工艺、工装和设备对工序质量的影响程度；等等。

质量信息的收集方法多种多样。对收集到的质量信息要作诊断处理，以找出质量问题的原因及问题的主次，经过总结分析整理，及时交流传递信息。质量信息的传递必须迅速、准确。车间生产如流水般进行，发现问题若不及时处理，就会出现成批的质量问题。因此，车间应采取多种方式、多种渠道进行质量信息的传递，以做出及时的处理。

（1）车间质量员在接到各班组长传送的质量、工艺信息后，可直接传递给车间工艺员、车间主任。

（2）对于需要其他单位或厂部协调解决的问题，按厂内信息单一式四份交出。

（3）厂部质量管理部门接到信息后必须迅速分析原因，明确责任单位及解决期限，信息单一份交总工程师，三份送责任单位。

（4）车间接到质量管理部门的信息单后，必须在三天之内将处理意见或结果填信息单，反馈回办公室两份，自留一份。

（5）信息如不及时反馈，一项次扣责任单位（或责任者）综合奖若干元，造成质量事故者，按质量奖惩条例处理。

## 五、工序质量控制

要控制制造车间中的五大影响因素的变化，使制造过程处于良好状态。建立质量控制点，是实现工序质量控制的一项重要内容，就是把在一定时期内和一定条件下需要特别加强监督和控制的重点工序、部位或质量特性项目，明确列为质量管理的重点对象，并采取各种必要的手段、方法和工具，对其加强管理。就一个产品来说，要设多少质量控制点，应在对它的整个工艺过程分析的基础上明确规定下来。然后对每个质量控制点制订出详细的操作规程、自检表，并根据需要采用控制图等方法对质量控制点的质量实行重点管理。一般来说，凡是制造过程中的质量关键所在或质量上的薄弱环节，均应建立质量控制点严加控制。如关系产品主要性能、使用安全的关键工序、关键部位和关键特性项目；工序本身有特殊要求，对下工序生产有重大影响的加工项目；质量不稳定，出现不合格品较多的加工部件和项目；产品使用过程中反馈回来的质量不良的项目等。

## 六、防误措施和质量可追查性

由于一些技术不稳定或人为因素造成的生产过程失控，导致某些重要的质量特性的缺陷潜伏下来，可能造成重大事故。为防止事故发生，必须找出产品上可能潜伏的缺陷。可以采用防误措施和质量可追查性来解决。

**1. 防误措施**

防误措施是指通过采用一些机械化和自动化的方式或装置使人为差错不发生或少发生，使差错降低到最低程度。

常见的防误措施有以下几项。

（1）保险措施。连锁程序设计、设置报警或截断装置、设置解除报警信号、设置确保安全的装置。

（2）感官的扩大。如安装指示物、增加照明度、信号灯。

（3）重复。多种识别代号、多重批准程序、多重检验。

（4）倒数检查程序。如倒计时系统、倒顺序方式检验装配工作是否完成。

**2. 质量可追查性**

质量可追查性又称可追溯性，指根据记载的标识追踪实体的历史、应用情况和所处环境情况的能力。质量可追查性的优点是可以精确无误地收回可疑产品，易查明缺陷原因。

质量可追查性的方法如下。

（1）批次管理法。针对价值高的产品。

（2）日期管理法。针对价值低、产量大的产品。

（3）连续编号管理法。针对消费品和工业设备产品。

为什么说 80%的质量问题源自管理层？

## 七、车间质量责任制

车间对每个人都明确规定其在质量工作上的具体任务、责任和权限，做到质量工作事事有人管，人人有专责，办事有标准，工作有检查，从而使责任明确，功过分明，形成一个严格、高效的质量管理责任体系。车间质量责任制，一般包括：① 车间主任质量责任制；② 车间品管员质量责任制；③ 班组品管员质量责任制；④ 各类人员岗位质量责任制。

## 八、开展 QC 小组活动

QC 小组，即质量管理小组，是质量保证体系的基层组织，是实现企业全员参加质量管理活动的有效形式，是全面质量管理的一项重要内容。QC 小组的建立，首先要确立研究课题。研究课题通常是广大职工在生产实践中遇到的各种影响质量的问题。一个 QC 小组一般只研究一个课题。其次要确定小组人数。一般是根据所选课题涉及的范围来确定小组成员。通常有三种组织形式：一是在班组（工序）内的 QC 小组；二是跨班组的联合攻关小组；三是以干部、工人、技术人员所组成的三结合攻关小组。小组人数以 3~10 人为宜，组长由小组成员民主推选产生。最后，审定注册。QC 小组成立后，报车间质量员审定，车间主任批准，再由小组长填写 QC 小组审批登记表一式三份，自留一份，两份报厂质量主管部门注册备案。

QC 小组的活动内容和要求是：① 根据研究课题，认真组织小组成员学习有关业务技术知识，练好基本功；② 按照措施计划的安排，一步一步组织实施研究攻关，并做好各种原始记录；③ 认真进行活动总结，及时总结经验教训，以提高 QC 小组活动的效率；④ 小组活动以业余时间为主；⑤ 严格按照全面质量管理体系的工作方式 PDCA 循环进行活动。对 QC 小组活动的成果，经一定时间的实践检验认为成功的，一方面把成功的作业方法制订成作业指导书，使之标准化，并经批准后贯彻执行。另一方面组织发表，组织 QC 小组成果的发表，一是便于交流经验，启发思路；二是鼓励先进，提高管理水平；三是交由群众审核，便于巩固、完善和提高。

## 九、建立车间质量保证体系

车间质量保证体系的构成内容包括思想体系、组织体系和工作体系。其中，思想体系的任务是解决质量管理中的各种思想认识问题，这是质量保证体系自主运行的思想保证。组织体系的任务是解决管理机构，明确各部门职责权限，这是质量保证体系的组织保证。工作体系的任务是解决工作程序、方法、标准、信息传递等问题，这是质量保证体系管理方法的科学保证。车间质量保证体系除了具有思想体系、组织体系和工作体系三方面内容之外，在技术上还必须具有下列构成要素。

（1）一张质量保证体系图。这是工作大纲，它表达了质量保证体系的工作程序、工作路线、工作内容和各单位之间的相互关系。图 6-2 为 HC 公司焊接车间质量管理体系图。

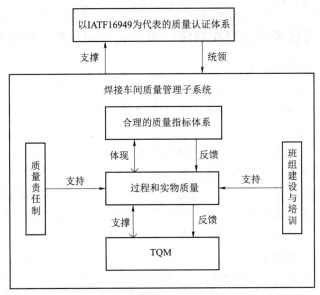

图 6-2　HC 公司焊接车间质量管理体系图

（2）工作制度和工作标准。这是质量保证体系的核心，它规定了各部门、每个人在质量保证体系中应完成的任务、责任、权限和工作标准。它主要解决谁来干、什么时候干、怎么干、按什么标准干的问题。

（3）建立原始凭证、表格、台账和统计报表等。它是质量保证体系的"联络员"，主要解决工作联系、信息传递的标准化问题。

（4）建立检查制度和考核奖励办法。这是质量保证体系正常运转的动力。

车间质量保证体系的工作方式是全面质量管理体系的 PDCA 循环方式，即"计划—实施—检查—处理"四个阶段八个步骤的工作循环方式。企业的生产经营活动是不能停顿的，管理工作中的问题也是层出不穷的，而 PDCA 不断循环过程就是不断解决问题的过程，不断循环，不断改进，不断提高管理水平和质量水平。

▶ 课堂讨论

上网或到企业车间搜集资料，调研地区骨干企业某车间质量管理工作情况并编写调研报告，进行课堂分组讨论并进行评价测试：你是否已掌握车间质量管理工作？

## 任务三　车间质量检验

➤ **任务提示**：本任务将引领你明确质量检验的基本知识和车间质量检验工作等。

➤ **任务先行**：质量检验的依据是什么？质量检验的方法有哪些？过程（工序）检验有哪些方式？什么是首件检验？巡回检验的优点是什么？应注意哪些事项？什么是"车间三检制"？不合格品是如何处置的？不合格品隔离存放要做到哪几点？

> 视野拓展

## 东升数控机床科技有限公司总装车间检验工作经验

瓦森纳协议

**针对总装特点，搞好检验工作**

总装车间的特点如下。

（1）总装车间是各种零、部、组件的最后集中点，接触面广，不仅公司内各车间，而且和公司外都有联系。

（2）产品型号多，状态变化多，技术要求繁杂。

（3）周期短，任务急，往往因进度而冲击质量。

（4）当车间出现重大质量事故时，思想负担重。相关单位发现问题后，设备拆解再装配工作频繁，打乱了生产的正常程序。此时对问题的处理一定要慎重，避免忙中出错。

（5）总装、测试是对全部工作性能和各分系统协调性的最后检查，是产品出公司的最后一关，对保证产品质量至关重要。

针对总装车间的特点，车间摸索出了一套检验工作程序。按照总装检验工作程序，具体做法是开工前，检验人员必须抓紧时间进行一次技术业务学习，学习内容为：① 图纸、技术条件、状态表、有关的技术通知单、超差、代料单。② 上级下发的质量控制措施。通过学习要熟悉的技术状态和有关技术要求，明确质量控制的有关规定，以便在工作中严格控制。

入库检查的目的是为总装打下良好的物质基础，使入库的零、部、组件及仪器等完全符合总装技术要求，保证总装工作顺利进行。

入库检查的内容是：① 外观质量；② 合格证明文件的完整性，填写正确性；③ 合格证与实物的一致性；④ 生产周转期、保险期（储存期）符合要求；⑤ 合格结论明确；⑥ 数量与合格证相符。

出库检查的目的是保证领出的零、部、组件和仪器符合总装工序要求。其检查内容除同入库检查内容外，需增加以下内容：① 批次、状态是否符合要求。② 库存剩余件有无转批手续和结论。③ 有无质量复查结论。④ 是否符合工序配套表要求。

总装前检查的目的是检查经搬运后到装配前的质量变化。检查项目除出库检查内容外，对一些总装前才能启封的零、组件应进行启封后外观质量检查和核对合格证。

为了确保总装工作有一个清洁、整齐的环境和良好的工作条件，对有关的生产准备工作，也需进行认真检查。如多余物控制检查。

开工前，检验人员在和车间领导检查现场整洁情况时，同时检查班组对所使用的工装、设备、仪器和仪表是否合格、是否经过定期检查和在鉴定期内。凡不符合要求者不能用于总装。

参加班前会，进行事故预想。这是长期以来保证工作质量行之有效的措施。检验人员参加班前会，应针对当天工作，提出以往曾发生过的问题，预防重复故障发生，表扬好人好事，提出当天工作注意事项。这样做的益处是，时间短、针对性强、效果较好。

工序检验是保证产品质量的关键。因为工序质量是产品质量的基础。因此，检验人员必须特别认真地检查。按先后顺序可分为工序验收前工作、工序验收、工序验收后工作三大部分。

工序验收前检查内容：① 严格控制三检制执行情况，未经自检、互检的，不予验收。② 在检验试验工序时，必须检查试验台、试验工装及高、低压管路连接的正确性。

工序验收检查内容：① 按图纸、技术条件、工艺规程和其他技术文件的要求，检查总装工序的正确性、完整性、协调性。② 检查总装过程中是否碰坏周围的零、组件。③ 检查多余物。④ 检查工艺件是否取下。

工序验收后工作内容：① 做好原始记录，及时记载检测数据和发现的问题。② 参加不合格品的处理。③ 收合格证。④ 收工艺件。⑤ 工序验收签字留名。

总检查是产品出厂前的全面检查，其目的是确保出厂产品"三不带"，即不带故障、不带多余物、不带疑点，严格控制不合格品出厂。具体工作分为两大部分：一是包装前对产品进行总检查；二是进行一次质量复查或质量评审。

总检查内容：① 检查总装的完整性、正确性。② 彻底检查、清除多余物。③ 清点工具。

质量复查内容：① 检查总装中发现问题的处理是否妥当。② 检查工作中的漏洞和隐患。③ 检查遗留问题。

在检验工作中体会到，质量原始记录是搞好质量控制的基础，它不仅是提供故障分析的可靠材料，而且是提高产品质量，进行工序控制的重要依据。因此，做好质量原始记录工作是必要的、值得的。必须要不断增强质量意识，改善检测手段，使车间的检验工作在现有基础上提高一步，以适应新形势的要求。

## 知识链接

### 一、质量检验的基本知识

自从商品走向市场，为使产品满足顾客要求，就有了质量检验。质量管理是从质量检验基础上发展起来的，质量检验又随着质量管理的发展而发展。质量检验是质量管理体系一个不可缺少的组成部分，是保证产品质量的重要手段。

**1. 质量检验的依据**

质量检验的依据有以下几项。

（1）标准。标准是生产和质量检验的依据。它分为国际标准、国家标准、行业标准、地方标准和企业标准。

（2）产品图样。产品图样是能够准确地表达产品形状、尺寸及其技术要求的图形。图样是标准的反映，图样中标注的尺寸、形位公差、粗糙度及技术要求等内容是工序检验、零件检验、成品检验和最终出厂检验的主要依据。

（3）工艺文件。在加工制造的各个工艺过程阶段中，依靠各种工艺技术资料的指导来完成，这种工艺技术资料统称为工艺文件。工艺文件是进行生产和检验的依据。

（4）订货合同。当没有技术标准或标准的规定满足不了要求或有特殊要求订立合同时，合同规定的相关要求成为检验的依据。

（5）技术协议。弥补订货合同在技术和检验要求方面的不足，订立的技术协议作为生产验收和索赔的依据。

（6）标准样件。当检验方法有破坏性或现有检测方法的鉴别准确度低或无法使用检测工具和设备来检验时，通过标准样件作为检验依据。

## 2. 企业质量检验的步骤

企业质量检验的步骤如下。

（1）熟悉规定要求，选择检验方法，制订检验规范，培训检验人员。企业质量检验多为判定性检验，检验依据是标准、规范、工艺、合同。首先要熟悉检验标准和技术文件规定的质量特性和具体内容，确定测量的项目和量值。其次要确定检验方法，选择合适的计量器具和仪器设备。最后要制订检验规程或检验指导书。必要时要对检验人员进行相关知识和技能的培训与考核。

（2）测量或试验。按已确定的检验方法和方案，对产品质量特性进行定量或定性的观察、测量、试验，得到需要的量值和结果。

（3）比较和判定。将检验的结果与规定要求进行对照比较，确定每一项质量特性是否符合规定要求，从而判定被检验的产品是否合格。

（4）处置。对产品（或批）是否可以"接收""放行"做出处置。

① 对单件产品，合格品准予放行，转入下一工序或入库、交付（销售、使用）。对不合格品，按不合格品控制程序规定，通过评审分别做出返修、返工、让步接收或报废处置。

② 对批量产品，根据产品批次质量情况和检验判定结果分别做出接收、拒收、复检处置。

（5）记录。对检验的有关数据，填入规定的记录表格中，并签字确认。填写记录要客观、真实，字迹要清晰。

## 二、车间质量检验工作

### 1. 过程（工序）检验

过程检验也叫工序检验。过程检验的目的是在生产过程中进行监控，以防止不合格品产出并流转入下道工序，确保工序的正常生产。过程检验的对象是过程的产品。检验的原则是按图纸、工艺规定进行检验和试验，不合格的产品不转入下道工序。

过程检验通常有首件检验、巡回检验、末件检验和完工检验 4 种方式。

1) 首件检验

首件检验是指生产刚开始时（上班或换班）或工序因素调整（换人，换料，调整工艺、工装、设备）后加工的第一个（或几件）工件经操作者自检合格后交付检验员所进行的检验，如首件检验不合格，操作者应查明原因后，重新加工一件产品送检。未经"首检"合格，不得进入批量生产。首件检验由操作者、检验员共同进行。操作者首先进行自检，合格后送检验员专检。然后，再填写"首件确认申请/判定表"（见表 6-2）及"首件确认检查表"（见表 6-3）。

表 6–2 首件确认申请/判定表

产品编号：

| 品名 | | 申请人 | |
|---|---|---|---|
| 型号 | | 申请日期 | |
| 批号 | | 申请时间 | |
| 批量 | | 申请部门 | |

续表

| 确认项目: | | | | | |
|---|---|---|---|---|---|
| 区分 | $N_1$ | $N_2$ | $N_3$ | $N_4$ | $N_5$ |
| 外观状态 | | | | | |
| 功能状态 | | | | | |
| 内部检查 | | | | | |
| 部品规格 | | | | | |
| 部品布局 | | | | | |
| 其他 | | | | | |
| 确认承认: | | | | | |
| 检查员 | 完成时间 | 承认人 | 确认结果: | | |
| | | | | | |

表 6–3 首件确认检查表

| 品名 | | | 批号 | | | 确认时间 | |
|---|---|---|---|---|---|---|---|
| 型号 | | | 批量 | | | 申请部门 | |
| 类别 | 项目 | 标准 | $N_1$ | $N_2$ | $N_3$ | $N_4$ | $N_5$ |
| 外观状态 | | | | | | | |
| 功能状态 | | | | | | | |
| 内部检查 | | | | | | | |
| 部品规格 | | | | | | | |
| 部品布局 | | | | | | | |
| 其他 | | | | | | | |
| 判定 | | | | | | | |
| 检查员: | | 确认结果: | | 完成时间: | | 备注 | |

首件检验的目的是尽早发现过程中的系统因素，防止出现产品批量不合格。

检验员应填写"首件检验记录表"（见表 6-4），并对首件检验合格产品按规定进行标识。"首件检验记录表"和首件检验合格的产品需一同保留到该班产品完工检验后。如该班产品经检验批量不合格，生产和检验主管部门应对首件产品重新检验，以追究检验员或操作工的批量报废责任。

表 6-4 首件检验记录表

| 制造单位 | | | 产品名称 | |
|---|---|---|---|---|
| 首件类型 | □新产品 □新订单 | | 制造命令号码 | |
| 首件数量 | | | 制造责任人 | |
| 品管检验判定 | 主管: | | 检验: | |
| 开发检验判定 | 主管: | | 检验: | |
| 结论 | | | | |

2)巡回检验

巡回检验又称流动检验（简称 IPQC），是车间质管员在生产现场按一定时间间隔对有关工序生产的产品和加工工艺进行监督检验，一般采用的方式为抽检，检查内容一般分为对各工序的产品质量进行抽检、对各工序的操作人员的作业方式和方法进行检查、对控制计划中的内容进行点检。

（1）巡回检验的作业要求如下。

① 巡检时必须依据标准检验指导书（简称 SIP）、工程蓝图、标准作业指导书（简称 SOP）、物料清单、工艺标准对产品的外观、尺寸、装配包装、性能等进行检查，并做好相关巡检记录。

② 巡检的频次、抽检产品的数量及检查项目等根据 SIP 进行。

③ 当对重点管制项目做统计过程控制（简称 SPC）管制时，必须根据检验规范的要求进行。

④ 当发现异常时应通知车间及相关部门对其进行改善，必要时应对责任部门发出制程异常联络单（简称 PDCS）。

（2）巡回检验中应注意的事项如下。

① 询问情况。检验员检验时，要向操作者了解加工中的一些情况，便于分析问题。

② 校对量具。要复核操作者使用的量具，以避免由于量具失准而造成不合格品的产生。

③ 抓住重点。对重要件、关键工序、薄弱环节要加强巡回检验次数。对图纸、工艺工装、设备、原材料、操作者等变更因素在开始阶段要加强巡回检验。

④ 分析原因。当发现质量问题时，应及时提醒操作者并帮助查明原因，消除异常。

⑤ 处理及时。对巡检中发现的不合格品，应及时做出结论，通知操作者以便迅速采取改进措施。

3)末件检验

末件检验适用于产品质量主要依靠模具、工装保证的情况，在批量加工完成后对最后加工的一件或几件产品所进行的检验活动，如对防盗门制造行业的门面剪板、冲孔、折弯等工序产品的检验。末件检验的目的是摸清当前模具、工装的技术状态，为下批生产做好技术准备。

4）完工检验

完工检验是对该工序已经全部加工结束后的半成品或完工零件所进行的检验。完工检验除按规定要求检验外，还要检查是否所有的工序都已全部加工完成，是否有漏掉一道或几道加工的零件混在其中。

**2. 车间"三检制"**

"三检制"指的是操作者自检、员工之间互检和专职检验人员专检相结合的一种品质检验制度。这种三结合的检验制度有利于调动员工参与企业品质检验工作的积极性和责任感，是任何单纯依靠专业品质检验的检验制度所无法比拟的。"三检制"是操作者参与检验工作，确保产品品质的一种有效方法。该方法不但可以防止不合格产品流入下道工序，及时消除异常因素，防止产生大批不良品，而且可以使产品无论流转到哪道工序，只要发现问题，就可以找到责任者，操作者对产品品质必须负责到底。班组长要十分熟悉和掌握品质管理"三检制"的具体内容。

"三检制"适用于产品质量检查责任的分配与实施。

1）自检

（1）自检就是操作者对自己加工的产品，根据工序品质控制的技术标准自行检验。

（2）自检的最显著特点是检验工作基本上和生产加工过程同步进行。

（3）通过自检，操作者可以真正及时地了解自己加工产品的品质问题及工序所处的品质状态，当出现问题时，可及时寻找原因并采取改进措施。

（4）自检制度是作业人员参与品质管理和落实品质责任制度的重要形式，也是三检制能取得实际效果的基础。

自检进一步可发展为"三自检制"，即操作者"自检、自分、自记"。三自检制表见表 6-5。

表 6-5 三自检制表

| 项目 | 责任者 | 职能 | 管理内容 | 确认者 | 评议 |
|------|--------|------|----------|--------|------|
|      |        |      |          | 检查员<br>班长 | 检查员<br>班长 |
|      |        |      |          | 检查员<br>班长 | 质量员<br>车间主管 |
|      |        |      |          | 质量员<br>检查员 | 质量科 |

2）互检

互检就是作业者之间相互检验。一般是指下道工序对上道工序流转过来的在制品进行抽检；同一工作地换班、交接时的相互检验；班组品质员或班组长对本班组人员加工的产品进行抽检等。互检是对自检的补充和监督，同时也有利于员工之间协调关系和交流技术。

3）专检

专检就是由专业检验人员进行的检验。专业检验人员熟悉产品技术要求和工艺知识，经验丰富，检验技能熟练，效率较高，所用检测仪器相对正规和精密，因此，专检的检验结果比较正确可靠。

由于专业检验人员的职责约束,并且要和受检对象的品质无直接利害关系,其检验过程和结果比较客观、公正。所以,三检制必须以专业检验为主导。

**3. 不合格品处理**

在生产过程中,由于受主、客观因素的影响,不可避免地会产生一些不合格品。为确保产品的质量,在生产和检验过程中,都必须对不合格品进行控制,防止不合格品的非预期使用和交付。

1)不合格品控制程序

组织应建立和执行不合格品控制程序,规定对不合格品进行鉴别、标记、隔离、评审、处置的职责、权限和控制方法。实现不合格的原材料、外购件、外协件不接收、不投产,不合格的在制品不转序,不合格的零部件不装配,不合格的产品不交付,以确保防止误用或安装不合格的产品。

不合格品控制程序应包括以下内容。

(1)规定对不合格品的评审和处置的职责与权限。

(2)对不合格品要及时做出标识,以便识别。标识形式可采用色标、票签、文字、印记等。

(3)做好不合格品的记录,确定不合格品的范围,如生产者、生产时间、地点、产品批次、零部件号、生产设备等。

(4)对不合格品及时隔离存放,严防误用或误装。

(5)分级评审不合格品,提出对不合格品的处置方式,决定返工、返修、让步、降级、报废等处置,并做好记录。

(6)根据不合格品的处置方式,对不合格品进行处置。对已进行返工、返修处置的不合格品重新检验。

(7)通报与不合格品有关的职能部门,必要时也应通知顾客。

2)不合格品的判定

(1)产品质量有两个判定过程:一是检验人员按产品图样、工艺文件、技术标准或检验作业指导书检验产品,做出合格或不合格的结论;二是有关部门对判为不合格的产品的"处置方式"做出判定。前者属于符合性判定,后者属于不合格品的处置性判定,也称不合格的评审。处置性判定是对不合格品做出返工、返修、让步、降级、拒收、报废判定的过程。

(2)产品质量的符合性判定由授权的检验员进行。一般不要求检验人员承担处置不合格品的责任和拥有相应的权限。

(3)不合格品的评审判定是一项技术性很强的工作,应根据产品未满足规定的质量特性重要性,质量特性偏离规定要求的程度和对产品质量影响的程度,制订分级评审程序,规定评审的级别和职责(如按不合格分 A、B、C 三类)。

3)不合格品的标识和隔离

对鉴别出的不合格品,要及时做出不合格的标识,同时对该不合格品进行隔离存放,以防止误用。标识形式可采用色标、票签、文字、印记等。

隔离存放要做到以下几点。

(1)检验部门所属各检验站(组)应设有不合格品隔离区或隔离箱。

（2）及时或定期组织有关人员对不合格品进行评审和处置。

（3）应对隔离的不合格品进行管理，严禁私自动用，检验人员有权制止、追查、上报。

4）不合格品的处置

作业人员自检发现的不合格品和检验人员检出的不合格品，均应通过不合格品评审确定处置方式。

（1）不合格品评审。不合格品评审的内容包括以下几点。

① 不合格品的评审按不合格严重程度的 A、B、C 分类、分级进行评审。一般情况下，C 类不合格可直接授权检验员评审，B 类不合格由检验部门或技术部门评审，A 类不合格由组织的评审机构按规定程序评审。

② 检验人员开具不合格品通知单，并附不合格品数据记录，提交供应部门或生产部门。

③ 供应部门或生产部门在分析不合格品的原因和责任基础上，向有关部门提出评审申请，确定处置方案。

④ 在特殊情况和各部门意见不统一时，还需经组织最高管理层的技术负责人员（如技术副厂长或总工程师）评审。

⑤ 当合同或法规有规定时，让步接收应向顾客提出申请，得到书面认可才能接受。

（2）不合格品的处置方式。对不合格品的处置方式有以下几种。

① 纠正——为消除已发现的不合格产品所采取的措施。其中主要包括以下几种。

（a）返工——为使不合格产品符合要求而对其所采取的措施。

（b）降级——为使不合格产品符合不同于原有的要求而对其等级的变更。

（c）返修——为使不合格产品满足预期用途而对其所采取的措施。

② 报废——为避免不合格产品原有的预期用途而对其所采取的措施。不合格产品经确认无法返工和让步接收，或者虽可返工但返工费用过大、不经济的均按废品处置。对有形产品而言，可以回收、销毁。

③ 让步——对使用或放行不符合规定要求的产品的许可。

让步接收品是指产品不合格，但其不符合的项目和指标对产品的性能、寿命、安全性、可靠性、互换性及产品正常使用均无实质性的影响，也不会引起顾客提出申诉、索赔而准予使用和放行的不合格品。让步必须有严格的审批程序和书面认可。当合同或法规有规定时，让步接收应向顾客提出申请，得到书面认可才行。

对降级和让步要加以区分，降级关键是要降低其等级，而让步则不包含"等级的改变"，直接予以使用或放行。

确定进行返工、返修的产品，经返工或返修后须重新交付检验，经检验合格方可转序或入库，经检验确认仍不合格的按不合格品处置程序重新处理。

对在产品交付给顾客或产品开始使用后才发现不合格产品的情况，组织者有责任根据不合格的影响程度而采取适当的措施，如调换、修理等。

5）不合格品的纠正措施

纠正是为消除已发现的不合格产品而采取的措施，是对不合格品的一种处置方式。

纠正措施是为消除已发现的不合格产品或其他不期望情况的原因采取的措施。"纠正措施"是针对产生不合格的原因实施的并力图消除这一原因，而不仅仅是对不合格产品的处置。

因此，对产生的不合格品，仅采取返工、返修、让步接收是不够的，它不能防止不合格的产品再发生。而是要分析发生的不合格的原因，并采取措施，消除不合格的原因，防止不合格的再发生。

纠正措施的制订和实施是一个过程，一般应包括以下几个步骤。

（1）识别不合格。

（2）确定不合格的原因。通过调查和必要的统计技术或试验方法确定不合格的原因。

（3）评价出现的不合格对质量影响的重要程度。可以通过对成本、业绩、可信性、安全性和顾客满意等方面的影响来评价。

（4）确定合适的纠正措施并予以实施。组织采取纠正措施时应权衡风险、利益和成本，考虑效率和有效性，以确定适宜的纠正措施。在实施过程中要对纠正措施进行监控以确定其有效性。

（5）跟踪并记录纠正措施的结果，包括原因、内容及采取措施的完成情况。

（6）评审纠正措施的有效性。

▶ **课堂讨论**

上网或到企业车间搜集资料，编写车间检验工作情况调研报告，并对车间检验工作提出合理化建议，进行课堂分组讨论并进行评价测试：你是否已掌握车间检验工作？

## 任务四　质量管理常用的工具

> **任务提示**：本任务将引领你明确质量管理常用的工具。

> **任务先行**：质量管理常用工具有哪些？哪个常用工具可用于明确"关键的少数"？什么是直方图？直方图有哪些典型图形？如何观察分析直方图？什么是分层法？什么是排列图？其应用原理是什么？控制图的应用有哪些？"新七大质量管理工具"是什么？

如何从作业员或QC成为QE质量管理工程师？

▶ **视野拓展**

**南通新三能电子有限公司装配车间品管员浅谈质量管理常用工具的应用**

南通新三能电子有限公司装配车间品管员就质量管理活动常用的几种工具的应用谈论自己的看法。

**1. 用数据说话、各行各业都适用**

在全面质量管理中，数理统计方法很多，但经常使用的有7种工具，最常用又好掌握的有3种，即排列图、分层图、因果分析图。

排列图就是根据"关键的少数、次要的多数"这一原理对数据进行分类，将数据按原因、工序、人员、时间等情况分类，计算频数、频率、累计频率等。以直观的方法来表明影响质量的关键所在，从图表上显示出哪个因素对质量影响最大，哪个质量问题是最主要的，改善质量的活动应从哪里下手解决问题最有效，其经济效果最好。它可以最有效地解决质量管理工作中经常遇到的问题。

分层图和排列图的格式一样，它把相同一类影响质量的因素根据各种不同条件进行分层（或分类），运用排列图、分层图来观察和分析问题有很多好处。分层图最大的优点是主次分明、简单明了，它可以帮助我们在质量分析中逐步养成科学地运用数据、依靠数据说话的习惯。而且分层图应用面广，除管理产品质量外，还可用于管理生产、财务等各部门的质量问题。

因果分析图就是从产品质量问题这个结果出发，分析原因，顺藤摸瓜，步步深入，从千头万绪中寻找大的原因，进而从大原因中找中原因，从中原因找小原因，并逐步查明和确定主要原因，因果分析图的作用就在于此。

**2. 集思广益，便于群众参加管理**

在质量管理中运用这一方法，就是在生产中发现质量问题时，组织质量管理小组同有关人员实行三结合，集思广益共同分析，发动群众共同分析探讨影响质量问题的原因，把大家的意见集中起来画到一张树枝状的图上，进一步搞清原因之间、此结果和彼结果之间的关系。从交错复杂的影响因素中把影响质量的主要的、具体的原因找出来，从而明确所需采取的措施方向。它是一种组织群众、运用群众力量以改善质量，解决技术问题的具体形式。

**3. 看似老生常谈其实常用常新**

在因果分析图中一般按人员、机械设备工具、材料、方法、环境这五大要素分析查找影响质量问题的原因，此图看似简单，不免有些老生常谈的感觉。但是在它分析问题、绘制图形的过程中，却是比较复杂，要下很大功夫的，因为许多影响质量的因素并不是凭直观判断就能发现的。对此，我的体会是这五大要素会随着时间的推移、地点的变更及各种条件的变化每次都有不同的内容，虽然要素不变但内涵变了，不得不逼着我们去苦思冥想深究原因。其次，对于五大要素不要轻易放弃哪个要素的分析。

**4. 工具配合使用，往复无穷，不断提高**

在质量管理小组活动中，我们一般应用排列图或分层图找出所存在的问题，再用因果分析图找出存在问题的主要原因，然后制订对策，即针对前面找出的主要问题（原因）制订切实可行、完全彻底的措施。在表中要明确：① 为什么要这样干；② 目的是什么；③ 在什么地方干；④ 什么时候干；⑤ 由谁去干；⑥ 怎样干。这样才使问题的解决真正得以落实兑现。

在原因分析时要特别注意，要很好地应用 P（计划）、D（实施）、C（检查）、A（处理）循环这一全面质量管理的基本方法，PDCA 这四个阶段缺一不可，始终贯穿于质量管理活动中，每经过一次循环也就解决一批问题，质量水平就有一次提高。

实践经验证明，取得一个成果不易，但要巩固下去就更难，必须明确认识，质量管理小组活动绝不是工作中的负担，而是在解决质量工作问题中始终贯彻执行的东西，是个科学的方法，不是老生常谈，千篇一律，而是不断探索、不断深入，是我们计划、实施、检查、处理不可缺少的基本方法。质量管理小组进行成果发表活动的目的是提高产品或工作、工程质量，改善管理工作。只有采取有效措施把已经取得的成果巩固下去，贯彻下去，扩大它的影响和作用，才能使质量有真正的提高。

▶ **知识链接**

分析和控制产品质量的常用工具（简称 QC 七大工具）有排列图法（又称主次因素分析

图法)、因果分析图法(又称鱼刺图法)、分层法(分类法)、相关图法、统计分析表法、直方图法和控制图法等。

"QC 七大工具"是指应用统计分析方法,利用各种图表对生产过程进行实时监控,科学地区分出生产过程中产品质量的随机波动与异常波动,从而对生产过程的异常趋势提出预警,以便生产管理人员及时采取措施,消除异常,使过程维持在仅受随机因素影响的受控状态,从而达到提高和控制质量的目的。

"QC 七大工具"通过图表达到进行质量分析、质量控制和质量改进的目的。具体来说,优点主要有以下几项。

(1)对过程做出可靠的评估,判断过程是否失控和过程是否有足够能力。

(2)提供了一个预警系统,可以预测并监控过程,防止废品的发生。

(3)减少对常规检验的依赖性,定时观察及系统的测量方法替代了大量的检验和验证工作。

有了以上的预防和控制,企业可以做到降低质量成本,降低不良率,减少返工和浪费;提高客户满意度,更好地理解和实施质量体系。

## 一、排列图法

排列图又称主次因素分析图法或柏拉图,是将影响产品质量的各种因素按其对质量影响程度的大小顺序排列,从而找出影响质量的主要因素。

排列图是根据"关键的少数和次要的多数"的原理而制作的。也就是将影响产品质量的众多影响因素按其对质量影响程度的大小,用直方图顺序排列,从而找出主要因素。其结构是由两个纵坐标和一个横坐标、若干个直方形和一条折线构成。左侧纵坐标表示不合格品出现的频数(出现次数或金额等),右侧纵坐标表示不合格品出现的累计频率,横坐标表示影响质量的各种因素,按影响大小顺序排列,直方形高度表示相应因素的影响程度(出现频率为多少),折线表示累计频率。通常累计百分比将影响因素分为三类:占 0~80%为 A 类因素,也就是主要因素;占 80%~90%为 B 类因素,是次要因素;占 90%~100%为 C 类因素,即一般因素。由于 A 类因素占存在问题的 80%,此类因素解决了,质量问题大部分就得到了解决。

例:某企业生产的某型号无缝钢管不合格品数为 120 根,统计表见表 6-6,根据统计表做出排列图,如图 6-2 所示。

表 6-6 无缝钢管不合格品统计表

| 原 因 | 频数/件 | 频率/% | 累计频率/% |
| --- | --- | --- | --- |
| 壁厚不匀 | 75 | 62.5 | 62.5 |
| 裂纹 | 22 | 18.3 | 80.8 |
| 伤痕 | 12 | 10.0 | 90.8 |
| 毛刺 | 6 | 5.0 | 95.8 |
| 其他 | 5 | 4.2 | 100.0 |
| 合计 | 120 | 100.0 | |

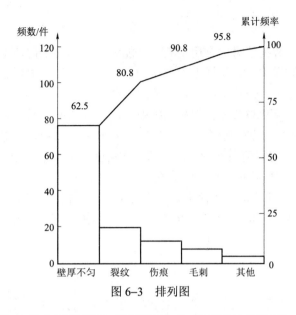

图 6-3 排列图

本例中产生不合格品的主要问题是"壁厚不匀"和"裂纹"两项。

## 二、因果分析图法

1953 年日本东京大学教授石川馨第一次提出因果分析图法。在进行质量分析时，如果通过直观方法能够找出属于同一层次的有关因素的主次关系（平行关系），就可以用排列图法。但往往在因素之间还存在纵的因果关系，这就要求有一种方法能同时理出这两种关系，因果分析图就是根据这种需要而构思的。因果分析图形象地表示了探讨问题的思维过程，利用它分析问题能取得顺藤摸瓜、步步深入的效果。即利用因果分析图可以首先找出影响质量问题的大原因，然后寻找到大原因背后的中原因，再从中原因找到小原因和更小的原因，最终查明主要的直接原因。这样有条理地逐层分析，可以清楚地看出"原因—结果""手段—目标"的关系，使问题的脉络完全显示出来。应用因果图进行质量问题分析一般有以下几个步骤：确定要分析的问题、分析作图、找主要原因。

因果分析图的基本格式如图 6-4 所示。

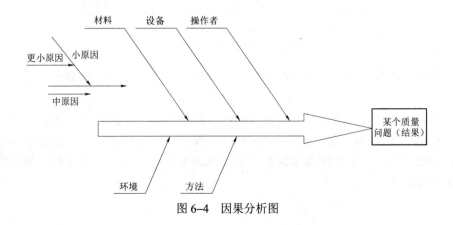

图 6-4 因果分析图

## 三、直方图

直方图是用来分析数据信息的常用工具，它能够直观地显示出数据的分布情况。直方图法是从总体中随机抽取样本，将从样本中获得的数据进行整理，根据这些数据找出质量波动规律，预测工序质量好坏，估算工序不合格率的一种工具。

用直方图实际分布尺寸与公差范围相比推断生产过程情况，通常有 6 种结果，如图 6–5 所示。图 6–5（a）中直方图分布范围 $B$ 在公差范围 $T$ 的中间，为理想的工序质量；图 6–5（b）中 $B$ 虽在 $T$ 的范围内，但因偏向一侧，故有超差的可能，要采取措施适当缩小分布；图 6–5（c）中 $B$ 和 $T$ 的分布范围正好一致，但完全没有余地，容易出现废品，要采取措施调整；图 6–5（d）中 $B$ 过分小于 $T$，经济性不好，需要降低加工精度；图 6–5（e）中 $B$ 过分偏离公差中心，易造成废品；图 6–5（f）中 $B$ 超过了 $T$ 的范围，产生废品，应停产找原因。

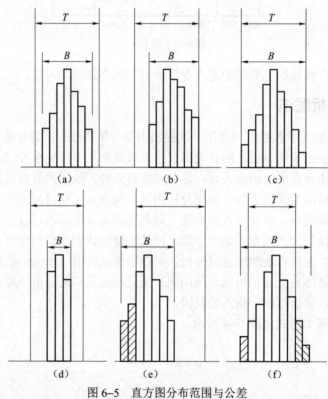

图 6–5　直方图分布范围与公差

常见的直方图分布图形有对称形（正常形）、锯齿形、孤岛形、偏向形、双峰形、平顶形 6 种，如图 6–6 所示。对称形属于正常直方图，其他 5 种是异形直方图。对称形中间是顶，左右对称，呈正态分布，是理想的图形；锯齿形多由于分组过多，测量误差等原因造成；孤岛形由于加工原因发生突变等原因造成；偏向形一般由于加工习惯等原因造成；双峰形往往是把来自两个总体的数据混在一起所致；平顶形是由于生产过程中某种缓慢变化的因素影响而造成。

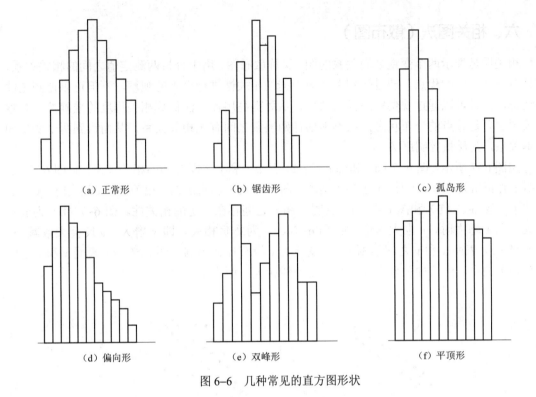

图 6-6 几种常见的直方图形状

## 四、调查表法

调查表法又称统计分析表，就是利用统计表对数据进行整理和初步分析原因的一种常用图表。其格式可以根据产品和工序的具体要求来灵活确定。这种方法简单，但是很实用、很有效。

运用这种方法，常用的统计表主要有以下几种。

（1）缺陷位置调查表。

（2）不良品原因统计表。

（3）按不良品项目分类调查表。

在实际生产中，统计分析表同分层法结合使用的效果最佳。

## 五、分层法

分层法又称分类法，是质量管理中常用来分析影响质量因素的重要方法。在实际生产中，影响质量变动的因素很多，这些因素往往交织在一起，如果不把它们区分开来，就很难得出变化的规律。有些分布从整体看好像不存在相关关系，但如果把其中的各个因素区别开来，则可看出，其中的某些因素存在相关关系；有些分布从整体看似乎存在相关关系，但如果把其中的各个因素区分开来，则可看出，不存在相关关系。可见，用分层法可使数据更真实地反映质量的性质，有利于找出主要问题，分清责任，及时加以解决。在实际应用分层法时，研究质量因素可按操作者、设备、原材料、工艺方法、时间、环境等方法进行分类。

## 六、相关图法（散布图）

相关图是表示两个变量之间关系的图，又称散布图，用于分析两测定值之间的相关关系，它具有直观简便的优点。通过作相关图对数据的相关性进行直观的观察，不但可以得到定性的结论，而且可以通过观察剔除异常数据，从而提高用计算法估算相关程度的准确性。观察相关图主要是看点的分布状态，粗略地估计两因素之间有无相关关系，从而得到两个变量的基本关系，为质量控制服务。

如图6-7所示，图6-7（a）和图6-7（d）表明$x$和$y$之间有强的相关关系，且图6-7（a）表明是强正相关，即$x$大时，$y$也显著增大；图6-7（d）表明是强负相关，即$x$增大时，$y$却显著减小。图6-7（b）和图6-7（e）表明$x$和$y$之间存在一定的相关性。图6-7（b）为弱正相关，即$x$增大时，$y$也大体增大；图6-7（e）为弱负相关，即$x$增大，$y$反会大致减小。图6-7（c）表明$x$和$y$之间不相关，$x$变化对$y$没有什么影响。图6-7（f）表明$x$和$y$之间存在相关关系，但这种关系比较复杂，是曲线相关，而不是线性相关。

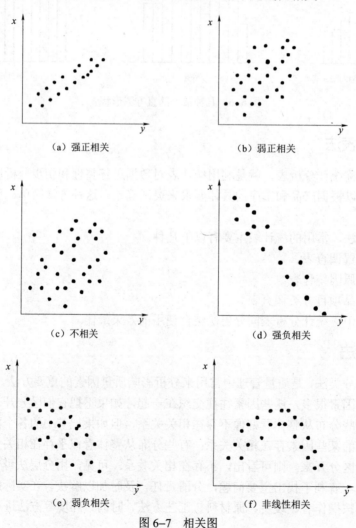

图6-7 相关图

## 七、控制图法

控制图是用于分析和判断工序是否处于稳定状态所使用的带有控制界限的一种工序管理图。由纵坐标（表示质量特征）、横坐标（表示样本号）、中心线（CL）、控制上限（UCL）和控制下限（LCL）组成，如图 6-8 所示。控制图大体分为两大类：计量值控制图和计算值控制图。这两类都是在生产过程中做出的。一般是每隔一定时间或一定数量的制品，从中随机抽取一个或几个制品组成样本，将检验的质量数据按照一定要求列表计算出中心线、上下控制限，即为控制图。然后逐一将制品样品的质量检测数据标入控制图，以其控制工序的状态。

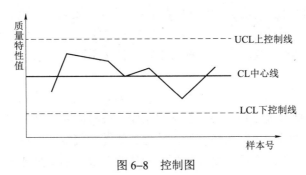

图 6-8 控制图

控制图的观察分析：从控制图上判定生产过程处于控制状态必须满足以下两个条件。

（1）控制图上的点（数据）不超过控制界限。

① 连续 25 点以上处于控制界限内；

② 连续 35 点中仅有 1 点超出控制界限；

③ 连续 100 点中不多于 2 点超出控制界限。

（2）控制图上的点排列没有缺陷。

① 链状排列，即连续 7 个点出现在中心线一侧或连续 11 个点中至少有 10 个点同时出现在中心线。

② 接近控制线，即点较多地在 2 倍的标准差和 3 倍的标准差之间的区域出现，如连续 3 个点中至少有 2 个点或连续 7 个点中至少有 3 个点接近控制线。

③ 倾向，即连续 7 个点上升或下降。

④ 周期，即点出现周期性变化。

如果控制图中点分布在控制界限内，且分布无异常情况，就可判断工序处于正常状态。

QC 七大工具口诀：检查集数据；直方显分布；排列抓重点；散布看相关；控制找异常；因果追原因；层别作解析。

## 八、质量管理"新七大工具"

随着质量管理的不断深化，日本质量管理专家在 20 世纪 70 年代又开发出"质量管理新七种工具"，即系统图、矩阵图、矢线图（又称箭条图法）、关联图、KJ 法（又称亲和图法）、过程决策程序图法（PDPC 法）、矩阵数据解析法，适用于管理层质量管理。

### 1. 系统图

系统图又称树图或树形图，能将事物或现象分解成树枝状，就是把要实现的目的与需要采取的措施和手段系统地展开，并绘制成图，以明确问题的重点，寻找最佳手段与措施。社会上常见的"组织系统图""家谱图"都属于系统图的一种类型。常用的系统图大体可以分为两大类：一类是把组成事项展开，称为因素展开型系统图；另一类是把为了解决问题和达到目的或目标的手段、措施加以展开，称为措施展开型系统图。

### 2. 矩阵图

矩阵图是通过多元思考而明确问题的一种方法，是从成为问题的现象中找出成对的要素，把属于要素群 $A$ 的若干要素 $A_1$, $A_2$, $A_3$, …, $A_i$, …和属于要素 $B$ 的若干要素 $B_1$, $B_2$, $B_3$, …, $B_i$, …分别排列成行和列，在交点处用符号表示出 $A$、$B$ 各要素之间相关关系的图形。矩阵图在应用时具有一个很重要的特征，就是把应该分析的对象表现在适当的矩阵图上，也就是说，可以把若干矩阵图的类型表现在不同的图形上，以便按不同的对象选择并灵活应用。

### 3. 矢线图

矢线图又称网络图、网络计划技术，是安排和编制最佳日程计划、有效地实施进度管理的一种管理方法，即把推进计划所必需的各项工作，按时间顺序和从属关系，用网络形式表示的一种图形，因作业活动用箭头线连接，故称矢线图。矢线图中每一项作业都应有自己的节点编号，编号从小到大，不能重复和闭环；相邻两个节点之间只能有一项作业，也就是只能有一个箭头线；起始节点和终止节点只能有唯一的点，绘制时不能有缺口，即不允许出现多起点或多终点的现象。

### 4. 关联图

关联图是分析问题、解决问题的一种工具，即把几个问题及涉及这些问题的关系极为复杂的因素之间的因果关系用箭头连接起来的图形。关联图的应用在于整理、运用语言资料、分析逻辑关系而达到问题的层层展开。绘制关联图之后并不等于问题已经解决，在研究如何解决问题的过程中，自如地掌握运用关联图是很重要的。

### 5. KJ 法

KJ 法是由日本学者川喜田二郎于 1970 年前后研究开发并加以推广的方法，包括亲和图（又称 A 型图解法）和分层图等不同的类型，非常适合解决那些需要时间、不容易解决而非解决不可的问题，但不适合简单的、需要迅速解决的问题。亲和图就是将收集到的大量杂乱无章的语言资料，根据它们相互之间的亲和性（意义相近似）总结归纳起来的一种方法。这种方法可以理解为"合并同类项"。分层图是将收集到的大量杂乱无章的语言资料，按其逻辑关系（包括因果关系和目的手段关系）层层展开的一种方法。

### 6. 过程决策程序图法（PDPC 法）

PDPC 法是运筹学中的一种方法。所谓 PDPC 法，就是为了完成某个任务或达到某个目标，在制订行动计划或进行方案设计时，预测可能出现的障碍和结果，并相应地提出多种应变计划的一种方法，计划执行过程中遇到不利情况时，仍能按第二、第三或其他计划方案进行，以便达到预订的计划目标。PDPC 法的特征是从全局或整体掌握系统的状态，因此可作全局性的判断，密切注意系统进程的动向，在追踪系统运转时，能掌握产生非理想状态的原因，从而不断补充、修订计划措施。

#### 7. 矩阵数据解析法

矩阵数据解析法是在矩阵图应用的基础上发展起来的一种方法，对已排列于矩阵图中的相对事物进行量化后的一种数据解析法。在新 7 种工具中，其他 6 种都是以图表表示的非数字数据的情理型方法，而矩阵数据解析法是从定性分析的矩阵图转化为定量分析的数字数据的统计型方法。新 QC 七大工具应用：关联图法—理清复杂因素间的关系；系统图法—系统地寻求实现目标的手段；KJ 法—从杂乱的语言资料中吸取资讯；矩阵图法—多角度考察存在的问题变数关系；PDPC 法—预测设计中可能出现的障碍和结果；矢线图法—合理制订进行计划；矩阵数据解析法—多变数转化少变数资料分析。

### 课堂讨论

上网或到企业车间搜集资料，针对地区骨干企业某一车间应用质量管理工具的典型案例进行分析并写出报告，进行课堂分组讨论并进行评价测试：你是否已掌握质量管理常用工具？

质量管理工具：8D 报告分析法

### 案例分析

#### 一、任务要求

在企业质量管理工作中，车间主要负责产品制造过程的质量管理，主要任务首先是组织生产过程各个环节的质量检查、检验工作，严格贯彻执行工艺规程，发挥"把关"作用；其次是贯彻以预防为主的方针，运用各种科学方法进行质量控制、质量分析，把废品、次品、返修品减少到最低程度，并不断提高产品质量。通过本模块 4 个任务的学习和训练，针对导入的案例进行分组讨论。结合自己的感受谈谈对"车间质量管理"等问题的看法。并结合企业实践讨论下列问题。

问题一：分析重庆长安汽车（集团）有限责任公司铸造车间和湖南长丰汽车制造股份有限公司涂装车间是如何进行车间质量管理的？

问题二：你认为在车间质量管理中应注意哪些事项？

问题三：假如你作为车间管理人员如何开展质量管理？

问题四：质量管理常用工具如何在车间质量工作中应用？

#### 二、检查方法

各小组针对以上案例通过参观、上网等方法收集相关资料，分组分析讨论，然后总结报告，在教师组织下进行综合评价。通过本模块教学活动设计组织和导入案例的分析，更深入了解质量和质量保证体系的概念、全面质量管理的内容、车间质量管理工作、质量检验类型和方法、车间质量检验工作等基本常识，理解车间质量管理的重要性，掌握车间质量管理的常用工具和现代科学方法，为将来在企业一线从事车间质量管理工作打下良好的基础。

#### 三、评估策略

"重庆长安汽车股份有限公司铸造车间质量管理""合肥长安汽车有限公司焊装车间质量管理体系构建""湖南长丰汽车制造股份有限公司涂装车间质量管理"等车间质量管理的典型

实践案例，有些相关的现象还是或多或少地存在于各个企业的车间质量管理中。通过对案例的分析讨论，了解学生对车间质量管理等问题的关切程度，采用案例分析教学和拓展训练能使学生进一步理解车间质量管理在车间管理工作中的地位和作用，理解车间质量管理工作内容，理解车间检验工作内容，理解车间质量管理工具的内容，提高学生的认知和分析能力，在案例分析中同时培养学生的团队合作精神。

在项目案例学习过程中，要对学生学习情况进行检查评估，主要采用学生互评、教师点评、校外企业车间管理人员评价等形式，从学生掌握车间质量管理知识点、案例分析报告质量、团队协作精神等方面对学生的项目学习情况进行综合评估（见表6–7）。

表6–7　车间质量管理项目案例学习评估策略表

| 序号 | 检查评估内容 | | 检查评估记录 | 自评 | 互评 | 点评 | 分值 |
| --- | --- | --- | --- | --- | --- | --- | --- |
| 1 | 质量和质量保证体系概念、全面质量管理内容、车间质量管理工作、质量检验的基本知识、质量检验方式的类型和方法、车间质量检验工作、质量管理常用工具等知识点的掌握 | | | | | | 30% |
| 2 | 典型案例"重庆长安汽车股份有限公司铸造车间质量管理"分析报告质量 | | | | | | 20% |
| 3 | 典型案例"湖南长丰汽车制造股份有限公司涂装车间质量管理"分析报告质量 | | | | | | 20% |
| 4 | 政治素质职业素养 | 政治思想、遵章守纪情况：是否具有正确的价值观和人生观？是否遵守各项制度要求？ | | | | | 10% |
| 5 | | 处理问题能力：分析问题是否切中要点？问题解决方法是否切实可行、操作性强？ | | | | | 5% |
| | | 语言能力：是否积极回答问题？语言是否清晰洪亮？条理是否清楚？ | | | | | 5% |
| 6 | | 安全、环保和质量意识情况：是否注意现场环境？是否具有安全操作意识？项目实施是否具有质量意识？ | | | | | 5% |
| 7 | | 团结协作、奉献精神情况：是否有团队精神？是否积极投入本项目学习，积极完成案例学习任务？ | | | | | 5% |

总　评：
评价人：

## 拓展训练

**训练1**：结合案例1谈谈对"车间如何开展质量检验工作"的看法。

【**案例1**】某塑料股份有限公司车间主任的质量投诉

某年某月某日，某塑料股份有限公司新任质量经理（之前为总装车间主任）接到某车间主任投诉，情况如下：

前日夜班，当班检验员判断某注塑产品不合格，有废皮飞边，因此当班班长停机未生产。隔日车间主任发现，此产品的模具之前的维修记录按照公司的流程规定，有品质保证部老质量经理的合格认可,且当时的产品封样也是有相同大小的废皮。无论是车间主任、新质量经理还是老质量经理,事后(有人是事前就知道)均同意产生的废皮既不影响组装,也不影响外观,当时完全可以正常生产,待结束之后修模。

因此,新任质量经理正式受理了车间主任的投诉,并对检验员进行了批评,同时要求:检验员作异常判断时,必须有现场处理单等文字记录,口头说的理应不作数。同时私下告诫该车间主任注意自我保护。此事便引起该新任质量经理旧部(原总装班组长)半开玩笑半认真式的牢骚,他们暗示,该质量经理是个不值得追随的领导。他们的逻辑是,即便别人说的是错的,作为部门领导,理应为自己手下说话。

同时,一名新员工(曾经在某外企质量管理部门任职)认为:此新任质量经理质量意识极差,竟然胳膊肘向外弯,帮外面人说话,实在是大错特错。

**训练 2:** 结合案例 2 谈谈对"车间质量检验三检制"的看法。

**【案例 2】** 冲压车间首件检验

质量体系审核员检查生产制造,在冲压车间检查 M-47 产品,询问关于首件检验,生产车间主任回答说:"每班都首件,由检验员确认。"询问检验员时,检验员回答:"他是白班,生产车间的早班、中班,他都可以按规定做首件检验。但夜班的首检样品是在第二天才补做。"

**训练 3:** 组织参观生产企业车间现场,了解车间质量管理工作、车间质量检验工作的情况,了解质量管理常用工具在车间质量管理中应用案例,并编制调查报告。

## 模块小结

在企业管理工作中,质量管理是车间管理的核心,始终体现在车间的一切生产技术经营活动之中,它是一项头绪多、涉及面广、难度大的工作。质量管理的理论性和实践性都很强,只有指导思想正确,方法运用得当,措施落实,抓住重点环节,重视细微管理,才能把质量工作搞好。本章主要介绍了质量和质量保证体系的概念、全员质量管理内容、车间质量管理工作、质量检验的基本知识、质量检验的类型和方法、车间质量检验工作、质量管理常用工具等。

# 模块七

# 车间设备管理

 **知识目标**

- 了解设备管理的任务和内容
- 了解车间设备管理方法
- 了解设备管理常用工具

 **技能目标**

- 掌握车间设备管理方法
- 掌握设备岗位责任制和设备操作规程的内容
- 掌握设备润滑管理"五定原则"、设备点检制的内容

 **模块任务**

任务一　车间设备管理
任务二　设备管理常用工具

 **任务解析**

案例导入
视野拓展
知识链接
课堂讨论
案例分析
拓展训练
模块小结

 案例导入

### 陕西延长石油（集团）有限责任公司炼油车间设备管理

科学、有效的设备管理是保证设备安全运行，改善设备构成，充分发挥设备效能，保证产品产量和质量的基础，对促进生产持续发展，提高企业经济效益有着极其重要的作用。作

为炼油企业，由于其连续性、易燃易爆的特殊性，对设备管理提出更高的要求。车间通过制订行之有效的设备管理制度，细化、量化现场管理，强化设备技术管理，常抓不懈，使装置实现了"两年一修"的设备管理目标。炼油车间着重做好以下几方面的设备管理工作。

**1 树立全员参与设备管理的意识**

作为卷包车间，生产的特点是流水线作业，任何一个环节出现问题，就有可能影响整个装置的安全，全员参与设备管理尤为重要。车间设备管理网络由车间设备主管、设备技术员、班组长和设备操作工四级构成。实行设备层层负责制，设备主管为设备管理第一负责人，对车间设备进行全面管理。设备技术员职责为监督检查班组长设备管理情况，同时，及时掌握设备运行状况，排除设备故障，达到预知、预测维修。班组长为班组设备负责人，对班组设备进行全面的管理。操作工职责是用好设备，维护好设备。

**2 建立行之有效的车间设备管理制度**

多年来，车间建立了《车间设备日常维护保养细则》《设备操作规程》《车间装置大修管理规定》《设备巡回检查制》《设备月度考细则》《装置静密封管理规定》《当班设备操作人员工作程序》等操作性大、适宜性强、行之有效的管理制度，达到有章可循，通过标准、制度来约束和规范职工行为，从而达到设备管理由被动管理向主动管理迈进。

**3 细化、量化设备现场管理**

现场管理是设备管理的重要环节，是设备综合管理的基础，它直接关系到在用设备的服务效能。它包括设备维护保养、操作使用、检查与整改、检修、"无泄漏"管理等。

3.1 设备维护保养

抓好设备的日常维护保养是车间设备管理重中之重的工作。其内容主要有设备的润滑、清洁、防腐、紧固和调整等。在维护保养中，车间采用巡检方式，每小时由操作人员对设备进行全面的检查，发现问题及时处理，无法解决的问题实行层层汇报制，确保问题的有效解决，保证设备的完好运行。设备维护保养中设备润滑是关键。车间在润滑管理中，实行"五定""三级过滤"，每班操作工及时检查设备的润滑情况，对油质变色、乳化的进行彻底更换，对润滑油位不到 2/3 处的进行补油，保证设备的良好润滑。多年来车间坚持每月 10 日左右由技术员对所有运行机泵润滑系统进行全面检查、更换，大大降低因维护保养不到位而引发的设备故障频次。

3.2 设备正确操作使用

正确使用设备才能保持设备良好的性能，充分发挥设备效率。操作工严格执行设备操作规程，做到"四懂""四会"，严禁超温、超压、超负荷运行。坚守岗位，定时巡回检查设备运行状况，及时准确填写运行记录，确保设备正常运行。

3.3 设备的检查与整改

检查是预防性维修的精髓。通过检查发现的问题，可以及时查明和消除设备隐患；指导设备正确使用和维护保养；提出改进维修措施；有目的地做好修理前的准备工作，以提高修理质量、缩短修理时间和降低修理成本。车间设备检查分日常检查、周检和抽检。日常检查以挂牌方式对设备运行、维护保养、运行参数等进行巡检，抽查是车间技术员不定期对设备运行和维护保养进行检查。周检是以"设备检查表"的形式，每周由车间对所有设备进行全面大检查。每类检查后，进行问题归纳汇总，制订整改措施，落实责任人，以 PDCA 管理实现车间规范管理。

### 3.4 设备检修

设备检修是有效恢复设备性能的手段。车间设备检修有设备日常检修、设备抢修和设备大检修。

#### 3.4.1 设备日常检修

设备日常检修是对设备小故障进行处理的手段。在日常检查中发现设备故障，由设备技术员负责检修的作业。在设备检修前，由设备技术员对检修作业进行危险源辨识与风险评价，制订削减措施并实施。检修中分析故障原因，提出检查方案，监督检修情况并组织验收。检修后的设备试运行半小时，运行良好，交付班组使用和维护。

#### 3.4.2 设备抢修

设备抢修是在非工作日关键设备出现故障，可能危及正常生产，必须在短时间内恢复设备的性能的检修。在设备抢修作业时，车间主任及技术员必须及时到现场，分析原因，制订检修方案，并对检修作业进行危险源辨识与风险评价，制订风险削减措施。在最短时间内恢复设备性能，确保安全生产。

#### 3.4.3 装置大检修

装置大检修是集中时间对所有设备进行停工检查检修。每年一次。在检修前期，车间提前三个月上报《装置大修项目和材料计划》，经审批后车间本着安全第一、责任到人原则，编制《大修项目安全质量过程控制表》，其内容包括检修项目、安全质量责任人、质量安全具体要求和验收人。在大修前一周，由车间与检修施工单位进行大修项目、材料的交底。在大修期间，车间严格执行《车间装置年度大修管理》规定，依据《大修项目安全质量过程控制表》要求，责任到人，把好检修项目质量和安全关。做好动火票、高空作业票、进入有限空间票等安全票证办理和现场安全监督检查工作。设备主管和技术员应对装置中各类设备进行全面、细致的检查，制订检修方案并监督实施。最后，由车间组织人员对大修实施项目逐项进行验收并投入正常运行。同时，车间做好每台设备的检修记录和大修技术总结，为设备故障分析、长周期运行提供第一手资料。通过"优质、高效、安全、文明、节约"装置大修工作，从而确保设备高效运行。

### 3.5 "无泄漏"管理

"无泄漏"管理是减少跑、冒、滴、漏，节能降耗，消除污染，保证职工健康的一项有效措施。车间"无泄漏"管理实行以班组为单位的区域负责制。每个班组全面负责对所承包区域密封点的泄漏检查、处理和挂牌等。车间对积极主动检查、发现、处理密封泄漏点的班组，在月度奖金考核中给予奖励，实现全员参与设备管理目标。同时，每月底由技术员填写《车间密封台账》，进行统计分析评价。通过有效的"无泄漏"管理，降低密封泄漏率，及时消除隐患，达到安全清洁生产。

## 4 强化设备技术管理

### 4.1 召开技术分析会

车间每月至少召开一次设备技术分析专题会。通过对设备运行和管理分析、讨论和总结。做到未雨绸缪，降低设备故障率，提高设备效能。

### 4.2 设备技术资料收集和整理

车间设备技术资料有设备台账和设备运行技术档案。设备技术档案包括基础技术参数、设备运行、设备保养、设备维修、设备故障、设备防腐等内容，及时记录各种必要的设备信息，为设备的更新改造提供第一手资料。同时，设备台账作为固定资产管理中账、物、卡相符的基础资料。

4.3 加强设备管理人员和操作技术培训

4.3.1 操作人员以授课、岗位练兵、现场故障应急处理等形式，进行实用技术培训，提高操作水平。

4.3.2 设备管理人员和技术人员通过查阅相关技术资料和技术分析会、交流会等方式，积累经验，拓宽知识面，提高管理水平。

科学、有效的设备管理是保证设备安全运行，改善设备构成，充分发挥设备效能，保证产品产量和质量的基础，对促进生产持续发展，提高企业经济效益有着极其重要的作用。

组织学生对导入案例进行分组讨论，安排各小组收集资料并做报告，最后在教师指导下进行综合评价。案例分析讨论重点使学生进一步理解车间设备管理的任务和内容，理解车间设备管理的方法、理解设备岗位制、设备操作规程、设备润滑管理"五定原则"和设备点检制的内容等知识，并对车间设备管理的典型案例有一定的认知和分析能力，在案例分析中同时培养学生的团队合作精神。

# 任务一　车间设备管理

➢ **任务提示**：本任务将引领你明确车间设备管理的内容和设备管理的方法。

➢ **任务先行**：设备管理包括哪些主要内容？企业应怎样选择设备？企业车间应怎样合理使用设备？设备的状态监测有哪些？设备状态监测技术主要有哪些？设备修理制度有哪些？各有什么特点？

大国工匠孙红梅

> 视野拓展

## 某企业制造二部卷包车间设备管理对策与应用

**1. 卷包车间设备管理现状调研**

（1）卷包车间生产设备主要包括卷烟机、包装机、滤棒成型机和装封箱机等，为了使卷包车间的设备发挥到最佳状态，必须对卷包车间设备进行系统的全面质量管理。

（2）卷包车间设备管理基本处于应急维修为主、设备保养为辅的状态，经常出现何时用坏何时修的现象，虽然也有计划地进行设备保养工作，但经常由于生产任务急等情况，不能完全实行有计划地维护、检查、修理。

（3）维修不规范。当设备出现问题维修工对设备进行维修时，经常出现粘胶、垫纸皮等不规范维修的现象，这种情况主要是由于有的地方调整比较麻烦，更换备件比较耗时间，有的可能是没有备件更换，为了最快速度地让设备运转起来，维修工或操作工经常进行不规范维修。

（4）操作工对设备管理水平低。每天20分钟的日常保养，对有的操作工来说时间太长，他们经常不到保养时间就把设备开起来，当维修工检查发现问题想进行维修时，操作工常回答的是"一直都是这样的,不要紧的、可以开的",如果维修工强行对设备进行维修,操作工对维修工的印象就可能会不好,当他们对维修工打分时就可能会打低分,维修工为了避免出力不讨好的事在自己身上发生,常常放弃维修。

(5)维修工没有协作精神,个别人员有个人英雄主义,随着设备先进水平不断提升,各种设备技术不断推陈出新,竞争日趋紧张激烈,设备越来越多样化,使人们在工作学习中所面临的情况和环境极其复杂。在很多情况下,单靠个人能力已很难完全处理各种错综复杂的问题并采取切实高效的行动。所有这些都需要人们组成团体,并要求组织成员之间进一步相互依赖、相互关联、共同合作,建立合作团队来解决错综复杂的问题,并进行必要的行动协调。

(6)备件库存存在一定问题,现在为了降低备件的库存,有的备件经常是设备停了才做急件买,有的备件由于供货商单一,造成购买周期长、备件质量差(如有的油封要求耐高温或耐酸,但买回来的都是普通油封)。现在的委外加工不仅加工周期长而且质量差(很多备件拿回来都要进行二次加工)。

(7)维修工更愿意处理重大问题,有的人认为处理重大问题领导能看到,领导会给他一个很好的评价(虽然领导不是这么想的),没人看得见的小问题像跑、冒、滴、漏等不愿意处理,认为技术难度低,处理了也没有人知道。

(8)维修工的维修技能有待提高。设备维修保养,要求的动手能力非常强,没有三年以上的时间很难说自己就是一个合格的维修人员,这是一个循序渐进的过程,不是经过短期培训就能熟练掌握的,目前,各类技能培训有很多,培训只能让员工对解决问题方法有初步认识,而对基本功不能有太大的帮助。维修人员只能在日常工作中,一边工作,一边加强自身能力的培养。普遍来讲,基本动手能力的提高过程是一个枯燥的、乏味的、劳动强度比较大的过程,而部分年轻人比较急躁,不能静下心来花大量的时间来提高基础动手能力,造成对实践性基础训练的热情度不高,自身技术水平的提高相对缓慢。

(9)对出现问题的责任相互推诿。操作、维护与保养这三方面是相辅相成的,在其中的任意一环节出现问题对生产都是致命的。然而,当设备出现故障影响到生产时,特别是存在考核时,却将责任相互推诿:操作人员怪维修人员点检不到位,维修人员怪设备保养未做好等现象屡见不鲜。

**2. 卷包车间设备管理对策与应用研究**

(1)贯彻"以生产为中心,技术管理为重点,养修并重,预防为主"的方针政策,加强烟机设备管理。

(2)坚持"保养为主、维修为辅"的方针,烟机设备管理的核心问题就是运作效率,提高运作效率最好的方法一是对设备进行规范的保养,要做好保养,首先应该规范保养内容、缩短保养周期;二是应该转变观念,让被动保养变为主动保养。

(3)提高维修工的维修技能,首先修理工应加强自身自学能力,其次开展车间内部培训活动,再以外出学习为辅助手段,通过完善的考核管理体系,不断提高设备维修人员的维修技能。力求做到"四懂三会"(懂原理、懂构造、懂性能、懂用途,会操作、会保养、会排除故障)。

(4)实施全员参与的设备保全制度。通过 TPM 的系统开展,查找设备现场存在的故障源、污染源、浪费源、扫除困难源、缺陷源、危险源等活动,并不断完善和改进,使设备保持高效的运行状态。

（5）加强设备点检、巡检工作。设备点检是科学管理设备的基石，通过点检人员对设备进行点检，准确掌握设备状态，采取设备劣化的早期防范措施，实行有效的预防性维修、保养以改善设备的工作性能，减少故障停机时间，延长机体使用寿命，提高设备工作效率，从而降低维护费用。

（6）为了保证设备维修质量，缩短维修时间，推行了总成件互换的修理方式。

（7）改进配件供应管理，不断改进配件供应管理，提高备件质量，减少流通环节，缩短供应周期。在备件管理上，借鉴国外先进的"供给连锁管理"模式（SCM 管理模式），力求部门间信息资源共享，提高管理效率，积极推行寄卖制（供应商在用户方建立配件库，用户根据实际使用数同供应商按月或按季结算配件消耗费用），既保证了配件的正常供应，又降低了自己的库存。结合实际，对进口备件进行国产化评估，能国产化的尽量国产化，以便缩短备件的购买周期。

任何生产活动都离不开设备，在现代化生产中更是如此。要使企业生产经营顺利进行，生产任务能出色完成，必须依赖于设备和加强设备的管理。设备管理是个系统工程，需要各方面人员的全面参与、积极配合。工欲善其事，必先利其器，概括而又深刻地阐明了设备在生产中极其重要的作用，充分说明了设备管理在企业中不容忽视的重要地位。

## 知识链接

机器设备是现代企业的物质技术基础，是企业进行产品生产的主要条件。企业生产能力的大小取决于机器设备的状况。工业企业必须选好、管好、用好、保养维修好机器设备，提高设备完好率，使机器设备经常处于良好的技术状态，充分发挥机器设备的作用，才能顺利完成企业的生产经营任务。

## 一、设备管理的内容

设备运动有物质运动和价值运动两种形态。前者包括设备的制造、购置、安装、测试、验收、使用、维修、更新改造等，一般称为设备的技术管理；后者包括设备的购置投资、维修费用支出、折旧费用回收、更新改造资金筹措与支出等，一般称为设备的经济管理。从设备运动的两种形态出发，设备管理主要包括以下几项内容。

（1）设备购置。根据企业生产和工艺要求，按照技术先进、经济合理、生产可行的原则，选择和购置企业适用的各种机器设备。

（2）设备使用。要根据设备的性能、特点合理地使用设备，提高设备利用率，充分发挥设备效能。

（3）设备维修。搞好设备的检查、维护和修理，使设备保持应有的性能和良好的技术状态，保证正常运转，减少磨损，延长寿命，尽可能地降低维修费用。

（4）设备折旧。根据企业生产经营的决策和技术发展的形势，合理地确定设备折旧率，为设备更新和技术进步筹措资金。

（5）设备更新。根据企业开发新产品、改造老产品和安全生产、节能降耗的要求及设备的老旧状况，有计划地添置新设备，改造老设备，保证企业技术不断进步，以适应企业生产、技术不断发展的需要。

（6）日常管理。设备的日常管理是一项基础性工作，包括设备的验收、登记、保管、租赁、报废和事故处理等，应认真建立和执行设备管理制度和责任制度。

## 二、车间设备管理方法

设备管理方法就是把设备的价值运动形态和物质形态合理地结合起来，贯穿于设备管理的全过程。包括8项管理方法：设备前期管理，设备的合理使用，设备的检查、维护保养和修理，技术状态管理，设备的改造与更新，备品配件管理，技术资料档案管理，设备的资产管理等。

**1. 设备前期管理**

设备的前期管理工作主要是指调研市场信息、设备选型、采购计划、开箱验收、安装验收。

设备前期管理还包括调研、规划、购置（设计、制造）、安装、调试，特别是对关键设备进行经济技术可行性分析，把好选型和安装验收质量关，为搞好设备的后期管理打基础。

1）调研市场信息

调研市场信息要广泛收集设备科技发展及市场信息和有关设备使用的意见，为做好设备选型提供依据。

对进口设备，技术设备部门必须进行调查和考察。在与外商谈判中，负责提出可靠性、维修性和经济性方面的要求，以及维修备品配件、润滑油品、维修人员培训、设备安装和维修所需的技术资料等要求。

同时，要将新设备使用初期在质量、效率、运行中存在的问题、故障情况及改善措施等方面的信息及时向制造单位反馈。特别是进口设备，必须在索赔期内做好有关工作。

2）设备选型

设备的选择，是指企业应当购置什么样的新设备或自行设计制造、技术引进什么样的设备。工业企业设备的选择，首先应调查设备的性能和技术经济指标，进行技术经济分析论证，提出可供选择的多种方案，然后本着技术上适用、经济上合理、生产上可行的原则，做出决策。设备选择具体应考虑的因素有以下几项。

（1）设备的生产效率。设备的生产效率是衡量设备优劣的重要指标，反映了单位时间内某种设备能生产的产品数量，一般表现为功率、速度、行程等技术参数。在考虑这一因素时，还应同企业的生产状况、长期发展方向结合起来，考虑设备的利用率。如果设备利用率不高，经常被闲置，即使设备的生产效率高也不一定适用。

（2）设备的可靠性。设备的可靠性是指所选择的设备精度、准确度要高，并能保持相当长的时间不变，设备的零件具有耐用性，无故障停机，以保证所生产的产品质量达到应有的要求。

（3）设备的维修性。在选择设备时，要考虑设备出了故障后维修的难易程度。维修性好的设备，可大大节省维修的工作量和维修费用。一般来说，设备结构简单，零部件组装合理，维修时零部件容易拆卸、便于检查，零部件的通用、互换性好等，就说明设备的维修性好。

（4）设备的成套性。要使设备尽快形成生产能力，应选择成套性好的设备。设备的成套性有单机成套性、机组成套性、工程项目成套性三种情况。单机成套即备件、配件、随机工具要成套；机组成套即一组机器的主机、辅机、控制装置等要成套；工程项目成套即一个新建项目的各种机器设备要配套。成套购买设备不但能迅速形成生产能力，而且往往比分开购买主机和辅机更节约投资。

（5）设备的安全性。设备的安全性是指设备对生产安全和劳动保护的程度，包括对劳动者的人身安全和防护有无安全保护装置，隔热、隔电、隔音、隔尘和防火、防爆、防废气的措施是否完善。

（6）设备的环保性。设备的环保性就是指使用设备过程中排放的"三废"导致对环境的污染程度。选购设备时要考虑设备的环保性，要求设备配有相应治理"三废"的附属设备及净化装置。

（7）设备的节能性。设备的节能性是指设备节约能源的能力。节能性强的设备表现为热效率高、能源利用率高、原材料利用率高，如每小时耗电量低、汽车每百吨公里的耗油量低等。设备节能性好，可以大幅度降低设备的使用费用，提高寿命周期内的经济效益。

（8）设备的经济性。设备的经济性是指设备的投资费用经济、使用中能耗低、原材料利用率高、维修费用低、使用寿命长等。总费用少，又能完成规定的任务，这样的设备综合效益好，经济性最佳。

3）开箱验收和安装验收

（1）开箱工作程序。

① 采购部门根据设备的到货情况通知设备使用部门。

② 在合同规定的索赔期限内，设备使用部门根据安装进度确定开箱检验的时间，并通知各相关部门人员（大型设备需通知供应商或代理商到现场）参加开箱。

③ 开箱前先检查箱号、封识及箱体的外观并记录在案。开箱后检查内包装，对照装箱单，理出技术资料、清点附件、检查设备外观。根据检验后的情况由设备使用部门当场填写设备接运、开箱检验情况表，各参加人员在表上填表人处签名，并将该表的复印件在两周内传递到质量部接口人员处。

④ 在开箱时如发现残损、短缺、规格、质量等质量问题，应保护好现场，立即通知质量部接口人员，并协助调查取证。

（2）设备竣工验收工作程序。

① 经生产使用、运行实际考核（仪器仪表类三个月内，生产设备六个月内），设备性能、精度及各项技术和经济指标符合有关技术标准及合同要求。

② 使用质量符合标准要求。

③ 符合环保、安全及卫生要求。

④ 凡符合以上条文，应填写设备安装、试生产检验情况表，并将该表的复印件在两周内传递到质量部接口人员处。

⑤ 如在使用过程中发现存在质量问题的，应及时通知质量部接口人员，并配合了解情况和现场取证。

（3）设备开箱验收记录（见表7-1）。

表7-1 设备开箱验收记录表

| 设备基本情况 | 设备名称 | | 制造单位 | |
|---|---|---|---|---|
| | 规格型号 | | 出厂编号 | |
| | 设计能力 | | 出厂日期 | |
| | 合同单位 | | 到货日期 | |

续表

| 开箱验收 | 技术文件 | | 专用工具 | |
|---|---|---|---|---|
| | 随机配件 | | 缺损情况 | |
| 验收意见 | 有关人员意见及签名 | | | |
| | 使用部门 | | 设备电气主管 | |
| | 采购员 | | 档案员 | |

**2. 设备的合理使用**

正确、合理地使用设备可减轻设备磨损，保持良好的性能，延长设备的使用寿命；防止设备、人身与产品质量事故；减少或避免设备闲置，提高设备利用率；使设备能优质、高产、低耗、节能、安全地运行。在设备管理方面，针对设备特点，合理安排生产任务；发动操作人员参加设备管理，使设备管理工作有广泛的群众基础。

（1）工人在独立使用设备前，须对其进行设备的结构、性能、技术规范、维护知识和安全操作规程等技术理论教育及实际操作技能培训。经过考试合格发给设备操作证后，方可凭证独立操作。

（2）操作工人要根据设备性能和使用的要求，严格遵守设备操作规程，正确合理地使用设备，防止不按操作规程和不按使用范围进行操作，特别严禁超负荷、超规范、拼设备行为。如遇现场生产管理人员或上级强令操作工人超负荷、超规范使用设备时，设备管理部门有权制止，操作工人有权拒绝，并可越级上告。对违章指挥者应追究责任。

（3）设备的使用要实行定人定机，凭证操作，严格实行岗位责任制。对于多人操作的设备、生产线，必须实行机长制，由机长负责。

（4）对多班制生产的设备，操作工人必须执行设备交接班制度。单班制设备应有运行记录。

（5）设备的合理使用要求操作工人应掌握"三好""四会"，严格执行使用设备的"四项要求""五项纪律"，设备状态达到"三清""四无""六不"，见表7–2。

表7–2　设备的合理使用要求

| 事项 | 设备的合理使用要求 |
|---|---|
| 设备操作人员的"三好""四会" | "三好"：管好、用好、维修好<br>"四会"：会使用、会保养、会检查、会排除故障 |
| 设备维护的"四项要求" | ① 整齐：工具、工件、附件放置整齐，安全防护装置齐备，线路、管道安全完整<br>② 清洁：设备内外清洁，各滑动面、丝杠、齿条、齿轮等处无油垢、无碰伤，各部分不漏水、不漏油，切屑、垃圾清扫干净<br>③ 润滑：按时加油、换油，油质符合要求；油壶、油枪、油杯齐全；油毡、油线、油标清洁，油路畅通<br>④ 安全：实行定人定机、凭证操作和交接班制度；熟悉设备结构和遵守操作规程，合理使用，精心维护，安全无事故 |
| 使用设备的"五项纪律" | ① 凭操作证使用设备，遵守安全操作规程<br>② 经常保持设备清洁，并按规定加油<br>③ 遵守设备交接班制度<br>④ 管理好工具、附件，不得遗失<br>⑤ 发现异常，立即停车，自己不能处理的问题应及时通知有关人员检查处理 |
| 设备状态的"三清""四无""六不" | "三清"：设备、场地、工具清<br>"四无"：无积灰、无杂物、无松动、无油污<br>"六不"：不漏油、不漏水、不漏电、不漏气、不漏风、不漏物料 |

## 3. 设备的检查、维护保养和修理

检查、维护保养和修理是设备管理中工作量最大的环节。在掌握故障与磨损规律的基础上，合理地制订设备检查、维护保养与修理的周期和作业内容。利用先进的检修技术，如喷涂技术、标准化检修工具、网络计划技术等，灵活地运用各种维修方式，如部件修理法、分步修理法、同步修理法等，及时做好设备的维护保养工作，减轻设备的磨损，推迟设备性能和效率的降低。

1）设备的检查、维护保养和修理的原则

（1）制订计划。要制订年、季修理计划，根据设备的技术状况，编制好设备的检修计划，包括修前技术准备和生产准备。对修理复杂、工作量较大的重点设备，要采用网络技术编制修理计划，按计划施工。

当生产与设备检修发生矛盾时，生产要服从检修。

设备修理计划必须纳入企业各级生产计划，下达考核任务，认真组织实施；主要生产设备大修理计划由厂长批准。

（2）实行"维护保养为主，维修为辅"的修理。

（3）严格执行日常维护（日常保养）和定期维护（定期保养）制度。

（4）凭证上岗操作。操作人员必须接受专业技术训练，熟悉设备的结构原理，了解生产工艺过程，掌握操作要领，考核合格方能上岗。主要生产设备的操作者要有设备管理机构发给的操作证，凭证上岗操作。

（5）严格遵守设备的使用、操作和维护规程。设备的操作人员必须严格遵守设备的使用、操作和维护规程，爱护设备，文明生产，坚守工作岗位，掌握设备运行状态，发现问题及时处理或报告。

检修工作也必须严格遵守检修规程，执行检修技术标准，保证质量，做好记录，缩短时间，降低成本。

（6）实行区域维修负责制。维修工作要实行区域维修负责制。按照分工负责管辖范围，进行设备巡回检查、计划检修和故障检修，做好记录；对设备动力部门下达的主要生产设备完好率、故障停机率、设备可利用率、检修计划、日常维护和定期保养计划完成情况做好记录统计，作为考核依据；对重点设备关键部位按规定要求进行日常点检和定期点检，并做好记录。

2）设备的状态监测

设备状态监测是在设备不停止运行、不拆卸（或基本不拆卸）的情况下，利用仪器仪表或人的感官功能（视、听、触、嗅等）监测手段对设备运行状态进行监视测量，判断设备运行是处于正常、异常或故障状态，以便对设备进行适当的控制。设备状态监测包括设备状态诊断、监测技术和监测方法。

（1）设备状态诊断。设备状态诊断包括原始诊断、简易诊断和精密诊断。

① 原始诊断，是指利用人的感官功能，凭借人的经验来监测设备的运行状态，是人的主观监测。

② 简易诊断，是指在不停机、不拆卸（或基本不拆卸）的情况下，用仪器仪表监测设备整体或单个部位的各种不同信号形态或间接参数，据此对设备的技术状况或单个部位的劣化程度做出概括的定性判断。这是比较客观的状态监测。

③ 精密诊断，是指根据状态监测的信号和参数，对判定为"有异常"的设备，由专门人员应用更完善的手段进行更全面的监测，以定量地掌握设备的技术状态，确定异常的形式和种类、部位、原因和程度，预测异常的未来发展，确定改善设备状态的方法。

（2）设备状态的监测技术。近年来的监测技术主要有以下 4 种。

① 传感技术，是指反映设备状态参数的仪表技术，包括近年来开发的光导纤维、激光、声发射等传感技术。

② 信息处理技术，是指对杂乱的或微弱的征兆信号进行滤波、放大，把表示信号特征的量提取出来，以此数值和信号图像来表示测定对象的状态量。它包括时系列处理技术（用来表现各种参数的时间参数）、图形处理技术、多变量分析技术、相关分析技术、频谱分析技术等。

③ 识别技术，是指根据观察到的征兆参数预测故障。常用的识别方法有决定论的识别方法和概率论的识别方法，分别为从对被监测设备机构原理的理论和试验研究中寻求故障与征兆参数之间的关系及从过去积累的数据中得到征兆参数与故障之间的关系。如果出现新征兆，就可以识别出征兆是什么原因引起的。

④ 预测技术，是指对设备故障今后的发展过程进行预测。它告诉人们设备在何时进入危险范围。其基本方法有：测定设备的实际劣化水平和附加应力，并将其输入各种理论模型中，根据计算结果预测设备的寿命和可靠性；通过对同类设备劣化数据的统计来推断设备的寿命。

（3）设备状态的监测方法。常用的、实用的状态监测方法有以下几种。

① 铁谱分析，是指将润滑油样按操作步骤稀释在玻璃试管或玻璃片上，使之通过强磁场，借助于磁场的作用将润滑油里的磨损颗粒与污杂微粒分离出来，并使其按照尺寸大小依次沉积在玻璃片上，制成谱片，然后用光学或电子显微镜观察，根据残渣的沉积情况和数量、粒度、形状、色泽，即可判断机器零件的磨损程度和磨损颗粒的成分。

② 热成像，是一种把物体发射及反射的红外光谱变成可见光图像的技术。目前实用的热像仪主要有光机扫描热像仪和热释电摄像管热像仪两种。

③ 声发射监测。当固体材料由于受外加应力或内部过程转换时，塑性区会扩大，在裂纹扩展以前将发生塑性形变过程，并以振动、微弱的应力波形式释放应变能量。如果有足够的能量释放，就会产生人能听到的声音。这种能量释放称为声发射或应力发射。人的听觉对高频的和极微弱的声音不敏感，而声发射技术则能扩展人的听觉，去检测人听不到的高频或十分微弱的信息。

④ 振动测量，是指在机器设备的运行过程中伴随着振动现象，只要机器开动就有振动信号产生，且故障信号包含在振动信号之中。由于以振动加剧为征兆的故障事故率极高，许多常见的振动征兆故障都有易于识别的明显特征，因此，将采集的动态振动信号在时域、幅域、频域三维图上进行分析和随机数据处理，可以找出故障的原因和部位。

⑤ 其他监测方法，是除上述监测方法以外的方法，如电气设备绝缘状况的监测方法、超声波无损探伤法、应力测定法、流量测定法等。在设备状态监测中具体使用何种监测技术和手段，需根据实际情况择优确定。

3）设备的修理

设备的修理是指修复由于正常的或不正常的原因而造成的设备损坏和精度劣化，通过修理更换已经磨损、老化、腐蚀的零部件，使设备性能得到恢复。

目前，我国工业企业比较普遍实行的设备维修制度有计划预防修理制度、保养修理制度、预防维修制度和全员生产维修制度。各修理制度分述如下。

(1) 计划预防修理制度。简称为计划预修制，是我国从20世纪50年代开始普遍推行的一种设备维修制度。它的基础是设备的磨损理论和规律。它是有计划地进行维护、检查和修理，以保证设备经常处于完好状态的一种组织技术措施。计划预修制主要包括日常维护、定期检查、计划修理的内容，以及计划修理方法和修理的定额标准。

按照对设备性能的恢复程度，计划修理可分为小修、中修和大修。

小修是对设备进行局部的修理。小修通常只需修复、更换部分磨损较快和使用期限等于或小于修理间隔期的零件，调整设备的局部机构，以保证设备能正常运转到下一次计划修理时间。小修要对拆开的零件进行清洗，设备外部要全部擦净。小修一般在生产现场由车间专职维修工人执行，其费用计入生产费。小修之后，由车间机械员、维修工人和操作工人共同检查验收。

中修是对设备部分解体，修理或更换部分主要零件和基准件，主要更换件一般为10%～30%。同时要检查整个机械系统，紧固所有机件，消除扩大的间隙，校正设备的基准，以保证设备能恢复和达到应有的标准和技术要求。中修后要求恢复设备规定的精度、性能及功率，对机床的非工作面要打光后喷漆。中修的大部分项目由车间的专职维修工人在车间生产现场进行，个别要求较高的项目可由机修车间承担。设备经中修后，设备管理部门和质量管理部门要组织车间机械员、主修工人和操作者，根据中修任务书的规定和有关要求，共同检查验收。检查合格后，由中修质量检查员在检修任务书上签字，由工艺施工主修人员填写设备完工通知单，并由送修与承修单位办理交换手续。中修费用由生产成本开支，列入当月车间的制造费用。

大修是指机器设备在长期使用后，为了恢复原有的精度、性能和生产效率而进行的全面修理。大修需将设备全部拆卸分解，进行磨削刮研，修理基准件，更换或修复所有磨损、腐蚀、老化等已丧失工作性能的主要部件或零件，主要更换件一般达30%以上。设备大修一般可拆离基础送往机修车间修理。设备大修后的技术性能，要求能全面恢复设备的工作能力，达到设备出厂精度或行业设备修理精度检验标准。外观要求全部打光，刮腻子、刷底漆和喷漆。设备大修后，设备管理部门和质量管理部门应组织使用与承修车间有关人员共同检查验收。检验合格后，由大修质量检验员在大修技术任务书上签字，由工艺施工主修技术人员填写设备修理完工通知单，由承修单位进行安装、调试、移交生产，并由送修单位与承修单位办理交接手续。设备大修算固定资产的局部再生产，是对损耗的固定资产进行部分补偿，它的支出应小于重置固定资产所需的费用。

计划预修制的计划修理方法有：① 标准修理法，又叫强制修理法。这种方法对设备的修理日期、类别和内容都预先制订具体计划。不管设备运转中的技术状况如何，都严格按计划规定执行修理。② 定期修理法。这种方法是根据设备实际使用情况，参考有关检修周期，制订设备修理工作的计划日期和大致的修理工作量。确切的修理日期和修理内容则是根据每次修理前的检查情况再详细规定。③ 检查后修理法。这种方法事先只规定设备的检查计划，根据检查的结果和以前的修理资料，确定修理的日期和内容。

计划预修制的修理定额标准大致有修理周期、修理间隔期、修理周期结构、修理复杂系数、修理劳动量定额和修理费用定额等。

修理周期，是指相邻两次大修之间机器设备的工作时间。修理间隔期，是指相邻两次修理之间机器设备的工作时间。修理周期结构，是指在一个修理周期内，大修、中修、小修（有时还包括定期检查）的次数和排列次序。

修理复杂系数，是指用来表示不同机器设备的修理复杂程度，计算修理工作量的假定单位。机器越复杂，修理复杂系数就越高。通常选择 C620 普通车床作为标准，将其修理复杂系数定为 10，其他机床的复杂系数都与标准机床进行比较而确定。

修理劳动量定额，是为完成机器设备的各种修理工作所规定的劳动量标准，通常以完成一个修理复杂系数的大修钳工为 40 h，机加工为 20 h，其他工作为 4 h，总工时为 64 h。

修理费用定额，是规定一个修理复杂系数的大修费用定额，不同时期的费用定额有所不同。

（2）保养修理制度。这是一种由一定类别的保养和一定类别的修理所组成的设备维修制度。这种制度首先是在交通运输的汽车运输设备中推行的，后来扩展到金属切削机床等设备。设备保养修理制度的主要内容和措施是日常保养、一级保养、二级保养和计划大修。这是一种有计划地进行三级保养和大修理相结合的保养修理制度。

（3）预防维修制度。这是我国从 20 世纪 80 年代开始，逐步研究、形成和推广的一种设备维修制度。它的基础是设备的故障理论和规律。其设备维修方式主要有以下几项。

① 日常维修，即对设备进行检查、清扫、调整、润滑、更换、整理等。

② 事后维修，也称故障维修，是指对非重点设备在发生故障后再维修，以节省维修费用。

③ 预防维修，是指对重点设备及一般设备中的重点部位进行预防性维修。

④ 生产维修，是将事后维修与预防维修相结合的维修方式，对非重点设备采用事后维修，对重点设备采用预防维修。

⑤ 改善维修，是指结合修理进行设备的改装、改造。

⑥ 预知维修，也称预防维修，是指在设备监测技术基础上针对性很强的维修方式，一般对重要的高精尖设备进行监测、预报、维修。

⑦ 维修预防，是指在进行设备设计、制造和选择时，就考虑设备的无故障和维修原则，提高设备的可靠性和维修性。

（4）全员生产维修制度（TPM）。这是日本企业普遍实行的一种以提高设备的综合效率为最高目标，建立以设备一生为对象的生产

TPM 的由来　　TPM 设备管理

维修系统，实行全员参加设备管理的生产维修制度。TPM 以系统工程、可靠性工程、工程经济、环境科学等为基础，涉及了企业管理的多方面，如生产制造、内部事务管理、质量管理、生产管理、现场管理等。它的中心思想是"三全"，即：① 全效率。企业的产量、质量、成本、交货期、安全卫生、工人生产情绪等综合效率应达到最高水平，而维修费用最少、最经济。② 全系统。要求从设备的一生即设计、制造、安装、调试、使用、维修、更新及报废等全部过程考虑加强管理，提高价值，减少损失，降低费用，以提高企业生产效率。③ 全员参加。从企业最高领导，到设备设计、制造、使用、维修人员和第一线工人，全体人员都来参加设备管护工作，并承担一定的职责。

全员生产维修（TPM）的支柱活动共有 8 个，分别为焦点改善、自主维修、专业维修、早期管理、个人提高、事务管理、质量保证、安全健康与环境因素。

①焦点改善。最早是以提高设备效率为目标而开展的活动，近期已发展为以消除生产过程中的各种损失（16 种）为目的，并以此实施各项改进活动。16 种损失为：故障损失、瞬停、空转损失、速度低下损失、不良、修理损失、切换、调整损失、动作损失、转换损失、刀具损失、测试、调整损失、物流损失、管理损失、编制损失、前期效率损失、能源损失、停机损失、模具、工具损失。

②自主维修。自主维修通过清扫和点检相结合，以及设备日常管理制度化实现。

③专业维修。与自主维修相配合，形成全面维修体系。

④早期管理。通过对设计开发及生产工艺设定过程进行改善，建立高效的初期管理系统。

⑤个人提高。可通过三个层级来展开：班组活动、部门活动及公司级的人才培养活动。

⑥事务管理。可通过独立部门事务的精简和效率化，跨部门事务的精简和去壁垒化来改善事务管理。

（7）质量保证。质量保证是在结果管理的基础上对原因进行控制，即对创造质量的设备、工具、运行条件、工人操作方法、材料、信息等所有与质量有关的因素设定管理条件，并对这些条件进行管理，真正实现无不良品的目标。

（8）安全健康与环境因素。通对 ISO14001 环保体系认证和 QHSAS18000 职业健康安全管理体系认证，创建安全、环保、整洁的作业环境。

全员生产维修强调"保护重点，照顾一般"的原则要求，区别不同设备的重要程度，划分重点设备，对重点设备实行重点管理、监测、维护修理等对策和措施，使企业有限的维修资源发挥更大的作用。

全员生产维修特别强调精神作风保证，要求严格推行生产现场管理中的整理、整顿、清扫、清洁、素养五项活动，从企业的精神面貌、工作作风上保证全员设备管理的贯彻执行。

**4. 技术状态管理**

使设备经常处于良好的技术状态以保证正常运转。

（1）主要生产设备应按照设备磨损变异的规律，进行定期的检查，每年至少进行一次普查，统计、分析和考核设备完好率，便于及时和全面掌握设备技术状况，为编制维修计划和领导决策提供依据。

（2）设备发生故障，操作工人不能解决时应立即通知有关人员组织修理工人排除，并填好故障记录。对经常重复发生故障的部位，设备管理和维修部门应认真分析，制订改善维修措施，尽量从根本上消除故障发生的原因。

（3）重点设备要实行点检（日常点检、定期点检）制度。掌握设备技术状态，逐步采用先进的监测和诊断技术实行状态监测维修，及早发现异常，做好预防措施。对起重设备、压力容器和变配电等设备，按有关规定定期进行负荷或预防性试验。

（4）对关键工序的设备，定期进行几何精度检查，必要时，应进行动态精度检测，及时进行精度调整，做好记录，以保证质量。

**5. 设备的改造与更新**

（1）设备的改造与更新工作内容。设备的改造与更新工作包括编制设备的改造更新规划，进行设备改造方案和新设备的技术经济论证，筹措改造更新资金，合理处理老设备等。

（2）制订设备改造与更新计划。设备改造与更新工作是维修站的重要任务之一，维修站要根据发展规划，结合工艺改进和设备技术状况制订设备改造与更新计划。它是维修站技术改造规划的重要组成部分，设备部门负责制订年度计划，组织实施。

（3）设备改造与更新方案的审批。一般设备的改造与更新，由设备部门提出方案，报厂长批准。凡纳入新建或技术改造项目中的重大设备改造与更新，应由总工程师组织技术经济部门分析论证，报厂长批准后执行，设备部门应积极组织实施。

（4）设备技术改造要结合大修理进行。改造所需资金不超过所改造设备大修理费用的30%时可列入大修理费用开支；若超过时，应将改造内容专项列入企业技术改造计划。

**6. 备品配件管理**

（1）备品配件管理的基本任务，是要科学、合理地储备配件，有计划地组织备品配件的采购和生产，及时满足维修需要，保证设备的正常运行。

（2）配件管理指定专人负责，要编制年、季、月度的备品配件自制与外购计划。制订合理的备品配件储备定额。

（3）要建立健全设备配件目录。其内容包括设备名称、编号、配件名称、规格、单位、数量、材质、单重、计划价格、图号、使用单位及存放地点等。备品配件要有专用仓库，妥善保管，并做到账、卡、物相符。

（4）严格执行备品配件检查验收制度，对不合格的材料不下料，不合格的毛坯不加工，不合格的零部件不入库。在确保设备检修质量的前提下，做好设备旧件的修复利用，节约备件资金，降低维修费用。

（5）要组织好维修用备品配件的生产、供应和保管工作，编制备件储备定额，建立备件储备卡；要积极处理积压，加快资金周转，保证经济合理储备。引进设备的配件应高于维修配件供应率的平均水平。

**7. 技术资料档案管理**

（1）设备图纸、说明书、技术资料、安装及检修和各种质量文件及原始记录由设备管理部门归档保存。

（2）国外进口设备说明书及图纸资料由档案室存档；设备的周查月评、保修手册记录由使用单位保管。

（3）建立设备档案。设备部门在办完设备验收手续移交生产时，必须按照规定逐台统一编号，建立设备卡片和台账。建立设备档案，要做到随机附件和技术资料齐全。进口设备的技术资料应及时全套翻译入档。每年进行复查核实，做到账账相符，账、物、卡相符。

**8. 设备的资产管理**

1）设备的台账及标识

（1）移交验收后的设备应编号进入设备台账，并在设备上进行标识。

（2）设备部门每月对使用部门设备台账、标识进行抽查，如有变动或误差应予以纠正并考核。

2）设备资产的动态管理

（1）设备的封存。

① 对生产现场由于开工不足或设备性能落后而不使用的或连续停用三个月以上的设备，实行就地封存。

封存程序：设备使用部门提出申请，填报闲置设备封存通知单，由设备管理部门组织进行封存标识并通知相关部门，设备管理部门还应做好登记。

② 一年或一年以上不需使用的设备应报经公司批准，列为闲置设备封存。封存前，须经鉴定设备的完好程序，清点所有附件，擦拭干净，采取防锈、防潮、防尘等措施，进行封闭保管和标识，并填报封存通知单一式三份，交设备管理部门转公司主管审核，总经理批准，办理有关财务手续，使用部门应指定专人负责保管。

（2）设备的起封。使用部门申请，公司主管领导批准后方可起封，起封由设备管理部门负责组织，起封后应进行检修，合格后才能交使用部门使用，并办理相应的手续，必要时，报公司批准或备案。

（3）设备的报废。设备主要结构严重损坏无法修复或经济上不宜修复、改装，对安全生产有影响，对环境严重污染或属国家政策规定必须淘汰的设备，可以办理报废。由使用部门或设备管理部门申请，设备管理部门组织验证，分析说明原因（属于非正常报废的，还应提出对责任者的处理意见），签署意见后报公司主管审批，公司有规定的还应报公司总经理批准，之后由设备管理部门组织处理报废设备并通知有关部门调整固定资产账目。

（4）工装报废，由使用部门提出书面申请，部门主管审核，技术改造管理部门确诊，公司主管审定，报总经理批准。

▶ 课堂讨论

上网或到企业车间搜集资料，调研地区骨干企业车间设备管理现状写出调研报告，并且对车间设备管理提出合理化建议，进行课堂分组讨论并进行评价测试：你是否已掌握车间设备管理？

## 任务二　设备管理常用工具

➤ **任务提示**：本任务将引领你明确设备管理常用工具。

➤ **任务先行**：什么是设备岗位责任制？什么是操作规程？操作规程主要内容有哪些？什么是设备润滑管理"五定原则"？什么是设备点检制？什么是设备三级保养制？各自主要内容是什么？什么是全员生产维修制度（TPM）？主要特点是什么？简述设备使用管理"三好四会"的具体内容。

▶ 视野拓展

### 常州华威电子有限公司制造二部实施设备点检制经验

设备点检制的核心内容可以归纳为定点、定项、定标、定期、定人、定法、检查、记录、处理、分析、改进和评价12个环节，以及点检记录、定标处理、定期分析、定项设计、定人改进和系统总结6项要求。常州华威电子有限公司制造二部以设备点检为手段、设备运行状态为依据来制订设备维修管理计划，达到设备的维修成本最低和使用效率最高的目的。

**1. 转变观念和提高认识**

实施点检制应建立一套比较完整的现代设备维修管理体系，要把设备管理、维修与操作通过制度、法规有机地结合起来，调动全员参加设备维修管理的积极性，特别是设备维修管理人员的主观能动性，彻底改变设备维修管理的被动局面。点检制能够实现信息、人力、物力资源的共享，能随时掌握设备运行状态，加快故障处理速度和减少停机时间，提高设备使用效率，降低设备维修管理成本。通过计算机信息化管理系统，将点检信息、数据资料等进行科学的分析与处理，既有利于设备维修计划编制，提高计划的准确性，又实现了设备维修的事前计划、事中控制和事后分析，使设备维修由以"修"为主转向以"防"为主，通过跟踪设备的修理与维护情况，将点检与修理、维护有机地结合在一起。

**2. 建立点检制的组织和制度保障体系**

把推行点检制作为一项设备维修管理工程建设，需要建立较完善的设备点检组织机构，制订符合实际的点检制度。设置专职和兼职点检人员，负责点检管理、点检实施和点检维修等项工作。

1）专职点检员设置

点检员是点检制的管理者和实施者，可从现有维修人员中挑选一批思想素质高、有一定管理能力和实践经验的人员来从事点检员工作。在点检人员配置上，先期可分为机械和电气两个专业，多个点检组，每组设点检组长一人。点检组是推行点检制的核心和开展点检活动的主体。在人员结构上，专职点检员中的技能人员和专业技术人员要分层次合理配置，技能人员进行点检操作，专业技术人员进行现场指导，并对点检结果进行分析，做到各负其责。在一个专业点检组中，专业技术点检人员占20%，技能点检人员占60%，操作人员作为助理点检员占20%。为了做好点检工作，应制订操作性较强的《设备点检员管理制度》，全面规范点检员行为，明确点检员的职责。

2）组织保证体系

企业应根据实际情况，利用现有设备维修管理人员建立适合自身特点的企业、车间和班组三级组织保证体系。在企业级成立设备维修管理中心，就是把分散在各车间的维修力量整合在一起，既是对维修队伍的集中管理，也是对维修资源的重新分配和优化组合，能够实现人力和物力资源共享，改变各车间维修人员的"大而全"或"小而全"的管理模式。企业级负责点检计划的制订、点检信息的收集与分析、维修计划的安排和点检标准的制订等项内容。根据企业级制订的点检计划，专职点检员进行车间设备的点检工作，而车间各个班组操作人员负责各自设备日常点检工作，最后将点检数据和分析结果以规定格式逐级上报。企业主管领导至少每月主持召开一次点检工作总结会，相关管理人员、点检组长、维修组长参加。点检组长汇报点检结果，提出设备存在的问题和初步处理意见，维修组长汇报对重大故障的处理结果，管理人员安排今后的具体处理方案，重要问题由主管领导做出决定。

3）制度保证体系

在点检组织体系和人员结构确定后，还需有完善、切实可行的点检制度保证体系。在建立点检制度保证体系时，可以借鉴已经成熟且被广泛采用的"三位一体"点检制。它是将日常点检、专业定期点检和精密点检相结合的点检制度。三种点检方式可以相互交错和互补，并当作一个整体来进行分析和总结。

**3. 点检制的技术基础工作**

1）建立点检信息平台

点检信息平台是包含有各种点检信息的计算机管理系统，如每台设备的点检标准、点检计划、点检记录、分析结论、点检通知警示、故障隐患预测信息，以及预防维修计划、维修措施、维修结果、改进意见和点检考核内容等。建立企业级和车间级的两级点检信息管理平台，将精密点检和专业定期点检数据录入到企业级的点检信息管理平台，专业定期点检和日常点检数据录入车间级的点检信息管理数据库。

2）制订符合实际的点检标准

点检标准是点检员对设备状态进行判别的依据，点检数据或现象要与点检标准进行比较，分析设备的当前工作状态，才能判断出有无故障隐患存在。在点检内容和方法确定以后，需制订出每台设备的每个点检项目及标准，包括定量的数据标准和定性的评判标准。点检标准制订是一项繁重、复杂且技术性很强的工作，初始制订时难度较大，特别是在缺少数据积累的情况下，很难对点检项目进行量化。因此，制订点检标准时，一方面要依靠对设备的熟悉程度或经验数据；另一方面可以借助于制造厂提供的技术图纸资料、设备维修技术标准、国内外同类设备或使用性质类似设备的实用性资料等。此外还要依据设备当前的具体情况，使制订的点检标准具有较强的可操作性。点检标准在形式上分为日常点检标准、专业定期点检标准和精密点检标准。在内容上应重点考虑的是电气参数标准、机械劣化标准、设备润滑标准、设备性能标准和综合精度标准等。

3）设计点检表

点检表规定了点检项目和内容，是点检员对设备进行点检作业的路线图。设计的点检表一定要符合该设备的特点，所检查的项目和内容要能够反映设备的状态和便于捕捉设备的故障隐患。设计时除参照设备生产商提供的数据外，还要集体讨论和确定所检查的点检部位、点检项目、检查内容、点检周期、点检方法。无论设备大小和复杂程度如何，都需设计日常点检表、专业定期点检表和精密点检表，并尽量做到清晰、简单和实用。

4）点检诊断仪器与工具

在状态监测中利用人的感官获取设备的状态信息，是最简单和最基本的方法，但多数情况下只能获得设备的表面现象，加之受感官监测人为因素的影响较大，很难对故障隐患做出较为准确的预报，况且许多检测内容是无法利用人的感官来获取的。为了提高点检准确性和及时掌握设备状态，根据各专业点检员的工作特点和点检项目，以及实现检测结果的量化管理等，应配备相应的点检诊断仪器或工具。

**4. 应遵循的原则**

点检制的实施应采取先试点后推广和循序渐进的推行方法进行。因为，目前存在的满足于现状或习惯于传统的维修管理模式的情况还比较严重，对实施点检制的意义缺乏足够的认识等，而给推行工作带来阻力和困难。设备点检制采用的是先进的检测技术和管理手段，既需要从技术和制度上逐步更新，又需要不断积累经验，如果盲目推广，可能出现因主观原因导致的失误而否定设备点检制实行的情况。因此，应先进行试点，在取得经验和看到了点检制带来的效益时，再拓宽推广面和加大应用力度，以确保较好的实施效果。

> 知识链接

## 一、设备岗位专责制

**1. 概念解析**

设备岗位专责制，是本着设备谁使用、谁管理、谁负责的原则，明确规定保管责任，是加强设备在使用阶段保管的好办法。

**2. 实操运作**

设备岗位专责制是目前许多工厂在设备管理中运用的一种制度，作为班组长，不仅需要了解本班机器的性能、操作方式，更重要的是要下属能够有效地使用、管理自己所操作的机器，将这一责任分解给下属，让每一个操作者都负起使用、保管、维护的责任。一般而言，岗位专责制又包括定人定机制和包机制，其操作要求和方法如下所述。

1）定人定机制

定人定机制的目的，是要使设备维护保养的各项规定落实到人，确保每一台设备都有专人保养和维护。

（1）定人定机制要求。

① 每一个操作人员固定使用一台设备。

② 自动生产线或一人操作多台设备时，应根据具体情况制订相适应的定人定机保管办法。

③ 公用设备应指定专人负责保管。

④ 多人操作的大型设备，由车间指定机台长，负责对该设备维护保养。

⑤ 为了发挥机组内每一个人保管好设备的积极性，应该把每一个环节、部位、部件的使用、保管和维护保养具体落实到每个机组成员。

（2）定人定机制的优缺点。定人定机制的好处是把保管的责任落实到操作者本人，使设备保管建立在牢固的群众基础上；其不足之处是没有考虑维修人员在设备保管中的责任。

（3）定人定机执行。要将定人定机制度化，班组长要严格监督下属执行定人定机制度，设备要悬挂定人定机标志牌（见表7–3）。对未执行定人定机制度、未悬挂定人定机标志牌者按企业规定进行处罚。

表7–3 定人定机标志牌

| 机器名称 | | | 型号 | |
|---|---|---|---|---|
| 编号 | | | | |
| 操作人员 | 姓名 | | 岗位 | |
| | | | | |
| | | | | |
| 机台长： | | | | |

2)包机制

(1)包机制的形式。把设备的使用及日常维护由操作工人采用合同的形式承包下来——生产设备由个人承包,使操作人员成为"包机人",负责该设备日常的检查、维护、保养,以及备品配件管理、设备台账记录等。在设备进行大修时,"包机人"还是项目的负责人和安全监护人。根据设备的工艺特点、生产条件的不同,包机制又有以下几种形式。

① 双包合同制。双包合同制是指通过操作人员和检修人员签订双包合同的办法,把操作人员和检修人员一起组织到包机制中来,签订双包合同,共同负责管好、用好、修好设备。合同应规定双方在设备管理方面的职责,具体如下。

操作人员的职责为凭操作证使用设备,遵守安全操作规程,经常保持设备整洁,并按规定加油;管好工具附件,不得遗失,发现故障立即停机检查,自己不能处理的及时通知检修部门;交接班时,对设备的各部件、附件、工具进行全面的检查和交接。

检修人员的职责,一般规定为教会操作人员使用维护设备的方法;帮助操作人员掌握设备性能、结构和工作原理;定期检查设备保养情况;及时完成检修任务,保证检修质量。这种制度一般用在单人操作的设备上。

② 多工种包机制。多工种包机制是指把围绕设备进行工作的人员(如化学工业生产装置上共同工作的机修工、电气工、仪表工、管子工及其他工种人员)组成包机组,分工负责,共同负责管好、用好设备。

③ 区域包机制。区域包机制是在生产活动比较分散的情况下采用的。具体办法是把生产区域分成几个片或地段,把操作人员同检修人员对口组织起来,实行包机制。

(2)包机制的管理。在设备现场应设立明显的位置悬挂设备包机牌(见表 7-4),内容一般包括设备位号、名称、型号、介质、操作维护人员姓名或岗位、维修人员姓名或岗位等。

表 7-4 设备包机牌

| 设备包机牌 | | | |
|---|---|---|---|
| 设备位号 | | 名称 | |
| 型号 | | 介质 | |
| 操作维护人员姓名 | | 岗位 | |
| 维修人员姓名 | | 岗位 | |

## 二、设备操作规程

**1. 概念解析**

设备操作规程是操作人员正确掌握操作技能的技术性规范。设备操作规程的内容是根据设备的结构运行特点及安全运行等要求,对操作人员在全部操作过程中必须遵守的事项、程序及动作等做出规定。操作人员认真执行设备操作规程,可保证设备正常运转,减少故障,防止事故发生。

**2. 实操运作**

1) 设备操作规程的内容

设备操作规程内容一般包括对作业环境要求的规定，对设备状态的规定，对人员状态的规定，对操作程序、顺序、方式的规定，对人与物交互作用过程的规定，对异常排除的规定等。不同的设备其具体内容不一样，但一般都须有以下通用内容。

（1）开动设备接通电源以前应清理好工作现场，仔细检查各种手柄位置是否正确、灵活，安全装置是否齐全、可靠。

（2）开动设备前首先检查油池、油箱中的油量是否充足，油路是否畅通，并按润滑图表卡片进行润滑工作。

（3）变速时，各变速手柄必须转换到指定位置。

（4）工件必须装卡牢固，以免松动甩出造成事故。

（5）已卡紧的工件，不得再行敲打校正，以免损伤设备精度。

（6）要经常保持润滑工具及润滑系统的清洁，不得敞开油箱、油眼盖，以免灰尘、铁屑等异物进入。

（7）开动设备时必须盖好电器箱盖，不允许有污物、水、油进入电机或电器装置内。

（8）设备外露基准面或滑动面上不准堆放工具、产品等，以免碰伤影响设备精度。

（9）严禁超性能、超负荷使用设备。

（10）采取自动控制时，首先要调整好限位装置，以免超越行程造成事故。

（11）设备运转时操作者不得离开工作岗位，并应经常注意各部位有无异常（异音、异味、发热、振动等），发现故障应立即停止操作，及时排除。凡属操作者不能排除的故障，应及时通知维修工人排除。

（12）操作者离开设备时，或者装卸工件、对设备进行调整、清洗或润滑时，都应停止并切断电源。

（13）不得拆除设备上的安全防护装置。

（14）调整或维修设备时，要正确使用拆卸工具，严禁乱敲乱拆。

（15）人员思想要集中，穿戴要符合安全要求，站立位置要安全。

（16）特殊危险场所的安全要求等。

2) 设备操作规程的推行

（1）发放规程。新设备投入使用前，主管领导会布置贯彻执行设备使用、维护的操作规程，规程一般会要发放到有关专业、岗位操作人员及维修巡检人员手中，做到人手一册，并做到规程不离岗。作为班组长，需要核查所管辖设备的操作人员是否接到相应的操作规程、是否是最新版本，如果没有，需要向上级汇报申领，同时要告诫操作人员规程要保管好、不能离开岗位。

（2）加强规程的学习和培训。

① 生产部门一般会组织设备操作人员认真学习规程，设备专业人员会向操作人员进行规程内容的讲解和学习辅导，班组长自己要积极参加这方面的学习，同时要组织、督导下属人员认真学习。

② 检查设备操作人员是否通过了厂级组织的规程考试及实际操作考核，只有考核合格后才能上岗，如果不合格，应安排其重新学习或申请调离岗位。

**要点提示：**

（1）组织员工认真学习设备操作规程，要对操作规程的内容相当熟悉，同时，要把操作规程放在设备旁边。

（2）在岗位执行规程中，发现设备操作规程内容不完善时要及时逐级反映。

## 三、设备润滑管理"五定"原则

**1. 概念解析**

"五定"是指定点、定质、定量、定期、定人。其含义如下。

定点：确定每台设备的润滑部位和润滑点，保持其清洁与完好无损，实施定点给油。

定质：按照润滑图表规定的油脂牌号用油，润滑材料及掺配油品必须经检验合格；润滑装置和加油器具要保持清洁。

定量：在保证良好润滑的基础上，实行日常耗油量定额和定量换油，做好废油回收退库工作，治理设备漏油现象，防止浪费。

定期：按照润滑图表或卡片规定的周期加油、添油和清油，对储油量大的油箱，应按规定时间抽样化验，视油质状况确定清洗换油、循环过滤及抽验周期。

定人：按润滑图表上的规定，明确操作工、维修工、润滑工对设备日常加油、添油和清洗换油的分工，各司其职，互相监督，并确定取样送检人员。其中操作工负责每班、每周或经常用手动润滑泵为润滑点加油（脂），以及负责开关滴油杯，旋拧加脂杯，并通过油窗监视油位等。润滑工负责为储油箱定期添油，清洗换油，为手动润滑泵内添加油脂，为输送链条、装配带等共用设备定期加油（脂），按计划取油样送检等。维修工负责润滑装置与滤油器的修理、清理与更换，在大修与检修中，负责拆卸部位的清洗换油（脂）及治理漏油等。

**2. 实操运作**

（1）形成制度。要做好设备"五定"工作，须制订相应的管理制度，建立润滑基准及润滑卡，形成文件，作为监督检查的标准，见表7-5与表7-6。

此外，对设备的清洗、换油也应有合理的计划，确保润滑管理工作的正常开展。

表7-5 设备润滑基准

| 设备名称 | 润滑部位 | 给油方法 | 润滑油规格 | 润滑周期及每次给油量 | |
|---|---|---|---|---|---|
| | | | | 补充 | 换油 |
| | | | | | |
| | | | | | |
| | | | | | |
| | | | | | |

一式一联：装订成册后各使用部门保存。

表 7-6  设备润滑卡

| 资产编号 | | 设备名称 | | 型号规格 | | 制造厂 | | |
|---|---|---|---|---|---|---|---|---|
| 出厂日期 | | 使用部门 | | 安装地点 | | 操作者 | | |
| 部位号 | 1 | 2 | 3 | 4 | 5 | 6 | 7 | 合计 |
| 换油部位 | | | | | | | | |
| 容量/kg | | | | | | | | |

| | 清洗换（加）油记录 | | | | （规定换油周期）： | | | |
|---|---|---|---|---|---|---|---|---|
| 部位号 | 润滑油种类 | | 加油数量/kg | 加油数量/kg | 换油日期 | | 换油者 | 备注 |
| | 应用油 | 代用油 | | | 计划 | 实际 | | |
| | | | | | | | | |
| | | | | | | | | |

说明：（1）每次换油必须清洗储油容器；

（2）添油或未按周期换油在备注说明。

（2）做好设备润滑记录。做好设备润滑记录便于分清具体操作员的责任和查清设备出现故障的原因，能给生产过程中减少不必要的人力、物力和时间资源的浪费。见表 7-7。

表 7-7  设备润滑日记

| 设备名称 | | | | 规格型号 | | | |
|---|---|---|---|---|---|---|---|
| 设备编号 | | | | 操作人员 | | | |
| 序号 | 润滑编号 | 润滑部位 | 润滑油脂牌号 | 换油量 | 计划润滑时间 | 实际润滑时间 | 备注 |
| | | | | | | | |
| | | | | | | | | |
| | | | | | | | | |
| | | | | | | | | |

## 四、设备点检制

**1. 概念解析**

设备的点检是为了维持设备所规定的机能，按标准对规定设备检查点（部位）进行直观检查和工具仪表检查的制度。实行设备点检能使设备的故障和劣化现象被早期发觉、早期预防、早期修理，避免因突发故障而影响产量、质量，增加维修费用、运转费用及降低设备寿命。图 7-1 为设备点检管理协作流程图。

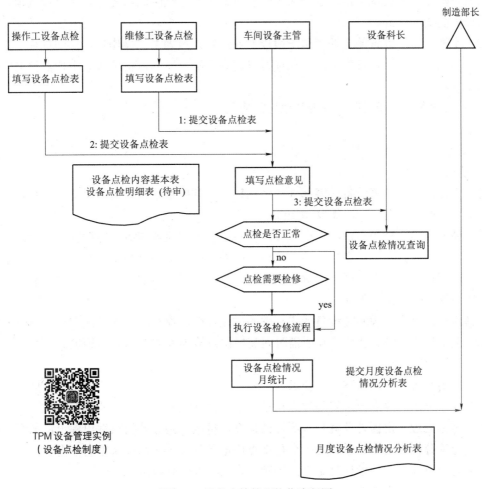

图 7-1 设备点检管理协作流程图

**2. 实操运作**

1）设备点检的分类

设备点检通常分日常点检、定期点检、精密点检三种。

（1）日常点检。设备的日常点检由操作人员随机检查，即以操作人员为主，每日每班靠听、看、触、闻和简单测试仪器对设备规定部位在运行前、运行中、运行后进行技术状态检查，用以及时发现故障征兆和事故隐患。实践证明，设备早期故障80%以上均是在日常点检中发现的。日常点检的内容主要包括以下各项。

① 运行状态及参数。

② 安全保护装置。

③ 易磨损的零部件。

④ 易污染堵塞、需要经常清洗更换的部件。

⑤ 在运行中经常要求调整的部位。

⑥ 在运行中出现不正常现象的部位。

日常点检侧重于发现异常现象，应在交接班或中间停歇时间内进行，所以检查项目简单易行，一般需要 20 min。

（2）定期点检。设备的定期点检一般以专业维修人员为主，操作人员协助进行，定期点检应该使用先进的仪器设备和手段，这样可以得到正确可靠的点检结果。定期点检的内容主要有以下几项。

① 记录设备的磨损情况，发现其他异常情况。
② 更换零部件。
③ 确定修理的部位、部件及修理时间。
④ 安排检修计划。

定期点检侧重于检测设备或零部件的劣化趋势，其检查项目比日常点检深入细致，但基本上不需进行解体检查，一般需要 40 min。

（3）精密点检。精密点检即由专业技术部门采用专门仪器装备，定期或不定期地在对设备部分或全部解体情况下所进行的鉴定检查。精密点检包括随机的指令性检查、处理事故的鉴定检查、行政监督或工况试验的解体检查、设备维修或大修的拆洗鉴定和验收测试、维修过程中的各种台架试验等类别。

精密点检侧重于精确测量设备或零部件的劣化程度，检查项目包括测定设备所有零部件的技术参数，其检查的具体项目和所需时间需根据点检类别的不同分别确定。

2）设备点检的要求

班组现场设备点检有以下六大要求。

（1）定点记录。定点记录就是逐点积累记录，摸索经验。
（2）定标处理。定标处理就是按照标准检查，将达不到标准的点做出标记，加强维护。
（3）定期分析。定期分析就是每个月将点检记录分析一次，以调整定检内容。
（4）定项设计。定项设计就是查出问题，定项定人进行改进。
（5）定人改进。定人改进就是设计、改进由专人负责到底。
（6）系统总结。系统总结就是半年小结一次，一年全面总结一次，提出书面报告，确定今后的工作方向。

3）设备点检发现问题的解决

设备点检中发现的问题不同，解决途径也不同。

（1）一般经简单调整、修理可以解决的，由操作人员自己解决。
（2）在点检中发现难度较大的故障隐患，由专业维修人员及时排除。
（3）对维修工作量较大，暂不影响使用的设备故障隐患，经车间机械员（设备员）鉴定，由车间维修组安排一保或二保计划，予以排除或上报设备工程部门协助解决。

为了使班组长及班组员工能胜任对设备的点检工作，他们必须接受一定的专业技术知识和设备原理、构造、机能的培训，所以班组长及员工应积极地参加公司组织的培训。

4）设备点检记录

设备点检一定要做好记录。在此列举一份设备点检记录。见表 7-8。

表7-8  设备点检记录

| 车间: | | 班组: | | 资产编号 | | 设备编号 | | 操作者A | | 操作者B | |
|---|---|---|---|---|---|---|---|---|---|---|---|
| 点检内容 | | | | 检查日期 | | | | | | | |
| | | | | 1 | 2 | 3 | 4 | 5 | … | 30 | 31 |
| 1. 传动系统无异常响声 | | | | | | | | | | | |
| 2. 各手柄操作灵活,定位可靠 | | | | | | | | | | | |
| 3. 正反转及刹车性能良好 | | | | | | | | | | | |
| 4. 各变速箱油量在油标刻线以上 | | | | | | | | | | | |
| 5. 主轴变速箱开机时,油镜显示供油正常 | | | | | | | | | | | |
| 6. 光杆、丝杆、操纵杆表面无拉伤、研伤 | | | | | | | | | | | |
| 7. 各导轨面润滑良好、无拉伤 | | | | | | | | | | | |
| 8. 各部位无漏油,冷却系统不漏水 | | | | | | | | | | | |
| 9. 油孔、油杯不堵塞、不缺油 | | | | | | | | | | | |
| 10. 无缺损零件 | | | | | | | | | | | |
| 交班问题记录 | | | 1 | 4 | | 7 | | 本月点检发现问题  处<br>本月维修解决问题  处<br>其他 | | | |
| | | | 2 | 5 | | 8 | | | | | |
| | | | 3 | 6 | | 9 | | | | | |
| 检查方法 | | 看、试、听 | | 检查周期 | 每天 | 重大问题处理意见 | | 记录符号 | 正常<br>√ | 异常<br>× | 已修好<br>◎ |

备注:异常报告途径是点检者—班长—主管—主任。

## 五、设备三级保养制

**1. 概念解析**

三级保养制是专业管理维修与群管群修相结合的一种设备维修制度。三级保养的具体内容包括日常维护保养（简称例保）、一级保养（简称一保）和二级保养（简称二保）。

设备的"三级保养制"是依靠群众，充分发挥群众的积极性，实行群众管理，搞好设备维护保养的有效办法。

**2. 实操运作**

1）日常维护保养

设备的日常维护保养，是指操作工每天在设备使用前、使用过程中和使用后必须进行的工作。设备的日常维护保养是为减少磨损，使设备经常处于良好技术状态的基础工作。

在日常维护保养中，要"严"字当头，正确、合理地使用设备，精心地维护保养，认真管理，切实加强使用前、使用过程中和使用后的检查，及时地、认真地、高质量地消除隐患，排除故障。要做好使用运行情况记录，保证原始资料、凭证的正确性和完整性。要求操作工能针对设备存在的常见故障，提出改善性建议，并与维修工一起，采取相应措施，改善设备的技术状况，减少故障发生频率，杜绝事故的发生，以达到维护保养的目的。因此，在以下几种情况下要求设备操作工均需做好设备保养。

（1）在开机前。在开机前检查电源及电气控制开关、旋钮等是否安全、可靠；各操纵机构、传动部位、挡块、限位开关等位置是否正常、灵活；各运转滑动部位润滑是否良好，油杯、油孔、油毡、油线等处是否油量充足；检查油箱油位和滤油器是否清洁。在确认一切正常后，才能开机试运转。在启动和试运转时，要检查各部位工作情况，有无异常现象和声响。检查结束后，要做好记录。

（2）在使用过程中。

① 严格按照操作规程使用设备，不要违章操作。

② 设备上不要放置工、量、夹、刃具和工件、原材料等。确保活动导轨面和导轨面接合处无切屑、灰尘，无油污、锈迹，无拉毛、划痕、研伤、撞伤等现象。

③ 应随时注意观察各部件运转情况和仪器仪表指示是否准确、灵敏，声响是否正常，如有异常，应立即停机检查，直到查明原因，排除为止。

④ 设备运转时，操作工应精力集中，不要边操作边交谈，更不能开着机器离开岗位。

⑤ 设备发生故障后，自己不能排除的应立即与维修工联系；在排除故障时，不要离开工作岗位，应与维修工一起工作，并提供故障的发生、发展情况，共同做好故障排除记录。

（3）当班工作结束后。无论加工完成与否，都应进行认真擦拭，全面保养，要求达到下列各项要求。

① 设备内外清洁，无锈迹，工作场地清洁、整齐，地面无油污、垃圾；工件存放整齐。

② 各传动系统工作正常；所有操作手柄灵活、可靠。

③ 润滑装置齐全，保管妥善、清洁。

④ 安全防护装置完整、可靠，内外清洁。
⑤ 设备附件齐全，保管妥善、清洁。
⑥ 工具箱内量、夹、工、刃具等存放整齐、合理、清洁，并严格按要求保管，保证量具准确、精密、可靠。
⑦ 设备上的全部仪器、仪表和安全装置完整无损、灵敏、可靠，指示准确；各传输管接口处无泄漏现象。
⑧ 保养后，各操纵手柄等应置于非工作状态位置，电气控制开关、旋钮等回复至"0"位，切断电源。
⑨ 认真填写维护保养记录和交接班记录。

保养工作未完成时，不得离开工作岗位；保养不合要求，接班人员提出异议时，应虚心接受并及时改进。

为了保证设备操作工进行日常维护保养，规定每班工作结束前和节假日放假前的一定时间内，操作工要进行设备保养。对连续作业不能停机保养的设备，操作工要利用一切可以利用的时间，擦拭、检查、保养，完成保养细则中规定的工作内容并达到要求。

对日常保养的情况每日都要记录下来（见表7-9）。

表7-9 日常保养月记录卡

| 机器名称 | | | | | | | | | | |
|---|---|---|---|---|---|---|---|---|---|---|
| 直接保养责任人 | | | | | 直接上级 | | | | | |
| 日期 | 保养内容 | | | | | | | | | |
| | 周围环境 | 表面擦拭 | 加油润滑 | 固件松动 | 安全装置 | 放气排水 | … | … | 保养签章 | 上级签章 |
| 1 | | | | | | | | | | |
| 2 | | | | | | | | | | |
| 3 | | | | | | | | | | |
| 4 | | | | | | | | | | |
| 5 | | | | | | | | | | |
| ⋮ | | | | | | | | | | |
| 31 | | | | | | | | | | |

2）一级保养

一级保养由设备操作人员负责，其工作实务为依照正常的操作程序使用设备。

（1）每日工作前检查。
① 将尘埃、污物擦拭干净，对于滑动部分进行清洁润滑。
② 不必要的物品不放置于设备、传动部位或管线上。
③ 润滑系统润滑油（脂）是否足够。
④ 各部位螺丝是否松动。
⑤ 空转试车正常与否，传动部分有无异状或异声。

（2）工作中。
① 不得从事超越设备性能范围外的工作。
② 因故离开机器时应请人照看或停机。
③ 注意运转情况，观察设备是否有异常声音、振动、松动等情况。
④ 注意轴承或滑动部位有无发烫现象。
⑤ 检查油路系统畅通与否。
⑥ 注意加工物的优劣，以决定是否停机。
⑦ 发现不良，立即报告。
（3）工作后。
① 取下工作物。
② 清扫铁屑、污物，擦拭设备，清扫周围环境。
③ 检视设备各部位是否正常。
④ 检查工具、仪器及其附件等是否保持清洁并置于固定位置。
⑤ 滑动面擦拭干净后，稍注机油防锈。
设备一级保养完毕也应做好记录，记录工单见表7-10。

表7-10 一级保养记录卡

| 设备名称 | | | 设备编号 | |
|---|---|---|---|---|
| 保养者 | | | 督导者 | |
| 项次 | 保养项目 | 标准 | 保养周期 | 保养结果记录 |
| | | | | |
| | | | | |
| | | | | |

3）二级保养

二级保养以维修工为主，要列入设备的检修计划，并对设备进行部分解体检查和修理，更换或修复磨损件，清洗、换油，检查修理电气部分，局部恢复精度，满足加工零件的最低要求。二级保养如果是由领班或班组长负责，其工作实务为督促一级保养人员实施保养工作并指导。具体有以下几方面。

① 特殊部位的润滑及定期换油。
② 突发故障的排除及精度的调整。
③ 对一级保养人员异常报告的处理。
④ 机件损坏时，依情况需要自行处理或报告一级主管处理。
⑤ 依定期保养日程，配合一级保养人员执行、制订任务。
⑥ 每日上午9时以前检查一级保养人员的工作，并做记录。
⑦ 新设备的安装与试用。

设备二级保养完毕也必须做好记录，记录见表7-11。

表 7-11　设备二级保养记录卡

| 设备名称 | | 设备编号 | |
|---|---|---|---|
| 保养方式 | 1. 自行实施（　）；2. 厂外实施（　） | | |
| 责任部门 | | 责任人 | |
| 保养周期 | | | |
| 厂外实施单位 | | | |
| 第 $n$ 次 | 保养情况记录 | | 保养费用 |
| | | | |
| | | | |
| | | | |

**课堂讨论**

上网或到企业车间搜集资料，了解车间设备管理常用工具的实际应用情况并写出报告，特别对设备点检制提出合理化建议，进行课堂分组讨论并进行评价测试：你是否已掌握设备管理常用工具？

海尔设备管理案例

**案例分析**

## 一、任务要求

企业加强车间设备管理，选好、管好、用好、保养维修好机器设备，提高设备完好率，使机器设备和工具经常处于良好的技术状态，直接关系到一个企业的产品质量、生产效率和安全生产，对于发展生产、提高效益、增强竞争能力、赶超世界先进水平有着十分重要的意义。通过本模块 2 个任务的学习和训练，针对导入的案例进行分组讨论。结合自己的感受谈谈对"车间设备管理"等现场管理问题的看法，并结合企业实践讨论下列问题。

问题一：分析陕西延长石油（集团）有限责任公司炼油车间和某企业制造二部卷包车间是如何进行设备管理的？

问题二：你认为在设备管理中应注意哪些事项？

问题三：假如你作为车间设备主管如何开展设备管理工作？

问题四：你认为如何实行 TPM 现代设备管理模式？

问题五：你认为车间设备管理和维修人员应该具备什么基本素质？

## 二、检查方法

各小组针对以上案例通过参观、上网等方法收集相关资料，分组分析讨论，然后总结报告，在教师组织下进行综合评价。通过本模块教学活动设计组织和导入案例的分析，更深入了解车间设备管理的任务和内容、车间设备管理方法、理解车间设备管理的重要性，掌握设备管理的科学方法，为将来在企业一线从事车间设备管理和维修工作打下良好的基础。

## 三、评估策略

"陕西延长石油（集团）有限责任公司炼油车间设备管理"和"某企业制造二部卷包车间设备管理对策与应用"等车间设备管理的典型实践案例，有些相关的现象还是或多或少地存在于各个企业的车间设备管理中。通过对案例的分析讨论，了解学生对车间设备管理等问题的关切程度，采用案例分析教学和拓展训练能使学生进一步理解车间设备管理的性质和特点，理解车间设备管理方法，理解设备岗位制、设备操作规程、设备润滑管理"五定原则"和设备点检制等设备管理工具，提高学生的认知和分析能力，在案例分析中同时培养学生的团队合作精神。

在项目案例学习过程中，要对学生学习情况进行检查评估，主要采用学生互评、教师点评、校外企业车间管理人员评价等形式，从学生掌握车间设备和工具管理知识点、案例分析报告质量、团队协作精神等方面对学生的项目学习情况进行综合评估（见表7-12）。

表7-12 车间设备和工具管理项目案例学习评估策略表

| 序号 | 检查评估内容 | | 检查评估记录 | 自评 | 互评 | 点评 | 分值 |
|---|---|---|---|---|---|---|---|
| 1 | 车间设备管理的任务和内容、车间设备管理方法、设备岗位制和设备操作规程、设备润滑管理"五定原则"和设备点检制等知识点的掌握 | | | | | | 30% |
| 2 | 典型案例"陕西延长石油（集团）有限责任公司炼油车间设备管理"分析报告质量 | | | | | | 20% |
| 3 | 典型案例"某企业制造二部卷包车间设备管理对策与应用"分析报告质量 | | | | | | 20% |
| 4 | 政治素质职业素养 | 政治思想、遵章守纪情况：是否具有正确的价值观和人生观？是否遵守各项制度要求？ | | | | | 10% |
| 5 | | 处理问题能力：分析问题是否切中要点？问题解决方法是否切实可行、操作性强？ | | | | | 5% |
| | | 语言能力：是否积极回答问题？语言是否清晰洪亮？条理是否清楚？ | | | | | 5% |
| 6 | | 安全、环保和质量意识情况：是否注意现场环境？是否具有安全操作意识？项目实施是否具有质量意识？ | | | | | 5% |
| 7 | | 团结协作、奉献精神情况：是否有团队精神？是否积极投入本项目学习，积极完成案例学习任务？ | | | | | 5% |

总　评：
评价人：

## 拓展训练

**训练1**：结合案例谈谈TPM现代设备管理模式和设备点检制。

**【案例】卷烟生产企业设备管理的新模式**

江西中烟工业有限责任公司实行现代 TPM 设备管理模式，探索一条适合本公司实际的、科学适用的设备管理与维修的路子，走出具有自己特色的设备管理模式，以适应快速发展的烟草企业生产的需要，主要工作如下。

（1）开展设备的零故障、零缺陷管理和效率管理的设备管理方式。

（2）加强设备管理和维修队伍成本观念的建设。

（3）以节能降耗、提高设备效能为目的来展开设备的维修工作。

① 优化各种检修方法加强设备的维修效果；② 推进修理、改进、改造相结合的维修方法；③ 追求维修成本最低化的维修；④ 加大自主维修的工作力度；⑤ 提倡修旧利废，降低维修费用；⑥ 结合多种维修方法，实现维修降耗目的。

（4）全面实行 TPM 现代设备管理新模式。

① 确立新的管理目标，完善设备管理考核内容；② 大力推进现代化管理方法和手段，不断深化"点检定修制"。点检定修制是"以点检制为核心的设备管理模式"，它将围绕设备的点检、检修、使用三者进行展开，"点检"是定修的基础，"定修"是"点检"的目的，设备的良好"使用"是最终的目的。点检员要随时掌握设备技术状态，并按状态决定设备的检修内容，安排检修时间，提出备件计划，有效地防止设备失修或过剩维修，实现从点检中发现问题到定修中具体解决问题，体现"发现问题比解决问题更重要"的预防为主的管理理念；③ 加强技术培训，提高职工技术素质；④ 建立设备管理的激励机制和自我约束机制；⑤ 大力推行计算机管理，以提高工作效率和工作质量。

**训练 2：** 组织参观生产企业车间现场，了解车间设备管理的情况，并编制调查报告。

## 模块小结

科学、有效的设备管理是保证设备安全运行，改善设备构成，充分发挥设备效能，保证产品产量和质量的基础，对促进生产持续发展，提高企业经济效益有着极其重要的作用。本章主要介绍了车间设备管理的任务和内容，车间设备管理方法，班组设备管理工具等。

# 模块八

# 车间物料管理和物流控制

 **知识目标**

- 了解物资管理的任务和内容
- 了解企业物资的分类和消耗定额的制订方法
- 了解车间现场物料的分类和物料管理的内容
- 了解车间在制品管理形式和库存控制
- 了解车间仓库管理内容

 **技能目标**

- 掌握物资消耗定额的制订方法
- 掌握物资消耗定额的管理和执行
- 掌握现场物料管理的内容
- 掌握车间物料控制方法
- 掌握车间在制品管理形式和库存控制方法
- 掌握车间仓库管理的内容

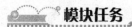 **模块任务**

任务一　车间物料管理工作认知
任务二　车间在制品管理和库房管理

 **任务解析**

```
┌─────────────────────────────┐
│ 任务一　车间物料管理工作认知 │
└─────────────────────────────┘
              │
              ▼
┌─────────────────────────────┐
│ 任务二　车间在制品管理和库房管理 │
└─────────────────────────────┘
```

案例导入
视野拓展
知识链接
课堂讨论
案例分析
拓展训练
模块小结

华润创建史

## 南通同飞电容器有限公司制造部装配车间物料管理

据统计，国内生产加工企业的物流成本占企业总成本的 30%～50%，物流所耗费的时间是生产所耗费时间的三倍以上，因此企业推行物流改革，车间推行物料管理是必然的发展趋势。制造部门是企业的基础部门，保证生产车间物料顺畅地输入、周转、输出，是推行物料管理的主要内容。为确保车间物料管理工作的顺利开展，南通同飞电容器有限责任公司制造部装配车间按照以下程序来开展物料管理工作：首先要做的是必要性分析，然后是可行性分析，了解物料管理的现状、确定物料管理的目的、制订实施的计划、计划实施、计划监控、定期绩效评估、不良反馈、不良对策、小结、循环跟进。

**1. 车间物料管理的现状**

工作开展情况：车间物料管理工作早已存在，且每个生产段都配备了相应的物料员，但车间直到 2006 年 12 月才正式设立物料管理组。当前的物料管理制度不健全、物料管理意识淡薄等相关问题导致物料管理工作进展不大，到 2006 年年底才开始逐渐正规起来。通过试行和调查，报表的格式已经统一，现在的报表主要有：由班组各工位做成的《工位日盘点表》、由各班班长做成的《生产跟进表》和《工位配套卡》、由物料员做成的《班组物料盈亏统计表》、由物料班长做成的《班组生产跟进汇总表》及跟批的《工位配套卡》。部分管理人员的物料管理意识也有了明显的提高，而且能够积极地配合物料管理工作，但还有部分管理人员以消极的态度对车间内部的物料管理没有信心。经调查，车间物料管理主要存在以下问题点。

（1）执行力：上面要做到，中间喊口号，下面不知道。

（2）概念不清：物料组从无到有，车间物料如何管理，目前还没有形成明确的管理制度和管理方法，涉及的范围也比较模糊。

（3）定位不明：车间物料组是一个什么样的组织，是像内部 PQC 一样做监督部门，还是像资材一样做后勤部门，还是像打包组一样做中转部门。

（4）以自我为中心，缺乏团队精神。

① 当出现本班亏料时，班组会想尽一切方法挪平，甚至可以拿其他班组的部品，就是不会向领导反映，由领导调配。而其他班组又会挪另外班组的料，从而导致恶性循环，亏料找不出原因。

② 出现问题想办法开脱，而不是想办法去处理、补救。受损的是整个大组织（不良品退到上个工序段进行返修，而报表上没有备注，致使亏料，问其原因，"这不是我的问题，是因为他们没开单，是因为他们没签名……"）。

（5）制度不明，标准不明，没有明确的激励机制：对于推行物料管理，班长要做哪些，线长要做哪些，主管要做哪些，做到什么样的效果才算做好，做好了会怎样，做不好的又会怎样。

（6）报表种类多，内容重复：目前每天下班前班长要填写的各类表格大约为 6 份，仅统计部品进、出、存的就有 4 种。而这些表格的部分内容都有重复，主要体现的都是领料数、完成数、班组在制数和盈亏数。这样不仅增加了他们的工作负担，也使他们带着抱怨情绪和抵触心理工作。

（7）人员紧张，首弃物料管理：因该项工作开展时间不久，没有明确的约束制度，且部分管理人员监督甚少，所以在人员紧张的情况下，首先放松的就是物料管理。

（8）以下是从装配车间推行物料管理以来班组常出现的问题：

班组物料连续三天不齐套；报表与实物不符；报表未按时完成；漏填、错填导致当日物料盈亏不平衡；当日盘点盈亏差异数大，且班长找不出原因；当日报表线长未确认；料架零乱，不同状态部品放同一盒内；料架标识不明，未贴现品票；地面上掉有单品、造成严重的浪费现象；本班的单品、组件或成品错放在其他班组的料架；不良品退到前一工序段时双方班长未确认，造成当日的盘点盈亏大又找不出原因；修理工的周转料与规定的数量差异大；物料员指定要确认的班组，班长不配合当日盘点确认数量或未等物料员确认就已经下班；当日合拢段各班组的在制数超过4 000；个别班组的在制和次日计划没有及时填报；发现严重问题点跟线长反映连续两天得不到结果；班长请假情况下线长没有调配相关人员做当日的盘点工作，导致没有盘点，报表没有做；恶意包庇不良问题，报表数量虚假，失去真实性；班组转机型后私自转料至其他班组时，未经过物料组确认；返修机与正常投产的报表做在一起，成品与组件的报表做在一起，无法区分；其他部门的借料未及时还回，不明具体还回日期，且报废的不知如何补；班组员工的《工位日盘点表》未做，班长的《工位配套卡》也未做。

**2. 制造部装配车间物料管理实施计划**

（1）标杆管理。以中日合资企业太阳电子有限公司的车间物料管理为榜样，以其相关制度、规定为基础，结合自身的条件和特点，制订出本车间的物料管理制度和标准。

（2）规范报表。现班组下班时间较晚，而在下班前还要填写各类报表，仅关于统计数据相关的报表就有8种之多，而这8种统计数据的报表部分内容有重复的现象，针对上述情况，应做以下改善：

① 取消重复填写的报表，减轻班长负担；
② 物料相关的报表统一留在物料组，统一时间填写。

（3）定期考核。物料组每天、每周、每月对物料工作做得不好的班组予以评分考核，考核依据参照《车间物料管理考核规定》。

（4）共同检讨，全员参与。
① 在周一例会上，各线长要汇报上周的班组物料盈亏情况及不良问题的处理结果。
② 对每次物料管理的要求各个线长要及时地传达到员工，并说明利弊。
③ 出现严重不良问题时，物料组有必要当天召集所有责任人进行检讨。

（5）定期对各班组的报表、丢料现象、盈亏等进行通报，并给予相应的处罚与奖励。

车间物料管理和物流控制包括车间物料消耗定额、车间物料现场管理和控制、在制品管理和库房管理等内容。车间物料管理和物流控制水平的高低反映出一个企业车间的管理素质和经济效益。

组织学生对导入案例进行分组讨论，安排各小组收集资料并做报告，最后在教师指导下进行综合评价。案例分析讨论重点使学生进一步理解车间现场物料的分类，理解车间物料管理的内容，理解车间在制品管理形式，理解车间库存控制方法，理解车间仓库管理的内容等知识，并对车间物料管理的典型案例有一定的认知和分析能力，在案例分析中同时培养学生的团队合作精神。

# 任务一　车间物料管理工作认知

➤ **任务提示**：本任务将引领你明确车间物资构成、消耗定额和车间物料管理工作的要点等。

➤ **任务先行**：企业生产物资包括哪些类别？企业物资消耗定额的组成有哪些？制订物资消耗定额的原则和依据是什么？制订物质消耗定额有哪些基本方法？企业怎样贯彻执行物资消耗定额？车间生产现场的物料包括哪些类别？车间现场物料管理有哪些主要内容？

▶ 视野拓展

**江西中成中药原料股份有限公司中心丸剂生产车间物料管理制度**

江西中成中药原料股份有限公司中心丸剂生产车间为加强车间物料管理，推行了一系列物料管理制度，着重加强三种制度建设。

（1）复核管理制度——主要包括以下三个方面的复核。第一，复核所有从其他车间及仓库流入的物料数量、质量情况；第二，车间内部各工序之间物料的流转，从中间站领取物料的相互复核；第三，对生产过程中各物料投入是否正确、投入比例与投入量是否符合工艺要求的复核等。复核管理制度不仅避免了领料、投料过程中问题的出现，更保证使用物料的质量、数量与要求相符，减少了误差。

（2）挂牌管理制度——包括物料牌的填写、状态表示牌的正确放置及状态改变时的及时更换、物料牌掉落后不任意插牌等方面的要求，避免物料混淆事故的发生。

（3）物料存放制度——明确所有物料在存放过程中的码放原则、存放过程中需注意的事项等。规范物料的摆放，能有效避免误差的发生。

这一系列物料管理制度的推行，使车间物料管理水平有了很大提高。

▶ 知识链接

企业的物资主要是指处于生产过程中的生产资料，它应具备两个规定性：一是具有实物形式；二是可以用于流转的劳动产品。生产过程中的物资也叫物料，一般存在两种状态：一是处于运动状态，包括加工、检验、运输等，这是物料在生产过程中的基本状态；二是处于静止状态，包括生产过程中的储备、间歇停放或库存停放等。管好这两种状态的物料，以保证生产经营过程的顺利进行，就叫物资管理或物料管理。

## 一、车间物资的构成和消耗定额

**1. 物资管理的内容**

企业物资管理的主要内容包括：① 制订先进合理的物资消耗定额；② 确定正常的物资储备定额；③ 编制物资采购供应计划；④ 搞好仓库管理和物资节约工作；⑤ 建立和健全物资管理的各项规章制度。总之，物资管理是以供应各方面需要的物资为职责，以最少占用资金、最合理储存量、最低成本为目标，有效地完成物资供应和管理的任务。

**2. 企业物资的分类**

企业物资分类主要按物资在生产中的作用分类，具体划分为以下几项。

（1）主要原材料：是指构成产品主要实体的物资。

（2）辅助材料：是指用于生产过程，有助于产品的形成而不构成产品实体的物资。

（3）燃料：是指生产过程中用来燃烧发热而产生热能、动能的可燃性物资。

（4）动力：是指用于生产和管理等方面的电力、蒸汽、压缩空气等。

（5）配件：是指预先准备的用于更换设备中已磨损和老化的零件与部件的各种专用备件。

（6）工具：是指生产中消耗的各种刃具、量具、卡具等。

这种物资分类方法，便于企业制订物资消耗定额，计算各种物资需要量，计算产品成本和核定储备资金定额等。

除了以上分类办法外，还有按物资的自然属性分为金属材料、非金属材料、机电产品等，以便于企业编制物资供应目录和物资的采购、保管。还有按物资的使用范围分为基本建设用的物资、生产产品用的物资、经营维修用的物资、工艺装备用的物资、科学研究用的物资、技术措施用的物资等，以便于编制物资供应计划和进行物资核算与平衡。

**3. 物资消耗定额的组成和依据**

物资消耗定额是指在一定的生产技术组织条件下，为生产单位产品或完成单位工作量所消耗物资的数量标准。物资消耗定额是确定各种物资需要量的依据和物资供应管理的基础，也是开展增产节约的重要措施和经济核算的重要工具，制订科学合理的物资消耗定额，有利于促进企业生产技术和管理水平的提高。

物资消耗定额按其在生产中的作用可分几个种类，即主要原材料消耗定额、燃料消耗定额、动力消耗定额和工具消耗定额。而其中的主要原材料消耗定额主要由三部分组成：一是产品净重消耗，它是构成消耗定额的主要部分，是由产品的结构设计决定的；二是工艺性消耗，它是在产品制造过程中，由于工艺技术的要求而形成的消耗，如金属切削过程中的切屑、锻造过程中的氧化皮、皮革下料的料头等；三是非工艺性损耗，它是由废品损失、运输损失、保管损失所造成的损耗，一般是由于工艺加工不善、运输保管不周而出现的本可以避免的损耗。前两项组成工艺消耗定额，三项合计组成物资供应定额。因此，严格地说，物资消耗定额主要包括产品净重和工艺性消耗。

物资消耗定额制订的原则，主要是以保证产品质量为前提，立足于国内物资供应，采用生产效率高、损耗少、污染小的材料，考虑材料的综合套裁，定额应以实用、合理、先进、完整为原则。

物资消耗定额制订的依据，主要是产品、零件设计图纸及有关技术资料，加工工艺规程文件，加工余量标准，下料公差标准等技术参数；物资的国家标准、行业标准、工厂技术标准和有关材料目录；历年材料消耗定额及执行情况的统计分析资料。

**4. 物资消耗定额的制订方法**

企业物资消耗定额制订的基本方法有以下几种。

（1）经验估工法。这是一种凭技术人员和生产工人的经验，并结合有关技术文件和技术条件制订消耗定额的方法。为了提高其准确性，可利用概率论的加权平均知识，采用三点估工法，其公式为

物资消耗定额=（最少消耗量+4×一般消耗量+最多消耗量）/6

这种方法主要适用于新产品或小产品制造的物资消耗的简单判断。

（2）统计分析法。这是根据物资消耗的统计资料，考虑到计划期内生产技术和生产组织条件的变化等因素，经过对比、分析、计算，从而制订的物资消耗定额的方法。这种方法适用于成批生产。

（3）技术计算法。这是按照构成定额的组成部分和影响定额的各种因素，如产品设计结构、配方、工艺要求、所用设备、原材料质量、生产工人的技术水平和熟练程度等，通过科学分析和技术计算而制订的物资消耗定额的方法。它要求具备大量的、完整的技术资料，通过一定的计算程序，工作量较大，技术性较强。这种方法适用于大量大批生产的物资消耗定额的具体计算。

（4）实验测定法。这是运用现场称质量、量尺寸和计算等方式，对工人操作的物资耗费数量进行测定，然后通过分析研究，制订物资消耗定额的方法。运用这种方法时，应注意生产条件和操作工人的典型性、代表性，测定次数一般不少于 3 次，以便比较真实地反映出物资的实际消耗水平，避免偶然性。这种方法适用于生产批量大、生产周期短、工艺简单、涉及加工工种和人员较少的生产。

在制订物资消耗定额的实际工作中，还有计算主要原材料消耗定额和辅助材料消耗定额的更具体的方法。主要原材料消耗定额计算的具体方法有：① 选料法，即按零件尺寸和材料规格选料计算材料消耗定额。② 材料综合利用率法，即用配套裁割板材法去计算材料消耗定额。③ 配料比方法，即对冶金、化工、铸造等生产，应根据工艺流程的特点和预定的配料比例，用有关技术经济指标来计算原料消耗定额。④ 制成率法，即对纺织等企业生产过程中制成产品所耗用的原料数量与投入原料总量之比，计算原料消耗定额。辅助材料消耗定额的具体计算方法有：① 与主要原材料配合使用的辅助材料，按比例计算；② 与产品数量有关的辅助材料，按产品数量计算；③ 与设备开动时间有关的辅助材料，按设备开动时间计算；④ 有使用期限的辅助材料，按期限计算；⑤ 难以确定消耗量的辅助材料，按实际消耗折合金额计算。

## 二、车间物料管理工作要点

**1. 生产现场物料的分类**

车间生产现场使用的物资一般也叫物料，主要包括下面各类。

（1）原材料：是指直接使用于产品制造上的各种原料、材料、辅助材料等。

（2）在制品：是指正处在生产线各工序上进行加工、检验、运输的尚未完工的制品。

（3）半成品：是指中间站或中心零件库暂存的在制品、半成品和外购件等。

（4）成品：是指已制造完成但尚未经检查入库的产品。

（5）包装材料：是指用于包装产品的各种包装材料、用品、耗材等，如纸箱、木箱、封箱带、贴纸、说明书等。

（6）工具：包括生产现场使用的各种辅助工具、模具、夹具、卡具、量具、刃具等。

（7）保养维修材料：是指用于机台、厂房、人员、搬运、维修的各种物品，如机油、柴油、配件、油漆、手套、皮带、抹布等。

**2. 现场物料管理的内容**

（1）领料和发料。领料一般由车间指定的领料员填写领料单，向物料单位领料，也有由物料单位根据料单备妥物料后直接送往生产现场签收的。原材料领料单一般由生产主管单位备妥后连同生产指令单一起发给车间生产现场，其他零星物料则由车间领料员自行填单领料。领料时必须考虑现场储存空间，采取一次领料还是分批次领料。领料员在领料时必须对原物料的数量和规格进行认真的核对并签收，以保证足数和质量，防止差错。发料则是领料员根据各班组工作地的生产需要，将原物料分发各班组、机台，以作生产所用。发料时要做好登记和签字，重要物料还要加强发放的管制。未发放的原物料应妥善保管于生产现场物料暂存区中。

（2）现场物料的暂存和保管。不论何种行业的生产，现场物料的暂存及保管都是必要的，车间管理人员必须根据暂存物料的性质和数量，做出现场物料储位规划图，一般分成原料暂存区、物料暂存区、半成品暂存区、成品暂存区、不良品放置区等。在实物上可利用不同颜色来区别标示，并配置料架或栈板等摆放以易于管理、取用方便、整齐美观，应结合生产现场"5S"管理做好现场物料的存放工作。

（3）物料存量控制与标示。车间应实行细密的生产计划管理和物料管理制度，制订可行的领发料原则、安全库存量、物料消耗指标、生产能力指标等管理数据，使车间的加工和物料暂存处于受控状态，并结合生产现场定置管理，做好物料存放和存量控制及标示。在这里，最简易的方法就是利用"物料标示卡"来管理：将每种物料用一张物料标示卡来加以标示，并使用不同颜色的卡片来区分不同的月份，以便于现场物料的存量控制和提高处理效率。

（4）超额领料与余料退库。生产现场的原材料有时候由于料件遗失或不良损耗偏高而有不足的现象，此时车间应向物料单位申请超额领料。超额领料并不是正常的事，因此企业里一般都会规定由厂部主管领导批准后方可超额领料，以防止和控制物料的多领和浪费。而当生产现场有余料未用时，车间也应及时向物料单位办理余料退库，以免物料存量过多占地影响生产现场的工作。

（5）半成品、成品转拨或入库。车间物料员对于生产现场已加工完毕的半成品和成品，应分别填写物料转拨单或入库单及时进行转拨或入库，对于不良品也应在经过检验后做出相应的处理。特别要防止不良品误混到半成品、成品转拨或入库。

（6）现场物料盘点。车间管理人员对于生产现场暂存的物料、半成品、成品，应实施定期的盘点，一般要求会同会计部门于每月月底盘点一次，以便搞好现场物料管理，做到料、账一致，有效实现计划管理和经济核算。

**3. 车间物料控制**

车间物料控制的职能是五适：适时（供应及时）、适质（符合质量标准）、适量（数量控制恰当）、适价（成本合理）、适地（运距最短），并在调控中尽量预防和减少呆料、废料及旧料，缩短物料加工周期，提高物料和成品的周转效率。因此，要分别做好车间生产过程的物料控制工作。

（1）生产前的物料存量控制。物料存量控制是对现场物料存量变化动态的掌握和调整。为了使现场物料存量保持合理水平，既不过量，又不脱空，就要认真掌握好生产前的领料和发料工作及调整措施。总的原则和目标是：领料以满足现场生产需要为原则，存量尽可能少，发料尽可能快，最大限度地减少物料的停留量和停留时间。

（2）生产中的在制品控制。为了保持生产的连续性和均衡性，必须建立生产过程中在制品占用量的定额和储备量。要根据不同生产类型采用相应的方法,例如,大量大批生产的在制品定额法、成批生产的提前期累计编号法、单件小批生产的生产周期法、通用件标准件生产的订货点法、流水作业的看板管理法等,制订合理的在制品定额和储备量。为了搞好生产的在制品控制,就要求对在制品的投入、产出、使用、发放、保管和周转做到有数、有据、有手续、有制度、有秩序,一般采用加工线路单和零部件配套明细表来进行控制。

(3) 生产后的半成品、成品转拨或入库。对于车间加工完成后的半成品和成品,要及时如实填写转拨单或入库单,尽快往下一工艺阶段转拨或入库,不但可以减少车间物料存量,而且能缩短半成品、成品的滞留时间,缩短产品生产周期,提高资金周转速度和利用效率。

▶ **课堂讨论**

上网或到企业车间搜集资料,调研车间物料管理工作现状写出报告,并提出合理化建议,进行课堂分组讨论并进行评价测试:你是否已认知车间物料管理工作?

## 任务二 车间在制品管理和库房管理

➤ **任务提示**:本任务将引领你明确车间在制品管理和库房管理等。

➤ **任务先行**:车间在制品管理形式有哪些?企业物资库存控制有哪些主要方法?车间仓库的设置有哪些要求?车间仓库管理的内容有哪些?车间主任在仓库管理方面应做好哪些工作?

▶ **视野拓展**

### 南通大地电气有限公司线束车间仓库管理经验

仓库虽小,事关重大。物资及器材管理是否规范,将直接影响资金的使用效益。因此需要采取措施,进一步提高车间仓库管理的科学性、先进性,以提高企业车间的经济和社会效益。南通大地电气有限公司线束车间仓库管理主要经验如下。

(1) 准确定位仓库管理的目标。仓库管理的目标就是要通过加强生产物资的采购、供应和使用等各个环节的严格管理,及时按质按量提供生产所需的各种物资,以最小的物资储备来达到最佳的供货状态,避免物资积压和缺料,合理组织供应,降低生产成本,加速资金的周转,保证生产活动的正常运行。

(2) 严格遵守仓库管理的原则。仓库管理的原则主要包括提高管理效率、追求经济效益、提供安全保障、保证物资质量。其中提高管理效率是仓库管理的核心。

(3) 合理设计仓储布局。改善仓库的物理结构和恰当地使用包装或搬运等设备,可以有效降低库内物资的损耗,提高物资的使用效率。为便于物资出入库及在库内的移动,应将物资面向通道进行保管,使用频率高的物品更靠近出货口,体积大的物品靠近主通道;为有效利用仓库容积,防止物资破损,应尽量将轻的物资码放在高位,重的物品码放在低位;为提高作业效率和保管效率,应依据同类同地的原则,将物资按产品类别分为不同的拣选区存放;

不便存放和移动的角落部位可辅以货架用于放置小物件或特殊形状的物品等。

（4）积极推进仓库管理自动化。将仓库管理纳入自动化轨道，能够加快处理速度，提高精确度，降低动力成本，使仓库面积和空间得到更有效的利用。仓库管理自动化包括人、操控软件和动力设备三部分。车间可在权衡自动化投入与产出利弊的基础上，适当采用自动识别和自动分拣等系统、条码技术、轻型货架和高速分拣机等设备，提高作业速度，改善仓管效果。

（5）进一步加强仓库管理的制度建设。

① 岗位分工控制制度。仓库管理部门的岗位职责要分明，保证不相容岗位相互分离、相互制约和相互监督，杜绝徇私舞弊现象的发生。如物资的采购计划申请、采购、验收与付款、审批与执行，物资的保管与相关会计记录等不相容岗位不得仅有仓库管理部门或个人办理全过程业务。

② 授权审批控制制度。应当建立严格的授权审批制度，明确审批人对相关业务的授权批准方式、权限、程序、责任和相关控制措施。物资需求部门应当明确采购物资类别、品种、规格、质量、数量、相关要求和标准、到货时间等内容，制订使用计划。采购回来的物资，根据采购申请单、采购合同、采购订单、价格审批表由相关人员进行验收无误后，再由采购员填制入库单。财务部门再根据发票、入库单等单据记账。

③ 仓储与保管控制制度。应建立物资器材的分类管理制度，对于重要物资应当采取额外控制措施。为了加强对库存物资的管理，建立专人负责制，由专人负责物资管理和合同、调拨签收单等有关原始资料的保管，便于检查物资管理各项制度实施情况，严格限制未经授权的人员接触，并采取相应的消防措施，尽量避免存在安全隐患。

④ 监督检查制度。一是物资的监督检查制度，应建立不定期的物资盘点制度，通过实地清查和盘点，落实账实是否相符；二是制度的监督检查制度，车间对包括仓库管理制度在内的各项制度的实施情况进行定期或不定期检查，督促相关人员提高其业务素质和责任心，以促进仓库管理制度的动态性和实用性，使仓库管理制度更好地发挥作用。

⑤ 人力资源有效运作的机制。通过完善包括仓库管理人员的上岗培训、绩效评价及奖惩制度等，激发每个人的潜能，发挥物资管理整个团队的潜力，实现高效的仓库管理。仓库管理人员在正式上岗之前，务必要进行相关的业务培训工作，考试合格以前不得上岗；绩效评价及考核工作首先要针对的是负责仓库管理的整个集体，然后才是个人，这样才能充分发挥其团结协作精神，使奖罚措施真正地成为一种激励手段，而不是目的。

### 知识链接

## 一、车间在制品管理

**1. 车间在制品管理形式**

从原材料、外购件等投入生产起，到加工制造经检验合格入库之前，处在生产过程中各环节的零、部件都称为在制品。通常根据所处的不同工艺阶段，把在制品分为毛坯、半成品和车间在制品。毛坯是指已由下料工序下料完毕，铸件清砂、铲毛刺打底漆完毕，锻件去边整形完毕，并经检验合格办完入库手续的制品。半成品是指毛坯经机械加工成为零件，并已经检验合格办完入库手续的制品。半成品一般还要进行后续加工处理。车间在制品是指已投入车间，正处于加工、装配、检验、等待或运输过程中的各种原材料、毛坯、外购件、半成品等。

企业生产过程中各环节之间的联系表现为在制品的供需关系。为了使生产过程的各个环节、各个阶段和各道工序都能按计划有节奏地生产，应该储备一定数量的在制品。但是过多的在制品储备是一种浪费。因此，对在制品的合理控制具有十分重要的意义。

在制品控制包括车间在制品控制和库存半成品控制，其中车间在制品控制表现为车间在制品管理。对车间在制品的管理方法取决于车间生产类型和组织形式。总的来说，在大量大批生产条件下，由于在制品数量稳定，有标准定额，各工序之间的衔接又是固定的，通常采用轮班任务报告并结合统计台账来控制在制品的数量和移动。在成批生产或单件小批生产条件下，由于产品品种和批量经常变化，在制品数量的稳定性差，情况复杂，通常采用加工线路单或工票等凭证，并结合统计台账来控制在制品。各种控制形式分述如下。

（1）轮班任务报告，也叫轮班生产作业计划，是车间规定每个工作地、每个工作班直至每个操作者生产任务的文件，由车间计划调度人员填写发放。零件投产后，根据每道工序的完工情况，由检验人员填写检查结果。轮班任务报告既是作业计划，又是生产进度统计的原始记录，它简化了原始记录的种类，把统计、核算和检查计划完成情况结合起来，有效地加强了生产的计划性。轮班任务报告通常是按每台机床每班或每昼夜下一次，加工时间长的零件，轮班任务报告可以跨班组使用，但不能跨月份。轮班任务报告适用于大量大批生产。

（2）加工线路单，又叫长票、长卡、跟单（见表8–1与表8–2），以零件为单位制作，一种零件一长票。它是记录每批零件从投料开始，经过各道工序的加工、检验，直到入库为止全部生产过程的原始凭证。加工线路单跟随零件一起移动，各道工序共用一张生产指令单。由于企业的生产类型、产品特点及习惯做法不同，加工线路单的形式和内容有所不同，但它们的作用是基本相同的。加工线路单的优点是：每批零件的加工信息集中在同一张线路单上，一单多用；加工线路单中的工艺顺序和工艺规程一致，有利于贯彻工艺纪律，保证零件质量；由于领料、加工、检验、入库都使用同一票据，可以有效地保证领料数、加工数、合格品数、废品数、入库数的互相衔接，防止错乱；有助于贯彻期量标准。缺点是：由于流转时间长，加工线路单容易污损和丢失。加工线路单适用于成批生产或单件小批生产。

表 8–1 加工线路单

| 企业名称 | | 车间 | | 工段 | | 加工线路单 号 | | | 投料日期 | | 签发人 | |
|---|---|---|---|---|---|---|---|---|---|---|---|---|
| 产品型号或订货号 | | | | 零件号 | | 材质 | 每台件数 | 投入件数 | 代用单号 | | 回用单号 | |
| 工序 | | 工时定额 | | 完成日期 | 加工者 | 合格品件数 | 废品 | | 返修品 | | 回用品 | 检验单 | 分票 | |
| 号 | 名称 | 准备 | 单件 | | | | 件数 | 票号 | 件数 | 票号 | | | 件数 | 签证 |
| 1 | | | | | | | | | | | | | | |
| 2 | | | | | | | | | | | | | | |
| 3 | | | | | | | | | | | | | | |
| 4 | | | | | | | | | | | | | | |

续表

| 工序 | | 工时定额 | | 完成日期 | 加工者 | 合格品件数 | 废品 | | 返修品 | | 回用品 | 检验单 | 分票 | |
|---|---|---|---|---|---|---|---|---|---|---|---|---|---|---|
| 号 | 名称 | 准备 | 单件 | | | | 件数 | 票号 | 件数 | 票号 | | | 件数 | 签证 |
| 5 | | | | | | | | | | | | | | |
| 6 | | | | | | | | | | | | | | |
| 7 | | | | | | | | | | | | | | |
| 8 | | | | | | | | | | | | | | |
| 9 | | | | | | | | | | | | | | |
| 10 | | | | | | | | | | | | | | |
| 11 | | | | | | | | | | | | | | |
| 12 | | | | | | | | | | | | | | |

表 8-2 加工线路单副卷

| | | | | | | |
|---|---|---|---|---|---|---|
| 中间工序周转副卷 | 车间 | 加工线路单号 | | 毛坯投入第一副卷 | 车间 | 加工线路单号 |
| | 订货号 | 零件号 | | | 订货号 | 零件号 |
| | 投入数 | 交出数 | | | 发给件数 | |
| | 日期 / 发放人 / 验收人 | | | | 日期 / 发放人 / 验收人 | |
| 制成件交出副卷 | 车间 | 加工线路单号 | | 毛坯投入第二副卷 | 车间 | 加工线路单号 |
| | 订货号 | 零件号 | | | 订货号 | 零件号 |
| | 投入数 | 交出数 | | | 发给件数 | |
| | 日期 / 检查员 / 验收人 | | | | 日期 / 发放人 / 验收人 | |

（3）工票，即单工序工票，又叫短票、短卡、工序单（见表 8-3），以工序为单位制作，一道工序一短票。它记录的内容与加工线路单基本相同，只是一道工序完工，零件送检，检验员在工票上记录有关事项后，工票返回车间计划调度员手中，计划调度员再为下道工序开出新的工票。单工序工票的优点是使用灵活；缺点是工票数量多，填写工作量大，不便于统计和核算。单工序工票适用于单件小批生产。

表 8–3 单工序工票（日计划）

机床号：　　　　　　　　　　　　　　　　　　　　　　　　　　　　　　　　年　月　日

| 序号 | 线路单编号 | 图号 | 零件名称 | 工序 | | 数量 | 工时定额 | | 工时计算 | | | 停工工时 | 补助工时 | 废品工时 |
|---|---|---|---|---|---|---|---|---|---|---|---|---|---|---|
| | | | | 序号 | 名称 | | 单件 | 合计 | 计划 | 实动 | 完成 | | | |
| | | | | | | | | | | | | | | |

| 操作者 | 开工 | 完工 | 交验数 | 自检结果 | | | | 检查结果 | | | | | | 检查员印 |
|---|---|---|---|---|---|---|---|---|---|---|---|---|---|---|
| | 日/月 | 日/月 | | 合格 | 工废 | 料废 | 丢失 | 合计 | 一级品 | 二级品 | 工废 | 料废 | 退修 | |
| | | | | | | | | | | | | | | |

（4）统计台账。为了有效地控制在制品的流转，还必须在各种生产类型的生产中建立在制品台账，以便及时记录零件的投入、发出、补发、在制、配套等情况。对于大量连续生产的产品，可按零件分别建立零件工序进度卡片（台账）。某种零件的在制实有量（台账数）等于该零件投入累计数减去出产累计数和废品数量。对于单件小批生产，则可按产品为对象建立零件工序台账，以便于检查产品配套情况，因此也称为配套账。

从以上控制车间在制品的各种形式可以看到，在制品管理实际上是指在制品的实物管理和账卡管理。车间在制品管理的重点是要抓好班组在制品管理，组织好废品和退修品的及时处理与返修，以及统计工作。其中，抓班组在制品管理主要是抓班组制订零件生产收发推移图和废品退修品控制图，使班组对在制品管理做到日清月结。在流水生产车间要对废品隔离存放，当班办理报废手续，返修品要在当天组织返修；在批量生产的车间要做到每周或每批及时组织返修，并及时进行废品、返修品的统计，以便清楚掌握在制品的质量状况。搞好车间在制品管理，还要做好综合统计工作，按规定要求做好接收到、生产、废品、返修、发出、结存等项目的综合统计。综合统计要按日进行，实现日检月清的控制。

**2. 库存控制**

为了保证企业生产经营过程的正常进行，储备一定数量的物资是必要的。企业物资的存货可能正好达到储备定额，也可能高于或低于储备定额。企业必须根据内部生产情况和市场变化情况，按照预定的目标不断调节物资储备，使之经常保持在最高储备定额与最低储备定额之间。当库存物资达到最高储备定额时，应立即停止采购并及时调剂，以免物资积压而造成损失；当库存物资降到最低储备定额时，要迅速采购进货，以防止供应中断而影响生产，把这种管理行为称作物资库存储备控制。

1）影响库存控制的因素

影响企业物资库存储备的主要因素有以下各项。

（1）生产方面的因素。为了保证生产正常进行，企业总是希望有足够的库存物资，以防止停工待料给企业带来不应有的损失，所以企业从生产的角度出发，总希望库存物资越多越好。

（2）占用流动资金方面的因素。企业库存一定数量的材料、在制品、半成品、产成品，必然要占用一定数量的流动资金，而这部分库存物资所占用的流动资金一般占全部流动资金的60%以上。企业流动资金闲置在库存物资上，使资金周转中断，这样不仅不能给企业带来经济效益，而且还要支付占用流动资金的银行利息。因此，从占用流动资金的角度考虑，企业库存应该越少越好。

（3）仓储管理方面的因素。物资存放在仓库里也会发生变质破碎、腐蚀、损坏等损失，此外还要负担仓库的折旧费、保险费、搬运费、维护费、管理费等保管费用。物资保管费用一般占存货价值的 10%～30%。存货费用随存货的增加而增大，因此，从存货保管方面来考虑，仓库的存货应越少越好。

（4）采购订货方面的因素。物资从采购订货开始到入库这一过程中，要支付通信费、差旅费、手续费等各项采购费用。采购费用随订货次数的增加而增加，而与每次订货的数量没有太大的关系。通过减少订货次数，加大每次订购批量，就可以降低采购费用。因此，从采购订货的角度考虑，物资订货批量越大越好。

从上述影响因素可以看到，造成企业物资库存储备失控的原因很多。企业必须加强物资管理工作，控制好物资储备数量，既要保证存货不影响生产，又要使企业占用的流动资金数量最低，支付的采购费用、保管费用最少，以取得最佳的效果。

2）库存控制的方法

物资库存控制的方法很多，主要有以下几种。

（1）定期控制法。定期控制法又叫定期订购法。这种方法要求首先确定一个订货间隔期，并测定订货周期，同时对存储状况进行检查，以此计算订货量和发出订单。定期控制法主要需解决好两个问题：一是确定订货间隔期；二是计算订货数量。一般来说，订货间隔期越短，库存检查的次数就越多，对库存的控制精度也就越高，但库存管理工作量也就越大。因此，要区分不同存储项目，对少数重要的存储项目，如缺货损失大或存储费用高的项目，制订较短的订货间隔期，而对不太重要的存储项目可适当延长订货间隔期。同时，可以将订货间隔期分为几个标准值，以简化库存管理工作。定期控制法主要适用于重要物资的订购和库存控制。对于订货数量，可以采用下面公式计算求得：

订货数量=每日需要量×（订货间隔期+订货周期）−现有存储+保险储备定额

（2）定量控制法。定量控制法又叫定量订购法、订货点法。这种方法要求事先确定一个具体的订货点，每当存储水平降低到订货点时，就立即发出一个固定的订货批量的订单。订单发出后，经过订货周期，货物到达，这个订货周期称为订货提前期。定量控制法需要确定两个数量参数，即订货点和订购批量。订货点是指订货时的库存量。它应满足这样的条件：在新的订货没有到达之前，现有库存能够保证对生产需求的物资供应。因此，订货点存储量就是订货提前期内预计需求数量。订购批量可用经济订购批量的公式求得。它们的计算公式为

订货点存储量=平均日需求量×订货提前期日数+保险储备量

$$经济订购批量 = \sqrt{\frac{2 \times 每次订购费 \times 年物质需求量}{单位物质年保管费}}$$

定量控制法主要适用于次要物资的订购和库存控制。

（3）ABC 分类控制法。企业库存物资品种多、数量大，但每种物资重要性不同，占用金额也不同，企业应区别对待，分类管理。ABC 分类控制法就是将物资按其重要程度、消耗数量、价值大小、资金占用等情况，划分为 ABC 三类，分别采取不同管理方法，抓住重点，照顾一般。

A 类物资：是重要物资，品种少，价值高，消耗量大，占用资金多，实行严格管理，重点控制，采用定期订购方式。

C 类物资：是次要物资，品种多而零星，价值低，消耗量少，占用资金少，实行简便控制，采用定量订购方式。

B 类物资：是一般物资，品种比 A 类多，价值中等，占用资金比 A 类少，处于 A 类与 C 类之间，实行一般控制，可采用定期订购方式或定量订购方式。

（4）双堆法。双堆法也叫复式库存管理法。这种库存物资控制法要为同一种物资准备两个大容器（货堆），一个货堆的物资用完了即去订货，这样在另一个货堆的物资用完之前，新货就到，依次循环反复使用两个货堆。用这种方式管理的物资一般不需要库存台账和出库传票，大多属于现场生产管理，也适用于库存中单价很低的物资管理。

在企业物资的库存控制工作中，还有一项在生产过程中经常进行的库存半成品控制。在大量流水线生产条件下，相邻流水线如果按同一节拍协调生产，可以直接转交半成品，不必设中间仓库。而在多品种、中小批量生产条件下，就有必要在车间之间设置半成品库。半成品库是车间之间在制品转运的枢纽，它不仅在为生产第一线服务，做好在制品配套工作，有效地保管和及时发送在制品，还要严格按照作业计划监督车间生产，及时向生产指挥系统提供信息。库存半成品库的控制，主要通过半成品出入库台账及其他凭证进行。因此，库存毛坯、半成品必须建账立卡，根据产品进行分类，按照零件进行统计。库存半成品台账，可用领料单、完工入库单、在制品收发单、废品通知单等作为登录凭证。

## 二、车间仓库管理

仓库管理是车间物资管理的重要环节之一。车间仓库的物料主要有毛坯、在制品、半成品、成品、零部件、配套件、外协件及低值易耗品、劳保用品、工位器具等。它们伴随车间生产的工艺流程而不断流转，保持这些物料的合理储备、合理使用，对保证车间的均衡生产，提高车间的管理水平和经济效益都有重要的意义。

**1. 仓库管理的基本任务**

车间仓库在企业中也叫中间库。它的基本任务有以下几项。

（1）验收入库物料。即对入库的物料按照一定的程序和手续进行严格的检验，然后入库。

（2）保管保养物料。即根据各种物料的性能、特点和当地的自然条件，对库存物料合理地进行存放，科学地加以养护。

（3）发放物料。按照服务生产、方便生产的原则，按质、按量、及时、成套地发放供应各生产工序所需的物料、器具。发料要坚持"先进先出"的原则，确保物料的合理使用。

（4）分类管理物料。要对物料实行定置管理，对货区、货架、垛码、设施、工具、器具等实行科学定位，提高仓库利用率和管理水平。

（5）回收、利用废旧物料。废旧物料的回收、利用是车间双增双节的重要内容，也是车间文明生产的重要措施。要做好废次品、余料的回收、分类、检修、改制和利用工作，以降低生产费用。

（6）管好物料账、卡。要认真做好根据各种物料收发凭证记账登卡工作。定期清仓盘点，准确、及时地反映库存物料动态，正确掌握车间内部和车间之间在制品的流转情况，以减少资金占用，加速资金周转。

为完成仓库管理任务，还必须做好仓库的安全管理工作，注意防火、防盗。同时，要不断开展仓库设施、设备的技术改造，逐步实现仓库作业的机械化、自动化和现代化。

**2. 车间仓库的管理**

（1）物料的入库验收。验收的内容包括数量和质量两个方面。数量方面主要是进行过磅、清点，查对物料的数量、品种规格与入库单是否相符。

质量方面主要是化验或检查入库物资的质量、性能是否符合规定的质量标准。此外，验收时还应该对价格不符、未经验收或验收中发现数量、质量不合格都不能办理入库手续。物料验收入库后必须登账建卡。

（2）物料保管保养。物料入库后，要根据它们的物理、化学性质和体积大小、包装情况等，分别进行妥善保管，预防发生磕碰、划伤、变质和丢失。

物资存放要按定置管理要求ABC三类定置存放。物资保管做到"三清""两齐""三一致""四号定位""五五摆放"。

① "三清"：规格清、材质清、数量清。

② "两齐"：库容整齐、摆放整齐。

③ "三一致"：账、卡、物三者的名称、规格、材质、数量和库存动态记录完全一致。

④ "四号定位"：库号、架号、（或区号）、格号（或层号）、货位号四号齐全，定位存放、标志明显。

⑤ "五五摆放"：即按物料体态形状特点进行摆放，尽量做到五五成行，五五成方，五五成串，五五成包，五五成层，横看成行，竖看成列，过目知数，便于发放和盘点。

物料置放还应符合"上放轻、下放重，中间位置放常用，顶上放的不常动"的原则。

（3）物料的发料。仓库向工段、班组发放物料应遵守以下原则。

① 要有有效的发料凭证作依据。出库单据和凭证必须齐全，符合要求，不多发，不少发，不改发，不错发。

② 发料要符合车间生产作业计划和日生产进度计划，同时要执行"急用先发，补料先发，易损先发，先进先发"的原则。

③ 准确计量，做到检数进，检数发；检尺进，检尺发；大磅进，大磅发；小磅进，小磅发；收发计量器具和方法要一致。

④ 发料、盘点、登卡、记账、填写发料记录连续进行，一次完成，做到日清月结。

（4）物质的退库、回收和利用。由于车间生产计划和工艺变更及其他原因造成的多余物料要及时办理退库手续。同时要做好车间废旧物料（包括生产过程中发生的边角余料、废油、金属屑、加工报废的半成品、成品及报废的设备、零配件、工具等）的回收、改制、利用工作。

班组的物料退库，要先填写退料单（退料单的内容应与原领料单的重要内容相一致），并写清退料原因。退料单应用红颜色的笔填写。退料入库须经计量，并复验质量。凡车间仓库确认生产已不再使用的物资，可交厂级仓库，并办理退料手续，以冲减车间成本。

对班组回收上缴的废旧物料，要进行分类整理，并积极组织改制、代用、回用工作。车间不再使用的可交企业废品库。

**3. ABC管理法在库存管理中的应用**

1）ABC管理法的原理

ABC管理法又称ABC分析法、重点管理法。这是一种把库存各种物资按金额大小分成

ABC 三类（金额之比为 7:2:1，品种之比为 1:2:7），以便进行重点管理的方法。

现以某车间库存的 6 365 种零件为例说明实行 ABC 管理法的做法。

第一步，计算 6 365 种零件的种数和价值。

第二步，按每种零件价值的大小进行排队，见表 8–4。

表 8–4 零件排队表

| 序号 | 零件号 | 价值/元 |
| --- | --- | --- |
| 1 | 01101 | 59.4 |
| 2 | 02101 | 54.7 |
| 3 | 02103 | 49.8 |
| ⋮ | ⋮ | ⋮ |
| 25 | 02109 | 32.4 |
| 26 | 02102 | 18.5 |
| ⋮ | ⋮ | ⋮ |

第三步，把零件按价值大小分为 ABC 三类，并分别计算出各类零件种数和价值各占总数的百分比，见表 8–5。

表 8–5 零件 ABC 分类表

| 零件分类 | 零件种数 | 占总种数比例 | 零件价值/万元 | 占总价值比例 |
| --- | --- | --- | --- | --- |
| A | 430 | 6.8% | 403.7 | 63% |
| B | 1 682 | 26.4% | 161.9 | 25.2% |
| C | 4 253 | 66.8% | 75.4 | 11.8% |
| 合计 | 6 365 | 100% | 641 | 100% |

第四步，按分类标准进行分类。

第五步，绘制 ABC 分类图，如图 8–1 所示。

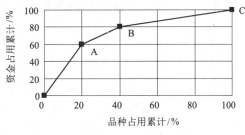

图 8–1 ABC 分类图

根据以上分类可知，把主要精力用在抓 A 类零件的管理上，一定会取得较好的效果。

2）应用 ABC 管理图管理在制品

在对各类在制品进行分类后，为了更好地控制在制品资金的占用，应本着抓住重点、照顾一般的原则，对 A 类在制品进一步制订先进合理的在制品资金定额，并在生产批次、批量上实行重点控制，以使库存量始终处于最佳水平。

应用 ABC 管理图的作用管理在制品资金时，要做到以下三点。

（1）要明确划定 ABC 各类在制品的界限。

（2）要标清楚各类在制品定额标准线（中心线），即核定在制品资金定额。这是进行管理和检查的标准尺度。

（3）要按月把各类在制品的增减变化情况标注清楚，并用折线连起来。

观察 ABC 管理图可以看出，库存各类在制品是否都处于管理状态，有没有脱离中心线的偏差，是哪些物料起了资金的增减变化，据此可以发现问题，查找原因，采取措施，加以纠正。

### 课堂讨论

上网或到企业车间搜集资料，了解地区骨干企业车间在制品管理和库房管理典型案例，写出调研报告，进行课堂分组讨论并进行评价测试：你是否已掌握车间在制品管理和库房管理？

### 案例分析

#### 一、任务要求

车间物料管理和物流控制工作主要包括车间物料消耗定额编制、车间物料现场管理和控制、在制品管理和库房管理等方面。车间物料管理的基本任务，总的来说，就是根据企业规定的生产经营任务，以提高经济效益为核心，做到供应好、周转快、消耗低、费用省，保证车间生产有效地顺利地进行。通过本模块 2 个任务的学习和训练，针对导入的案例进行分组讨论。结合自己的感受谈谈对"车间物料管理"等问题的看法。并结合企业实践讨论下列问题。

问题一：分析南通同飞电容器有限公司制造部装配车间和江西中成中药原料股份有限公司中心丸剂生产车间是如何进行车间物料管理的？

问题二：你认为在车间现场物料管理和物流控制工作中应注意哪些事项？

问题三：假如你作为车间生产主管如何开展车间物料管理？

问题四：在车间物料管理和库房管理中如何采用 ERP 等先进管理技术？

#### 二、检查方法

各小组针对以上案例通过参观、上网等方法收集相关资料，分组分析讨论，然后总结报告，在教师组织下进行综合评价。通过本模块教学活动设计组织和导入案例的分析，更深入了解车间生产现场物料的分类、车间物料消耗定额、车间物料管理的内容、车间物料管理制度、车间物料控制工作、车间在制品管理形式、库房管理等基本常识，理解车间现场物料管理的重要性，掌握车间物料管理和物流控制的科学方法，为将来在企业一线从事车间物料管理和库房管理工作打下良好的基础。

#### 三、评估策略

"南通同飞电容器有限公司制造部装配车间物料管理"和"江西中成中药原料股份有限公司中心丸剂生产车间物料管理制度"等车间物料管理和物流控制的典型实践案例，

有些相关的现象还是或多或少地存在于各个企业的车间物料管理和物流控制中。通过对案例的分析讨论,了解学生对车间物料管理等问题的关切程度,采用案例分析教学和拓展训练能使学生进一步理解车间物料管理和物流控制在车间管理工作中的地位和作用,理解车间物资的构成和消耗定额,理解车间物料管理工作要点,理解车间在制品管理和库房管理,理解车间物料搬运方式,提高自己的认知和分析能力,在案例分析中同时培养学生的团队合作精神。

在项目案例学习过程中,要对学生学习情况进行检查评估,主要采用学生互评、教师点评、校外企业车间管理人员评价等形式,从学生掌握车间质量管理知识点、案例分析报告质量、团队协作精神等方面对学生的项目学习情况进行综合评估(见表8-6)。

表8-6 车间物料管理和物流控制项目案例学习评估策略表

| 序号 | 检查评估内容 | | 检查评估记录 | 自评 | 互评 | 点评 | 分值 |
|---|---|---|---|---|---|---|---|
| 1 | 车间物资的构成和消耗定额、物资消耗定额的制订方法、车间物料管理工作要点、车间在制品管理和库房管理等知识点的掌握 | | | | | | 30% |
| 2 | 典型案例"南通同飞电容器有限公司制造部装配车间物料管理"分析报告质量 | | | | | | 20% |
| 3 | 典型案例"江西中成中药原料股份有限公司中心丸剂生产车间物料管理制度"分析报告质量 | | | | | | 20% |
| 4 | 政治素质职业素养 | 政治思想、遵章守纪情况:是否具有正确的价值观和人生观?是否遵守各项制度要求? | | | | | 10% |
| 5 | | 处理问题能力:分析问题是否切中要点?问题解决方法是否切实可行、操作性强? | | | | | 5% |
| | | 语言能力:是否积极回答问题?语言是否清晰洪亮?条理是否清楚? | | | | | 5% |
| 6 | | 安全、环保和质量意识情况:是否注意现场环境?是否具有安全操作意识?项目实施是否具有质量意识? | | | | | 5% |
| 7 | | 团结协作、奉献精神情况:是否有团队精神?是否积极投入本项目学习,积极完成案例学习任务? | | | | | 5% |

总　评:
评价人:

## 拓展训练

**训练1**:结合案例1谈谈对"车间在制品管理和库房管理"的看法。
【案例1】洛阳轴承厂球轴承车间在制品管理
洛阳轴承厂球轴承车间根据多年实践和兄弟厂的经验,结合企业整体优化和定置管理的要求,在制品管理坚持以下5条标准。
(1)组织健全:指管理体制、人员配备、人员素质必须符合在制品管理工作的需要。尤其是每个分厂应设置专职的在制品管理人员,负责在制品的综合管理、监督、检查。要克服少数单位把半成品库视为轻工作,把老、弱、病、残职工安排到仓库。应当建立起一支有一定生产管理经验、身体好、素质高、有文化的仓库管理队伍。

（2）仓库设施健全:指各类半成品仓库有围墙、有库门、有门锁,符合仓库安全要求。

（3）制度健全:指原始记录制度、工票管理制度、在制品交接班制度、废品管理制度、返修品管理制度、半成品仓库管理制度、仓库岗位责任制度、原材料领发制度、在制品盘点制度等,必须做到有章可循,违章必究,浪费受罚,节约有奖的文明生产管理秩序。

（4）计量检测手段健全:指仓库内磅秤、标准箱、标准车等计量工具齐全。

（5）经济效益好、亏损费用少:指每个分厂和车间仓库的在制品亏损减少到本单位历史最好水平或同行业先进水平。

总而言之,在制品管理应做到科学化、正规化、标准化。要求达到各个半成品仓库所保管的产品不丢失、不混乱、不锈蚀、不碰伤,产品摆放整齐,清洁、卫生、安全,库内产品放有卡片,账、卡、物三项一致,符合现场定置管理的要求,给工序间送活要按照工票上的计划数与生产工人当面交接清楚,收支相符。半成品库要定期盘点,不虚报、不漏报,数字准确。仓库储备合理,产品衔接配套,确保生产有节拍地均衡生产。

在制品管理水平的高低反映出一个企业车间的管理素质和经济效益。因而需要不断完善与提高以适应生产的发展。洛阳轴承厂球轴承车间按照以下4个方面的途径实现在制品的优化管理。

（1）领导重视:领导是指分厂和车间的各级领导,必须对在制品管理有足够的重视,要教育车间职工树立当家理财思想,对工作中存在的问题,要采取措施抓紧解决,下决心切实抓好在制品管理。

（2）要强化车间内部控制手段:在车间内要运用统计监督、成本监督、生产计划监督、内部审计监督对每个班组的在制品管理现状、制度建设、管理秩序、损失情况进行有效的、定期的监督检查。要发挥每个专业管理的职能作用,经常分析工作中存在的问题,帮助各个班组进一步完善在制品的优化管理。同时表扬先进,总结经验,在全车间推广,促使实现优化管理的新局面。在检查中可以单独按专业进行,也可以组成联合调查组协同工作,实行一条龙检查法,即从本单位的第一道工序开始,逐仓库、逐工序进行,直至最后一道工序。这样可以发现在制品在流动周转过程中的漏洞,特别是发现是否数字准确,可以防止弄虚作假现象的发生。

（3）培养一支热爱仓库管理工作、身体好、素质高、有文化、有生产管理经验的仓库管理队伍。要逐步使他们树立当家理财做主人翁的好思想。同时对于不适合在仓库工作的人要及时更换。

（4）实行仓库管理与经济效益挂钩的奖惩制度,做到严格考核,奖罚分明。对于库管工、搬运工、生产工人、班组等实行一条龙考核,共同为实现在制品的优优管理,为提高企业经济效益贡献力量。

**训练2**:结合案例2谈谈对"车间定额发料"的看法。

**【案例2】**××紧固件制造有限公司落料车间补料

2010年3月,××紧固件制造有限公司发现落料车间有两个订单使用物料1 400 kg。经过调查,落料车间在2009年11月28日生产时,将两种规格的物料混放导致落料时出错,落料车间开出《补料单》到拉丝车间进行补料生产，拉丝车间在无任何权责人员签字的情况下补料1 400 kg。据统计，仅2009年全年的原材料补料质量就高达17万kg，损失金额高达95万元之多。

**训练3**：组织参观生产企业车间现场，了解车间物料管理和物流控制工作情况，了解车间物料管理制度和管理工具，并编制调查报告。

## 模块小结

车间物料管理和物流控制包括车间物料消耗定额、车间物料现场管理和控制、在制品管理、库房管理和现场物料搬运等内容。车间物料管理和物流控制水平的高低反映出一个企业车间的管理素质和经济效益。本章主要介绍了车间物资的构成和消耗定额、车间物料管理工作要点、车间在制品管理和库房管理、车间物料搬动等。

## 模块九

# 车间安全生产

  **知识目标**

- 了解安全管理的意义和内容
- 了解劳动保护的概念、任务和内容
- 了解安全生产方针
- 了解车间安全生产组织和规章制度
- 了解车间班组安全管理工具

  **技能目标**

- 掌握安全管理的内容
- 掌握劳动管理的内容
- 掌握车间安全生产管理措施
- 掌握车间安全技术措施计划
- 掌握车间班组安全管理工具

  **模块任务**

任务一　安全生产管理认知
任务二　车间安全生产管理
任务三　车间班组安全管理工具

  **任务解析**

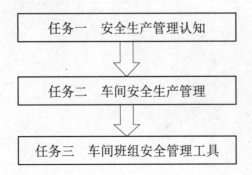

案例导入
视野拓展
知识链接
课堂讨论
案例分析
拓展训练
模块小结

## 某炼油厂催化三车间安全管理

某炼油厂催化三车间是由两套联合装置组成的生产车间。为维护安全生产，提高炼油厂的经济效益，车间领导班子从提高管理水平着手，加强培养职工的责任性、自觉性和班组自我管理的能力，坚持高标准、严要求，从严管理、细化管理、加强考核，建立行之有效的安全生产管理体系。催化三车间在安全生产工作中取得了可喜的成绩，积累了丰富的经验。

**1. 领导重视抓安全**

（1）建立健全安全生产组织管理体系。围绕安全工作，车间制订了安全生产方针：安全第一、预防为主、全员动手、综合治理；安全生产目标：三个为零、一个减少，即重大人身伤亡事故为零、重大生产设备事故为零、重大火灾爆炸事故为零，减少一般事故发生。加强对职工的责任性、自觉性教育，培养班组自我管理的工作能力，形成了安全生产人人有责的氛围。在学习提高认识的基础上，建立了安全生产组织管理体系，做到"二主、四尽、三坚持"，即主要领导亲自抓，分管领导具体抓，安全生产谁主管谁负责；对安全生产工作尽职、尽心、尽责、尽力；在任何时候、任何地方都坚持"安全第一，预防为主"的方针。坚持安全工作高标准、严要求，从严管理、从严考核，坚持党、政、工、团齐抓共管的综合治理的工作作风。

（2）抓好全员安全教育、宣传活动。搞好安全教育是安全管理工作的重点，为了确保安全生产，车间组织职工学习各类安全生产规章制度。坚持"四不放过"原则，促进全员素质的不断提高，由"要我安全"过渡到"我要安全""我会安全"，从而完成了由量变到质变的过程，使车间安全工作有了质的飞跃。安全生产是一项长期基础工作，定期开展各项安全活动是增强职工安全意识的有效途径。催化三车间根据炼油厂安全生产工作的实际情况，开展了形式多样的宣传活动，如"安全宣传月"活动、"安全生产周"活动和"119"消防宣传日活动等。另外，车间注重加强季节性工作宣传教育，如防台防汛、防暑降温、防冻防凝等工作宣传。对每一次活动、每一项工作做到有组织落实、有活动落实、有计划、有内容、有总结，警钟长鸣、居安思危。

**2. 明确责任抓落实**

（1）建立健全安全生产管理制度。车间领导班子在繁忙紧张的工作中，不忘安全工作。组织力量，完善和健全各项规章制度、安全操作规程；修订安全生产责任制及安全生产责任制考核条例，做到"一岗一考核制"；同时，组织全体职工对安全责任制学习并进行考试，强化全体职工的安全意识。健全全员安全生产责任制管理机制，使安全管理做到"四个有"，即人人有职责、事事有标准、处处有督促、时时有检查。抓好"四个环节"，即强化思想意识环节、现场动态管理环节、重点区域监控环节、事故隐患整治环节。把安全管理趋向制度化、规范化、标准化，确保各级安全生产责任制全面落实到位，逐步形成了综合安全管理的新格局和自我完善、自我约束、各负其责的良好局面，提高车间安全管理水平，确保年度安全管理目标顺利实现。

（2）明确各级安全职责。安全生产责任制是岗位责任制的一个重要组成部分，是安全生产管理中最基本的一项制度。安全生产责任制是根据"管生产必须管安全""安全生产,人人有责"的原则和经济责任制紧密挂钩的。有了安全生产责任制,可与每个人的利益、荣辱联系起来,从而增强了全员安全生产责任心,使安全管理、安全生产纵向到底、横向到边,做到责任明确、群管成网、奖罚分明,从不同的角度,人人努力,做好安全生产。

**3. 强化意识抓管理**

(1) 抓好生产现场安全管理。加强对设备设施的管理,制订各项规章制度,确保设备设施安全可靠,处于良好备用状态。加强对检测仪、便携式报警仪的管理和日常维护保养,各类器具由岗位负责、班长检查、车间日常抽查相结合的管理方法,确保仪器完好,处于正常工作状态。生产现场安全管理涉及面广,内容多。所以安全工作要时时提,要求全体职工从思想上重视,行动上落实。

(2) 抓好安全设施的配置和管理。多年来,炼油厂坚持所有新建、扩建、改建的工程项目,从设计、施工、审查验收投用到安全环保项目、措施都与主体工程同时设计、施工、审查验收投用。根据催化三车间的生产工艺特性,在设计施工中采用了固定式可燃气体报警仪84台,固定式硫化氢报警仪12台。为了确保各类报警仪器处于正常工作状态,制订了严格的规章制度,规定了停用、抢修的具体操作法及审验手续;同时要求现场操作人员对其加强检查,仪表、计量、安全等有关科室,对各类报警仪器实施抽查校验。

(3) 抓好班组安全学习管理。抓班组安全学习,是提高全体职工安全意识的关键。对于安全生产的认识从宣传教育上,要横向到边、纵向到底。在班组安全活动的内容和形式上要"新""活""趣"。班组安全活动的内容一般在活动前就要准备好,收集好有关信息、资料,如学习安全生产知识、分析事故预案、查找身边的危险因素及制订防范措施、提出安全合理化建议、反事故演练、交流巡检经验体会等。在安排活动时注意两个问题:一是内容要有系统性,保持前后内容的连贯,使职工通过安全活动对安全管理、事故预防等知识有一个全面系统地了解;二是结合班组日常工作,针对现状,从解决实际问题出发,使内容紧扣身边的人和事,保持内容的灵活性。同时开展班组安全活动要新颖、新奇,车间结合实际,摸索出一些有新意、有趣味的安全活动方式,常规上车间安全活动一般采取以下五种形式:讲授式、讨论式、答辩式或笔试式、事故演练或安全预分析式、班组间安全竞赛活动。总之,各种方法的采用要立足车间实际情况,灵活掌握。

(4) 抓好安全监督管理、强化考核。加强安全监督,是确保安全生产的关键工作。车间建立了日检查、周检查、月检查、季节性检查等台账,注意安全检查要查思想、查制度、查机械设备、查设备安全、查安全教育培训、查操作纪律、查工艺纪律、查巡线挂牌、查劳动保护、查消防设施、查隐患、查事故苗子、查漏点等。对检查出来的问题和隐患,应进行登记建立台账,同时作为整改备查的依据,整改结束后,由专人进行复查,确认整改合格后,在台账上销号。为了确保安全生产责任制能始终如一地贯彻执行,制订了与经济责任制紧密相扣的规章制度。每季度评选出各类明星,有安全明星、技术明星、管理明星、操作明星、节能明星、环保明星等,以此促进全员"比、学、赶、帮、超"的良好学习风气。在安全生产上,严格按规章制度办事,对做出重大贡献的人员进行重奖。同时车间对违章人员不仅给予严肃的批评教育,谈认识、写检查,还要与经济责任制挂钩,对其进行经济处罚。

**4. 抓技术培训保安全**

催化三车间装置新而多,工艺技术先进,要确保安全生产及检修时的开停工工作,必须强化技术培训,才能保证熟练地操作。车间领导班子十分重视教培工作,一方面组织技术人员进行技术指导,另一方面,加强科学管理,组织职工相互学习交流,进行每月一次的岗位考试,并与经济责任制挂钩。车间特别重视加强对事故预案的学习,目的是提高职工正确迅速地处理各类事故的能力。在车间领导倡导下,职工中已经形成勤学安全技术、业务知识的氛围。为了提高处理事故的能力,车间组织班组人员加强对事故预案的学习,以达到对各类事故认识上能举一反三,提高了突发事故应变能力,增加了安全生产保障系数。

车间是企业组织生产、保护职工在生产过程中的安全与健康的直接场所,更是企业在保护安全的前提下,获得高质量产品、更好经济效益的阵地。安全管理工作就是为了预防和消除生产过程中的工伤事故、工业中毒与职业病、燃烧与爆炸等所采取的一系列组织与技术措施的综合性工作。

组织学生对导入案例进行分组讨论,安排各小组收集资料并做报告,最后在教师指导下进行综合评价。案例分析讨论重点使学生进一步理解安全管理的内容,理解劳动保护的概念和内容、理解车间安全生产管理措施、理解车间安全技术措施计划、理解车间班组安全管理工具等知识,并对车间和班组安全生产管理的典型案例有一定的认知和分析能力,在案例分析中同时培养学生的团队合作精神。

# 任务一  安全生产管理认知

➢ **任务提示**:本任务将引领你明确安全生产管理的内容、劳动保护和安全生产等。

➢ **任务先行**:安全生产管理工作的主要内容有哪些?什么叫劳动保护?劳动保护包括哪些基本内容?劳动保护的任务是什么?什么是安全生产方针?什么是现代科学安全管理?

安全生产十大
禁令安全教育

> 视野拓展

### 白国周班组安全管理法的实际运用

中平能化集团七星公司开拓四队班长白国周在生产过程中,严格落实安全生产的各项制度,不断探索班组安全管理的新方法。他先后总结提炼了理念引领法、班前礼仪法、指令处理法、"三必谈"身心调适法、手指口述交班法、互助联保法、"三不少"隐患排查法、"三快三勤"现场管理法、亲情和谐法等"班组安全管理九法",并坚持把这些管理方法运用到生产实践中去,创造了22年没有出现任何安全事故的奇迹。

**1. 理念引领法**

理念引领法主要包括提炼理念、宣灌理念、践行理念。

提炼理念:倡导工友每人提炼自己的安全理念,粘贴在全家福下面。

宣灌理念:利用班前会、班后会时间,采取看电视、读书读报等形式,组织工友学习安全知识,灌输安全理念,加强安全教育;运用事故案例进行警示教育,组织工友讨论,使大家时刻绷紧安全弦。

践行理念:牢记并践行安全理念,使每个人的安全理念成为自己安全行为的准则和目标追求，内化于心，外化于行。

**2. 班前礼仪法**

班前礼仪主要内容包括以下几项。

（1）值班领导点名，安排布置工作。

（2）班长讲评当班安全生产注意事项。

（3）职工对有关工作和注意事项进行点评。

（4）班长带领大家进行安全宣誓。

（5）更衣后，班长带队，集体下井。

**3. 指令处理法**

指令处理法主要包括指令、处理、督查。

指令：班组人员集体到达工作面手指口述接班后，班长先进行隐患排查，发现问题用粉笔写在明显的地方，给这里工作的工友发出指令。

处理：工友到岗后，先看班长的指令，并按要求进行处理，处理完毕后擦掉指令，开始工作。

督查：坚持在工作中巡回检查，逐一检查指令执行情况，若发现新的隐患，指令专人及时处理。

**4. "三必谈"身心调适法**

"三必谈"即发现情绪不正常的人必谈、对受到批评的人必谈、每月必须召开一次谈心会。

发现情绪不正常的人必谈：注重观察工友在工作中的思想情绪，发现情绪不正常、急躁、精力不集中或神情恍惚等问题的，及时谈心交流，弄清原因，因势利导，帮助解决困难和思想问题，消除急躁和消极情绪，使其保持良好的心态投入工作，提高安全生产的注意力。

对受到批评的人必谈：对受到批评或处罚的人，单独与其谈心，讲明批评或处罚的原因，消除其抵触情绪。

每月必须召开一次谈心会：坚持每月至少召开一次谈心会。工友聚在一起，畅所欲言，共享安全工作经验，反思存在的问题和不足，相互学习、相互促进、取长补短、共同提高。

**5. 手指口述交班法**

当班工作结束时，班长要向下一班班长进行手指口述交接班，将当班任务完成情况、未处理完的隐患和需要注意的问题向下一班班长交代清楚。

特殊工种岗位上的职工也要向下一班接班的职工进行手指口述交接班，未处理完的问题要口传口、手交手，详细地交代给对方，待对方同意并接班后方可离岗，随当班人员一起集体升井。

**6. 互助联保法**

互助联保法主要包括集体上下班、相互观察、师徒连带。

集体上下班：入井、升井时，由班长举旗带队，全班人员列队到达工作面或升井到达地面，避免个人单独入井、升井时发生违章行为。

相互观察：针对施工过程中出现动态安全隐患的实际，要求全班每个人都能做到既是施工者，又是安检员，时刻注意观察工友身边的工作环境，并能做到相互提醒、相互帮忙、互助联保。

师徒连带：班里新工人拜老工人为师，签订师徒合同，结成一帮一对子。在工作中，老工人带领新工人下井，传授相关安全技能，并对新工人进行帮助和约束。出现违章，师徒共同受到处罚；没有违章，且师傅所带新工人业务水平有明显提高的，对师傅进行奖励。

班里的人虽然都被白国周不留情面地批评过，却没有一个工友记恨他，更没有人因为挨了训跟他对着干。一提起班长白国周，班里的工友个个都很佩服、感激他。一位工友说："一个班里的工友就是亲兄弟，在井下，我们不仅要自保，更要互保、联保，在安全生产上如果班长不严、不管、不问，那才是对我们不负责任。"

**7. "三不少"隐患排查法**

"三不少"即班前检查不能少、班中排查不能少、班后复查不能少。

班前检查不能少：坚持接班前，对工作环境及各个环节、设备依次认真检查，排查现场隐患，确认上一班遗留问题，并指定专人进行整改。

班中排查不能少：坚持每班对各个工作地点进行巡回检查，重点排查在岗职工精神状况、班前隐患整改情况和生产过程中的动态隐患。

班后复查不能少：当班工作结束后，对安排工作进行详细复查，重点复查工程质量和隐患整改情况，发现问题及时组织处理，处理不了的现场向下一班职工交代清楚，并及时汇报。

**8. "三快三勤"现场管理法**

"三快"即嘴快、腿快、手快。

嘴快：安排工作说到、说详、说细、说清、说明，发现工作不到位或哪里容易出现问题就及时提醒。

腿快：认真落实"三不少"制度，对班组所管的范围，不厌其烦地巡回检查，每个环节、每台设备都及时检查到位。

手快：无论到哪个地方，发现隐患和问题，现场能处理的当即处理，处理不了的及时汇报。

"三勤"即勤动脑、勤汇报、勤沟通。

勤动脑：结合生产现场实际，对遇到的困难和问题，勤动脑、勤思考，并灵活运用各种方法，迅速组织处理。

勤汇报：对发现的隐患和问题，尤其是有可能影响下一班安全生产和工程进度的，及时向上级汇报，使上级在第一时间能掌握生产一线的工作动态，合理分工，科学调度，统筹安排。

勤沟通：经常与队领导沟通，了解队里的措施要求；与上一班和下一班人员沟通，了解施工进度和施工过程中存在的问题；经常与工友沟通，掌握工友工作和生活情况。

**9. 亲情和谐法**

亲情和谐法主要包括亲情、文明、民主、和谐。

亲情：准确掌握班里每个工友的家庭详细情况。工友过生日，组织大家一起去庆贺；谁家有困难，组织大家一起去看望；工友心里有解不开的疙瘩，组织大家一起去开导；逢年过节，工友都带着家人一起聚会、一起热闹。

文明：针对井下职工习惯性说脏话、开玩笑过火等不文明现象，要求班组成员做文明人、行文明事、上文明岗，避免因伤和气影响团结，避免因不良情绪影响安全生产。

民主：分配工资时，广泛征求工友的意见，根据生产任务、安全状况、工程质量、文明生产等日常考核情况进行分配，并找几名班组成员全程监督。

和谐：工友在工作中偶犯错误，不乱发脾气、生硬批评，而是循循善诱，因人施教，耐心指出问题的根源；遇到问题时，不自作主张，和工友一起协商解决。

> 知识链接

## 一、安全生产管理概述

**1. 安全生产管理的内容**

企业的安全生产管理工作，主要有以下内容。

（1）认真贯彻执行有关劳动保护和安全生产的方针政策，以及其他有关的政府法令和制度。安全生产是党和国家领导生产建设事业的一贯方针，应该注意以下几点。

① 安全生产是与广大职工密切相关的工作，因此必须依靠职工，使之建立在广泛的群众基础上，安全生产才有保证。

② 要求安全工作必须树立预防为主的思想，尽量杜绝各类事故的发生。

③ 安全工作是一项经常的、长期的、艰苦细致的工作，只有认真搞好，才能保证生产的正常进行。

④ 要不断地学习有关安全的科学知识，掌握安全生产的主动权。

劳动保护是安全生产的需要，企业必须采取各种有效措施，保护劳动者在生产中的安全与健康，以促进生产建设的发展。

（2）制订安全生产制度或安全操作规程。在企业中实行的安全生产责任制，是把安全和生产从组织领导上统一起来，把"管生产必须管安全"的原则从制度上固定下来。安全生产责任制是安全管理的一项基本制度，主要指企业的各级生产领导、职能部门和个人对安全生产工作应负的责任的规定，它是企业的重要制度之一。

（3）开展安全生产教育工作。教育职工提高对安全生产的认识，学习安全知识，不断提高生产技术水平，防止在生产过程中发生人身及设备事故，实现企业安全生产。教育的主要内容，是进行生产技术知识教育和遵守安全生产规章制度教育。教育的主要方式和方法有三级教育，即厂级、车间级和班组级教育，对某些特殊工种的专门训练和安全技术教育，此外还有对各级生产管理人员的培训及经常的安全教育等。

（4）安全生产检查工作和编制、审查安全技术措施计划。安全生产检查工作，是推动安全生产的一项重要方法，通过检查，及时发现问题，采取有力措施，消除隐患，防止事故的发生。

安全技术劳动保护措施计划，其内容包括：① 安全技术方面的措施；② 工业卫生方面的措施；③ 辅助房屋的设施；④ 安全生产教育方面的措施等。要实现这一计划，各项措施应有专人负责，不但要规定实现的时间，还要定期检查。

（5）参加企业因工伤亡事故的统计报告与调查分析处理。伤亡事故，按损伤程度的不同，有轻伤事故、重伤事故、死亡事故。企业发生伤亡事故后，应该及时统计上报。还要根据伤亡事故调查情况，找出事故发生的原因，查明责任，从中吸取教训，积极地采取措施，防止类似事故的再发生。

（6）审查设计和基建工程项目是否符合安全生产和防火防爆的要求。为了切实地做好安全管理工作，无论是企业的领导部门，还是车间的班组、工段，都应有专人负责安全工作。

**2. 现代科学安全管理**

企业安全管理的方法，一是传统安全管理方法；二是现代科学安全管理方法。传统安全管理虽然存在一定的缺陷，有的已不能适应现代生产建设的需要，但传统安全管理在长期的安全实践中，积累了许多宝贵的经验和方法，大量的数据、规定和资料，是用血的代价换来的。例如，目前实行的"三同时""五同时""三级教育""三不放过"等，都是进行安全管理行之有效的方法，必须坚持与巩固。现代科学安全管理主要是应用系统工程进行系统安全管理，它是一门综合性很强的交叉科学。应用系统工程就是从系统的总体出发，全面地观察和解决问题，也就是从整体上搞好系统安全管理，同时对具体的问题进行深入的系统安全分析，把两者统一起来，应用系统工程的方法分析、评价，并控制机器、设备、环境系统可能发生的事故，调整工艺、设备、操作管理、生产周期和费用投资等因素，使系统发生的事故减少到最低限度，并达到最佳安全状态的一种科学方法。应该说现代安全管理是传统安全管理的总结和提高、继续和发展。因此，使传统安全管理与现代科学安全管理紧密地结合起来，才能发挥最好的作用，实现现代科学安全管理。

## 二、劳动保护与安全生产

**1. 劳动保护的任务**

我国的劳动保护是保护劳动者在生产过程中的安全与健康。因此，劳动保护部门在劳动保护方面的任务如下。

（1）监督检查各地、各部门和企业单位对安全生产方针、政策、法规的贯彻执行情况。

（2）拟订劳动保护方面的规定、条例、规程和安全卫生方面的技术标准。

（3）统计、分析职工伤亡事故，调查处理重大伤亡事故和职业病的问题。

（4）重点参加新建、扩建、改建企业工程项目的竣工验收。

（5）组织干部培训和开展劳动保护宣传教育工作。

（6）管理与分配劳动保护措施经费和科研经费。

（7）综合平衡与协调劳动保护科研和劳动安全卫生技术标准规则，担任组织鉴定，推广科研成果和技术标准。

（8）管理女工、未成年工的特殊保护，职工的工作时间和休假制度。

作为生产车间来说，就是要认真贯彻执行党和国家的安全生产方针、政策、条例、规定；建立健全各种规章制度；加强管理，采取各种措施保证安全生产，防止伤亡事故和职业病的发生。

**2. 安全生产方针**

党和国家的安全生产方针是："安全第一，预防为主。"这是我国劳动保护工作的指导方针，它具体体现了党和国家对劳动者的无比关怀，正确地反映了安全和生产的相互关系。因此，要求企业各级领导在生产建设中把安全与生产看作是一个完整的概念，做到管生产必须管安全。

安全生产方针要求在安全条件下进行生产，就必须树立"安全第一"思想，企业各级领导必须把安全工作放在首位，作为头等大事来抓。安全生产是全国一切经济部门和生产企业的头等大事。各企业的行政领导和各级工会都要十分重视安全生产，采取一切可能的措施，保障职工的安全，防止事故的发生，绝对不允许采取任何粗心大意、漫不经心的恶劣态度。

在生产中，发生某些确实不能预料和不能抵抗的不幸事故是难以完全避免的，但是这绝对不能成为任何职工对安全不负责任的借口。我们的社会主义国家和社会主义企业的神圣职责，就是要尽一切努力在生产劳动中避免一切可以避免的伤亡事故。一切重大事故，必须严肃处理，追究行政和法律责任，不得姑息宽容。在日常生产活动中，要认真贯彻执行"安全第一，预防为主"的方针，切实搞好安全生产。

### 3. 劳动保护的内容

劳动保护的具体内容由三部分组成，即劳动保护管理、安全技术、工业卫生。

1）劳动保护管理

劳动保护管理的主要内容包括劳动保护立法，对劳动保护法律、法规的贯彻实施，进行国家监督、行政管理、群众监督；职工录用、调动、辞退、工时和休假制度；女工和未成年工的特殊保护；职工伤亡事故的调查、登记、报告、统计分析制度；分析事故原因，掌握事故发生的规律，并有针对性地采取措施，防止事故重复发生；加强劳动方面的研究，各级领导在劳动保护方面的责任制度；安全生产责任制；安全生产监督、检查制度；安全技术操作规程和设备维护制度；劳动保护基金的提取、使用和原有企业劳动条件的改善；新建、改建、扩建及技术改造项目，其劳动保护措施与主体工程同时设计、同时施工、同时验收投产；个人防护用品和保健的发放与管理；劳动保护方面的宣传教育等。

2）安全技术

安全技术是为了防止职工在生产过程中发生事故，保证职工的生命安全，运用安全系统工程学的观点、方法，分析事故的原因，找出事故发生的规律，从而在技术上、设备上、组织制度上、教育上、个人防护上所采取的一系列措施。

安全技术主要有机器设备安全技术、电气设备安全技术、起重设备安全技术、焊接安全技术、锅炉压力容器安全技术、防水防爆安全技术、生产工艺过程安全技术、运输车辆安全技术等。详细内容请参阅有关专业书籍。

3）工业卫生（劳动卫生、生产卫生）

为保证职工的身体健康，防止职业病、职业中毒和职业危害，在技术上、安全上、法律上、组织制度上、医疗上所采取的一整套各种卫生预防和保健措施。

（1）搞好工业卫生的组织和技术措施。

① 严格贯彻执行《工厂安全卫生规程》《工业企业设计卫生标准》。

② 在新建、改建、扩建、技术革新项目中，把预防各种生产性有害因素的技术措施与主体工程同时设计、同时施工、同时验收投产，从根本上消除或减少生产性有害因素。

③ 现场防护。包括改进工艺，使有害因素不产生或少产生，也包括用无毒物质代替有毒或剧毒物质的生产过程；实现机械化、自动化、密闭化，防止有害物质外溢，减少工人与有害物质接触；采用新技术如电泳涂漆、静电喷漆、工业机器人代替人工喷漆等。有害粉尘作业场所采用湿式作业；加强生产过程中的防护，包括加强通风防护，排出或稀释车间有害性粉尘、烟雾和气体，隔离有害因素。加强工业卫生、职业病的宣传教育，建立安全生产制度。

④ 个人防护。根据生产的特点，配备个人防护用品，如防毒面具、防护手套、防毒口罩、眼镜等，防止有害物质进入人体。

（2）卫生保健措施。

① 合理发给保健和饮料，以增加营养、增强体质。

② 定期对生产环境有害物质的浓度进行测定，一旦超标，及时采取措施进行治理。

③ 对接触有害物质作业的工人，定期检查身体，发现禁忌病症，不应参加有害物质的工作。除此之外，对噪声、振动、高温和紫外线等物理因素也应采取防护。

> **课堂讨论**

上网或到企业车间搜集资料，调研地区骨干企业安全生产管理现状并写出报告，进行课堂分组讨论并进行评价测试：你是否已认知安全生产管理？

## 任务二　车间安全生产管理

> **任务提示**：本任务将引领你明确车间安全生产规章制度、安全生产措施等。
> **任务先行**：车间安全生产规章制度有哪些？车间安全管理措施有哪些？安全技术措施计划内容是什么？

> **视野拓展**

### 南通星维油泵油嘴有限公司装配车间安全生产管理

新员工三级教育厂级安全生产教育

**1. 全面安排车间生产工作，安全第一**

车间各级管理人员要坚持"管生产必须管安全"的原则，生产要服从安全的需要，实现安全生产和文明生产。为了提高生产安全，以可靠性指标管理为内容，确定设备生产可靠性目标值，春秋季安全大检查工作中的预试、设备检修、设备的大修和技术改造、基建工作中设备的停运必须相互协调、统一安排，设备的停电检修和校验、线路的大修必须协调。要根据全年的工作量，分解可靠性指标，列出全年的工作计划，再合理地安排春秋检查的工作计划。要避免设备的非计划停运和设备的重复停电。只有加强计划管理，以刚性的计划为手段，严格按计划开展工作，才能提高我们的可靠性管理水平，达到追求最佳实践，追求卓越目标的目的。

**2. 提高员工责任感、实行安全考评制度**

车间必须加强对职工安全生产教育，制订安全生产实施细则和操作规程。实施安全生产监督检查，贯彻执行安委会的各项安全指令，确保生产安全。车间要加强安全生产管理，提高员工的安全生产责任感和可靠性。抓好措施落实，规范人员行为，养成良好的安全习惯，提高技能素质，严防责任事故，确保人身安全，实现安全生产的长治久安。实行安全考评，是最有效的安全管理方法，根据车间实际情况可制订《员工考评考绩办法》，实行岗位责任制。这种办法会避免种种不合理、不合人性的误区，使安全管理走向规范和成熟。

**3. 以人为本的安全生产管理**

人本特色的安全管理，要求严格控制忽视安全的生产，防止各种意外事故发生，在优化生产要素、优化投入产出结构的同时，合理安排生产时间，调整合理的作息制度。特别是在降低生产成本、提高经济效益的利益驱使下，更要以人为本，工作制度人性化，只有这样才能避免员工疲劳生产，从而达到安全生产的目的。

**4. 提高对突发事件预警、预防和应急处置能力**

现场管理是当前车间关注的焦点，对促进安全生产、消除管理失误，防止事故发生，加强安全文化建设，树立企业形象，推动安全工作发展起到重要作用。认真分析生产线出现的新的安全问题，研究制订相应的事故防范和应急处理措施，有针对性地开展安全演练，有效防止大的安全事故的发生。车间要依靠大修、技改资金，加强设备治理，积极改造老旧设备，提高设备科技含量和健康水平。加强技术监督网的活动，及时了解设备健康状况，了解技术管理动态；要提高技术监督手段，充实检测设备，提高装备水平，改变技术监督模式，从检查监督转变为检测监督，充分发挥技术监督"预防为主"的防范作用，确保安全措施得到有效落实，并取得实效。结合生产运行中的实际，认真梳理、总结和反馈有关标准制度在现场执行中存在的问题，形成持续改进、完善、提高的生产线管理良性循环；不断完善生产管理技术标准体系，确保生产质量。加强设备运行管理，认真落实设备运行规范和巡视管理规定，深入排查、及时发现和消除设备缺陷及隐患。

### 5. 加强人员安全知识培训

高度重视生产信息管理系统的推广和应用工作，加强组织领导，加强人员培训。基本做法是：提高人的素养，把"人管与管人"结合起来。每个员工，既是管理者又是被管理者，要管理别人，首先要管好自己，时刻提醒安全生产是每一位员工的神圣使命。引导员工加强安全意识，定期开办安全生产培训班，聘请专业人员对安全生产知识进行讲解和培训。使员工在实际操作中始终把安全问题放在第一位。同时提高安全生产责任感。做到全员一年培训一轮。人均受训机会在 3 次以上。受训时间人均达到 40 个小时。每一位员工都是企业的主人，都有义务为企业生产安全负责。

### 6. 提高职工综合素质

为提高生产安全，必须对员工进行技术培训和素质教育。只有员工技术熟练了，才能避免因操作失误而带来的安全隐患。以立足本职、岗位培训为主，加强职工的"三熟""三能"培训，造就一批技术功底硬、综合素质高的基层班组技术队伍。要加大技术培训的激励，不但要在物质方面重奖，而且要在精神方面给予奖励。使员工自觉遵守职业道德，不断更新专业知识，努力提高技术水平和工作质量，更好地发挥员工的主人翁作用。

▷ 知识链接

## 一、车间安全生产组织

车间是企业组织生产、保护职工在生产过程中的安全与健康的直接场所，更是企业在保护安全的前提下，获得高质量产品、更好经济效益的阵地。因此，劳动保护是车间管理的经济性和重要的工作，必须有健全的组织机构。车间主任要对车间安全生产全面负责，此外，必须有一名副主任兼管这方面的工作。根据车间人数的多少、安全生产性质，配备专职或兼职安全技术人员，业务上直接受分厂或厂安全技术部门的领导，班组也要设置兼职的安全员，这样，形成车间的安全信息反馈网络系统。

## 二、车间安全生产规章制度

### 1. 建立、健全安全生产责任制

为了保证职工的安全与健康，党和国家颁布了一系列劳动规程、法规和制度，车间除应认真贯彻执行外，还要结合车间具体情况，制订相应的安全生产责任制，这样从组织上、制度上保证安全生产方针的贯彻执行，从而保证安全生产的顺利进行。

安全生产责任制是车间劳动保护规章制度的核心，是车间现代化管理的客观要求和重要内容。有了这个制度，才能使安全生产、劳动保护工作层层有人负责，处处讲安全，事事有人管。首先要制订车间主任、安全员、班组长、岗位人员的安全责任制，明确各级人员在安全生产中的职责、权利、工作标准。

**2. 建立、健全安全技术规程和规章制度**

随着现代科学技术的发展和应用，按照车间的生产工艺流程、工种操作岗位，建立安全技术操作规程和安全生产的规章制度，是劳动保护、实现安全生产、文明生产管理工作的重要内容，也是科学管理不可或缺的重要组成部分。车间应建立以下规章制度、规程。

（1）安全生产教育制度。
（2）监督检查制度。
（3）伤亡事故报告、调查、处理制度。
（4）加班加点审批制度。
（5）劳保用品、保健品发放制度。
（6）危险作业审批制度。
（7）卫生保健制度。
（8）安全技术操作规程。
（9）设备维护保养检修规程。
（10）安全生产责任制度。
（11）安全生产奖惩制度。
（12）易燃、易爆危险品与剧毒物品管理制度。
（13）其他特殊安全制度。

工业企业生产安全
警示教育片

## 三、车间安全生产措施

**1. 加强职工的安全教育**

只有加强职工的安全教育，提高干部和工人的安全素质，才能不断提高劳动保护的管理水平，在当前新工人不断增多的情况下尤为重要。

安全教育主要是三个方面的教育，即安全知识教育、安全技能教育、安全态度教育。

1）安全知识教育

为使操作工人适应作业环境，首先应进行安全知识教育。进行安全知识教育的方法有以下几种。

（1）请有关人员进行安全知识教育。
（2）采用各种形式，如宣传画、电视录像、知识竞赛、黑板报等对职工进行教育。
（3）对班组长等直接指挥者进行安全知识教育。
（4）对新工人进行三级安全知识教育。

安全知识教育一般按厂级教育、车间级教育、班组级和现场教育三级进行。

厂级安全教育，时间不少于 1 天，内容包括国家有关安全知识法规；本企业生产特点及注意事项；一般安全知识和守则。

车间级安全教育，时间不少于 2 天，内容包括车间生产特点和注意事项；安全生产规章制度和安全技术规程；车间历年发生的事故教训。

班组级和现场安全教育，时间不少于 3 天，内容包括岗位操作规程及安全责任制；岗位与事故案例及预防事故的措施；安全装置与器具、个人防护用品的使用及注意事项等。

经过学习，考试合格，方可分配工作，新工人到岗位后，还应由师傅带领才能上岗操作。

2）安全技能教育

安全技能教育与安全知识教育有所不同。安全知识教育是"知道了"的教育，而安全技能教育是把"知道了"的东西运用到实践中去，取得安全效果的教育。对操作者来说，安全技能必须通过实践，反复多次地进行同样动作，在人们的生理机能上形成条件反射来完成新规定动作。这种教育必须是由第一线具有优秀技能的人进行。

3）安全态度教育

安全态度教育，是把那些虽然知道，但不按规定要求去做的人教育成既知道、又按规定去做的新人。最终既达到安全效果，又能按质、按量、按时完成生产任务。安全态度教育的方法如下。

了解被检查人的性格，选择适用的方法进行安全态度教育。调查了解情况，当操作者进行错误行动时，要进行详细的调查和了解，并且在此基础上抓住关键，指出正确的操作。耐心说服教育。亲自示范，确定标准。制订模式，共同遵守。确定奖惩，按规定、标准评比，好的给予奖励，对屡教不改的给予经济处罚。

**2. 加强安全生产、工业卫生检查**

安全生产和工业卫生检查，主要是查思想认识，查规章制度，查设备隐患，查安全管理。坚持边查边改的原则。做到对查出的问题（事故隐患）"三定四不准"。"三定"即定人员、定措施、定时间；"四不准"即班组能解决的不准推给车间，车间能解决的不准推给分厂，分厂能解决的不准推给总厂，总厂能解决的不准推给上级主管部门。对重大隐患暂时不能解决的，要定出可靠的防范措施，设立标志。

检查的方法包括全面安全检查、专业检查、节假日检查、平时巡回检查。进行安全检查必须做到领导与群众相结合，自查与互查相结合，检查和整改相结合，教育与处罚相结合，防止图形式、走过场。

**3. 做好工伤事故的调查处理工作**

工伤事故是指职工在生产过程中发生的伤亡（包括急性中毒事故）或不在生产和工作岗位，却由于企业设备或劳动条件不良而引起的职工伤亡。伤亡事故的分类：一类是因工伤亡；另一类是非因工伤亡。工伤事故按损害原因分类可分为 22 种；按生产管理原因分类又可分 11 种；按严重程度分类可分为轻伤事故、重伤事故、死亡事故、多人事故 4 种。凡发生人身事故，职工休息一个工作日的，都要进行事故分析，拟定改进措施，指定专人限期整改。对每件事故都要采取"三不放过"的原则。

对于生产事故要坚决贯彻"安全第一，预防为主"的方针。一旦事故发生应按事故管理条例进行处理。

## 四、安全技术劳动保护措施计划

安全技术劳动保护措施计划是有计划地改善劳动条件的重要措施。对新建工程（包括引进项目）要认真做好"三同时"。对老企业来说，为了有计划地改善劳动条件，要更好地编制安全技术措施计划（简称安措）。

**1. 计划内容**

根据国家劳动部门等的要求，凡为改善企业劳动条件（主要指影响安全和健康的），防止伤亡事故和职业病为目的的一切技术措施均属安全技术劳动保护措施计划范围。其大体可分为以下 4 类。

（1）安全技术措施。以防止工伤事故为目的的一切措施，如防护装置、信号装置及各种安全防爆、防水、防火设施等。

（2）工业卫生技术措施。以改善有害职工身体健康的生活环境，防止职业病为目的的一切措施，如防尘、防毒、防噪声、防震及通风降温、除湿、防寒等。

（3）辅助房屋及设施。有关保证生产、卫生方面而必需的房屋及一切措施，如淋浴室、更衣室、妇女卫生室，但集体福利设施如公共食堂、公共浴室、托儿所等不在内。

（4）宣传教育。安全技术教材、图书仪器、劳动保护教育室、安全教育训练班、安全技术展览室等需要的设施。安全技术劳动保护措施不要与改进生产的措施、大修理、福利设施、消防设施混在一起，否则就起不到应有的作用。

**2. 资金来源**

根据国家有关规定，要把改善劳动条件列入发展国民经济的长远规划和年度计划，企业每年应在"固定资产更新和技术改造资金"中安排 10%～20%，用于劳动保护措施，不得挪用。劳动条件差，危害职工安全、健康的企业，应优先保证劳动保护措施的需要。

▷ 课堂讨论

上网或到企业车间搜集资料，调研地区骨干企业车间安全管理情况并提出合理化建议，进行课堂分组讨论并进行评价测试：你是否已掌握车间安全管理？

## 任务三　车间班组安全管理工具

➤ **任务提示**：本任务将引领你明确车间班组安全管理工具等。

➤ **任务先行**：什么是安全标注？安全标志的种类有哪些？安全标志牌的设置要求是什么？什么是安全色？安全色分别有什么特性？安全色使用的注意事项是什么？什么是安全生产标语？安全生产标语的取舍应做到哪三要？什么是劳保用品？劳保用品有哪些种类？什么是班组安全活动？班组安全活动的步骤是什么？什么是安全联保制？班组联保的形式有哪些？班组安全联保应注意哪些事项？什么是安全生产确认制？安全生产确认制的内容是什么？什么是作业危害分析？作业危害分析的步骤是什么？什么是危险预知活动？危险预知活动的程序是什么？什么是岗位安全应急卡？如何编制岗位安全应急卡？

▷ 视野拓展

**南通集装箱运输有限公司"安全确认制"达标班组活动经验**

**1. 认真组织与宣传**

开展"安全确认制"达标班组工作是一项系统性、科学性、综合性工作，必须加强对"安全确认制"实施工作的组织领导，逐级成立"安全确认制"实施领导小组，形成保证体系，并制订总体实施规划，追踪"安全确认制"实施程度。把"重在创建、贵在坚持、严在管理、落在实处"的指导思想，以及"抓基层、打基础、抓管理、上水平"的工作思路始终贯穿在整个过程。同时，利用黑板报等形式宣传开展"安全确认制"的意义，组织员工学习培训考试等，使全体员工充分认识到开展"安全确认制"工作的重要性和必要性，掌握"安全确认制"的主要内容，形成浓厚氛围。

**2. 充分的准备工作**

编制"安全确认制"标准前，首先组织安全专业人员对主要生产作业岗位进行认真细致的调研。通过调研确定编制"安全确认制"标准的相关问题。如明确划分与界定车间各级职责和权限，实施作业工作票授权签发，安全操作规程、操作程序及动作标准与"安全确认制"标准的链接等。

**3. 标准要科学规范，消除习惯性违章意识**

制订"安全确认制"标准时避免套用现在的操作程序，甚至是习惯性错误操作，例如，车工在操作车床过程中车床发生故障，按正常程序车工应先向班长报告，班长向车间设备员报告，车间设备员安排维修班维修（下维修任务单），而实际情况是车工直接找维修工维修。这样，一旦在维修过程中出了伤害事故，责任很难确定（特别是领导责任）。如果不改变这种现状，"安全确认制"也就失去其作用。

**4. 注重强化训练，提高员工技能**

改变和规范操作者的作业行为、纠正习惯性错误操作是一项长期的工作，必须通过强化训练来完成。因此，要开展经常性的岗位"安全确认制"的演练、岗位练兵、反事故演习等，做到常抓不懈、持之以恒。要做到"三结合"，即班组岗位人员、车间技术人员、分厂级技术及管理人员相结合。

**5. 实现"安全确认制"与岗位作业标准接口工作**

开展"安全确认制"达标班组工作要紧密结合标准化工作，即岗位作业标准涵盖了操作者从事生产操作的全过程。为了保证岗位作业标准实施过程中人身、设备的安全可靠，必须将"安全确认制"工作纳入标准化的轨道。在制订各类操作岗位的作业标准时，把"安全确认制"的相关内容列入岗位作业标准的安全要求中，并单独列出"严格执行安全操作规程，实施'安全确认制'"的内容，完成"安全确认制"与岗位作业标准接口工作。

开展推行"安全确认制"达标班组的活动以来，南通集装箱股份有限公司安全生产管理成效显著，全年杜绝了死亡事故，千人死亡率、千人重伤率、千人负伤率均创历史新低，取得了明显的经济效益和社会效益。

## 知识链接

## 一、安全标志

**1. 概念解析**

安全标志是指由安全色、几何图形和图形符号构成的、用以表达特定安全信息的标记，其作用是引起人们对不安全因素的注意，预防发生事故。适用于工作场所安全标志的制作、设置。

**2. 实操运作**

1）安全标志的种类

安全标志分禁止标志、警告标志、命令标志和提示标志 4 大类。

（1）禁止标志。禁止标志是禁止或制止人们做某件事。禁止标志基本形式是带斜杠的圆边框。如图 9-1 所示。

（a）禁止吸烟　　　　　　　　　　　（b）禁止烟火
有丙类火灾危险物质的场所，如木工车间、　　有乙类火灾危险物质的场所，如面粉厂、煤
油漆车间、沥青车间、纺织厂、印染厂等　　　粉厂、焦化厂、施工工地等

图 9-1　禁止标志示例图

（2）警告标志。警告标志是提醒人们预防可能发生的危险。警告标志的基本形式是正三角形边框。如图 9-2 所示。

（a）当心触电　　　　　　　　　　　（b）当心机械伤人
有可能发生触电危险的电器设备和　　　　　易发生机械卷入、轧压、碾压、剪切
线路，如配电室、开关等　　　　　　　　　等机械伤害的作业地点

图 9-2　警告标志示例图

（3）命令标志。命令标志是必须遵守的意思，命令人们必须按要求做好某件事。命令标志的基本形式是圆形边框。如图 9-3 所示。

（a）必须戴安全帽　　　　　　　　　（b）必须戴防护手套
头部易受外力伤害的作业场所，如矿山、建　　易伤害手部的作业场所，如具有腐蚀、污染、
筑工地、伐木场、造船厂及起重吊装处等　　　灼烫、冰冻及触电等危险的作业地点

图 9-3　命令标志示例图

（4）提示标志。提示标志是为人们提供目标所在的位置与方向的信息。提示标志的基本形式是矩形边框。如图9-4所示。

（a）紧急出口
便于安全疏散的紧急出口处，与方向箭头结合设置在通向紧急出口的通道、楼梯口等处

（b）避险处
公路桥、矿井及隧道内躲避危险的地点

图9-4 提示标志示例图

2）安全标志牌

（1）安全标志牌的制作。安全标志牌的制作必须根据相关标准执行。安全标志牌都应自带衬底色，用其边框颜色的对比色将边框周围勾一窄边，即为安全标志的衬底色，但警告标志边框则用黄色勾边，衬底色最少宽2 mm，最多宽10 mm。有触电危险场所的安全标志牌，应当使用绝缘材料制作。

（2）安全标志牌型号的选用。安全标志牌根据尺寸大小可分为7种型号，1型最小，以此类推，7型最大。型号选用规定如下。

① 工地、工厂等的入口处设6型或7型。

② 车间入口处、厂区内和工地内设5型或6型。

③ 车间内设4型或5型。

④ 局部信息标志牌设1型、2型或3型。

在工厂内，当所设标志牌其观察距离不能覆盖全厂或全车间面积时，应多设几个标志牌。

（3）安全标志的设置场所。

① 作业场所：使用或放置有毒物质和可能产生其他职业病危害的作业场所。

② 设备：可能产生职业病危害的设备上或设备前方的醒目位置。

③ 产品外包装：可能产生职业病危害的化学品，放射性同位素和含放射性物质材料的产品外包装应设置醒目的警示标志和简要的中文警示说明。警示说明应载明产品特性、存在的有害因素、可能产生的危害后果、安全使用注意事项及应急救治措施等内容。

④ 储存场所：储存有毒物质和可能产生其他职业病危害的场所。

⑤ 发生职业病危害事故的现场。

（4）安全标志牌设置的高度。标志牌的设置高度，应尽量与人的视线的高度相一致。标志牌与人视角的夹角应接近90°。

（5）安全标志牌设置要求。

① 标志牌应设在相关安全部位，并确保醒目。环境信息标志宜设在相关场所的入口处和醒目处；局部信息标志应设在所涉及的相关危险地点或设备（部件）附近的醒目处。

② 标志牌不应设在门、窗、架等可移动的物体上；标志牌前不得放置妨碍认读的障碍物。

③ 标志牌应设置在明亮的环境中。

④ 多个标志牌一起设置时，应按警告、禁止、指令、提示的顺序，先左后右、先上后下地排列。

⑤ 标志牌的固定方式分为附着式、悬挂式和柱式3种。无论使用哪一种方式,其设置都应确保牢固、稳定。

**要点提示:**

安全标志牌每年至少检查一次,如发现有破损变形、褪色等不符合要求时应及时修整或更换。

## 二、安全色

**1. 概念解析**

安全色就是根据颜色引发人们不同的感受而确定的。安全色是表达"禁止""警告""指令""提示"等安全信息含义的颜色,所以要求安全色容易辨认和引人注目。

**2. 实操运作**

1)认识4种颜色的特性

我国《安全色国家标准》中采用了红、蓝、黄、绿4种颜色为安全色。这4种颜色有以下特性。

(1)红色。红色鲜艳夺目,很醒目,使人们在心理上会产生兴奋感和刺激性。这是因为红色光波较长,不易被尘雾所遮盖,在较远的地方也容易辨认,即红色的注目性非常高,视认性也很好,所以用其表示危险、禁止和紧急停止的信号。

(2)蓝色。蓝色的注目性和视认性虽然都不太好,但与白色相配合使用效果就很明显,特别是在太阳光直射的情况下更明显,因而被选用为指令标志的颜色。

(3)黄色。黄色使人眼能产生比红色更高的关注度。黄色与黑色组成的条纹是视认性最高的色彩,特别引人注目,所以被选用为警告色。

(4)绿色。绿色的视认性和注目性虽然不高,但绿色是新鲜、活力和动感的象征,会使人产生和平、永远和安全等心理效应,所以用绿色提示安全信息。

安全色的具体含义及用途,见表9–1。

表9–1 安全色的含义及用途

| 颜色 | 含义 | 用 途 举 例 |
|---|---|---|
| 红色 | 禁止<br>停止 | 禁止标志<br>停止信号:机器、车辆上的紧急停止手柄或按钮,以及禁止人们触动的部位 |
| | | 红色也表示防火 |
| 蓝色 | 指令必须遵守的规定 | 指令标志:如必须佩戴个人防护用具,道路上指引车辆和行人行驶方向的指令 |
| 黄色 | 警告注意 | 警告标志<br>警戒标志:如厂区内危险机器和坑池边周围的警戒线<br>行车道中线<br>机械上齿轮箱内部<br>安全帽 |
| 绿色 | 提示安全状态通行 | 提示标志<br>车间内的安全通道<br>行人和车辆通行标志<br>消防设备和其他安全防护设备的位置 |

注:1. 蓝色只有与几何图形同时使用时,才表示指令。

2. 为了不与道路两旁绿色行道树相混淆,道路上的提示标志用蓝色。

**2）安全色使用的注意事项**

为了使人们对周围存在不安全因素的环境、设备引起注意，需要使用安全色使人们提高警惕。统一使用安全色，能使人们在紧急情况下，借助于所熟悉的安全含义，识别危险状况，及时采取防护措施，以防止和减少事故的发生。但有一点必须注意，安全色本身与安全标志一样，不能消除任何危险，也不能代替防范事故的其他措施。

**要点提示：**

在涂有安全色的部件，应经常保持清洁，如有变色、褪色等不符合安全色的颜色管理规定时，应及时重涂，保证安全色的正确、醒目，半年至一年应检查一次。

## 三、安全生产标语

**1. 概念解析**

标语是用简短文字写出的有宣传鼓动作用的口号。安全生产标语是用来宣传安全生产的口号。适用于工作场所，尤其是比较危险的工作场所。

**2. 实操运作**

安全生产标语是安全宣传的一个重要内容，它可以起到警示、鼓动、激励的作用。安全标语也是企业安全文化的重要组成部分，不仅可以对企业员工起到警示作用，更重要的是以一种人性的文化形式提高全员安全意识。好的安全标语如同和风细雨，润物无声胜有声。选择和布置安全标语，并不仅仅是简单地拼凑，而要充分考虑到员工的心理因素和现场的环境因素，做到多方面完美的统一。

1）安全生产标语的三忌

（1）忌形式过于老套。有的标语流传时间较长，人们看后司空见惯，起不到应有的警示与鼓动作用。当然，也有一些脍炙人口的佳句长期流行，但总体上应避免内容空洞的一些老掉牙的句子。

（2）忌缺少人情味。有些安全标语板着面孔训人，说话过于绝对，如"违章操作，就是自杀和杀人""不讲安全，下岗回家"等。且不论标语本身是否合乎逻辑，要看到标语的本质作用是提高人们的警惕性，而如果总是采用威胁式的口吻，严肃过头，则难以令职工接受，有时更会适得其反，起不到应有的作用。

（3）忌缺乏可操作性。如有些标语"彻底杜绝隐患"，众所周知，隐患是绝对存在的，这些标语只能代表人们的一种美好愿望和理想追求，在现实中是无法真正实现的。标语如果舍本逐末地去强调不可能达到的目标，警示作用自然也无法达到。

2）安全标语的取舍应做到三要

（1）要注意做到与周边环境的完美统一。规划与布置的学问从来都是一种美学，其关键在于如何使之与环境相协调。比如，关于企业全局性的安全理念的安全标语应安放在非常醒目、开放性的位置。而现场则可依据安全隐患的主次关系选择，防火重点部位、检修间、运行操作区域的安全标语是有所不同的。

（2）要突出本企业安全工作的重点和难点。有些企业从网上、书上找到安全标语或委托厂家制作标语，随意一贴，但重点却不突出。每个企业都有自己的发展历程和发展战略，宣传工作一定要紧跟公司的发展，不能一成不变。标语也是一样的，要做到与时俱进，方能最大限度地发挥标语的警示作用。

（3）要充分人性化。一句口号是否能深入人心，引起职工共鸣，不仅要看它是否道出了员工的愿望，还要看如何表述出来。这里就涉及人性化的问题。标语建设要把关心人、理解人、尊重人、爱护人作为基本出发点，研究如何采取动之以情、晓之以理的方式方法，适应职工的心理和文化需求，增加安全生产标语的亲和力和感染力，避免居高临下式的空洞说教。

以下提供一些安全谚语和安全警句供参考。

## 安全警句四十句

① 事故出于麻痹，安全来于警惕。
② 质量是安全基础，安全为生产前提。
③ 无知加大意必危险，防护加警惕保安全。
④ 安全是生命之本，违章是事故之源。
⑤ 保安全千日不足，出事故一日有余。
⑥ 安全和效益结伴而行，事故与损失同时发生。
⑦ 企业效益最重要，防火安全第一条。
⑧ 安全就是节约，安全就是生命。
⑨ 安全是生命的基石，安全是欢乐的阶梯。
⑩ 骄傲自满是事故的导火索，谦虚谨慎是安全的铺路石。
⑪ 安全编织幸福的花环，违章酿成悔恨的苦酒。
⑫ 车轮一转想责任，油门紧连行人命。
⑬ 安全警句千万条，安全生产第一条。千计万计，安全教育第一计。
⑭ 多看一眼，安全保险。多防一步，少出事故。
⑮ 安全不离口，规章不离手。安不可忘危，治不可忘乱。
⑯ 安全法规血写成，违章害己害亲人。
⑰ 安全是幸福家庭的保证，事故是人生悲剧的祸根。
⑱ 安全生产勿侥幸，违章蛮干要人命。
⑲ 遵守规则，欢笑的亲人。违章行车，狞笑的死神。
⑳ 安全人人抓，幸福千万家。安全两天敌，违章和麻痹。
㉑ 安全来于警惕，事故出于麻痹。巧干带来安全，蛮干招来祸端。
㉒ 安全生产你管我管，大家管才平安；事故隐患你查我查，人人查方安全。
㉓ 冒险是事故之友，谨慎为安全之本。
㉔ 安全不能指望事后诸葛，为了安全须三思而后行。
㉕ 容忍危险等于作法自毙，谨慎行事才能安然无恙。
㉖ 安全是职工的生命线，职工是安全的负责人。
㉗ 防火须不放过一点火种，防事故须勿存半点侥幸。
㉘ 安全措施定得细，事故预防有保证，宁为安全操碎心，不让事故害人民。
㉙ 你对违章讲人情，事故对你不留情。无情于违章惩处，有情于幸福家庭。
㉚ 出门无牵挂，先把火源查。火灾不难防，重在守规章。
㉛ 造高楼靠打基础，保安全靠抓班组。制度严格漏洞少，措施得力安全好。
㉜ 不怕千日紧，只怕一时松。疾病从口入，事故由松出。

㉝ 安全要讲，事故要防，安不忘危，乐不忘忧。
㉞ 安全生产挂嘴上，不如现场跑几趟。安全生产月儿圆，违章蛮干缺半边。
㉟ 安全管理完善求精，人身事故实现为零。安全来自长期警惕，事故源于瞬间麻痹。
㊱ 宁可千日不松无事，不可一日不防酿祸。抓基础从大处着眼，防隐患从小处着手。
㊲ 小心无大错，粗心铸大过。生产秩序乱，事故到处有。
㊳ 人最宝贵，安全第一。我要安全，安全为我。
㊴ 互让半步，处处通途。步步小心，平安是金。
㊵ 安全为了生产，生产必须安全。时时注意安全，处处预防事故。

3）安全标语的张贴要求

在重要位置与易发生事故处张贴安全标语。也可将安全标语、警示标志制成卡片、小册子及张贴画与布标等形式张贴在相关作业人员身边的墙上，张贴画与布标采用红色或黄色做底色，安全标语要求简明扼要、醒目提神，警示标志要清晰显眼。此外，还可将安全标语、警示标志印刷在作业人员的某些工具、日用品上，这样可以将安全标语细化、深化到生活用品中，并通过视觉强化的过程在作业人员心中不断敲响安全警钟，这也可以作为规范化管理的一个重要部分。

## 四、劳保用品

**1. 概念解析**

劳动防护用品，是指保护劳动者在生产过程中的人身安全与健康所必备的一种防御性装备。劳保用品在预防职业危害的综合措施中，属于第一级预防部分。当劳动条件尚不能从设备上改善时，佩戴劳保用品就是主要防护手段。在某些情况下，如发生中毒事故或设备检修时，合理使用劳保用品，可起到重要的防护作用。

**2. 实操运作**

劳保用品的最大作用就是保护员工在工作过程中免受伤害或防止形成职业病。但在实际生产中，因为员工对此意义理解不够，他们认为劳保用品碍手碍脚，是妨碍工作的累赘。这样，就要求班组长持续不断地加强教育，严格要求，使之形成习惯，绝不能视而不见。

**案例**：某纺织厂有个规定，试车的时候不能戴手套。赵军是厂里的老员工，多次被厂里评为优秀员工，有很丰富的工作经验。也许正是这些经验让这位德高望重的老员工存在一种侥幸的心理，经常在试车的时候违规戴手套。碍于情面，班长王刚也不好说他什么，就私下叫小明去提醒他注意一些。小明刚说完，赵军满不在乎地说："放心了，不会有什么问题的。我吃的盐比你吃的饭还多呢！"

结果，在一次试车中，手套绞入了机器里面，把手也带了进去，随之，一幕惨剧发生了，鲜红的血洒了一地。

1）劳保用品的种类

劳动防护用品按照防护部位分为九类。

（1）安全帽类。是用于保护头部，防撞击、挤压伤害的护具。主要有塑料、橡胶、玻璃、胶纸、防寒和竹藤安全帽。

（2）呼吸护具类。是预防尘肺和职业病的重要护品。按用途分为防尘、防毒、供氧三类，按作用原理分为过滤式、隔绝式两类。

(3) 眼防护具。用以保护作业人员的眼睛、面部，防止外来伤害。分为焊接用眼防护具、炉窑用眼护具、防冲击眼护具、微波防护具、激光防护镜及防 X 射线、防化学、防尘等眼护具。

(4) 听力护具。长期在 90 dB（A）以上或短时在 115 dB（A）以上环境中工作时应使用听力护具。听力护具有耳塞、耳罩和帽盔三类。

(5) 防护鞋。用于保护足部免受伤害。目前主要的种类有防砸、绝缘、防静电、耐酸碱、耐油、防滑鞋等。

(6) 防护手套。用于手部保护，主要有耐酸碱手套、电工绝缘手套、电焊手套、防 X 射线手套、石棉手套等。

(7) 防护服。用于保护职工免受劳动环境中的物理、化学因素的伤害。防护服分为特殊防护服和一般作业服两类。

(8) 防坠落具。用于防止坠落事故发生。主要有安全带、安全绳和安全网。

(9) 护肤用品。用于外露皮肤的保护。主要有护肤膏和洗涤剂两类。

2）劳保用品的发放、使用规定

车间班组长一定要对本工厂、本车间在哪些条件下使用何种劳保用品有一定的了解，同时，要对各种劳保用品的用途也要有了解。当员工不按规定穿戴劳保用品时，班组长可以用公司的规定说服，也可以向其解释穿戴劳保用品的好处和不穿戴的坏处。

3）监督并教育从业人员按照使用要求佩戴和使用

**案例**：某煤机厂职工杨瑞正在摇臂钻床上进行钻孔作业。测量零件时，杨瑞没有关停钻床，只是把摇臂推到一边，就用戴手套的手去搬动工件，这时，飞速旋转的钻头猛地绞住了杨瑞的手套，强大的力量拽着杨瑞的手臂往钻头上缠绕。杨瑞一边喊叫，一边拼命挣扎，等其他工友听到喊声关掉钻床，他的手套、工作服已被撕烂，右手小拇指也被绞断。

从上面的例子可以看到，劳保用品也不能随便使用，操作旋转机械最忌戴手套。所以，班组长一定要监督并教育班组成员按照使用要求正确佩戴和使用劳保用品，从而保护自己的人身安全和健康。在佩戴和使用劳保用品中，要防止以下情况的发生。

(1) 从事高空作业的人员，不系好安全带发生坠落。

(2) 从事电工作业（或手持电动工具）不穿绝缘鞋发生触电。

(3) 在车间或工地不按要求穿工作服，穿裙子或休闲衣服；或者虽穿工作服但穿着不整，敞着前襟，不系袖口等，造成机械缠绕。

(4) 长发不盘入工作帽中，造成长发被机械卷入。

(5) 不正确戴手套。有的该戴不戴，造成手的烫伤、刺破等伤害。有的不该戴而戴，造成机械卷住手套带进手去，甚至连胳膊也带进去的伤害事故。

(6) 不及时佩戴适当的护目镜和面罩，使面部和眼睛受到飞溅物伤害或灼伤，或者受强光刺激，造成视力伤害。

(7) 不正确戴安全帽。当发生物体坠落或头部受撞击时，造成伤害事故。

(8) 在工作场所不按规定穿劳保皮鞋，造成脚部伤害。

(9) 不能正确选择和使用各类口罩、面具，不会熟练使用防毒护品，造成中毒伤害。

在其他需要进行防护的场所，如噪声、振动、辐射等，也要佩戴防护用品。

## 五、班组安全活动

**1. 概念解析**

班组安全管理实务

安全活动是班组工作的一项基本内容，它不仅可以使员工随时了解和学习上级的指示精神，而且能够使员工养成遵章守纪、杜绝违章的良好习惯，从而不断提高职工安全生产的自觉性和自我防护意识。一般每周或每月开展一次班组安全活动。

**2. 实操运作**

班长是班组安全的第一责任人，也是班组安全活动的组织者。班组安全活动进行得如何，班长的组织能力起着至关重要的作用。所以，一定要掌握安全活动开展的步骤和技巧。

1）必须提前拟定一个好的主题

一个好的主题，首先，要直观简练，一目了然，让员工一看就知道要说什么。其次，要结合实际，与员工的工作或日常生活息息相关，这样员工才有兴趣听、有兴趣谈。最后，主题范围要小，小才能说清、说透，大就空了。主题选择得好，就能吸引员工参加这个活动，使员工觉得参加这个活动很值得，时间没白费，不至于产生逆反心理，这样班组安全活动就会越做越顺手。那么，怎样选择一个好的主题呢？

（1）上级布置。上级领导把握企业发展的大方向，对国家安全生产形势和企业安全工作的薄弱环节掌握得比较清楚。因此，上级部门应适时地布置一些主题，如学习《安全生产法》《安全检查表》、公司总部或企业内部一些重要的安全文件等。

（2）班组长自己拟定。班组长或班组安全员可以根据自己的工作实践，把遇到的难题或工作中出现的紧急情况作为主题，供班组成员讨论学习。例如，某班组零点班突然发生局部停电，当时岗位人员有些慌乱，班组长就可以把"局部停电如何应对"作为下次安全活动的主题。

（3）借鉴兄弟班组的主题。到兄弟班组参观学习，参照他们选择的主题，再结合本班组实际拟定。

（4）发动班组员工共同拟定。由于角度不同，感想不同，会开发出很多意想不到的主题。例如，一名员工要办理工作票时，对写危险预案感到比较困惑，他就提出以"怎样正确书写危险预案"的主题开展活动。活动后，班组成员感到受益匪浅，办起工作票时得心应手。

2）班组安全活动的步骤

有人通过实践经验总结出了一个"1+5"安全活动的模式，即先由班组长对本班组上周的安全生产工作进行总结回顾，找出不足，加以改进，然后再进行"一评、二学、三问、四查、五练"。

（1）一评，即在对上周安全生产进行总结的基础上，员工与班组长之间根据安全评价表进行相互评价打分，并将评分结果与每月的安全奖挂钩进行奖惩。

（2）二学，即员工围绕岗位和生产实际，学习安全文件或安全知识。

（3）三问，即互动提问，通过提问领会、掌握所学知识，采用互动学习、互动提问的方法，班长提出一个或多个问题，班组员工分别进行回答，或者进行循环提问回答。

（4）四查，即查找现场和岗位存在的问题和隐患，制订出解决问题的方法和措施。

（5）五练，即实际操作演练。

3）班组安全活动的技巧

（1）"安全活动"要充分准备。

① 活动前准备好上一周的安全工作总结，活动中明确指出上一周安全工作中存在的问题及应吸取的教训和整改措施。

② 班组长注意收集事故案例，准备好有关的学习资料。活动中要结合本岗位、本专业的实际情况，运用"举一反三"的办法，引导教育员工。

③ 平时注意对生产骨干的培养，提高他们的安全知识和安全意识，在"安全活动"前提示骨干带头发言，起到抛砖引玉的作用，确保活动顺利进行。

（2）请员工轮流主持。由谁主持班组安全活动，是开展好班组活动应该考虑的问题之一。据调查，100%的班组安全活动由班组长或安全员主持，其中由班组长主持的安全活动占80%，由班组安全员主持的安全活动占20%。这样造成了少数员工认为安全活动是班组长、安全员的事，大家只要来参加就可以了，效果并不一定好。实际上完全可以将班组安全活动主持方式进行改变，实行安全活动责任制分解，每月让班组的每个成员轮流负责一次安全活动。安全活动主题可以自拟，也可以由班长列出。每月月底安全活动由班长主持，总结、评比、考核本月的安全活动开展情况，安排好下月各周安全活动主持人的顺序。这样安全活动质量不仅得到进一步提高，而且发挥了每个员工的能力和特长，提高了每位员工的安全工作积极性。

（3）应"请进来，走出去"。班组安全活动不要仅限于本班组，可以采用"请进来，走出去"的办法。各班组可以组织班组成员参加其他班组的安全活动，学习先进经验，从中得到启发和教育；也可以请其他班组人员参加本班组的安全活动，让他们帮助排查和分析本班组的安全情况。这样，安全活动的效果就会进一步得到提高。

4）班组安全活动的注意事项

（1）安全活动必须如期召开。一旦时间确定，就要按时召开，真正体现出安全高于一切工作之上的"天字第一号"地位。这样才能让每一位员工真正体验到"安全第一"的含义，真正重视安全工作。

（2）活动后重在落实。抓班组安全活动不仅要抓开展安全活动的质量，而且还要抓安全活动的落实工作。所以一定要检查活动后的落实情况，班组成员对安全活动内容是否清楚，安全活动中的任务及措施是否完成；分析班组安全活动中还有什么不到之处需要改进等问题，确确实实把班组安全活动落到实处。

## 六、安全联保制

**1. 概念解析**

安全联保制是全员抓安全的一种责任形式。联保的具体内容是横联竖保。横联即在车间或分（子）公司范围内，有关联的班与班（车间与车间）要承担经济责任，互相制约、互相促进。在班组范围内，组与组相连，个人与个人相连，互相监督、互相承担责任。竖保即从纵向看，个人出事故影响班组奖金，班组出事故影响车间奖金，车间出事故影响分（子）公司全单位的奖金。从而达到个人保班组，班组保车间，车间保整个单位的目的，形成层层连锁，多层次安全联保的责任制。

**2. 实操运作**

1）班组联保的形式

（1）个人联保。班组根据生产的组织形式，可以互相结成以下几种不同的联保。

① 班内下设联保组，组与组互保，组内个人与个人互保。

② 班内以单机为单位，单机与单机互保，其中多人作业的单机内部个人与个人互保。

③ 班内以工种划分，同工种同班次的个人与个人互保。

④ 上下工序的作业人员互保。

⑤ 师徒互保。

⑥ 骨干与群众互保。

⑦ 技术高的与技术差的互保。

（2）骨干分工专人联保。在分析排队时，对本单位"双违"（违章、违纪）或事故多的职工，分工专人包保。这种联保，应做好骨干的工作，在奖励时加以照顾。

（3）领导指派互保。领导指派互保一般适宜临时的，打破班组界限抽调人进行的工作任务，无论人多人少，领导都要临时指派专人负责安全，实行互保，可不签订合同。但必须按有关制度与个人联保的规定和奖金直接挂钩。

2）安全联保的责任

结成安全联保的对子，相互责任有以下几方面。

（1）互相监督、照顾对方按照安全技术操作规程操作和执行安全确认要点。

（2）互相督促对方按规定穿戴好劳动保护用品。

（3）发现安全隐患，互相提醒采取防范措施，防止伤害事故的发生。

（4）互相检查设备和工具是否符合安全要求。

（5）互相检查安全信号装置。

（6）进行危险性作业时，进行监护。

（7）凡发生事故和违章、违纪行为，互相共同负有责任，承担处罚处分。

3）安全联保中与经济责任制挂钩的责任承担问题

（1）纵向联保，层层影响奖金。即个人出事故影响班组，班组出事故影响车间，车间出事故影响整个单位，按各级相互签订的合同规定执行。

（2）有关联的班组之间、上下工序之间的联保，当班当工序（或当机台）发生事故，另一班另一工序（或机台）人员的扣奖为当班当机台工序的50%。

（3）个人联保，一方发生事故或查获违章、违纪，扣责任者当月全部奖金。另一方如无尽责制止、劝告的，扣发50%奖金；如进行了制止劝告的则扣发25%的奖金。

（4）对扣发的奖金，班组可用以奖励安全先进集体和个人。

4）签订联保合同

安全联保制，一律须签订合同。合同书内容应包括双方的共同目标，各自提出的要求、承担的经济责任等。合同自签字日起生效，必须严格按合同兑现。

联保合同中应具体包括以下几方面的奖惩规定。

（1）每周一次的班组安全活动，缺少次数的扣奖比例。

（2）安全检查和整改率达不到要求的扣奖比例。

（3）每人次轻伤、重伤的扣奖率。

（4）对事故和违章现象迟报、瞒报的扣奖。

（5）不及时进行事故分析的扣奖。

（6）违章、违纪人次数的扣奖办法。

（7）有关奖励办法。

5）班组安全联保应注意的事项

为完善班组安全互保（联保）标准，实行动态联保，切实落实安全互保（联保）制度，应注意以下事项。

（1）完善互保对子分配原则，认真推行能力互补（如师傅与徒弟、技术水平高的人与技术水平低的人、老工人与新工人等）、性格互补（如粗心人与细心人、胆大人与胆小人、鲁莽人与谨慎人等搭配）、作业内容联系互补。

（2）完善班组安全互保（联保）更新管理，即班组人员变动时要及时调整。最好是将互保（联保）对子名单上墙，班组长每天应根据出勤情况和人员变动情况及时更新并明确当天的互保对象，不得遗漏。

（3）强化互保（联保）对子认真履行互保、联保职责。工作中互保（联保）对子之间要对对方人员的安全负责，做到互相提醒、互相照顾、互相关心、互相监督、互相检查、互相保证。

（4）班组各互保对象之间，班组与班组之间，在作业过程中要实行联保。在工作中发现互保对象以外的人员有不安全行为与不安全因素的，可能发生意外情况时，要及时提醒并纠正。

## 七、安全生产确认制

**1. 概念解析**

安全生产确认制是确认、确信、确实的总称。在作业之前和作业中针对本岗位的安全要点和易发生伤害事故的因素，必须做到确实认定、确实可靠、确实准确地去执行。

**2. 实操运作**

1）安全生产确认制的必要性

班组是企业构成的最基本单元。班组员工比其他人更多地接触到生产过程中的各种危险危害因素，是企业各类事故的主要发生群体。因而，开展"以人为本、规范作业行为"的班组安全管理是有效控制事故的关键。经对企业多起人身伤害事故进行统计分析，发现以下 4 类不安全行为是导致事故发生的主要因素。

（1）未确认行走路线是否安全而导致的事故，占事故发生频数的 8.5%，一般为重伤以上事故。

（2）未确认上级的指令出现误操作而导致的事故，占事故发生频数的 6.5%，一般为重伤以上事故或设备事故。

（3）未确认操作对象及环境是否安全而导致的事故，占事故发生频数的 65%，一般为一人轻伤以上事故。

（4）开停车、停送电时未对系统检查确认而导致的事故，占事故发生频数的 5%，一般为多人重伤以上事故。

为此，开展"安全确认制"，以此规范生产作业人员的操作行为，控制和消除员工习惯性违章，是企业搞好安全生产、预防事故的一项重要活动内容。

2）安全生产确认制的内容

安全生产确认制包括操作确认制、联系呼应确认制、行走呼应确认制、开停车确认制，其操作方式如下。

（1）操作确认制。

① 作业前，班（组）长要召集全体成员开好班前会。全班（组）成员通过互致问候并互相审视精神及身体状况，确认身体适合作业要求，确认作业环境适合本作业，确认防护用品已经穿戴齐全，对设备及安全装置进行点检确认，对所从事作业的安全可靠性及潜在的危险，通过确认告诫自己注意安全。

② 作业中，集中精力，不断确认自己是否按本工种安全技术操作规程进行作业。确认自己的行为不伤害自己、不伤害他人、不被他人伤害，确认所作业对象的安全性，并注意防范措施。危险作业要确认安全措施，确认监护人。

③ 作业结束后，确认所操作设备已经按规定停机，所有操作按钮都处于停止状态，整理好作业场地，确认无事故隐患后，方能离开作业现场。班组长要总结安全情况并确认所有成员一切情况良好。

（2）联系呼应确认制。在长线作业时，应由一人指挥。指挥者发出的指令一定要简明扼要，在被指挥者重复无误后，才能进行作业，并做好记录。

① 指挥者确认其指令与执行者的安全要求、与生产系统中的安全要求、与作业区域或作业空间的安全要求不矛盾、不冲突。

② 指挥者要明确确认其是令行，还是禁止。执行者必须按指令做到令行禁止。

③ 对于禁止令的执行，指挥者要确认下一级的执行情况并负有监督检查职责。执行者要确认禁止令是在延续，还是已解除。

（3）行走呼应确认制。在生产现场行走时，确定安全通道无危险时方可行进，即严格执行"查看、判断、通过"的程序，对现场是否具备安全通行条件予以确认。

① 查看：行走前要仔细查看所要通过的路段是否畅通、是否有警示标志，以确认是否具备安全通行的条件（车间厂房内、施工现场等均须设置必要的安全通道，并有明显标志）。

② 判断：在行进过程当中上下左右是否遇有有碍安全通行的因素，以确认是否继续通行。

③ 通过：经对通道查看，判断安全无误后方可通行；车间厂房内、施工现场等均须设置必要的安全通道，并有明显标志。

在没有设置吊运通道的车间内进行天车作业时，吊具的承载量必须大于被起吊物的2倍，吊钩必须安装防脱钩装置，并设专人跟踪指挥。

（4）开停车确认制。在设备的检修作业前后开车、停车时，指挥者、操作者对设备安全状况应进行确认。

① 检修或施工完毕的设备开车。确认开车总指挥者和安全总负责人（应是一人）；确认下一级的开车指挥者和安全责任人（也是同一人）。并且实行直线联系负责制；确认谁有权送电，谁有权开车；开车指令下达前确认工作票制度已正确执行完毕。

② 备用设备开车。确认工作票制度已正确执行完毕；确认上一级指挥者谁同意送电；

确认上一级指挥者谁同意开车；确认所开车设备安全保护装置符合安全条件要求；确认开车程序正确。

③ 设备停车。确认停车的目的；确认停车的安全规程已执行完毕；停车检修的设备必须在工作票上确认断电、断料、断汽（水）、挂警示牌、设监护人等。

## 八、作业危害分析

**1. 概念解析**

作业危害分析（job hazard analysis，JHA）又称作业安全分析（job safety analysis，JSA）、作业危害分解（job hazard breakdown），是一种定性风险分析方法。适用于涉及手工操作的各种作业。所谓的"作业"（有时也称"任务"）是指特定的工作安排，如"操作研磨机""使用高压水灭火器"等。"作业"的概念不宜过大，如"大修机器"，但也不能过细。

**2. 实操运作**

作业危害分析是将对作业活动的每一步骤进行分析，从而辨识潜在的危害并制订安全措施。实施作业危害分析，能够识别作业中潜在的危害，确定相应的工程措施，提供适当的个体防护装置，以防止事故发生，防止人员受到伤害。

1）作业危害分析的作用

开展作业危害分析能够辨识原来未知的危害，增加关于职业安全健康方面的知识，促进操作人员与管理者之间的信息交流，有助于得到更为合理的安全操作规程，并使操作人员的培训资料为不经常进行该项作业的人员提供指导。作业危害分析的结果可以作为职业安全健康检查的标准，并协助进行事故调查。

2）作业危害分析的步骤

作业危害分析的步骤如下。

（1）分析作业的选择。所有的作业都要进行作业危害分析，但首先要确保对关键性的作业实施分析。确定分析作业时，优先考虑以下作业活动。

① 事故频率高或不经常发生但可导致灾难性后果的作业。

② 事故后果严重、危险的作业条件或经常暴露在有害物质中的作业。

③ 新增加的作业。由于经验缺乏，明显存在危害或危害难以预料。

④ 变更的作业。可能会由于作业程序的变化而带来新的危险。

⑤ 不经常进行的作业。由于从事不熟悉的作业而可能有较高的风险。

（2）将作业划分为若干步骤。选择作业活动之后，将其划分为若干步骤。每一个步骤都应是作业活动的一部分。

划分的步骤不能太笼统，否则会遗漏一些步骤及与之相关的危害。当然，步骤划分也不宜太细，以致出现许多步骤。一般来说，一项作业活动的步骤不宜超过10项。如果作业活动划分的步骤实在太多，可先将该作业活动分为两个部分，再分别进行危害分析。重要的是要保持各个步骤正确的顺序，顺序改变后的步骤在危害分析时有些潜在的危害可能发现不了，也可能增加一些实际并不存在的危害。

按照顺序在分析表中记录每一步骤，说明它是什么而不是怎样做。

划分作业步骤之前，仔细观察操作人员的操作过程。观察人通常是操作人员的直接管理者，要熟悉这种方法，被观察的操作人员应该有工作经验并熟悉整个作业工艺。观察应当在正常的时间和工作状态下进行,如一项作业活动是夜间进行的,那么就应在夜间进行观察。

(3) 辨识危害。根据对作业活动的观察、掌握的事故(伤害)资料及经验,依照危害辨识清单依次对每一步骤进行辨识并将辨识出的危害列入分析表中。

为了辨识危害,需要对作业活动作进一步的观察和分析。辨识危害应该思考的问题是可能发生的故障或错误是什么?其后果如何?事故是怎样发生的?其他的影响因素有哪些?发生的可能性有哪些?以下是危害辨识清单的部分内容。

① 是否穿着个体防护服或佩戴个体防护器具?
② 操作环境、设备、地槽、坑及危险的操作是否起到有效的防护?
③ 维修设备时,是否对相互连通的设备采取了隔离?
④ 是否有能引起伤害的固定物体,如锋利的设备边缘?
⑤ 操作者能否触及机器部件或是否在机器部件之间操作?
⑥ 操作者能否受到运动的机器部件或移动物料的伤害?
⑦ 操作者是否会处于失去平衡的状态?
⑧ 操作者是否管理着带有潜在危险的装置?
⑨ 操作者是否需要从事可能使头、脚受伤或被扭伤的活动(往复运动的危害)?
⑩ 操作者是否会被物体冲撞(或撞击)到机器或物体?
⑪ 操作者是否会跌倒?
⑫ 操作者是否会由于提升、拖拉物体或运送笨重物品而受到伤害?
⑬ 作业时是否有环境因素——粉尘、化学物质、放射线、电焊弧光、热、高噪声的危害?

(4) 确定相应的对策。危害辨识以后,需要制订消除或控制危害的对策。制订对策时,可从工程控制、管理措施和个体防护三个方面加以考虑。具体对策依次如下。

① 消除危害。消除危害是最有效的措施,有关这方面的技术包括改变工艺路线、修改现行工艺、以危害较小的物质替代、改善环境(通风)、完善或改换设备及工具,如原本由人工搬运改为自动化的机械搬运。

② 控制危害。当危害不能消除时,采取隔离、机器防护、穿工作鞋等措施控制危害,如改善局部通风的状况,以消除污染物进入作业区域;又如在机械设备上加装安全栅栏,以防止人员被夹伤。

③ 修改作业程序。不安全的作业程序容易造成意外事故,设法改变作业程序使潜在的可能危害因素减至最少。如欲检查自动剪裁机的异常时,应关闭剪裁机的电源开关,不应仅关闭隔纸输送机的开关,以免造成人员夹伤。

④ 减少暴露。减少暴露是没有其他解决办法时的一种选择。减少暴露的一种办法是减少设备在危害环境中暴露的时间,如完善设备以减少维修时间、佩戴合适的个体防护器材等。为了减轻事故的后果,设置一些应急设备如洗眼器等。

确定的对策要填入分析表中。对策的描述应具体,说明应采取何种做法及怎样做,避免过于原则性的描述,如"小心""仔细操作"等。

以下就一项作业活动"高空作业"进行危害分析,运用作业危害分析方法,将该作业活动划分为9个步骤并逐一进行分析,分析结果见表9–2。

表 9-2 作业危害分析表

| 方案 | 危害辨识 | 安全对策 |
|---|---|---|
| 确定施工方案及作业存在的危险 | (1) 爆炸性气体<br>(2) 化学物质暴露——气体、粉尘、蒸气（刺激性、毒性）<br>(3) 运动的部件/工具 | (1) 制订吊篮作业操作规程<br>(2) 取得有相应级别部门签字的作业许可证<br>(3) 具备资格的人员停气、放散，使现场可燃气体的浓度低于其爆炸下限的 10%<br>(4) 提供合适的口罩<br>(5) 提供保护头、眼、身体和脚的防护服<br>(6) 参照有关规范提供安全带 |
| 培训操作者和方案交底 | (1) 操作人员心脏有疾患，或有其他身体缺陷<br>(2) 没有培训操作人员——操作失误<br>(3) 没有对操作人员进行方案交底——操作失误 | (1) 操作人员取得高处作业许可证，并定期体检，保持能适应该项工作<br>(2) 培训操作人员<br>(3) 按照有关方案，对作业进行现场技术交底，明确作业人员各自职责、工作内容<br>(4) 必要时，对作业进行预演 |
| 准备作业用具 | (1) 吊篮绳索、安全绳有断裂的危险<br>(2) 安全锁紧装置失效<br>(3) 消防器材失效<br>(4) 电气设施。电压过高、导线裸露 | (1) 按照要求，对所有用具、工具进行检查，确认其牢固、好用、齐全，符合安全要求<br>(2) 设置接地故障断路器 |
| 在作业区下方划出警戒区 | 高处坠物 | 按要求设置警戒区，清理警戒区，做好警示标记 |
| 准备进入吊篮 | (1) 固定支架失效<br>(2) 吊篮绳索、安全绳有脱落的危险<br>(3) 安全锁紧装置失效 | (1) 现场负责人、现场安全员检查固定支架<br>(2) 审查应急预案<br>(3) 按照要求，对其他所有用具、工具再次检查，确认其符合安全要求 |
| 进入吊篮 | 坠落或失稳 | (1) 现场统一指挥<br>(2) 监护人认真履行职责<br>(3) 安全员现场督察 |
| 吊篮内钎焊作业 | (1) 高处坠落<br>(2) 暴露于危险的作业环境中<br>(3) 运动的部件/工具<br>(4) 电灼伤、触电<br>(5) 着火、火灾 | (1) 按有关标准，配备安全带和个体防护器具并正确使用、佩戴<br>(2) 现场指挥人员观察、指导吊篮作业人员，在紧急情况下监护人及时营救操作人员<br>(3) 现场使用绳索传递工具时，绳索末端须固定，小工具应使用工具袋传送<br>(4) 现场指挥人员检查接地装置<br>(5) 清理作业现场可能产生的火种 |
| 离开吊篮 | 坠落或失稳 | (1) 现场统一指挥<br>(2) 监护人认真履行职责<br>(3) 安全员现场督察 |

（5）信息传递。作业危害分析是消除和控制危害的一种行之有效的方法，因此，应当将作业危害分析的结果传递到所有从事该作业的人员，有时甚至要加以培训、演练。

## 九、危险预知活动

**1. 概念解析**

危险预知活动，简称 KYT（kiken yochi training），是针对生产特点和作业全过程，以危险因素为对象，以作业班组为团队开展的一项安全教育和训练活动，它是一种群众性的"自主管理"活动。每天工作前的一段时间，由班组长带领全体班组成员进行危险预知活动，主动发掘其所在作业场所可能发生的一切危险。

**2. 实操运作**

KYT 起源于日本住友金属工业公司的工厂,后经三菱重工业公司和长崎赞造船厂发起的"全员参加的安全运动"使用,再经中央劳动灾害防止协会的推广,形成了技术方法。它获得了广泛的运用,遍及各个企业,我国宝钢首先引进了此项技术。

1) KYT 的适用范围

通用的作业类型和岗位相对固定的生产岗位作业;正常的维护检修作业;班组间的组合(交叉)作业;抢修抢险作业。

2) 危险预知活动的特点

(1) 提高作业人员的安全素质,增强他们对危险和事故的敏感、识别和预知能力,进而使他们作业行为规范化、标准化。

(2) 降低事故率,特别是降低由认为是危险源(不安全行为)引起的事故。

(3) 增强班组、同工种作业人员及工程技术人员、安全管理人员的团结协作精神。

3) 危险预知活动的程序

(1) 摆明问题。明确作业过程中可能的危险(包括作业方法不对引起的危险,以及人或物的危险)。

(2) 确定重点问题。将明确的危险源按重要程度排列,确定重点危险。

(3) 提出措施。将确定的重点危险,以遇到什么危险,该怎么办,有什么危险,该怎样做的方式列出其措施。

(4) 确定措施。制订防止危险发生的行为措施,并确定关键词。危险预知活动程序如图 9-5 所示。

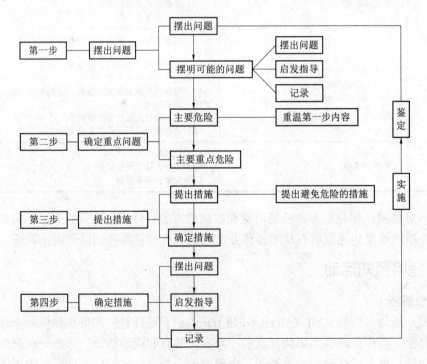

图 9-5 危险预知活动程序

在组织班组危险预知训练时，须注意以下问题。

① 加强领导。要求根据危险源辨识的结果，PDCA 循环模式拟订预知训练课题计划，分批分期下达到班组开展活动，并将实施结果纳入考评内容。

② 班组长准备。活动前要求班组长对所进行课题的主要内容进行初步准备，以便活动时心中有数，进行引导性发言，节约活动时间，提高活动质量。

③ 全员参加。充分发挥集体智慧，调动群众积极性，使大家在活动中受到教育。危险预知活动应在活跃的气氛中进行，不能搞一言堂；应让所有组员有充分发表意见的机会。

④ 训练形式直观、多样化。班组长可结合岗位作业状况，画一些作业示意图，便于大家分析讨论。

⑤ 抓好危险预知训练记录表的审查和整理。预知训练进行到一定阶段，车间应组织有关人员参加座谈会，对已完成题目进行系统审查、修改和完善，归纳形成标准化的教材，作为工前五分钟活动的依据。

4）危险预知活动举例

以车床加工作业（见表 9-3）为例，在实施过程中操作人员、安全检查人员只要记住关键词"刀具""工件""手套""辫子""服装""眼镜"就可以防止车床加工作业中的人身伤亡事故。

表 9-3 车床加工作业

| 作业名称 | 车床加工作业 | | |
|---|---|---|---|
| 第一步<br>摆明问题 | 评价 | 危 险 因 素 | |
| | 0 | 1. 刀具、工件未控牢，加工时甩出伤人 | |
| | 0 | 2. 戴手套、留长辫、穿宽松上衣绞伤 | |
| | 0 | 3. 切屑飞出伤人 | |
| | 1 | 4. 未加润滑油，机器发热损坏 | |
| | 1 | 5. 车床超负荷烧坏电机 | |
| | 1 | 6. 保护接地、接零失效 | |
| | 1 | 7. 机体断裂 | |
| | ⋮ | ⋮ | |
| 第二步<br>确定重点问题 | 上述危险因素中，特别重要的记作 0，一般的记作 1 | | |
| 第三步<br>提出措施 | 序号 | 重点危险 | 措 施 |
| | 1 | 刀具、工件甩出伤人 | 加工前拧紧刀具、工件 |
| | 2 | 戴手套、留长辫、穿宽松上衣作业 | 不留长辫（扎进帽子中）、加工时不戴手套、穿紧身衣 |
| | 3 | 切屑飞出伤人 | 戴护目镜 |
| 第四步<br>确定措施 | 序号 | 目 标 | 措施（关键词） |
| | 1 | 拧紧刀具、工件 | 紧、件 |
| | 2 | 不戴手套、穿紧身衣、不留长辫（扎进帽子中） | 手、辫、服 |
| | 3 | 戴护目镜 | 镜 |

### 5）KYT 活动卡片的填写与管理

（1）卡片的内容及填写。KYT 活动卡片的内容应针对现场实际情况认真填写记录，且必须是在现场和作业开始前完成，签字一栏必须由作业人员本人填写。见表 9–4。

卡片中危险因素的查找及描述，应针对各个作业环节可能产生的危险因素、人的不安全行为和可能导致的后果，前后要有因果关系的表述。对发现的重要危险因素要采取相应的防范措施。

（2）卡片的管理。KYT 卡片的收集整理要有专人负责，并将卡片编制成册加以保存。卡片的保存时间一般为班组半年和车间一年，保存期间的卡片要作为班组员工开展安全教育的材料，供开展 KYT 训练活动使用。

表 9–4  KYT 活动卡片

| 作业任务 | | 作业编号 | |
|---|---|---|---|
| 作业时间 | | 作业地点 | |
| 作业小组名称 | | 作业负责人（小组长） | |
| 小组成员 | | | |
| 作业现场潜在的危险因素、重要危险因素 | | | 确认人： |
| 作业小组应采取的安全防范措施、重要防范措施 | | | 确认人： |
| 检查评语 | 班组长： | 签字： | |
| | 车间领导： | 签字： | |
| | 厂级领导： | 签字： | |

### 6）危险预知训练结果的应用

工前五分钟活动是预知训练结果在实际工作的应用，由作业负责人组织从事该项作业的人员在作业现场利用较短时间进行，要求根据危险预知训练提出的内容，并对"人员、工具、环境、对象"进行四确认，将控制措施逐项落实到人。重大危险作业应于作业安全和工序安全两个阶段开展工前五分钟活动。

**要点提示：**

对班组危险预知活动开展考核，应以表扬、奖励为主，批评惩罚为辅。在活动开展的过程中，对于那些思维活跃，积极参加，勇于解决疑难的人，应适当给予奖励，这样可以满足其心理需求，增强他搞好活动的积极性和信心。对于不参加活动的个人，应适当予以惩罚。

## 十、岗位安全应急卡

### 1. 概念解析

岗位安全应急卡是指企业通过风险评估、危险因素的排查，确定危险岗位，有针对性地制订各种可能发生事故的应急措施，从而编制具有应急指导作用的简要文书。岗位安全应急卡适用于生产一线的员工。

**2. 实操运作**

1）岗位安全应急卡的作用

岗位安全应急卡具有简明、易懂、实用的特点，避免了应急救援预案的篇幅冗长、内容复杂的缺点，易于被员工所掌握，可以使危险岗位的第一线员工在较短的时间内实实在在地提升应急救援技能，强化员工应对突发事故和风险的能力，有效防止危险岗位突发事故造成的人员伤亡和财产损失，保障企业安全生产。

**案例**：一家化工企业在试点实施"岗位安全应急卡"不到一个月，因意外情况发生火情，生产一线员工按照岗位安全应急卡所提供的方法及时进行了正确处置，为消防部门快速扑灭火灾争取了救援时机。

2）岗位安全应急卡的编制

企业根据风险评估确定的防范措施和应急措施，组织编制岗位安全应急卡（见表9-5），班组长在此过程中要起很大的作用，可能就是实际的编写者。

表9-5　岗位安全应急卡

| 岗位名称 | |
|---|---|
| 可能发生事故的类型 | |
| 事故危害 | 1. 伤害人身<br>2. 损坏设备<br>3. 造成环境污染 |
| 应急措施 | 怎么做：<br>做什么：<br>何时做：<br>谁去做： |

岗位安全应急卡的内容应包括岗位名称、可能发生事故的类型、事故危害、应急措施等。在编制岗位安全应急卡的过程中，要不断征求相关岗位的员工意见，并及时进行修改和完善。

制订的岗位安全应急卡要通俗易懂，内容简明，要"卡片化"，要实用，注重实效，有很强的针对性和可操作性，要明确可能发生事故的具体应对措施，着重解决事故发生时生产一线员工"怎么做、做什么、何时做、谁去做"的问题，使员工能及时正确地处置事故，报告事故情况。

3）岗位安全应急卡的使用

将岗位安全应急卡塑封成小卡片，发放到每一个相关员工的手中，重点岗位做到"人手一卡"，并在重要部门张贴上墙。同时要按照岗位安全应急卡的内容定期组织员工进行演练，不断检验演练的效果。

> **课堂讨论**

上网或到企业车间搜集资料,对地区骨干企业车间应用安全管理工具的案例进行分析并写出报告,进行课堂分组讨论并进行评价测试:你是否已掌握车间班组安全管理工具?

## 案例分析

注册安全工程师介绍

### 一、任务要求

安全管理工作就是为了预防和消除生产过程中的工伤事故、工业中毒与职业病、燃烧与爆炸等所采取的一系列组织与技术措施的综合性工作。车间是企业生产任务的主要执行者,也是保安全的关键责任者,车间的安全建设在企业的安全管理中占有举足轻重的作用。通过本模块 3 个任务的学习和训练,针对导入的案例进行分组讨论。结合自己的感受谈谈对"车间和班组安全生产管理"等问题的看法。并结合企业实践讨论下列问题。

问题一:分析炼油厂催化三车间是如何进行车间安全生产管理的?
问题二:分析白国周班组是如何进行班组安全生产管理的?
问题三:你认为在车间安全生产管理中应注意哪些事项?
问题四:假如你作为车间管理人员如何开展车间安全生产管理?
问题五:安全管理工具如何在车间班组安全生产工作中应用?

### 二、检查方法

各小组针对以上案例通过参观、上网等方法收集相关资料,分组分析讨论,然后总结报告,在教师组织下进行综合评价。通过本模块教学活动设计组织和导入案例的分析,更深入了解安全管理的任务和内容、劳动保护的概念和内容、车间安全方针、车间安全生产组织和规章制度、车间安全生产管理措施、安全生产目标和目标管理等基本常识,理解车间安全生产管理的意义,掌握车间和班组安全管理的常用工具和科学方法,为将来在企业一线从事车间安全管理工作打下良好的基础。

### 三、评估策略

"炼油厂催化三车间安全管理"和"白国周班组安全管理法的实际运用"等安全生产管理的典型实践案例,有些相关的现象还是或多或少地存在于各个企业的车间和班组安全管理中。通过对案例的分析讨论,了解学生对车间和班组安全管理等问题的关切程度,采用案例分析教学和拓展训练能使学生进一步理解车间和班组安全管理在车间管理工作中的地位与作用,理解安全管理和劳动保护内容,理解车间安全管理规章制度,理解车间安全生产管理措施,理解安全技术措施计划,理解车间安全目标管理,理解车间班组安全管理工具的内容,提高自己的认知和分析能力,在案例分析中同时培养学生的团队合作精神。

在项目案例学习过程中,要对学生学习情况进行检查评估,主要采用学生互评、教师点评、校外企业车间管理人员评价等形式,从学生掌握车间安全生产管理知识点、案例分析报告质量、团队协作精神等方面对学生的项目学习情况进行综合评估(见表9-6)。

表 9-6  车间安全生产项目案例学习评估策略表

| 序号 | 检查评估内容 | | 检查评估记录 | 自评 | 互评 | 点评 | 分值 |
|---|---|---|---|---|---|---|---|
| 1 | 安全管理的意义和内容、劳动保护的概念和内容、车间安全管理组织和规章制度、车间安全生产管理措施、安全技术措施计划、安全生产的目标和目标管理、车间班组安全管理工具等知识点的掌握 | | | | | | 30% |
| 2 | 典型案例"炼油厂催化三车间安全管理"分析报告质量 | | | | | | 20% |
| 3 | 典型案例"白国周班组安全管理法的实际运用"分析报告质量 | | | | | | 20% |
| 4 | 政治素质职业素养 | 政治思想、遵章守纪情况：是否具有正确的价值观和人生观？是否遵守各项制度要求？ | | | | | 10% |
| 5 | | 处理问题能力：分析问题是否切中要点？问题解决方法是否切实可行、操作性强？ | | | | | 5% |
| | | 语言能力：是否积极回答问题？语言是否清晰洪亮？条理是否清楚？ | | | | | 5% |
| 6 | | 安全、环保和质量意识情况：是否注意现场环境？是否具有安全操作意识？项目实施是否具有质量意识？ | | | | | 5% |
| 7 | | 团结协作、奉献精神情况：是否有团队精神？是否积极投入本项目学习，积极完成案例学习任务？ | | | | | 5% |

总　评：
评价人：

## 拓展训练

**训练 1**：结合案例 1 谈谈对"车间班组如何开展安全活动"的看法。

**【案例 1】山东临沂发电有限责任公司发电班组安全活动**

开展班组安全活动，是基层班组抓好安全生产的经常性工作，是增强职工安全意识、提高自我保护能力的重要途径。山东临沂发电有限责任公司发电班组安全活动注重 5 个方面，具体如下。

**1. 注重安全活动资料的搜集与整理**

班组在开展安全活动时，要结合班组升级验收，坚持做到内容与活动的统一，及时把活动内容、学习材料、经验总结、注意事项等完整、准确地整理好，避免胡编乱造、搞假记录的不良现象，为以后班组安全管理提供可靠的依据。

**2. 注重检查平时安全防范措施的落实与执行**

在安全活动时要把平时安全防范措施的落实与执行情况作为安全活动的重要内容，检查措施布置是否齐全，是否存在需要改进的地方；检查执行措施是否认真，是否存在应付、糊弄现象，防止因粗心大意而引发事故。

### 3. 注重对典型案例的剖析

事故是活生生的教材，最具说服力。在开展安全活动时，应当加强对典型事故案例的剖析，尤其是与系统、专业相关的更要高度重视，分析原因，查找根源，按照"三不放过"原则，制订切实可行的预防措施。

### 4. 注重对职工的安全教育

班组工作点多面广，人员分布也不集中，利用安全活动，对大家进行安全教育是难得的机会。在进行安全教育时，要做到教育与批评相结合、强制与激励相结合，避免动辄训斥职工。通过安全教育，提高了职工的安全意识，促进了安全生产。

### 5. 注重超前预防工作

"安全第一，预防为主"。实践和理论都告诉我们：只要我们善于掌握规律，采取有效措施，有的事故是可以预防和避免的。"与其事后手忙脚乱，不如事先多做一点"，超前决策提前设防，是可以遏制事故发生的。

班组安全活动应让职工切实受到教育，切实从中受益，这才是开展安全活动的宗旨所在。

**训练 2**：结合案例 2 谈谈对"车间职工劳动保护"问题的看法。

**【案例 2】广东韶关钢铁集团有限公司炼钢车间劳动保护**

广东韶关钢铁集团有限公司炼钢车间注重强化工作基础，加大工作力度，把保障职工在生产过程中的劳动保护和健康作为工会工作的首要任务，依据《工会法》《劳动法》《劳动保护法》赋予工会组织的职责，紧紧围绕企业工作实际，认真按照"劳动保护第一、预防为主、群防群治、依法监督"的原则，通过健全组织，深入宣传，加强监督检查，严格考核管理，深化班组建设，建立、健全了劳动保护组织，工会劳动保护工作得到了持续发展。

### 1. 提高认识，狠抓落实

开展"以人为本，加强劳动保护生产教育"为主题的劳动保护知识普及、培训活动；提高企业劳动保护管理水平、车间员工劳动保护和自我保护意识。加强劳动保护基础管理和工会劳动保护管理，并使员工深刻认识到，开展劳动保护不仅是保证国家财产不受损失和职工生命不受侵害，也是稳定职工队伍、确保生产稳定、加快企业发展、扩大社会影响的有效载体。主要体现在以下几个方面。

（1）领导认识到位。多年来坚持并始终贯穿到劳动保护生产全过程，建立、健全劳动保护管理组织机构，按照分级负责的原则，逐级签订劳动保护生产责任状，责任落实到位，并将劳动保护纳入整体工作决策之中，统一管理、统一步调、统一规范各项制度、统一监督检查。坚持做到"五同时"，形成了劳动保护生产层层抓、层层管，事故隐患上查、下查、人人查的良好氛围。形成劳动保护风险共担，劳动保护效益共享的激励机制。建立了定期检查、定期评比、定期通报制度。

（2）大力开展宣传活动。通过信息化的办公系统、黑板报、厂务公开栏开展有奖征文、安全警句征集等形式，宣传劳动保护工作的重要性，促进实现"两零一减少"，减少轻伤（微伤）事故；提高劳动保护管理水平，提高员工自我保护意识。

（3）为进一步加强职工辨识危险和"三不伤害"的防护能力，下发《习惯性违章行为和岗位危险源查找表》《三不伤害防护卡》。

### 2. 以人为本，安全为魂，广泛开展劳动保护活动

（1）始终坚持"以人为本，安全为魂"的原则，充分发挥和调动广大员工的自觉性和创

造性。广泛发动员工及时了解生产过程中不安全因素，及时发现事故隐患，及时采取措施，堵塞漏洞，防患于未然。为真正把劳动保护工作落到实处，工会将所有制度都要提交广大员工或职工代表讨论，得到员工的认可，把强制性的措施变成员工的自觉行动。为发挥员工的首创精神，工会不定期召开与员工对话会，每年召开两次职工代表会，开设意见箱，发动员工提合理化建议。

（2）广泛开展群众性的劳动保护活动。生产任务与劳动保护工作同时考核，实行一票否决制，严格的奖惩制度，高标准有效的控制，激发全体员工参与活动的积极性和自我防护、争先创优的意识。另外，还在全部范围内推行劳动保护生产"三负责"制，形成人人抓安全生产、人人关爱生命、关注安全的良好氛围。这些群众性的安全生产活动有效地避免了各类事故的发生。

**3. 发挥工会组织优势，教育与培训相结合**

工会通过多种形式的劳动保护、宣传教育活动，用先进的劳动保护知识教育员工、约束员工、培养员工、激励员工，使广大员工树立"劳动保护第一，预防为主"的思想和保护意识，在企业形成良好的劳动保护文化氛围。

（1）工会把劳动保护生产知识作为员工入职的必修课，一线新员工必须进行岗前培训，达到应知、应会。

（2）认真贯彻落实工会劳动保护监督检查"三个条例"，建立以工会主席为首的劳动保护监督检查委员会和职工代表参加的群众监督检查委员会，完善了职工代表对施工现场劳动保护生产巡视检查制度。

（3）建立突发性应急制度。建立由各级工会主席为组长的应急救助组织机构，负责职工突发性事件的指挥和协调处理工作；对全体员工进行突发事件、人身劳动保护防护方面的宣传教育，让大家及时了解遇到突发事件时应采取哪些应急做法。

（4）工会协助行政建立、健全以劳动保护生产责任制为核心的各项劳动保护规章制度。

**训练 3**：组织参观生产企业车间现场，了解车间和班组安全管理工作的情况，了解车间安全生产典型案例，并编制调查报告。

## 模块小结

车间是企业组织生产、保护职工在生产过程中的安全与健康的直接场所，更是企业在保护安全的前提下，获得高质量产品，更好经济效益的阵地。安全管理工作就是为了预防和消除生产过程中的工伤事故、工业中毒与职业病、燃烧与爆炸等所采取的一系列组织与技术措施的综合性工作。本章主要介绍了安全管理的意义和内容、劳动保护的概念和内容、车间安全管理组织和规章制度、车间安全生产管理措施、安全技术措施计划、安全生产的目标和目标管理、车间班组安全管理工具等。

# 模块十

# 车间经济核算

 **知识目标**

- 了解车间经济核算的内容
- 了解经济活动分析的内容和形式
- 了解车间经济核算的基础工作
- 了解车间成本构成和成本的核算环节
- 了解车间成本分析的内容和方法

 **技能目标**

- 掌握车间经济核算的内容和基础工作
- 掌握经济核算的方法
- 掌握车间经济活动分析的程序
- 掌握车间成本计划的编制
- 掌握车间成本分析的内容和方法

 **模块任务**

任务一　车间经济核算认知
任务二　车间成本管理

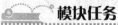 **任务解析**

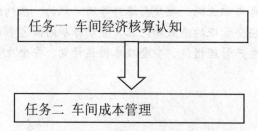

案例导入
视野拓展
知识链接
课堂讨论
案例分析
拓展训练
模块小结

毛主席的睡衣

## 齐齐哈尔铁路车辆（集团）有限责任公司二钢车间成本控制与目标管理

齐齐哈尔铁路车辆（集团）有限责任公司二钢车间是铁道部投资新建的集热工、铸造、机械加工于一体的铸钢车间，车间结合生产经营特点，通过对其他单位先进经验的借鉴、总结、利用，开展目标成本管理工作，进行目标成本指标层层分解与考核，经过几年的运行，目前形成较好的机制，效果较明显。

**1. 制订先进合理的目标成本**

目标成本管理是改善企业现状、适应市场竞争的迫切需要，也是企业求生存、图发展的根本途径。而制订出一个先进合理的目标成本是推行目标责任成本管理、提高经济效益的前提条件。二钢车间目标成本管理的总体模式如下。

1）开展同行业成本对比，确立纵向目标成本

二钢车间分别从冶炼工艺、材料消耗、劳动定额、费用支出等方面与同行业先进指标对比，共对标230项，其中材料消耗214项，工时定额指标7项，费用支出指标9项，分别对比，找出比先进指标高的有7项，低的有52项，不可比的指标有101项。车间通过对比找出差距，扣除不可控因素，对车间可能挖潜的指标进行下调，调整内部各项消耗指标，确立目标成本，主要包括确立材料消耗目标成本和确立费用目标成本。

2）确立横向目标成本保证体系

在纵向确定各班组费用指标后，二钢车间又建立了横向目标管理体系。

（1）各主管员对自己主管的费用严格管理。车间会计员每月对主管员控制的费用严格审核，节支受奖，超支扣罚，对主管员进行嘉奖与考核。

（2）严格控制委外备品、备件数量，凡委托外加工项目必须经主管领导审批，杜绝了资金的不合理使用。

（3）降低库存，减少资金占用。车间设备员、工装管理员控制领用一些不经常使用的备品、备件，防止资金积压。

（4）减少资金占用，盘活流动资金，科学调整期量标准。根据出车计划及月生产计划，制订出各种产品的期量标准，均衡生产。同时在保证公司出车及月计划完成的基础上，减少车间内部各工序在制品保有量。

通过全员全过程的分解落实，车间逐步形成了成本指标的责任共同体，从而把市场压力和经营风险由公司、车间层层传递到每个职工头上，建立起一个横向到边，纵向到底的较完善的资产经营指标保证体系。

**2. 建立成本管理控制体系**

进行目标成本控制必须与目标管理责任制的建立、健全配套衔接，明确各自的权利义务，如果没有一套健全的管理体系，指标分解的有效实施将成为"纸上谈兵"。为此二钢车间制订了"目标成本考核控制管理办法"，在成本管理控制体系中，分别制订了原材料，自制半成品，电气维修费，能源管理，工装、工具、计量费用管理，机械维修费六项考核办法。特别是设备机械（电气）维修费用由设备技术员根据设备复杂系数和各组应修理设备台数，正常易损

件数量分解下达，总费用包给维修组。同时大项目支出留在设备技术员手中，由设备技术员控制，维修费用一分为二，生产班组与修理班组各掌握一半，以防止生产班组野蛮作业，督促生产班组平时加强设备保养，维修费超支后，生产班组与维修班组共同承担责任。

在六项考核办法中，车间规定原材料按超支额 5%～10% 考核，其他费用按超支额的 20% 扣罚，所有指标均按节约额的 5% 奖励。同时车间加强了对主管专业人员在目标成本管理的考核，为此在目标成本考核中规定：凡职能人员负责的费用指标超出或降低目标值都要进行相应的奖励与考核。

**3. 建立成本核算网络体系**

班组是企业各项经济指标的直接承担者，是企业最基本的核算单位，班组的管理水平直接影响企业的效益。实行目标成本管理就是要形成一个以班组成本保车间成本，车间成本保公司成本的三级核算网络，在班组指标的分解中要根据干什么管什么、算什么的原则，班组所承担的工作要有指标地落实考核，制订切实可行的原始记录、报表、资料、核算台账。因为首先健全必要的原始记录是搞好核算和落实各项管理制度的依据，它可以使班组、职工心中有数，有的放矢。二钢车间形成了一整套成本核算网络体系。

（1）每月初各主管员根据当月产量对各班组下达费用计划。班组生产过程中凭领料本领料，填写领料明细、实领量。

（2）月末班组核算员将班组费用完成情况进行统计，填写班组核算台账，并组织小组成员认真分析超标费用，及时查找原因，积极寻求解决问题的办法，以免在以后工作中共性问题再次发生。

（3）班组核算台账经各系统主管员审核签章后由会计员统一审核汇总，车间目标成本分解领导小组进行评定，奖励与扣罚。

（4）严格考核，奖罚分明。"考核"是推行目标成本管理的一个十分重要的环节，也是最后一个环节。二钢车间始终把抓各项制度的落实放在首位，进一步完善了成本否决考核机制，在实际操作中不讲客观，不讲情面，严格实行成本否决。

经过这几年的不懈努力，车间职工的成本意识得到提高，经济效益有了很大提高，2005 年目标成本降低了 49.7 万元，2006 年目标成本降低了 62.2 万元。车间基础工作日益加强，现场管理由原来的后进单位变为优秀单位，2005 年及 2006 年被评为建厂达标标准单位。

车间经济核算是按照全面经济核算的要求，采用不同的量度（货币、实物、工时等指标）对车间生产活动情况和经济效果进行记录、计算、分析、检查考核及奖罚的一种管理方法。车间是企业的一级生产单位，对企业生产、技术经济活动起到承上启下的作用，企业的生产活动主要靠车间组织班组来实现，企业生产耗费大部分发生在车间，车间和班组经济核算对企业影响很大。

组织学生对导入案例进行分组讨论，安排各小组收集资料并做报告，最后在教师指导下进行综合评价。案例分析讨论重点使学生进一步理解车间经济核算的内容和基础工作、理解车间经济活动分析的程序、理解车间成本计划的编制、理解车间成本分析的内容和方法、理解班组经济核算的主要方法和程序等知识，并对车间和班组经济核算的典型案例有一定的认知和分析能力，在案例分析中同时培养学生的团队合作精神。

# 任务一　车间经济核算认知

➢ **任务提示**：本任务将引领你认知车间经济核算的内容、组织工作和车间经济活动分析等。

➢ **任务先行**：什么是车间经济核算？车间经济核算的内容是什么？什么是经济活动分析？经济活动分析的内容是什么？车间经济核算要做好哪些基础工作？经济核算的核算方法是什么？经济活动分析有哪些具体形式？经济活动分析的基本程序是什么？

## 视野拓展

### 南通通能精机热加工有限责任公司热处理车间经济核算

激烈的市场竞争永远需要高质量、低成本的产品作保证。生产高质量的产品，以最小的投入获取最大的效益是企业追求的目标。南通通能精机热加工有限责任公司热处理车间紧紧围绕企业发展目标，加强车间成本核算和财务管理工作，减少不必要的开支，不断提高企业的竞争力。

**1. 选拔既懂财务管理又懂生产技术的复合型人员负责车间经济核算工作**

车间成本核算人员，其工作不只是简单的数字计算，更重要的是在财务核算基础上的财务管理，要全方位地组织参与车间经济活动的计划和实施。所以，车间成本核算人员应具有一定的专业知识和管理经验，要懂经营，尤其要熟悉生产技术、应用价值工程、成本最低化理论和方法，坚持技术与经济相结合，掌握成本核算理论与方法，进行科学预测、决策、预算、控制、分析，并运用计算机进行相关信息处理，适应现代成本管理需要。

**2. 做好车间经济核算基础工作**

（1）合理建账，科学核算。车间会计核算力求简明扼要，要做到厂部产品成本要以车间成本为基础，上下一本账；各生产车间基本生产明细账中的原材料、工资、提取的职工福利基金、燃料和动力、车间经费的发生数应与厂部财务科基本生产账户各个成本项目数完全相同；各生产车间在制品期末余额应与厂部基本生产明细账余额一致。

（2）完善计量工作，包括原材料、水、电、气、风等动力计量。财务成本考核的基本资料包括计量资料，这些资料直接影响职工的切身利益和企业成本。一方面，将计量划归车间管理并确定相关人员进行监督，另一方面经常对计量器具进行检查，确保为管理层及时提供真实、完整、准确的车间经济核算信息。

（3）制订内部结算价格。内部结算价格是指企业内部各责任中心之间转移中间产品或相互提供劳务而发生内部结算和明确内部责任所使用的计价标准。要明确各车间责任，进行各自成本核算，并制订合理的内部结算价格。

（4）监督管理车间生产循环中的传票确认环节，及时收集原始凭证，理顺车间内部控制系统，妥善保存车间经济核算资料，为企业管理和各项分析提供真实的、连续的依据。对车间投入项目进行跟踪分析，对比实际运行和设计估算的指标差异，发现问题及时解决；对原材料的质量和使用情况进行不同生产周期的对比，及时向材料采购和销售部门反馈相关问题；重点监控出现的不合格产品，分析原因及时解决，不能解决的问题及时汇报职能管理人员。

（5）制订先进合理的消耗定额，建立相应的考核制度。消耗定额合理与否直接影响车间成本核算。制订合理的消耗定额，要以同行业的资料为参考，根据各企业当年的生产经营情况，结合本企业生产经营特点进行综合分析，制订出符合企业自身实际的可行性方案。同时，规范材料领发制度，实行限额领料、限额配送制，以此作为材料消耗的约束机制。要制订严格的考核制度，考核制度的制订是车间经济核算真正实行的关键，管理部门应积极配合，财务部门要根据历史资料和预期目标采用量本利分析法分别确定各部门、各车间的目标成本，制订一套相关的考核指标，月月考核，年底汇总并设立奖惩制度，做到奖罚分明，这样才能激发职工的积极性，把降低成本落到实处。

（6）定期进行车间成本分析。车间分析重点是：进行成本费用分析包括成本指标的完成情况分析，成本与车间产成品配比情况的对比分析及影响完成情况的因素分析。车间经济核算人员要经常对生产经营情况进行全面分析，总结经验，肯定成绩，指出存在的问题，并提出改进措施和建议，形成日核算、旬分析、月总结的分析制度，这样能促使员工精打细算，树立效益经营的新理念，为企业获得更大的经济效益做出贡献。

**3. 不断提高车间成本核算人员的财务管理素质**

要定期对车间经济核算人员进行产品工艺标准、成本核算等知识的培训和经验交流，培训的内容包括会计知识、财务管理知识。并通过经验交流会的形式，使科学的、先进的财务管理办法得到发扬，使先进的管理者得到大家的认可和相应的精神鼓励，这样会起到以点带面的作用。同时，努力提高车间经济核算人员的职业道德水平，引导车间经济核算人员遵纪守法、廉洁奉公，提高他们的敬业精神和道德素质，这也是车间经济核算能否取得成效的重要方面，要纳入业务培训的范围。

**4. 创造良好的车间经济管理外部环境**

任何一个企业或部门的改革，任何一项发展和进步，都和它的环境互相影响，基层车间同样如此。车间材料的消耗与材料供应部门、质量检查部门有关；能源的消耗和能源管理、环保处理部门有关；产品的质量和销售部门、成品检验部门有关；车间经济核算工作和上级会计核算、财务管理工作有关。因此，企业不仅要按责任制加强各部门的内部管理，而且要理顺他们之间的互相协作、监督、控制、平衡关系，要本着公平、合理、合情的原则，努力营造一种互相配合、共同发展的气氛。建立好企业内部的经济管理环境，健全各种管理职能，配合适当的激励机制和约束机制，这对企业的内部挖潜并提高整个企业的经济效益会起到一个重要支持作用，有利于提高企业在市场中的竞争力。

> **知识链接**
>
> 车间是企业中从事具体生产劳动的基层单位，同时也是企业内部经济核算工作的基层单位。只有把经济核算的每一项指标，具体落实分配到每一个车间、每一个工段直至每一个职工去认真执行，才能发挥出企业经济工作应有的作用，体现出真实的效益。

## 一、车间经济核算的内容

车间经济核算一般应包括车间生产的产品（或提供劳务）的数量、品种、性能、质量（合格率）；原材料、辅助材料、能源、工具的消耗；工资、奖金、成本及奖金的占用等。同时还要按照管、算结合的原则，把以上各项内容分解成具体的小指标，落实到车间主任、职能人员、基层班组及在实际操作岗位上的工人。归纳起来，车间经济核算有以下几项内容。

**1. 核算生产成果**

车间生产成果是指生产符合计划规定的产品品种、数量、质量和期限等指标。在以厂内计划价格作为统一尺度时，车间生产成果的价值指标就是车间的总产值。

**2. 核算车间内部物质消耗**

物质消耗是指车间在制造产品和提供劳务过程中消耗的原材料、辅助材料、燃料、动力、包装材料、工作和其他费用支出。

**3. 核算车间的经济效益**

车间的经济效益就是车间的投入与产出之比，也就是生产中的资料消耗和生产成果相互比较的结果，生产成果与资料消耗是因果关系，片面地追求生产成果或片面地强调节约都会带来不良后果，而且不能正确确定车间的经济效益。车间生产成果和生产资料消耗比是社会再生产的客观要求，也是车间贯彻经济责任制和物质利益的要求。

**4. 计算车间的资金使用效果**

加强车间对资金的管理、核算、分析和考核是促进车间合理占用物资设备，提高设备利用率和防止盲目投产，从而造成在制品积压的有效方法。为了加强这方面的工作，应当建立账簿、凭证和报表，做到账目清楚，账表相符和账物相符，还应当相应建立和核算有关的车间资金利用的综合指标。

## 二、车间经济核算的组织和管理工作

**1. 车间经济核算的组织工作**

（1）建立车间经济核算的组织体系。车间经济核算在厂长和总会计师的领导下，由车间主任组织。由于提高经济效益是车间工作的中心目标，为了使目标落实，就要本着"千斤重担众人挑"的原则，在车间主任的组织下，按照责任指标化，考核数据化的要求，根据车间和班组及车间各个职能部门之间的业务关系，结合车间的具体条件，组成上下左右相互衔接的管理网络体系，以利于车间经济核算的顺利执行。

（2）明确规定车间的计划指标。车间计划指标是厂部给车间下达的指令性指标。它包括以下各项。

① 定量指标是车间按照数据来衡量工作效率的一些指标，这些指标主要是指下达车间的各项技术经济的分解指标。

② 定性要求是指车间为了保证总目标和技术经济指标值的完成所制订的工作标准和工作计划。

（3）组织以货币反映车间的经济活动和厂内各单位之间的经济关系，即通过货币反映在车间生产经济活动的成果和明确各部门的经济责任，组织建立车间与各部门之间的内部经济合同及进行仲裁和经济责任的转移。

（4）建立以企业总工程师为首的技术责任制，对车间由于技术原因造成的经济责任进行仲裁。

（5）建立以总会计师为首的经济责任制，对生产、经营出现的经济责任问题进行仲裁。

（6）根据车间的实际和可能，建立经济效益中心，建立责任会计制度，建立有关的经济责任账户，以便于计算车间干部的工作成绩和班组的经济效益，同时，建立正确的成本预测、计划、核算和分析制度。

（7）给予车间主任充分自主权。车间在完成厂部下达的计划指标，并符合厂部奖金发放规定的前提下，不应为他们规定完成计划和发放奖金的具体办法和步骤，车间主任在这方面应当有一定的灵活性和自主权。

（8）建立车间经济活动和经济效益的分析与考核制度。

**2. 车间经济核算的基础工作**

实行经济核算必须以科学的态度、认真负责的精神做好以下基础工作。

（1）原始记录。原始记录是通过一定表格形式，对企业生产经营活动的情况所做的最初的数字和文字的记载，是企业生产经营第一线职工亲自记载的真实情况。原始记录非常重要，它是经济核算的起点和依据，也是企业科学管理的基础。原始记录的基本内容包括生产过程记录；材料、动力消耗记录；供销过程记录；劳动工时记录；设备工具记录；财务成本记录；等等。

原始记录具有广泛性、群众性、具体性和经济性的特点，要求原始记录必须做到正确、及时、完整，原始记录的内容、格式、填写责任、传递路线、汇总整理等也要明确规定，建立、健全必要的原始记录管理办法。

（2）完善计量检测验收工作。要保证原始记录符合实情，必须有准确的计量检测和严格的验收手续。经济核算各个环节都离不开计量。因此，企业应该建立、健全计量机构，制订计量管理制度，设置必要的计量手段，对量具定期检查，保证量值正确。根据生产技术经济管理最基本的需要，凡计量器具不完备的，应限期补齐。

（3）完善各种定额。定额是经济核算的基础，是经济责任制考核的依据，是衡量各项工作的尺度。实行经济核算必须加强定额管理，建立、健全先进完整的定额体系，包括劳动定额，材料、燃料、工具、动力消耗定额，各种物资储备定额，设备利用定额，流动资金占用定额，管理费用定额等。定额应保持平均先进水平，即在正常条件下经过努力可以达到的水平。

（4）完善规章制度。企业的主要规章制度应包括企业内部经济责任制度和各种业务管理制度，如计划管理、质量管理、生产管理、技术管理、劳动管理、物资管理、销售管理、财务管理及指标考察、分配奖励、经济活动分析等规章制度。这些管理制度要相互协调，一经颁布就要严格贯彻执行，以维护制度的严肃性和权威性。

## 三、车间经济活动分析

经济活动分析，就是利用各种核算资料，深入调查研究，定期或不定期地对企业和车间全部或局部的生产经营情况进行分析，揭露矛盾，找出原因，提出措施，挖掘潜力，改进工作，以提高企业的经济效益。开展经济活动分析，对于加强企业计划工作和定额工作，更好地制订各种控制目标，也有重要的意义。

**1. 经济活动分析的内容**

（1）生产分析，即对产品品种、质量、产量、产值、生产进度等计划指标完成情况的分析，查明影响这些指标完成的原因，制订相应措施。

（2）开发分析，即对产品研制、新产品试制、老产品改造、生产准备、中间试验、技术革新、基本建设、更新改造等计划完成情况及其对企业生产和效益影响的分析。

（3）劳动分析，主要分析劳动生产率变化情况，由此查明劳动力构成的变化、出勤率、工时利用率、职工技术业务水平的提高及劳动组织等方面的情况，并分析这些因素对企业经济效益的影响，以便为不断提高劳动生产率挖掘潜力。

（4）物资分析，即分析原材料、燃料、动力等供应、消耗和储备情况，以及外购件的供应保证、质量、价格的情况，为企业经营决策提供依据。

（5）设备分析，即分析各类机器设备的完好情况、利用情况、检修情况和更新改造情况。

（6）销售分析，即分析各种产品的销售情况、市场占有率及市场开拓情况，分析企业销售收入增长、销售业务开展、销售费用支出、销售货款回收等情况。

（7）成本分析，包括对全部产品总成本、单位成品成本、可比产品成本升降情况的分析，以及对各成本项目支出情况的分析。

（8）利润分析，主要对产品销售利润完成情况进行分析，同时对其他销售利润和营业外收支作分析。要分析利润额增减情况、上交税额增长情况，以及各种利润指标完成情况。

（9）财务分析，主要是对固定资金和流动资金的占用和利用情况，专项资金使用情况，财务收支状况进行分析。

**2. 经济活动分析的程序**

经济活动分析，一般应遵循下列程序。

（1）占有资料，掌握情况。将分析所依据的各种资料（计划资料、核算资料、企业或车间的历史资料、国内外同行先进水平资料等）收集起来，整理归类。对某些主要问题还要深入实际，做专门的调查，掌握第一手情况，把数字资料同活的情况结合起来。资料与情况的准确和完整性在极大程度上决定着经济活动分析工作的质量与效果。

（2）对比分析，揭露矛盾。利用各种资料相比较，从对比差距中即可发现矛盾。

（3）因素分析，抓住关键。发现矛盾后，应该找出产生矛盾的原因，这些原因也正是影响企业生产经营活动和经济效益的主客观因素。找出影响因素才能克服缺陷，挖掘潜力，总结经验，巩固成绩。但是影响因素很多，必须分清主次，抓住关键，着重分析关键因素的影响。

（4）制订措施，改进工作。在分析矛盾、找出原因的基础上，即可制订出巩固成绩和挖掘潜力的措施、对策，并落实到有关责任部门或人员，改进工作，使生产经营活动按既定的目标和方向进行。

在上述程序的4个步骤中，调查研究、占有资料是分析工作的基础，对比分析和因素分析是手段，制订措施并保证实现才能达到提高经济效益的目的。因此，能否针对分析中发现的问题，采取切实有效的改进措施，将最终决定着经济活动分析的成败和效果。

**课堂讨论**

上网或到企业车间搜集资料，调研地区骨干企业车间经济核算的情况并编写专题分析报告，进行课堂分组讨论并进行评价测试：你是否已认知车间经济核算？

# 任务二　车间成本管理

> **任务提示**：本任务将引领你明确车间成本的构成、车间成本计划编制和成本核算等。

> **任务先行**：车间成本主要由哪些项目构成？编制车间成本计划的步骤是什么？车间生产费用是如何汇集和分配的？计算在制品成本的方法有哪些？车间成本分析的方法有哪些？车间主任如何控制车间成本？

## 视野拓展

### 江苏大富豪啤酒有限公司酿造车间消耗控制

质量和成本永远是生产部门的两大主线，如何用最低的成本酿造出优质的啤酒，一直以来都是酿酒师追求的目标。江苏大富豪啤酒有限公司酿造车间加强各项消耗指标的控制，车间成本管理取得较好成绩。

**1. 粮耗**

（1）首先，应控制好进入车间的原料数量的准确性，通过对原料跟踪发现，原料在进入车间时都有不同程度缺斤少两现象。同时要管理好上料后袋中残粮，车间规定袋中残粮≤5粒。

（2）控制好原料的粉碎度，可提高出酒率，大米粉碎得越细越好，麦芽要求麦皮破而不碎，内容物越细越好。

（3）控制好麦汁煮沸终了浓度，因为麦汁浓度的高低直接影响到麦汁的产量。

**2. 蒸汽消耗**

（1）糖化生产应尽量安排连续一些，这样可以省略锅体预热所耗热能，同时可以充分利用麦汁薄板冷却热交换水进行洗槽，避免了二次加热所耗蒸汽。

（2）加强蒸汽管道和锅体的保温处理，减少管路热能损失，每次生产前要彻底排放蒸汽管道内的乏汽，提高锅体的热交换效率。

（3）在保证质量的前提下，适当降低麦汁煮沸强度，车间原来煮沸强度控制在8%～12%，现已调整为8.5%～9.5%，此项措施令每吨麦汁可节约蒸汽0.041 t。

（4）加热器应定期进行除垢，提高热交换效率。

**3. 酿造用水**

（1）做好薄板冷却器的除垢工作，提高麦汁薄板热交换效率。

（2）将CIP刷洗后的水回收用于车间卫生及非生产用水。

（3）杜绝跑冒滴漏现象。

**4. 电**

（1）车间照明应合理布局，最好是每个灯一个开关，休息室、更衣间内的照明可用低瓦数的节能灯。

（2）加强非生产用电控制，提高员工节能意识，做到人走灯灭，不空机运行。

（3）糖化集中生产，便于二氧化碳回收，提高设备效率。

**5. 酒损**

（1）对化验取样用酒、测二氧化碳用酒、测溶解氧用酒进行回收。
（2）加强发酵工排放酵母的管理工作，做到准确、及时。
（3）减少排酵母时的酒损及化验室取样次数增加带来的酒损。
（4）减少重复性滤酒次数，增加合流器和缓冲罐，减少锥底剩余酒液的浪费。
（5）增加离心机，对锥底酒液处理后进行过滤。

**6. 维修费用**

（1）对于维修工所领用备件一律在领料单上注明用途、使用地点，以便于车间检查，使费用得到有效控制。
（2）加强修旧利废工作，减少不必要的开支，对成果显著者给予奖励。
（3）加强设备的维护保养工作，建立设备部件更换周期台账，对部件达到使用周期的应及时进行更换，减少设备事故的发生。

**7. 土耗**

（1）滤酒机预涂一次要尽可能提高单次滤酒数量，杜绝重复性滤酒、小批量滤酒。
（2）加强麦汁过滤、煮沸、回旋及发酵罐控温的工艺检查工作，提高酒液的可滤性。

通过一系列的降低消耗措施，酿造车间制造成本明显下降，取得很好的经济效益。

## 知识链接

### 一、车间成本的构成

车间成本是指车间为生产一定品种和数量的产品所发生的一切生产费用。一般包括以下内容。
（1）车间生产耗用的各种原材料、辅助材料和外购件。
（2）车间生产耗用的燃料和动力。
（3）车间生产工人工资和按工资总额提取的工资附加费。
（4）车间固定资产折旧费、大修费和中小修费用。
（5）车间低值易耗品摊销。
（6）按规定应摊入成本的停工费用。
（7）废品损失。
（8）有产品包装任务的车间所发生的包装费用。
（9）车间管理费用。
（10）其他，如材料和在制品盘亏、分摊给车间的利息支出等。

以上内容既包括生产性支出，也包括了管理性支出、损失性支出和分摊性支出。它就是通常所说的车间成本开支的范围。

生产单一品种产品的车间，车间成本直接计入产品成本；生产多品种产品的车间，车间成本中的间接成本部分还要根据一定的标准，分摊到各种产品的成本中去。

### 二、车间成本计划的编制

车间成本计划一般由主要产品单位成本计划和全部产品成本计划两部分组成。根据本期生产的产品过去是否正式生产过，还可把成本计划分为可比产品成本计划与不可比产品成本计划。对于可比产品除规定成本指标外,还要规定成本降低额和成本降低率指标;对于不可比产品只规定本期应达到的成本指标。

编制成本计划通常要经过下列三个步骤。

第一步,准备。主要是搞好思想发动,树立精打细算、勤俭节约的观念,做好编制计划的资料准备工作。资料主要包括上期车间成本核算资料和分析资料;本期车间生产计划、物资供应计划等;与本车间生产有衔接关系的其他车间的半成品的成本资料;计划期内各种产品的工时定额和原材料、燃料消耗定额等;车间管理费用的各种控制限额;企业内部计划价格资料;其他企业同类车间同类产品的成本资料;本车间可比产品成本历史最好水平资料等。

第二步,试算平衡。主要是在上述准备工作的基础上,以可比产品上期实际达到的成本水平为基数,根据本期影响成本变化的因素测算出可比产品成本可能降低的数额和幅度。同时还要制订相应的技术组织措施,保证成本降低方案的实现。

第三步,编制审定成本计划。就是在试算平衡的基础上,按规定的方法和表格,正式编制车间成本计划,报厂部审定批准后贯彻执行。

成本计划的编制一般从产品单位成本计划开始,然后汇总出全部产品成本计划。在编制车间产品单位成本计划时,对于前一车间转来的半成品可以采取两种不同的方法处理。第一种方法是要计算前一车间转来的半成品价值,将它列入车间产品成本的"原材料"项目内或以"自制半成品"项目单独反映。这样的成本包含从产品投产到本车间加工完为止的全部生产耗费。因此最后一个车间的成本也就是产品的车间计划成本。第二种方法是不计算前一个车间转来的半成品成本,只计算在本车间发生的成本支出。用这种方法编制的成本计划,厂部只要把各车间同一产品的计划成本相加即可得到产品的车间计划成本。两种方法各有利弊,相比之下后一种方法计算简单,各车间在编制计划时不需要按顺序等待,因而可以缩短计划的编制周期。但因用这种方法编制的车间成本计划内容不完整,不能据此核算车间在制品占用的资金。各企业可根据自己的情况和管理要求决定取舍。

主要产品单位成本计划是根据成本项目编制的。其参考形式见表10-1。

表10-1 ××车间主要产品单位成本计划表

产品名称:＿＿＿＿＿＿　　　　　　　　　＿＿＿＿＿年度　　　　　　　　　　　　　单位:元

| 成本项目 | 计量单位 | 上年单位成本预计 | | | 计划年度单位成本 | | |
|---|---|---|---|---|---|---|---|
| | | 单位用量 | 单价 | 金额 | 单位用量 | 单价 | 金额 |
| 1 | 2 | 3 | 4 | 5=4×3 | 6 | 7 | 8=7×6 |
| 原材料<br>××材料<br>自制半成品<br>外购外协件<br>燃料和动力<br>××燃料<br>电力<br>工资及附加费<br>废品损失<br>车间经费 | | | | | | | |
| 单位成本合计 | | | | | | | |

主要产品成本计划是根据主要产品单位成本计划和计划产量编制的。其形式见表 10-2。

表 10-2　××车间主要产品成本计划表

产品名称：　　　　　　　　　　　　　　_____年度
　　　　　　　　　　计划产量：　　　　　　　　　　　　　　　　　单位：元

| 成本项目 | 单位成本 | | 总成本 | |
|---|---|---|---|---|
| | 上年预计 | 本年计划 | 上年预计 | 本年计划 |
| 1 | 2 | 3 | 4=2×计划产量 | 5=3×计划产量 |
| 原材料<br>自制半成品<br>外购外协件<br>燃料和动力<br>工资及附加费<br>废品损失<br>车间经费 | | | | |
| 成本合计 | | | | |

全部产品成本计划是根据主要产品成本计划汇总成的。由于管理的要求不同，全部产品成本计划分为按成本项目汇总和按产品类别汇总两种形式。其参考形式见表 10-3 和表 10-4。

表 10-3　××车间全部产品成本计划表（按成本项目）

　　　　　　　　　　　　　　　　_____年度　　　　　　　　　　　　　　　单位：元

| 成本项目 | 可比产品总成本 | | 不可比产品计划总成本 | 全部产品计划总成本 |
|---|---|---|---|---|
| | 按上年预计单位成本计算 | 按本年计划单位成本计算 | | |
| 1 | 2 | 3 | 4 | 5=3+4 |
| 原材料<br>自制半成品<br>外购外协件<br>燃料和动力<br>工资及附加费<br>废品损失<br>车间经费 | | | | |
| 成本合计 | | | | |

表 10-4　××车间全部产品成本计划表（按产品类别）

　　　　　　　　　　　　　　　　_____年度　　　　　　　　　　　　　　　单位：元

| 产品名称 | 计量单位 | 本年计划产量 | 单位成本 | | 总成本 | |
|---|---|---|---|---|---|---|
| | | | 上年预计 | 本年计划 | 按上年单位成本计算 | 按本年计划单位成本计算 |
| 1 | 2 | 3 | 4 | 5 | 6=3×4 | 7=3×5 |
| 一、可比产品<br>　其中 1.<br>　　　 2.<br>　　　 ⋮<br>二、不可比产品<br>　其中 1.<br>　　　 2.<br>　　　 ⋮ | | | | | | |
| 全部产品成本 | | | | | | |

按成本项目汇总的全部产品成本计划便于分析和研究成本计划中各个项目的构成情况。按产品类别汇总的成本计划便于分析各产品的成本水平。这两种计划表有不同的用途,应同时编制,以便从不同的角度分析和控制全部成本指标。

对于可比产品来说,除了编制前面所说的几种计划以外,还要编制成本降低计划。它是根据可比产品上年实际成本和本年计划成本资料按成本项目编制的,所用指标一般为成本降低额和成本降低率。其所用表式与前面的几种表式基本相同。

在编制车间成本计划时,必须编制车间经费计划,其内容和形式见表10-5。如果车间生产两种以上产品,还要把车间经费的计划数根据一定的比率(如工时比率)分配到各个产品的成本中去。

表10-5 车间经费计划

××车间　　　　　　　　　　　_____年度　　　　　　　　　　　单位:元

| 费用项目 | 上年预计 | 本年计划 | 说明 |
| --- | --- | --- | --- |
| 1. 管理人员、辅助人员工资及附加费 | | | 根据工资计划填列 |
| 2. 办公费 | | | 根据人数及费用定额计算填列 |
| 3. 动力及照明费 | | | 根据动力分配计划填列 |
| 4. 工艺消耗材料 | | | 根据物资消耗计划填列 |
| 5. 折旧费 | | | 根据折旧计划填列 |
| 6. 大修理费 | | | 根据折旧计划填列 |
| 7. 低值易耗品 | | | 根据上年实际及节约计划填列 |
| 8. 劳保用品 | | | 根据劳保用品定额计算填列 |
| 其他 | | | 根据上年实际及节约计划填列 |
| 合计 | | | |

## 三、车间成本的核算

车间成本核算通常包括三个基本环节,即确定成本核算对象,归集和分配生产费用,划分完工产品和未完工产品的成本。

**1. 生产费用的汇集和分配**

1)原材料

原材料费用发生时,如果原材料是构成某产品的实体的,则汇集于该产品的成本计算单;如果是用于辅助生产、车间管理和废品损失等方面的,则分别汇集于各有关明细项目中。月终已领取而未用完的原材料和生产中产生的废料,其价值应从原材料费用中扣除。扣除时,剩余材料按原价计算,废料按残料价值计算。如果领用的材料是由两种以上产品共同消耗的,则要按一定的方法合理分配原材料费用。分配的常用方法有定额比例法和质量比例法两种。

定额比例法的分配依据是定额耗用量或定额成本。究竟采用哪一种分配标准,要看手头资料和企业的管理要求而定。

定额耗用量比例法的公式为

$$某产品某种材料分配率 = \frac{某产品实际耗用某种材料总量}{各种产品耗用该种材料定额用量之和}$$

某产品应分配的某种原材料费用=各种产品某种原材料定额耗用量之和× 分配率×该种原材料单价

定额成本比例法的公式为

$$某产品某种材料分配率 = \frac{某产品实际耗用某种材料总定额}{各种产品耗用该材料定额费用之和}$$

某种产品应分配的某种原材料费用=各种产品耗用某种材料的定额费用之和×分配率

质量比例法就是按照产品质量的比例来分配耗用的原材料费用。它适用于材料消耗量与产品质量成正比关系的生产车间，其分配方法与定额耗用量比例法相似。

2）辅助材料

辅助材料在生产过程中有三种作用：一是有助于产品的形成；二是用以创造正常的劳动条件；三是为劳动工具所耗用。辅助材料的特点是品种繁多，用量少。对辅助材料费用的汇集和分配要按照不同情况分别处理。

对于有消耗定额的辅助材料，可像原材料那样利用定额在产品之间进行分配。对于无消耗定额的辅助材料，可以按照原材料用量比例、产品产量比例或工时比例在各产品之间进行分配。对于为创造正常劳动条件和为保证劳动工具的正常使用所耗用的辅助材料，要按发生的地点分别汇集于辅助材料或车间经费的有关项目中。如果是为修复废品消耗了辅助材料，则应汇集于废品损失项目中去。

3）外购燃料

车间所用燃料一般属于辅助材料性质。但因某些车间燃料消耗量比较大，对车间成本影响较大，所以把它单独列项。燃料费用的汇集和分配方法与辅助材料相同。

4）外购动力

外购动力包括外购的电力、蒸汽和压缩空气等。它在生产中所起的作用与辅助材料相同。直接用于生产的外购动力费用，凡有仪表记录的应根据仪表所示耗用量和计划单价计算。无仪表记录的则需要采用一定的分配方法在各产品和部门之间进行分配。其费用分配的方法有：① 按生产工时进行分配；② 按机器台时进行分配；③ 按机器功率时数进行分配。这3种分配方法中，第2种比第1种准确，第3种又比第2种准确。此外，有些管理基础比较好的企业，还有用实际产品的动力消耗定额为比例来进行分配的。

5）折旧费

车间的固定资产包括厂房、机器、建筑物等。它们的价值是逐步转移到产品价值中去的，所以采取分期提取折旧的办法计入产品成本。计算固定资产折旧费是按固定资产总值和规定的折旧率计算的。固定资产的折旧费，汇集于车间经费项目中。

由于不同生产类型车间的固定资产构成不同和固定资产在生产过程中磨损的快慢程度不同，所以折旧额和折旧率的计算方法也不同。一般分个别折旧和综合折旧两大类。个别折旧额是按某台设备或某座厂房的价值乘以个别折旧率计算出来的。综合折旧额是根据全部固定资产价值和综合折旧率计算出来的。在没有特殊要求的情况下，车间计提固定资产折旧一般都采用综合折旧法。

6）工资

工资是车间成本的重要组成部分。为了正确地汇集工资费用，首先必须弄清工资所包含的内容。国家对"工资总额"的构成作了明确规定，其内容包括：① 计时工资；② 计件工资；③ 附加工资；④ 奖金，包括各种经常性和一次性奖金；⑤ 各种工资性津贴，如各种工资津贴、夜班津贴、班组长津贴、技术性津贴等；⑥ 加班加点工资；⑦ 非工作时间的工资。工资总额中不应包括的开支有：① 福利性费用，如职工生活困难补助、各种集体福利费用等；② 劳动保险费用，如抚恤费、救济费；③ 劳动保护费，如劳保用品费和保健食品费等；④ 稿费和讲课费；⑤ 通勤津贴（上下班乘车费和自行车津贴等）；⑥ 发明奖和技术引进奖；⑦ 计划生育奖和各种补贴等。

工资费用中生产工人的工资直接计入产品成本，管理人员的工资则汇集于车间经费有关项目中。如果车间同时生产两种以上的产品，工资费用还要在产品之间进行分配。常用的分配方法是按各种产品的工时比例进行分配。

7）工资附加费

工资附加费是指按照国家规定的比率，按工资总额提取的职工福利基金。

8）辅助生产费用

一个企业为了保证基本生产车间生产活动的正常进行，要设立若干辅助生产车间。辅助生产车间发生的辅助生产费用要单独汇集，然后用一次交互分配法或直接分配法分配给基本生产车间，计入车间经费项目中。有的企业还采用辅助生产车间、基本生产车间按提供的产品或劳务数量进行结算的办法分配辅助生产费用。

9）待摊费用和预提费用

待摊费用是指本期支出、由本期和以后各期产品成本分担的费用。如冬季取暖费、预订书报费、一次性领用的价值较大的工具等。如将其全部费用一次计入当月成本，显然会影响成本的真实性，所以应分期计入产品成本。待摊费用的分摊期限，一般不得超过一年。预提费用是指应该计入本期成本但尚未支付的费用。如利息支出、租入固定资产的修理费等都属于这种类型。预提费用应本着几个月受益几个月预提的原则进行。在预提期内对已经预提的费用和实际可能发生的实际费用要进行核对，并及时调整差异。

10）车间经费

车间经费是一项综合性费用，包括为保证车间生产的正常进行所支付的管理费用和业务费用。车间经费要按明细项目分别汇集，并在产品之间分配。

**2. 在制品成本的核算**

在制品也叫在产品，是指本车间尚未加工完毕的产品。一个车间在一定时期（通常为一个月）为生产产品所发生的费用实际上是产成品和期末在制品所共同消耗用的，所以必须正确划分在制品和产成品成本。同时由于本期完工的产品中，常常还含有上期未完工的在制品。如果期初期末在制品成本近似相等，二者可以抵消，但实际上二者大多是不相等的，所以本期所发生的生产费用与本期产成品的成本就不一定相等了。因此，要正确计算产品成本，必须正确计算在制品成本。计算在制品成本实质上是计算期初期末在制品成本的差额。

期初期末在制品成本与本期生产费用、本期产品成本之间的关系可用公式表示为

本期产品成本=本期生产费用+期初在制品成本–期末在制品成本

计算在制品成本通常使用的方法有以下几种。

（1）定额成本法。即根据实际结存的在制品数量，分别乘以在制品的材料定额成本、工资定额成本和费用定额成本，然后加总即可算出在制品成本。这种方法适用于定额资料比较健全的企业。

（2）约当产量法。即将在制品的实际数量按其完工程度折合为产成品数量，然后再与成品数量共同分配本期生产费用，求出在制品成本。用这种方法时必须正确估计完工程度。完工程度有时用百分数表示，有时按耗用的材料、工时和费用分别确定约当产量。

（3）定额比例法。即把全部生产费用按产成品和在制品各自所耗用的材料或工时的比例进行分配。

（4）在原材料成本所占比重特别大的车间里，在制品成本可完全按材料成本计算，而不负担工资和费用。

无论采用哪一种方法计算在制品成本，都必须能真实地反映在制品成本的实际情况。并且采用的方法一经确定，就要相对稳定。

**3. 产品成本的核算**

所谓产品成本的核算，就是计算本期各种产成品的单位成本和总成本。工业企业的车间成本核算大体采用三种方法。

（1）简单法。它适用于大量、重复生产同一种产品的车间。一切费用都直接计入该产品成本，成本计算定期进行，不计算在制品成本。

（2）分批法（又称订单法）。就是按照产品批次汇集生产费用，计算产品成本。单件小批量生产车间均可采用这种方法。因为单件小批生产是一次性的、不定期的，是根据购货单位的订单生产的，所以成本计算也是不定期的或跨月进行的。

（3）分步法。在大量、大批生产车间里，为加强成本管理，有时还要求按步骤计算产品成本，所以采用分步计算法。

产品实际成本的计算口径必须与成本计划保持一致，具有可比性，以便于准确评价成本计划的完成情况。

## 四、车间成本的分析

**1. 车间成本分析的内容**

首先，要分析成本核算工作是否贯彻了国家的成本管理制度，有无违反财经纪律、乱挤乱摊成本的行为。

其次，是检查成本计划的执行情况，包括主要产品单位成本、主要产品总成本、全部产品成本和可比产品成本降低四项计划指标的完成情况。在分析工作中，要把专业人员的分析和群众分析结合起来，找出影响成本降低的主要原因。例如，原材料消耗高于定额，就须查清是生产管理上造成的浪费，还是材质问题或工艺问题造成了浪费，经过分析要做出结论，提出改进方法。

最后，通过成本分析要提出挖掘降低成本潜力的主攻方向和降低成本的措施。

**2. 成本分析的方法**

目前在工业企业常用的成本分析方法有以下两种。

某纺织公司车间成本核算案例分析

(1) 对比分析法，又称比较分析法。就是将实际成本与成本计划指标加以对比，找出差距的方法。对比的标准主要有三种：① 与本期计划对比；② 与不同期的实际成本对比，通常是与上年实际对比。③ 与先进指标对比。一般与本企业历史最好水平和同类企业同类车间的先进水平对比。

(2) 因素分析法，又叫连锁替代法。它是一种分析影响成本计划完成各个因素的影响程度的方法。进行成本指标对比分析，只能确定差异，而进行因素分析则能进一步找出原因及其影响程度。

关于连锁替代法的原理，可以简单说明如下。

假设某一经济指标 $N$ 是由相互联系的 $a$、$b$、$c$ 三个因素以乘积的形式组成的。则其计划指标与实际指标可分别表示为：

计划指标 　　　　　　$N_0 = a_0 \times b_0 \times c_0$
实际指标 　　　　　　$N_1 = a_1 \times b_1 \times c_1$
两者的差异 　　　　　$N_1 - N_0 = D$

其替换的运算程序为：

从计划指标开始 　　　$a_0 \times b_0 \times c_0 = N_0$
第一次替换 　　　　　$a_1 \times b_0 \times c_0 = N_1$
第二次替换 　　　　　$a_1 \times b_1 \times c_0 = N_2$
第三次替换 　　　　　$a_1 \times b_1 \times c_1 = N_3$

$a$ 因素的影响 $= N_1 - N_0$
$b$ 因素的影响 $= N_2 - N_1$
$c$ 因素的影响 $= N_3 - N_2$

三个因素影响的总和

$$(N_1 - N_0) + (N_2 - N_1) + (N_3 - N_2) = N_3 - N_0 = D$$

**【例】** 某产品的材料成本资料见表 10–6。试确定材料成本超过计划 13 600 元是由哪些因素造成的及其影响数额。

表 10–6　某产品材料成本资料

| 项 目 | 产量/个 | 材料单耗/kg | 材料单价/元 | 材料成本/元 |
|---|---|---|---|---|
| 计划数 | 80 | 40 | 10 | 32 000 |
| 实际数 | 100 | 38 | 12 | 45 600 |
| 差异数 | +20 | −2 | +2 | 13 600 |

**解：**

| 计划成本 | $80 \times 40 \times 10 = 32\,000$ 元 | （1） |
| 第一次替换 | $100 \times 40 \times 10 = 40\,000$ 元 | （2） |
| 第二次替换 | $100 \times 38 \times 10 = 38\,000$ 元 | （3） |
| 第三次替换 | $100 \times 38 \times 12 = 45\,600$ 元 | （4） |

（2）−（1）= 8 000 元　　　产量增加的影响

（3）－（2）＝－2 000 元　　材料单耗降低的影响
（4）－（3）＝7 600 元　　材料单价提高的影响

三个因素影响的代数和为 13 600 元，正好等于计划成本和实际成本的总差异。

## 课堂讨论

上网或到企业车间搜集资料，对地区骨干企业某一车间成本管理进行分析写出报告，并提出合理化建议，进行课堂分组讨论并进行评价测试：你是否已掌握车间成本管理？

## 案例分析

### 一、任务要求

生产企业的车间经济核算，是及时反映车间的经济效果，揭示生产活动中的薄弱环节，明确增产节约的主攻方向，促进群众性增产节约、增收节支活动，进一步完善车间成本管理工作，为全面完成生产企业的目标成本创造有利条件。通过本模块 2 个任务的学习和训练，针对导入的案例进行分组讨论。结合自己的感受谈谈对"车间经济核算和车间成本管理"等问题的看法。并结合企业实践讨论下列问题。

问题一：分析齐齐哈尔铁路车辆（集团）有限责任公司二钢车间和南通通能精机热加工有限责任公司热处理车间经济核算是如何进行车间经济核算和车间成本管理的？

问题二：你认为在车间经济核算和车间成本管理中应着重做好哪些工作？

问题三：假如你作为车间主管如何开展车间成本核算工作？

### 二、检查方法

各小组针对以上案例通过参观、上网等方法收集相关资料，分组分析讨论，然后总结报告，在教师组织下进行综合评价。通过本模块教学活动设计组织和导入案例的分析，更深入了解车间经济核算概念和意义、车间经济核算的基础工作、经济活动分析的内容和形式、车间成本的构成、车间成本的核算环节、车间成本分析的内容和方法等基本常识，理解车间经济核算和成本管理的重要性，掌握车间经济核算和成本管理的现代科学方法，为将来在企业一线从事车间成本管理工作打下良好的基础。

### 三、评估策略

"齐齐哈尔铁路车辆（集团）有限责任公司二钢车间成本控制与目标管理"和"南通通能精机热加工有限责任公司热处理车间经济核算"等车间经济核算和成本管理的典型实践案例，有些相关的现象还是或多或少地存在于各个企业的车间经济核算工作中。通过对案例的分析讨论，了解学生对车间经济核算和成本管理等问题的关切程度，采用案例分析教学和拓展训练能使学生进一步理解车间经济核算和成本管理在车间管理工作中的地位和作用，理解车间经济核算的内容和方法，理解经济活动分析程序，理解车间成本分析的内容和方法，提高自己的认知和分析能力，在案例分析中同时培养学生的团队合作精神。

在项目案例学习过程中，要对学生学习情况进行检查评估，主要采用学生互评、教师点评、校外企业车间管理人员评价等形式，从学生掌握车间、班组经济核算和车间成本管理知识点、案例分析报告质量、团队协作精神等方面对学生的项目学习情况进行综合评估（见表10–7）。

表10–7　车间经济核算项目案例学习评估策略表

| 序号 | 检查评估内容 | | 检查评估记录 | 自评 | 互评 | 点评 | 分值 |
|---|---|---|---|---|---|---|---|
| 1 | 车间经济核算概念和意义、车间经济核算的基础工作、经济活动分析的内容和形式、车间成本的构成、车间成本的核算环节、车间成本分析的内容和方法等基本常识的掌握 | | | | | | 30% |
| 2 | 典型案例"齐齐哈尔铁路车辆（集团）有限责任公司二钢车间成本控制与目标管理"分析报告质量 | | | | | | 20% |
| 3 | 典型案例"南通通能精机热加工有限责任公司热处理车间经济核算"分析报告质量 | | | | | | 20% |
| 4 | 政治素质职业素养 | 政治思想、遵章守纪情况：是否具有正确的价值观和人生观？是否遵守各项制度要求？ | | | | | 10% |
| 5 | | 处理问题能力：分析问题是否切中要点？问题解决方法是否切实可行、操作性强？ | | | | | 5% |
| | | 语言能力：是否积极回答问题？语言是否清晰洪亮？条理是否清楚？ | | | | | 5% |
| 6 | | 安全、环保和质量意识情况：是否注意现场环境？是否具有安全操作意识？项目实施是否具有质量意识？ | | | | | 5% |
| 7 | | 团结协作、奉献精神情况：是否有团队精神？是否积极投入本项目学习，积极完成案例学习任务？ | | | | | 5% |

总　评：
评价人：

## 拓展训练

**训练1**：结合案例谈谈对"车间成本控制"的看法。

**【案例】全员成本管理在南通同飞电容器有限公司机加工车间的实践**

机加工车间作为南通同飞电容器有限公司下属的一个生产辅助车间，及时转变思想观念，在抓生产的同时，紧抓"成本"这根弦，把成本管理作为车间各项管理工作的"主旋律"，贯穿于车间管理的全过程。车间通过采取全员参与、责任成本细化、量化，成本考核制度等措施，使成本意识深深地植根于车间每一个职工的心里，落实在他们的日常工作中。降成本、增效益成绩显著。主要措施如下。

**1. 将车间成本指标逐级分解**

将责任成本进行树形分解，把各项成本指标按燃料、材料、备件、维修四大费用分解到工段、班组、个人。同时，制订车间个人月成本计划表，并及时发到职工手中，人手一份。成本数据是以近几年来各个工段各项成本实际发生费用为依据，并根据年度车间生产的实际情况进行调整。责任成本分解表能直观地反映车间成本的分布情况，为车间的全员、全过程成本管理提供了依据。

**2. 建立配套管理制度**

要搞好成本管理工作，必须要有一套好的、行之有效的管理制度。原先车间也制订过相关的制度，但大都不完善，可操作性不强，执行时难以持之以恒。因此机加工车间根据实际情况，对这些制度进行了修改、补充、完善，形成了操作性强的车间责任成本考核制度、材料领用制度等6项制度。

**3. 严格考核**

成本管理要靠数据来说话，成本核算工作意义重大。机加工车间编制了各种统计表格，对每个月、每个季度、年度的成本发生情况进行统计、分析，绘制成本发生曲线图。每月定期召开成本分析会，将计划成本与实际发生成本相对照，对已发生的成本进行说明，对将要发生的成本进行预测。同时，根据统计的数据，对各成本发生单元进行严格考核，节奖超罚，并根据各成本发生单元的成本发生情况，由车间统一调整，制订下月成本计划。

**4. 运用计算机进行管理**

机加工车间将各种表格输入计算机，由于工程技术人员自行编制程序，建立电子模板，每月只需输入原始数据，就可以获得一整套该月的成本统计报表，并有对各种数据的分析图表。

机加工车间的全员成本管理在实施以来，取得了较好的成绩。车间也应看到，尽管成本管理是全员的，但仍然有部分职工还停留在一种要我干的状态，也就是说由于车间的严格考核，他必须这样干，不这样干则会被扣、受处罚。因此，如何帮助这一部分职工转变思想观念，让他们真正认识到产品不仅要质优，而且要价廉，变"要我干"为"我要干"，这就是车间成本管理延伸的方向，也应该是车间今后成本管理工作的重点。

**训练2：**组织参观生产企业车间现场，了解车间经济核算工作、车间成本管理的情况，提出车间降耗增效的措施，并编制调查报告。

## 模块小结

车间经济核算是按照全面经济核算的要求，采用不同的量度（货币、实物、工时等指标）对车间生产活动情况和经济效果进行记录、计算、分析、检查考核及奖罚的一种管理方法。车间是企业的一级生产单位，对企业生产、技术经济活动起到承上启下的作用，企业的生产活动主要靠车间组织班组来实现，企业生产耗费大部分发生在车间，车间经济核算对企业影响很大。本章主要介绍了车间经济核算概念和意义、车间经济核算的组织工作、经济活动分析的内容和形式、车间经济核算的基础工作、车间成本的构成、车间成本的核算环节、车间成本分析的内容和方法等。

# 参 考 文 献

[1] 苗成栋，姚伟民，张建中. 现代企业管理概论. 2 版.北京：北京大学出版社，2012.
[2] 曹英耀，李志坚，曹曙. 现代企业车间管理. 广州：中山大学出版社，2007.
[3] 俞鸿斌，楼艳. 现代制造企业质量管理与实务. 北京：清华大学出版社，2009.
[4] 孙成志. 企业生产管理. 3 版.大连：东北财经大学出版社，2016.
[5] 卫东. 工厂管理（一）：ISO 9000 推行与应用. 海口：海南出版社，2000.
[6] 易新. 工厂管理（三）：目视管理与 5S. 海口：海南出版社，2001.
[7] 柴邦衡，刘晓论. 制造过程管理. 北京：机械工业出版社，2006.
[8] 李飞龙. 如何当好班组长. 北京：北京大学出版社，2003.
[9] 涂高发，王春华. 优秀班组长管理工具箱. 北京：中国时代经济出版社，2008.
[10] 基础管理研究组. 管理制度·管理表格：质量 检验 控制. 北京：企业管理出版社，2000.
[11] 李景元. 现代企业车间主任现场管理运作实务. 北京：中国经济出版社，2004.
[12] 胡凡启. 现代企业车间和班组管理. 北京：中国水利水电出版社，2010.
[13] 王毓芳，肖诗唐. 质量检验教程. 北京：中国计量出版社，2003.
[14] 张仁侠. 现代企业生产管理. 北京：首都经济贸易大学出版社，1999.
[15] 鲍学曾. 工业企业管理. 4 版. 大连：东北财经大学出版社，2003.
[16] 何业才. 新编现代工业企业管理. 北京：经济管理出版社，1998.
[17] 杨永华，雷镇鸿. 最新工厂管理实务. 深圳：海天出版社，2002.
[18] 牛国良. 现代企业制度. 北京：北京大学出版社，2002.
[19] 李树华. 企业车间管理：车间业务管理. 北京：经济管理出版社，1987.
[20] 唐贤信. 企业车间管理：车间主任领导艺术. 北京：经济管理出版社，1987.
[21] 聂云楚. 杰出班组长. 深圳：海天出版社，2002.
[22] 李飞龙. 如何当好班组长. 北京：北京大学出版社，2003.
[23] 王玉臣. 工业企业班组管理知识问答. 北京：工人出版社，1981.
[24] 张仁德，霍洪喜. 企业文化概论. 天津：南开大学出版社，2001.
[25] 朱成全. 企业文化概论. 3 版. 大连：东北财经大学出版社，2013.
[26] 桑叶斯，王剑平，张宏志. 车间文化建设浅析[J]. 经济师，2008（9）：251–252.
[27] 郝立辉. 浅谈如何做好企业生产车间管理[J]. 管理观察，2010（12）.
[28] 杨新成，王丽亭. 浅谈酿造车间各项消耗指标的控制[J]. 啤酒科技，2005（7）：44.
[29] 曹建华. 推行点检制 开展全员设备管理：点检制在车间设备管理中的实践[J]. 设备管理与维修，1990（12）：6-8.
[30] 徐松梅. 以考核卡为载体 促进班组管理精细化[J]. 当代矿工，2010（4）：42.
[31] 胡忠鸿，郭跃平，莫自柳. 卷包车间设备管理对策与应用[J]. 中国高新技术企业，2009（12）：74-75.
[32] 史德凤. 试析企业班组的建设与管理[J]. 工会论坛（山东省工会管理干部学院学报），

2010, 16 (2): 72-73.

[33] 温泉, 赵红梅. 谈谈车间的成本核算[J]. 有色金属工业, 2001 (8): 37-38.

[34] 刘靖平. 铸造车间成本控制与目标管理[J]. 黑龙江冶金, 2001 (1): 46-47.

[35] 杨宏业. 车间安全管理之浅见[J]. 电力安全技术, 2000 (6): 7-8.

[36] 林英, 虞驰, 盛献飞. 班组安全活动的规范和改进[J]. 电力安全技术, 2008 (11): 67-68.

[37] 张明. 浅谈车间在制品管理[J]. 车间管理, 2006 (11).

[38] 徐元峰, 丁涛. 全员成本管理在备料车间的实践与思考[J]. 江西铜业工程, 1999 (3): 47-49.

[39] 刘红鹰. 加强班组核算 实现降本增效[J]. 冶金财会, 2014 (6): 32-33.

[40] 李琴. 某生产车间布局和物料搬运系统分析与设计[J]. 机械工程与自动化, 2013 (6): 94-95.